D1726965

prv

Horst Bethge / Erich Roßmann
(Herausgeber)

Der Kampf gegen das Berufsverbot

Dokumentation der Fälle und des Widerstands

Pahl-Rugenstein

© 1973 by Pahl-Rugenstein Verlag, Köln.
Alle Rechte vorbehalten.
Herstellung: Franz W. Wesel, Baden-Baden.
ISBN 3–7609–0103–4

Inhalt

1. Vorwort

Der Kampf gegen das Berufsverbot ist in ein neues Stadium getreten. Die Auseinandersetzung um die Verbeamtung des Düsseldorfer Richters Goetz hat einer breiteren Öffentlichkeit die Frage aufgedrängt: Wie hältst du es mit den Kommunisten in einer Demokratie? Die am 15. 6. 1973 in Oslo auf einer regionalen NATO-Tagung gehaltene Rede des Leiters des Hamburger Verfassungsschutzes, Dr. Horchem (SPD), wirft die Frage auf, ob alles, was links in der SPD ist, verfassungswidrig sei? Und der neue CDU-Generalsekretär und ehemalige Repräsentant des Henkel-Konzerns, Prof. Kurt Biedenkopf, fordert das Verbot der DKP, wenn man „aus rechtsstaatlichen Gründen die Kontrolle ... nicht bewirken könne".

So zeigt sich denn, daß es zwar vordergründig und konkret um Berufsverbote geht, daß dahinter aber die Frage steht, wie die Gesellschaft der BRD mit dem Antikommunismus, speziell mit dem neubelebten und verfeinerten Antikommunismus der letzten drei Jahre, fertig wird. Während eine Wiederbelebung des „Kalten Krieges" nach außen wegen des weltpolitischen Kräfteverhältnisses nicht möglich ist, erleben wir gegenwärtig eine Verschärfung des Antikommunismus in der Innenpolitik der BRD. Da es sich dabei um eine Frage der Kraft der demokratischen Bewegung handelt, kann die Sammlung von Material und Argumenten für diese Auseinandersetzung nützlich sein.

In diesem Band sind deshalb die vielen „Fälle" und der Kampf gegen Berufsverbote dokumentiert. Die „Hamburger Konferenz mit internationaler Beteiligung gegen Berufsverbote" am 12. 5. 1973 faßte erstmals die Fülle von innen- und außenpolitischen, juristischen und historischen Argumenten zusammen, bezog die Erfahrungen der demokratischen Öffentlichkeit in Schweden, Dänemark, Österreich, Frankreich, Italien, den Niederlanden und Großbritannien in die Diskussion mit ein und sammelte die einzelnen „Fälle" in den verschiedenen Bereichen des öffentlichen Dienstes. Parallele Erscheinungen in der gewerblichen Wirtschaft wurden ebenso erörtert wie die verschiedenen politischen Aktionsansätze. 12 768 Bürger aus allen Schichten der Bevölkerung der BRD unterstützten die Konferenz. Sozialdemokraten, Liberale, Kommunisten, Christen ergriffen das Wort. Wissenschaftler, Gewerkschafter, Studenten, Juristen, Abgeordnete, Lehrer und Journalisten standen auf der Rednerliste. Mit unterschiedlichen Argumenten und aus verschiedener Sicht wandten sich Referenten und Diskutanten gegen die Berufsverbote, setzten sich alle gemeinsam für die Realisierung der grundgesetzlichen Ordnung ein.

Dieser Band enthält die Materialien dieser Konferenz: Aufruf, vollständige Referate, eine Auswahl der Begrüßungsschreiben und eine Auswahl der Presseresonanz. Die Auswahl der Pressestimmen zeigt zweierlei:

a) Breite und Argumentation der Konferenz wurden gegenüber Randereignissen in den Hintergrund gedrängt; die repräsentative Teilnahme, auch aus dem Ausland, wurde nicht annähernd wiedergegeben.

b) Etliche Presseorgane waren überrascht von der Tatsache, daß unterschiedliche demokratische Kräfte ohne Verschleierung von Differenzen in einzelnen Fragen in der Frage der Berufsverbote einen gemeinsamen Standpunkt einnahmen. So griffen sie dann zu dem altbekannten Mittel, mit antikommunistischen Argumenten Zwietracht zu säen.

Im zweiten Teil sind alle bis zum Abschluß des Manuskripts (Juli 1973) bekannt gewordenen „Fälle" von Berufsverboten dokumentiert. Zur Hamburger Konferenz trug ein aus Vertretern verschiedener Gruppen gebildeter Arbeitskreis das umfangreiche Material zusammen. Die zur Konferenz am 12. 5. 1973 vorgelegte erste Dokumentation wurde gründlich überarbeitet und ergänzt. An dieser Stelle muß den vielen örtlichen Initiativen und Komitees, den örtlichen Gliederungen verschiedener Jugend- und Studentenorganisationen, verschiedener Parteien und Gewerkschaften, des Bundes demokratischer Wissenschaftler und der Vereinigung demokratischer Juristen gedankt werden, daß sie das von ihnen gesammelte Material zuschickten.

10

Ohne die Mithilfe so vieler Bürger, die in der Bewegung gegen die Berufsverbote stehen, hätte die Dokumentation der „Fälle" nicht entstehen können.

Der Dokumentation muß vorausgeschickt werden, daß der Begriff „Berufsverbot" nicht zu eng interpretiert werden darf. Im allgemeinen wird darunter verstanden, daß jemand nicht zum öffentlichen Dienst zugelassen oder aus ihm wieder entlassen wird. Dabei wird oft übersehen, daß es für die Arbeiterschaft etwas Entsprechendes ebenfalls gibt. Ja, daß von den „Fällen" her gesehen die Berufsverbote hier die im öffentlichen Dienst sogar bei weitem übersteigen. Von den gesetzlichen Bestimmungen her – und sämtliche dem Bereich des Arbeitsrechts im weitesten Sinne zuzuordnenden Vorschriften wären heranzuziehen – bietet sich eine Fülle von Disziplinierungsmöglichkeiten. Solange es eine demokratische Bewegung gibt, wurde versucht, ihre aktiven Vertreter durch verschiedene Maßnahmen zu disziplinieren und von der Interessenvertretung abzubringen. Das gilt ganz besonders für die Arbeiter- und Gewerkschaftsbewegung. Die Arbeiterschaft entwickelte eine ganze Skala von solidarischen Reaktionsmöglichkeiten dagegen – bis hin zum Solidaritätsstreik über Staatsgrenzen hinweg. Die Geschichte der Arbeiterbewegung ist gleichzeitig eine Geschichte des Kampfes gegen Berufsverbote. Mit der wachsenden Zahl angestellter Intellektueller – u. a. eine Folge der wissenschaftlich-technischen Revolution – und dem höheren Anteil von Arbeiterkindern an der Intelligenz, mit zunehmendem inneren Formierungsdruck auf ursprünglich privilegierte Berufsgruppen und Schichten, mit zunehmend kritisch-demokratischem Engagement der Intellektuellen zeigen die Disziplinierungsversuche immer mehr Ähnlichkeit. Zwar sind die konkreten Maßnahmen – wegen der historisch bedingten unterschiedlichen Rechtslage – sehr verschieden, ihr Wesen ist aber weitgehend identisch.

Die politische Disziplinierung von Intellektuellen hat ein deutliches Übergewicht im Schul- und Hochschulbereich. Daneben ist sie im kirchlichen und journalistischen Sektor zu finden. Angesichts des Erstarkens der demokratischen Kräfte in der BRD und der fortschreitenden Entspannung in Europa ist es kein Zufall, daß die bewußtseins- und meinungsbildenden Bereiche besonders betroffen sind.

Die „Fälle" im Schulwesen zeigen ganz deutlich, daß es sich bei den Betroffenen um fachlich sehr qualifizierte Lehrer handelt, denen aus ihrer schulischen und unterrichtlichen Tätigkeit keinerlei Vorwürfe gemacht werden. Wenn sich auch die Arten der politischen Disziplinierung unterscheiden, so sind doch die wirklichen Gründe politische, auch wenn die genannten Begründungen im einzelnen verschieden lauten. Dabei ist noch zu bemerken, daß oftmals überhaupt erst nach längerem Drängen eine Begründung abgegeben wird – wie auch anderswo im öffentlichen Dienst.

Bei den Fällen vor November 1971 liegen politische Disziplinierungs- und Verhaltensunsicherheit im Dickicht der Fülle von Dienstvorschriften, Verordnungen und hierarchischer Struktur (starke Stellung des Schulleiters) sowie schulreformerischer Intentionen des jungen Lehrers dicht beieinander und sind oft im nachhinein schwer entwirrbar. Hier ist die Dunkelziffer der nicht als „politische Fälle" erkannten Maßregelungen ziemlich groß.

Das gleiche gilt für politische Fälle, in denen ein Lehrer betroffen wurde, der Mitglied einer kleinen Organisation oder gänzlich unorganisiert war. Eine schwache oder völlig fehlende Solidarisierungsbasis ließ manche Fälle kaum bekannt werden.

An den Hochschulen haben Berufsverbote und andere Maßnahmen politischer Disziplinierung gegen Wissenschaftler vielfältige Formen angenommen. Hier sind insbesondere zu nennen: vorzeitige Kündigung, Streichung von Berufungslisten und Nichterteilung von Lehraufträgen, Nichtverbeamtung, Nichtverlängerung befristeter Verträge und schließlich auch die Verweigerung einer der Qualifikation entsprechenden Stelle, Behinderungen durch Verzögerung der Berufungsverhandlungen und Hinausschieben der vertraglichen Fixierung bereits erfolgter Zusagen.

Diese schwerwiegenden Eingriffe in die Rechte der Hochschullehrer sind oft nur schwer zu publizieren und zu dokumentieren. Es bedarf daher besonderer Hellhörigkeit der Hochschul-

12

öffentlichkeit und Konsequenz der Betroffenen, wenn es zur Information über die verfassungswidrigen Praktiken und ihre Überwindung kommen soll. Dabei ist besonderes Augenmerk darauf zu richten, daß Behörden nur dann ihre vorgeschobenen formalen Begründungen verlassen und politisch argumentieren, wenn sie durch politische Aktion dazu gezwungen werden. Erst dann aber besteht auch die Möglichkeit, den „Fall" als das, was er ist, zu dokumentieren, nämlich als verfassungswidriges Berufsverbot bzw. als Diskriminierung. Von daher ist es verständlich, daß hier nicht sämtliche „Fälle" im Hochschulbereich dokumentiert sind und die Sammlung exemplarisch bleibt. Besonders deutlich wird bei diesen Diskriminierungen das Zusammenwirken der Reaktion im Hochschulbereich, z. B. des „Bundes Freiheit der Wissenschaft (BuF)" und rechter Studentengruppen, etwa des Ringes Christlich-Demokratischer Studenten (RCDS) und des Nationaldemokratischen Hochschulbundes (NHB), mit den ausführenden staatlichen Instanzen.

Disziplinierungen in der Kirche sind fast so alt wie die Kirche selbst. Obwohl sie in der Mehrzahl auf Grund von „Irrlehren" erfolgten, waren sie von großer politischer Bedeutung. Denn die kirchliche Lehre war überall dort, wo sie die Mehrzahl der Untertanen erfaßte, staatstragende Theorie.

Auch heute fühlt sich die Kirche zumeist verbunden mit den herrschenden Gruppen im Staat. Deswegen wird jeder Konflikt mit Regierungen, kommunalen Stellen, der Bundeswehrführung, Arbeitgeberverbänden u. a. ängstlich vermieden und in der Regel jeder kirchliche Mitarbeiter, der in einen solchen Konflikt gerät oder ihn auszulösen droht, „zur Ordnung gerufen" und, falls er sich nicht fügt, disziplinarisch belangt.

Gleichzeitig ist man bemüht, *Grundsätze, die im staatlichen Bereich Geltung erlangen, auch in den Kirchen zur Anwendung zu bringen* (so nach 1933 den „Arierparagraphen" und nun eben den Ministerpräsidentenbeschluß über Radikale im Staatsdienst).

Auch die Form christlichen Glaubens, wie sie in den Kirchen institutionalisiert ist, ist heute nicht ohne Bedeutung für das Funktionieren des Gesellschaftssystems, in dem wir leben.

Erstens beeinflussen die Kirchen einen Ausschnitt der pädagogischen Szene, wobei der Bereich von Schule, Hochschule und Erwachsenenbildung weniger von Belang ist als das Gebiet der Jugendpflege. Die Vermittlung der klassischen „christlichen" Tugenden Gehorsam (Anpassung), Demut (Kritik an sich selbst, nicht an den anderen) und Geduld (schweigendes Ertragen ungerechter Zustände) dient der Erhaltung bestehender Machtstrukturen, ihre Infragestellung würde sie gefährden.

Zweitens tritt die Kirche in verstärktem Maße dort in Erscheinung, wo die Schwächen und die zerstörenden Kräfte der herrschenden Strukturen besonders deutlich werden. Indem die Kirchen nicht nur religiöse Überhöhung und Hintergrundsinngebung anbieten, sondern auch Tröstung, Lebenshilfe und Schadensregelung leisten, verhindern sie, daß die Gründe für die Schäden rational erkannt werden, und daß aus solcher Erkenntnis Opposition entsteht. Deshalb ist nicht nur die Kirchenhierarchie, sondern auch der Staat selbst daran interessiert, kirchliche Mitarbeiter daran zu hindern, daß sie die Ursachen der Schäden zur Sprache bringen oder sogar etwas wie Opposition organisieren.

Darum empfiehlt ein Erlaß des Innenministers Schiess aus Baden-Württemberg auch den Kirchen (als Körperschaften öffentlichen Rechts), ihre Kandidaten vor Übernahme in den Dienst auf politische Zuverlässigkeit zu überprüfen.

Im dritten Teil sind drei Kampagnen ausführlicher dokumentiert worden, aus denen hervorgeht, daß der politische Kampf erfolgreich sein kann, wie und mit welchen Mitteln er geführt werden kann und daß die Zusammenarbeit aller Demokraten den Erfolg garantiert. Die anschließende Würdigung mehrerer bisher ergangener Urteile zeigt nicht nur den Zusammenhang von demokratischem Kampf in der Öffentlichkeit und juristischer Auseinandersetzung im Gerichtssaal, sondern auch, daß den Gerichten nicht politische Entscheidungen zugeschoben werden können. Angesichts der Diskussion um den „Fall" Goetz, in der oftmals der Gang zum Bundesverfassungsgericht nach Karlsruhe empfohlen wurde, ist aus den schon gefällten Urteilen klar erkenntlich, daß die juristische Auseinandersetzzung die politische nicht ersetzen kann, daß die Demokraten in der BRD gut daran tun, den Kampf gegen die Berufsverbote umfassend politisch zu führen, wobei die juristische Auseinandersetzung nur eine Form des demokratischen Kampfes ist.

Was könnte bei einem Gang nach Karlsruhe herauskommen? Entweder das Bundesverfassungsgericht bestätigt seine bisherige Rechtsprechung – oder es ändert unter dem nunmehrigen Vorsitz von Herrn Benda seine Meinung und trifft eine neue Entscheidung, die – wie eine Reihe von Urteilen der jüngsten Zeit – weniger im juristischen Raum als im politischen Bereich und dort rechts angesiedelt wäre.

Wenn die Forderung nach einer Entscheidung des Bundesverfassungsgerichts damit begründet wird, dieses Gericht müsse zu einem angeblichen Widerspruch, einem „Spannungsverhältnis" zwischen dem Parteienprivileg und der Treuepflicht eines im öffentlichen Dienst Beschäftigten Stellung nehmen, so entbehrt dieses Argument der Redlichkeit. Wem soll denn die Treuepflicht geschuldet werden, wenn nicht dem Grundgesetz selbst? Es gibt keine Diskrepanz zwischen der eine Treuepflicht fordernden Institution und dem Grundgesetz, weil sie identisch sind.

Eine verfassungskonforme Lösung der sich aus dem Ministerpräsidentenbeschluß ergebenden Fragen kann nicht durch eine Entscheidung des Bundesverfassungsgerichts, sondern nur durch die ersatzlose Aufhebung dieses Beschlusses erreicht werden.

Diese politische Auseinandersetzung spiegelt sich – wenn auch unvollkommen – in den Beschlüssen verschiedener Gremien und Parteien wider.

Im dritten Teil werden einige dieser Beschlüsse dokumentiert, die anderswo noch nicht abgedruckt worden sind. Eine besondere Rolle in der Diskussion spielt der Beschluß des SPD-Parteitages vom 14. 4. 1973, dem eine umfangreiche Diskussion in den Ortsvereinen und Bezirken der SPD voranging. Sie erbrachte den deutlich artikulierten Willen der breiten Mitgliedschaft, mit der Berufsverbotspraxis Schluß zu machen. In der Folgezeit hat es um die Interpretation dieses Beschlusses – und das spielte auch in der Diskussion auf der Hamburger Konferenz eine gewisse Rolle – Meinungsverschiedenheiten gegeben. Die politische Entwicklung ist in zweierlei Hinsicht über diese Diskussion hinweggegangen.

Nach wie vor gibt es neue „Fälle" von Berufsverboten im öffentlichen Dienst, und die demokratische Widerstandsbewegung ist breiter und umfangreicher geworden – sie hat sich nicht integrieren lassen.

Die große Welle von Berufsverboten begann in Hamburg. Am 23. 11. 1971 faßte der Hamburger Senat einen Grundsatzbeschluß, nach dem „die Ernennung zum Beamten auf Lebenszeit bei politischen Aktivitäten des Bewerbers in rechts- und linksradikalen Gruppen unzulässig ist". Dieser sogenannte „Senatserlaß" zielt hauptsächlich und ausdrücklich auf den „Erziehungsbereich". Das ist kein Zufall. Auf dem Hintergrund der hamburgischen politischen Machtstrukturen – seit langen Jahren regiert die SPD, hier hat Springer über 70 % der Tagespresse in der Hand, amerikanisches Großkapital sitzt konzentriert in Hamburg, die enge Verquickung von Staatsapparat und lange regierender SPD förderte konservative Tendenzen in der Regierungspartei – trat der Hamburger Senat die Flucht nach vorne an, als sich an Schulen und Hochschulen vermehrte Kritik an der Bildungspolitik regte und in aufsehenerregenden Aktivitäten der GEW niederschlug: Anfang 1970 demonstrierten 5000 Lehrer, 78 % der in der GEW organisierten Pädagogen stimmten 1970 in einer Urabstimmung für einen Warnstreik. Als sich sofort heftige Opposition gegen den Senatsbeschluß erhob, suchte der Hamburger Senat Unterstützung bei den anderen Bundesländern. Nachdem auf den vorangegangenen Parteitagen von CDU und CSU Barzel, Strauß und Dregger mit antikommunistischen Tiraden das entsprechende Klima erzeugt hatten, kam die gemeinsame antikommunistische Tradition zwischen SPD und CDU zum Vorschein: Die Ministerpräsidenten der Bundesländer und der Bundeskanzler faßten den berüchtigten gemeinsamen Beschluß vom 28. 1. 1972, womit sie bewußt ein deutlich sichtbares politisches „Zeichen" setzten. Als gemeinsame Basis erwies sich erneut der Antikommunismus.

Dabei ist der Ministerpräsidentenbeschluß durchaus im Kontext weiterer innenpolitischer Entwicklungen zu sehen: Die Lohnkämpfe verschärften sich; die gedrosselte Bildungsreform löste Widerstand aus. Die Militarisierung des öffentlichen Lebens, insbesondere des Bildungswesens, weckte Gegenkräfte, die Baader-Meinhof-Hysterie wurde geschürt. Gleichzeitig wuchs die aktive Rolle der demokratischen Öffentlichkeit beim Kampf um die Ratifizierung der Ostverträge. Die demokratische Bewegung erfaßte immer mehr Bürger. So erschien denn in der Abwehr dieser demokratischen Aktivitäten kein Verlaß mehr auf geistige Mittel. Administrative Maßnahmen sollten weiterhelfen. „Der ideologische Antikommunismus erweist daher gerade da, wo er an Glaubhaftigkeit verliert, seinen gesellschaftlichen Inhalt: er ist ein soziales Disziplinierungsmittel."*

Der Beschluß der Ministerpräsidenten folgt einer offensichtlich noch immer ungebrochenen Tradition in der deutschen Geschichte, bei der Berufsverbote und Antikommunismus im engen Zusammenhang standen. Stets ging es dabei gegen Demokraten, auf Kosten des gesellschaftlichen Fortschritts.

Historische Stationen sind die „Karlsbader Beschlüsse" von 1819, die die sogenannten „Demagogen"-Verfolgungen legalisierten, die Demokraten-Verfolgungen nach der gescheiterten bürgerlichen Revolution 1848/49, mit dem Kölner Kommunisten-Prozeß im Jahre 1852 als Höhepunkt, schließlich die Sozialisten-Verfolgungen in den 70er Jahren des letzten Jahrhunderts mit dem „Gesetz gegen die gemeingefährlichen Bestrebungen der Sozialdemokratie", das der Reichstag am 19. 10. 1878 beschloß. Spätestens mit dem „Sozialistengesetz" waren die Maßnahmen nicht mehr bloß gegen fortschrittliche Kräfte im direkten Staatsdienst gerichtet, sie waren inzwischen Instrumente des Klassenkampfes von oben: Nicht wenige Arbeiter verloren wegen ihrer politischen Einstellung ihren Arbeitsplatz;

---

* Werner Hofmann: Stalinismus und Antikommunismus. Zur Soziologie des Ost-West-Konfliktes, Frankfurt 1967, S. 158.

alle sozialdemokratischen Organisationen wurden verboten; die Behörden wurden besonders zur Überwachung der Lehrer aufgefordert. 1890 fand sich keine Mehrheit mehr zur Verlängerung des „Sozialistengesetzes" im Reichstag, aber damit hörten die Sozialisten-Verfolgungen nicht auf; nur der legalistische Schein war fortgefallen.

Im Jahre 1930 beschloß das Preußische Staatsministerium unter dem SPD-Ministerpräsidenten Braun das Verbot für Beamte, sich in Organisationen zu betätigen, „deren Ziele der gewaltsame Umsturz der bestehenden Staatsordnung" sei. Drei Jahre später ergriffen Hitler und die NSDAP die Macht, die das Instrumentarium der Berufsverbote „weiterentwickelten" und dabei keinen Unterschied zwischen Kommunisten und Sozialdemokraten machten.

Das Gesetz zur „Wiederherstellung des Berufsbeamtentums" vom 7. 4. 1933 verschaffte den Nazis die Handhabe für den ersten wirksamen Schlag gegen „Beamte, die der kommunistischen Partei oder kommunistischen Hilfs- oder Ersatzorganisationen angehören oder sich sonst im kommunistischen Sinne betätigt haben" bzw. „sich in Zukunft im marxistischen (kommunistischen oder sozialdemokratischen) Sinne betätigen". 1937 hieß es: „Der Beamte hat jederzeit rückhaltlos für den nationalsozialistischen Staat einzutreten ... Heute formuliert das Bundesbeamtengesetz – entsprechend auch alle Landesbeamtengesetze –: „In das Beamtenverhältnis darf nur berufen werden, wer ... die Gewähr dafür bietet, daß er jederzeit für die freiheitliche demokratische Grundordnung im Sinne des Grundgesetzes eintritt." Auffallend ist die sprachliche Übereinstimmung und die Kontinuität der gesetzlichen Bestimmungen.

Nach der militärischen Niederlage des Faschismus gab es Bestrebungen (in Hessen 1946, in Bremen 1947), das durch seine Nazi-Vergangenheit schwer belastete Berufsbeamtentum durch ein einheitliches Arbeitsrecht für Arbeiter, Angestellte und Beamte abzubauen. Das gelang jedoch nicht.

Die Wiederbelebung des Antikommunismus schlug sich in dem „Beschluß der Bundesregierung vom 19. 9. 1950" nieder, dem sogenannten Adenauer-Erlaß, dem die SPD-Bundestagsfraktion zustimmte. In ihm sind 13 Organisationen aufgezählt, die pauschal als „Gegner der Bundesrepublik" bezeichnet werden, und deren Unterstützung die Entlassung aus dem öffentlichen Dienst nach sich ziehen soll, unter ihnen z. B. die Kommunistische Partei Deutschlands (KPD) und sogar die „Vereinigung der Verfolgten des Nazi-Regimes (VVN)".

Die Lehren aus der Geschichte, die nach 1945 zu Forderungen nach einer demokratischen Bodenreform, nach Entflechtung der Großbetriebe als Grundlage für den Aufbau eines demokratischen Staates geführt hatten, gerieten zusehends in die Nähe der „Verfassungsfeindlichkeit" (obschon Artikel 14 und 15 des Grundgesetzes die Möglichkeit der Vergesellschaftung von Grund und Boden sowie von Produktionsmitteln ausdrücklich vorsehen). Mit dieser Entwicklung einher ging die Remilitarisierung Westdeutschlands und die gesellschaftliche Restauration schlechthin. Diese Epoche war gekennzeichnet von der Politik der Todfeindschaft gegenüber den östlichen Nachbarn sowie von einer rigorosen Hexenjagd und Diffamierungskampagne im Innern. Dieser Antikommunismus wurde in einer ganzen geschichtlichen Etappe zur Staatsdoktrin erhoben und trug zur Entfachung des Kalten Krieges in Europa systematisch bei.

Inzwischen haben Funktion, Praxis und Folgen des Beschlusses der Ministerpräsidenten vom 28. 1. 1972 gezeigt, daß auch er die Traditionslinie dieser unheilvollen deutschen Geschichte fortsetzt. Dabei wird wieder einmal behauptet, das Bekenntnis zu den Theorien von Marx, Engels und Lenin sei mit der freiheitlich-demokratischen Grundordnung der Bundesrepublik nicht zu vereinbaren. Die DKP sei verfassungswidrig. Dieser einseitigen Unterstellung stehen nicht nur geschichtliche Erfahrungen mit den Kommunisten gegenüber, die das Gegenteil ausweisen. Die DKP selbst tritt ihrem eigenen Verständnis nach für die Verwirklichung und den demokratischen Ausbau des Grundgesetzes nachhaltig ein. Das Verhalten der Verantwortlichen in Staat und Gesellschaft ist gemessen an den gesellschaftlichen Erfordernissen und der Respektierung der Rolle der Kommunisten in vergleichbaren westeuropäischen Nachbarstaaten ein Anachronismus. Käme Karl Marx heute aus dem

Exil, würde ihm in der Bundesrepublik Deutschland die Professur verweigert.

Der Antikommunismus bedroht aber nicht nur die Kommunisten. Er stellt eine prinzipielle Gefahr für Demokratie und Frieden dar. Mit ihm wurden nahezu alle Kriege der letzten Jahrzehnte motiviert. Die Neubelebung des Antikommunismus im Innern gefährdet letztlich auch die äußere Entspannung. Der Kalte Krieg hat stets vom Antikommunismus gelebt. Wenn Demokratie und friedliches Zusammenleben in Europa erreicht werden sollen, so ist eine wesentliche Voraussetzung dafür auch mehr Demokratie in der BRD.

Mit Recht hat der ehemalige Bundesverfassungsrichter Dr. Herbert Scholtissek kürzlich den Ministerpräsidentenbeschluß als „verfassungswidrig" und ein „rechtliches Nullum", der auch vom politischen Standpunkt aus „bedenklich und töricht" sei, bezeichnet. Sein Zustandekommen wie seine Anwendung entsprächen den „Methoden faschistischer Staaten".

In der Tat richtet sich dieser Beschluß, wie alle seine geschichtlichen Vorgänger, gegen alle Demokraten. Im Jahre 1933 wurden durch das „Reichsgesetz zur Wiederherstellung des Berufsbeamtentums" und durch den Begriff „kommunistische Hilfstätigkeit" Willkürakte gegen Kommunisten, Sozialdemokraten, Liberale und Christen gleichermaßen gerechtfertigt.

Durch den Adenauer-Erlaß aus dem Jahre 1950 und die antikommunistische Hysterie wurden nicht nur Kommunisten betroffen. Es wurden auch zahllose andere demokratische Bürger unseres Landes diffamiert, verteufelt und juristisch verfolgt.

Hinter dem Beschluß der Ministerpräsidenten steht der Versuch reaktionärer Kräfte, mit Hilfe des antikommunistischen Instrumentariums alle Demokraten zu treffen, die sich für den demokratischen Ausbau der Gesellschaft einsetzen. Die Vorgänge in der Gesellschaft werden von diesen Kräften daran gemessen, wieweit ihre eigenen Machtpositionen weiter verfestigt und nicht durch Mitbestimmungsforderungen „bedroht" werden. Typisch ist der Jahresbericht der Bundesvereinigung der Deutschen Arbeitgeberverbände aus dem Jahre 1969, in dem der Kampf um demokratische Rechte als „Ideologisierung" diffamiert wird. So heißt es dort: „Das Schlagwort von der ‚Demokratisierung des Bildungswesens' bestätigt diese Beobachtung der Ideologisierung. Wie andere Bereiche (Betrieb, Wirtschaft, Armee, Verwaltung) so müsse eben angeblich auch das Bildungswesen demokratisiert werden... Daß unter solchen Aspekten die entscheidenden Faktoren von Begabung, Bildungswillen und Leistung nicht selten hinter formalistischen Vorstellungen von Gleichheit, Bürgerrecht auf Bildung und soziale Gerechtigkeit zurücktreten, ist nur folgerichtig."

Von hier her wird verständlich, warum die Politik der Berufsverbote zunächst besonders im Schul- und Hochschulbereich praktiziert wurde. Demokratische Reformen sollen abgeblockt werden. Dazu sagte der Vorsitzende der GEW, Erich Frister: „... Wenn an Schulen und Hochschulen und in ihrem gesellschaftlichen Umkreis eine Atmosphäre der Hexenjagd geschaffen und ein Zustand der sich duckenden, ängstlichen Anpassung herbeigeführt wird, dann ist dies auch eine Gefahr für Verfassung und Gesellschaft. Die Verfassung kann nicht durch Verletzung der Rechtsstaatlichkeit geschützt werden, und für die Demokratie notwendige Zivilcourage erreicht man nicht durch Einschüchterung."*

So sehr der Beschluß der Ministerpräsidenten in der Tradition seiner geschichtlichen Vorbilder steht, so unterscheidet er sich doch in seinen Motiven erheblich von diesen. Waren diese früher zumeist eng mit einer offen aggressiven Politik nach außen verknüpft, so ist der Beschluß heute aus der Ohnmacht einer historischen Defensive gezeugt.

Die Veränderung des internationalen Kräfteverhältnisses zugunsten der demokratischen und sozialistischen Kräfte im weltweiten Maßstab zwang auch die Bundesrepublik, eine Politik der Anpassung zu vollziehen, die eine Abkehr von der Politik der Todfeindschaft und des „roll back" nach außen bewirkte und zu ersten Schritten der Entspannung zwischen der BRD und den sozialistischen Ländern führte. Zwar wurde der Antikommunismus prinzipiell nicht aufgegeben, doch subtilere

---

* „Wie links dürfen Lehrer sein", Reinbek 1972.

Spielarten, Methoden und Formen kamen in die Auseinandersetzung.

Auf diesem Hintergrund und mit dem Ende der Adenauer-Ära verlor der Antikommunismus für eine gewisse Zeit an Intensität. Bisher nicht gekannte Probleme und Widersprüche taten sich im Leben der bundesdeutschen Gesellschaft auf. Es zeigte sich, daß durch bloß kurzfristige, am Profit orientierte Maßnahmen die elementaren gesellschaftlichen Probleme nicht gelöst werden können. Die bisher vernachlässigte Infrastruktur (Bildung, Verkehr, Gesundheitswesen usw.) zeigte prinzipielle Schwächen des „marktwirtschaftlichen Systems". Zugleich ließen sich bestimmte Erfolge der sozialistischen Nachbarländer gerade im infrastrukturellen Bereich nicht übersehen.

Diese Veränderungen widerspiegelten sich auch im Bewußtsein der demokratischen Öffentlichkeit, die immer stärker Fragen nach demokratischen Alternativen aufwarf und ein stärkeres demokratisches Bewußtsein entwickelte, das durch zahlreiche Aktionen und Bürgerinitiativen seinen sinnfälligen Ausdruck fand. Diese Entwicklung führte zu einer Renaissance des Marxismus, zumal unter der Jugend an Schulen und Hochschulen.

Die außenpolitische Situation der BRD, die den Veränderungen im internationalen Kräfteverhältnis durch ihre Entspannungspolitik Rechnung tragen mußte, führte im Innern zu einem verstärkten Druck reaktionärer Kräfte, mit verschärften Maßnahmen zur „inneren Sicherheit" und demagogischer Hetze gegen die „Linke". Barzel gab die Parole aus: „... Es ist unsere Aufgabe, dafür zu sorgen, daß der außenpolitischen Öffnung zum kommunistischen Osten nicht auch die innere politische folgt..." Indessen wäre eine mit einem DKP-Verbot sich manifestierende Kalte-Kriegs-Position nicht nur gegenüber den sozialistischen Ländern, sondern auch gegenüber den großen westeuropäischen Nachbarländern kaum haltbar gewesen. Der Antikommunismus mußte deshalb differenziert und verfeinert werden.

Zunächst beklagten die Monopolverbände ein „Nachlassen des emotionalen Antikommunismus"* und daß sie „einem historisch

---

* BDA-Brief an alle Kultusminister, dpa, 7. 4. 71.

einmaligen Begründungszwang ausgesetzt"* seien. Strauß, Dregger und Barzel griffen diese Analyse auf und münzten sie in handfeste reaktionäre Forderungen um. Barzel z. B. beklagte sich, daß in unseren Schulen und Hochschulen mehr über Griechenland und Vietnam als „über das totalitäre kommunistische System in der DDR" gesprochen werde (9. Bundesparteitag der CDU, 4.–5. 10. 1971). Strauß machte Gewerkschaften, Journalisten und Pädagogen gleichermaßen dafür verantwortlich. Nun war die Forderung nicht mehr fern, die Entfernung progressiver Journalisten, Lehrer und Hochschullehrer zu betreiben. Entsprechend verfuhren CDU-Vertreter in Bund und Ländern: Dregger in Hessen, Rollmann in Hamburg, Müller-Herrmann in Bremen. Sie wußten, daß es einen gemeinsamen antikommunistischen Strang mit der SPD-Führung gab. Hatten doch der SPD-Parteirat am 14. 11. 1970 und die SPD-Führungsgremien im Februar 1971 einen antikommunistischen Grundsatzbeschluß gefaßt, der ein Zusammenwirken von Kommunisten und Sozialdemokraten in gemeinsamen Aktionen unterbinden sollte. Aus diesem Geiste wurde der Beschluß der Ministerpräsidenten vom 28. 1. 1972 geboren, der Mitglieder der DKP, SDAJ, des MSB Spartakus als erste, bald aber auch Jusos, parteilose Demokraten und alle diejenigen vom öffentlichen Dienst ausschließen sollte, die sich den Integrationsbemühungen entzogen. Einige Zeitungsverleger und die Evangelische Kirche Deutschlands (EKD) zogen bald nach.

Wohlgemerkt: Daß besonders die meinungs- und bewußtseinsbildenden Bereiche (Schule, Hochschule, Presse, Kirche) betroffen waren, zeugt von der großen und breiten Veränderung des Bewußtseins vieler Lehrer, Dozenten, Journalisten und Pfarrer. Nicht zufällig ist gerade unter ihnen, einstmals Stützen des Monopolkapitals in der Phase des Kalten Krieges, in den letzten Jahren die gewerkschaftliche Organisation angewachsen. Gerade diese Gruppen sind es, die das Bündnis mit der Arbeiterklasse suchen und demokratische Alternativen verbreiten helfen. Es zeugt aber auch von der Defensive, in der sich das

---

* BDI, Capital 6/71, S. 6/7.

Monopolkapital befindet, und von der Unsicherheit, ob der von der regierenden SPD/FDP-Koalition angebotene Kurs letztendlich erfolgreich sein wird. So ist als neue Strategie zu verzeichnen, daß Integration und Repression nebeneinander betrieben werden, daß „mehr Demokratie wagen" (W. Brandt) und Entfernung Unbequemer aus dem Beruf gleichzeitig postuliert, daß Verhandeln mit Kommunisten aus der UdSSR, der DDR und der VR Polens einerseits und Verfolgung von Kommunisten in der BRD andererseits praktiziert wird.

Aber anders als in den 50er Jahren regte sich sofort überall dort Widerstand, wo „Fälle" bekannt wurden.

Zunehmend wird der Widerspruch gesehen zwischen einer Außenpolitik, die zu Entspannung und Koexistenz beiträgt, und einer Innenpolitik, die Position und Einfluß der Reaktion stärkt. Eine unübersehbare Fülle von Stellungnahmen von Gewerkschaften, kirchlichen und universitären Kreisen, Abgeordneten, Jugend- und Studentenverbänden gegen die Berufsverbote liegt vor. Tausende von Beratungen, hunderte von Demonstrationen gegen die Ministerpräsidentenbeschlüsse fanden seitdem statt.

Im Verlaufe dieser breiten demokratischen Bewegung wurde immer deutlicher, daß unter das Stichwort „Berufsverbot" nicht nur die Maßregelungen im öffentlichen Dienst fallen. Auch im journalistischen und kirchlichen Bereich kamen „Fälle ans Licht, in denen politische Disziplinierung und Diskriminierung versucht wurden. Die Entlassung von acht Betriebsräten bei Hoesch – als Antwort der Unternehmensleitung auf Streikaktionen gedacht – rückte den Intellektuellen schlagartig ins Bewußtsein, daß gegen die Arbeiterklasse schon seit langem ein ganzer Katalog von Repressionsmaßnahmen entwickelt und praktiziert wurde. Ebenso aber wurde bewußt, daß die Arbeiterklasse Erfahrungen besaß, sich zu wehren: Solidarität hilft siegen, gewerkschaftliche Organisation und Disziplin sind ihre Voraussetzungen.

Horst Bethge / Erich Roßmann

2. Aufruf zur Hamburger Konferenz mit internationaler Beteiligung gegen Berufsverbote

Vor über einem Jahr haben die Ministerpräsidenten „Grundsätze zur Frage der verfassungsfeindlichen Kräfte im öffentlichen Dienst" verabschiedet. Dieser Beschluß hat historische Vorbilder und weckt böse Erinnerungen zum Beispiel an das Sozialistengesetz und den Adenauer-Erlaß. Die nach der Verabschiedung des Ministerpräsidentenbeschlusses bekannt gewordenen Fälle haben gezeigt, daß dieser Beschluß eindeutig gegen die Kräfte gerichtet ist, die für gesellschaftlichen Fortschritt eintreten: Bewerber werden abgelehnt, Verbeamtungen verweigert, Entlassungen verfügt. Manches spricht dafür, daß einige solcher Diskriminierungen bisher unbekannt geblieben sind. Nicht erfaßbar ist die Fülle von Einschüchterungen und Verunsicherungen, die über Schule, Hochschule und den öffentlichen Dienst hinaus in das gesamte Arbeitsleben Einzug gehalten hat.

Von Anfang an wurden schwerwiegende politische und rechtliche Bedenken gegen diesen Beschluß erhoben. Besonders in letzter Zeit verstärkt sich der Widerstand, dem sich immer breitere Kreise anschließen. Es wird nicht länger hingenommen, daß die aufgrund der historischen Erfahrungen vom Grundgesetz vorgeschriebene demokratische Ordnung der Bundesrepublik weiter eingeengt wird. Es liegen immer mehr Beweise dafür vor, daß die verfassungsmäßige Ordnung gerade von denen verletzt wird, die sich zu ihren Hütern erklären – und das mit der Behauptung, sie zu schützen.

Vorgänge in anderen Bereichen zeigen die gleiche Tendenz: Einengung der Möglichkeit der Austragung innerbetrieblicher Auseinandersetzungen, die Einengung des Rechts auf freie Meinungsäußerung für Arbeitnehmer durch das Urteil des Bundesarbeitsgerichtes vom 28. 9. 1972 („Maulkorb-Urteil"), die Forderung nach Einschränkung des Grundrechtes auf Kriegsdienstverweigerung, Versuche zur Ausdehnung der Berufsverbotspraxis auf die Kirchen und zur Einschränkung der Meinungsfreiheit für Journalisten.

Offensichtlich ist auch der Widerspruch zwischen einer Außenpolitik der Entspannung und einer Innenpolitik, die gerade diejenigen zu disziplinieren versucht, die sich besonders aktiv für diese Entspannung einsetzen. Insofern ist die gesamte europäische Öffentlichkeit betroffen. Es ist eine historische Erfahrung, daß das Vorgehen gegen Demokraten in Deutschland keine deutsche Angelegenheit allein ist, sondern eine Gefahr für Demokratie und friedliches Zusammenleben in Europa darstellt. In den westeuropäischen Demokratien wäre der Ministerpräsidentenbeschluß unmöglich.

Durch den jüngst gefaßten Beschluß von Ministerpräsidenten und Bundeskanzler, „die Erfahrungen mit dem Ministerpräsidenten-Beschluß auszuwerten", wird der ganze Komplex von juristischen und innen- wie außenpolitischen Fragen erneut diskutiert werden. Das Berufsverbot kann aber nicht in rechtsstaatliche Formen gebracht werden. Die Antwort kann nur sein:

– Der Grundsatzbeschluß muß fallen,
– ausgesprochene Berufsverbote müssen rückgängig gemacht werden,
– Berufsverbote und Diskriminierungen von Demokraten und Sozialisten im öffentlichen Dienst müssen aufhören.

Dies ist durch den breiten Widerstand der Öffentlichkeit zu erreichen.

Wir rufen deshalb die deutsche und internationale Öffentlichkeit zur Beteiligung an einer Konferenz am 12. Mai 1973 in Hamburg mit dem Thema: „Funktion und Folgen der antidemokratischen Berufsverbote in der BRD" auf.

Frankfurt, den 17. März 1973

26

Dieser Aufruf wurde bis zum 12. Mai 1973 von 12 768 Bürgern der BRD unterzeichnet. Darunter befinden sich:

- 385 Betriebs- und Gewerkschaftsfunktionäre
- 1072 Professoren, Dozenten und Pädagogen
- 31 Richter
- 287 Funktionäre von Jugend- und Studentenorganisationen sowie Asten der Hochschulen
- 181 Pfarrer beider Konfessionen
- 8 Abgeordnete der Landtage und des Bundestages
- 167 Schriftsteller, Journalisten, Künstler
- 273 Ärzte, Ingenieure, Architekten, Juristen, Unternehmer.

3. Begrüßungen (Auswahl)

Aus der Fülle der Begrüßungsschreiben von Abgeordneten, Organisationen, Gewerkschaftsgliederungen, Asten der Hochschulen, Professoren, Lehrern, Fachschaftsräten, Jungsozialistengruppen sowie der Solidaritätsschreiben aus dem Ausland wird hier nur eine Auswahl zitiert.

1. Bundesassistentenkonferenz (BAK)

Die Bundesassistentenkonferenz hat unmittelbar nach den Ministerpräsidentenbeschlüssen auf ihrer 9. Vollversammlung im Frühjahr 1972 mit mehr als zwei Drittel der Stimmen eine Resolution angenommen, in der es heißt:

„Die mit der Rezession von 1966 erstmalig in der Nachkriegszeit deutlich gewordenen Schwierigkeiten einer profitträchtigen Kapitalverwertung in der BRD führen seit dieser Zeit zu einem zunehmenden Zwang für die staatlichen Institutionen, die Verwertungsbedingungen des Kapitals gegen sich formierende Widerstände zu verteidigen. Insbesondere verstärkt sich der staatliche Zwang, durch politische Disziplinierungsmaßnahmen und Einschüchterungskampagnen die Ideologie einer klassenlosen Gesellschaft aufrechtzuerhalten und sowohl die Bewußtwerdung der Klassenstrukturen als auch die Organisierung der Arbeiterklasse und ihrer potentiellen Bündnispartner zu unterdrücken. Dabei sieht sich die herrschende Klasse zunehmend gezwungen, ihre eigene Ideologie einer demokratischen Gesellschaft in der BRD durch offenen Bruch des Grundgesetzes zu entlarven."

Die überwältigende Mehrheit der damaligen Delegierten sah in diesem Zusammenhang ein breit gefächertes Instrumentarium, das staatlicherseits zur Disziplinierung eingesetzt wurde. Dieses Instrumentarium reicht über die direkten Berufsverbote bei Angehörigen von kommunistischen oder sozialistischen Organisationen, über Sicherheitsüberprüfungen mit Hilfe des Verfassungsschutzes, über die bewußte Kriminalisierung politisch Andersdenkender durch Massenmedien bis zur Verschärfung der Ausländergesetzgebung.

Berufsverbote haben also nicht nur die Aufgabe, Angehörige unserer freiheitlich-demokratisch strukturierten Gesellschaft zu disziplinieren — wobei immer unterstellt wird, die Betroffenen hätten vorgeblich den Toleranzspielraum dieser Gesellschaftsordnung überschritten. Berufsverbote haben in ihrer qualitativen Auswirkung vor allem auch die Funktion, sich artikulierende Kritik bereits in ihrem Anfangsstadium zu unterdrücken. Es wird damit in der Tendenz ein Klima permanenter Angst geschaffen, das dem Denunziantentum Tür und Tor öffnet.

Es kann deshalb nicht darum gehen, die sogenannten Extremistenbeschlüsse zu perfektionieren oder zu relativieren; es kann nur um ihre ersatzlose Streichung gehen.

Die Bundesassistentenkonferenz begrüßt deshalb jede Initiative, die wie dieser Kongreß ein deutliches Zeichen für die Betroffenen und die Öffentlichkeit setzt, daß wir uns gemeinsam gegen die Berufsverbote und ihre oben angesprochene Funktion aussprechen.

Wir sehen diese Konferenz in einer Reihe von lokalen und einzelnen überregionalen Aktivitäten und hoffen, daß es uns im Gefolge dieser heutigen Veranstaltung mit größter Akzentuierung möglich sein wird, solidarisch gegen die Berufsverbote und ihre Folgen vorzugehen.

2. Gewerkschaft Öffentliche Dienste, Transport und Verkehr (ÖTV) Hauptvorstand, Abteilung Wissenschaft und Forschung
Der Bundesvorstand der Abteilung Wissenschaft und Forschung der Gewerkschaft ÖTV sendet den Teilnehmern der Konferenz gegen Berufsverbote seine solidarischen Grüße. Er teilt ihre Besorgnis über die fortschreitende Aushöhlung demokratischer Grundrechte in der Bundesrepublik und hofft, daß von dem Kongreß entscheidende Impulse auf die öffentliche Meinung ausgehen und die verantwortlichen Politiker sich dadurch endlich gezwungen sehen, ihre Haltung gründlich zu revidieren.

3. Naturfreundejugend, Bundesjugendleitung

Die Bundesjugendleitung der Naturfreundejugend hat beschlossen, Euren Aufruf zu einer Konferenz mit internationaler Beteiligung gegen die Berufsverbote zu unterstützen. Personelle oder organisatorische Hilfe werden wir Euch leider nicht geben können, wir werden jedoch vor und nach der Konferenz alle Informationen möglichst weit verbreiten und unter unseren Mitgliedern für eine aktive Teilnahme werben.

4. Prof. Uta Ranke-Heinemann, Essen

Ich danke Ihnen sehr für Ihre Einladung. Leider bin ich durch einen Termin verhindert, zu kommen. Ich wünsche Ihnen aber für Ihre wichtige Aufgabe allen Erfolg.

5. Philipp Pless, SPD-Mitglied des Hessischen Landtages, Frankfurt/Main

Ich bedanke mich für Ihren Brief vom 19. 4. 73 betr. Hamburger Konferenz und Ihr Angebot an mich, als Gewerkschafter bei dieser Gelegenheit eine Ansprache zu halten. Leider findet am 12. Mai unser Kommunalpolitischer Parteitag statt, bei dem ich nicht fehlen kann. Ich bedaure daher, Ihr Angebot nicht annehmen zu können. Ich schließe mich freilich gerne dem Kreis der Aufruf-Unterzeichner an.

6. Werner Vitt, IG Chemie, Hannover

Bezugnehmend auf Ihr Schreiben vom 19. 4. 1973 muß ich Ihnen mitteilen, daß es mir leider nicht möglich ist, an der Konferenz gegen Berufsverbote am 12. 5. 1973 teilzunehmen. In der Zeit vom 9.–12. 5. 1973 findet eine Großveranstaltung unserer Organisation wegen der Tarifrunde Chemie, eine Klausurtagung des Hauptvorstandes und eine Betriebsrätekonferenz für den Bezirk Bayern in Marktredwitz statt. Auf diesen Veranstaltungen muß ich zu verschiedenen wichtigen Sachfragen Stellung beziehen, die ausschließlich in mein Aufgabengebiet fallen. Ich bitte deshalb um Verständnis, wenn ich Ihrer Einladung nicht nachkommen kann. Die Konferenz ist zweifellos von großer Bedeutung, zumal es darum geht, verfassungsrechtlich bedenkliche Entwicklungen durch eine demokratische Aktion zurückzudrängen.

7. Kurt Georgi, Gewerkschaft Holz und Kunststoff, Düsseldorf

... zu Ihrem Schreiben vom 19. 4. 1973 muß ich Ihnen leider mitteilen, daß ich an Ihrer Konferenz deshalb nicht teilnehmen kann, weil ich zur gleichen Zeit durch eine Betriebsräte-Konferenz unserer Geschäftsstelle in Schwäbisch-Hall anderweitig gebunden bin. Haben Sie bitte Verständnis dafür, daß ich aus dem gleichen Grund auch das mir angetragene Kurzreferat nicht übernehmen kann.
Ich wünsche Ihrer Konferenz einen guten Verlauf und besten Erfolg.

8. Willi Bleicher, IG Metall, Stuttgart

Daß ich sowohl Ihren Aufruf als auch die Aktion unterstütze, steht außer Zweifel. Ihrer Bitte, auf der Konferenz ein kurzes Referat zu halten, kann ich leider nicht entsprechen. Ich bin in dieser fraglichen Zeit auf einer Studienreise in Polen. Ihrer Tagung und der Aktion vollen Erfolg wünschend, verbleibe ich mit freundlichem Gruß ...

9. Sechzehn niedersächsische Theologen und kirchliche Mitarbeiter

... Eine lebendige Demokratie braucht aber Menschen, die bereit sind, sich für fortschrittliche Ziele zu engagieren. Darum werden durch die Berufsverbote alle Demokraten – gleich welcher politischen Herkunft – bedroht . . . Jetzt sind alle aufgerufen, sich dieser grundgesetzwidrigen Erscheinungen zu wehren und in allen Bereichen gesellschaftlichen Lebens auf die Erhaltung der im Grundgesetz verankerten Rechte zu drängen. Wir begrüßen und unterstützen deshalb aus christlicher Verantwortung die Konferenz in Hamburg und rufen zur solidarischen Teilnahme auf.

10. Prof. Wolfgang Abendroth, Frankfurt/Main

... ich bedaure sehr, aus gesundheitlichen Gründen nicht zur

Tagung kommen zu können. Denn sie bleibt trotz der Beschlüsse des sozialdemokratischen Parteitags dringend erforderlich. Der Parteitag von Hannover hat formell neue Richtlinien für die Durchführung der Berufsverbotsvereinbarung und eine neue Interpretation des Ministerpräsidentenbeschlusses vom 28. 1. 1972 gefordert, die die darin enthaltene „Vermutung" ablehnt, Mitglieder „radikaler" Parteien – gemeint ist vor allem die DKP – oder Organisationen – gemeint sind hier SDAJ, MSB Spartakus und VVN – seien, ohne daß es weiterer Beweise bedürfe, Gegner der „freiheitlich-demokratischen Grundordnung" im Sinne des Grundgesetzes und deshalb zum öffentlichen Dienst nicht zuzulassen oder daraus zu entfernen; ferner sollen – wie es das Grundgesetz verlangt – bestimmte Reste rechtsstaatlichen, nämlich disziplinar- und verwaltungsrechtlichen Schutzes, zugunsten der so Benachteiligten eingebaut werden. Damit hat auch der Parteitag der SPD praktisch zugegeben und zugeben müssen, daß der Bundeskanzler und die Ministerpräsidenten der Länder ursprünglich bei der Formulierung dieses Beschlusses unter dem Vorwand, das Grundgesetz schützen zu wollen, das gleiche Grundgesetz grob verletzt hatten, um den beruflichen Aufstieg kritisch gewordener Teile der jungen Generation zu verhindern.

Aber durch diesen Beschluß ist diese Gefahr der Aushöhlung der demokratischen Rechte in der BRD noch nicht abgewendet worden. Erstens deshalb nicht, weil dieser Parteitagsbeschluß weder den Ministerpräsidentenbeschluß noch die Praxis seiner Ausführung verändert. Hat etwa z. B. – um nur einen Fall zu erwähnen – auch nur das sozialdemokratisch geleitete Bundesland Bremen jenen Beschluß aufgehoben, den bereits berufenen Professor Dr. Holzer, dessen Parteimitgliedschaft in der DKP als einziger Vorwand für diese Reaktion genommen wurde, nicht zum Professor zu ernennen? Zweitens darum nicht, weil, selbst wenn Bundesregierung und Regierungen der Länder sich dieser Entscheidung des Parteitags der SPD anschließen würden, die Schwammigkeit und Unbestimmtheit aller darin verwendeten Begriffe, die jeder willkürlichen Interpretation zugänglich sind, auch künftig jede Chance zur Behinderung des Berufswegs kritisch-demokratisch, sozialistisch oder kommunistisch denkender junger Menschen eröffnet. Da die Vorurteile eines großen Teils der Ministerialbürokratie, die hier alle Entscheidungen vorbereitet, und eines (trotz manchen erfreulich objektiven Verwaltungsgerichtsurteils) erheblichen Teils der Verwaltungsrichter in einem postfaschistischen Land allzu bekannt sind, bliebe also die Bedrohung (und dadurch auch die Einschüchterung) dieser fortschrittlichen Kräfte selbst dann bestehen, wenn der Parteitagsbeschluß der SPD durchgesetzt würde.

Deshalb behält Ihre Konferenz ihre große Bedeutung. Der bisherige Kampf gegen den Ministerpräsidentenbeschluß hat schon den halben Rückzug des Bundeskanzlers in Richtung auf das Normensystem des Grundgesetzes, das er verletzt hatte, zur Folge gehabt. Er ist also nicht resultatlos geblieben und aussichtslos. Er muß weitergeführt werden, bis die Sicherung der demokratischen Rechte und des Grundgesetzes durch die volle Aufhebung des Ministerpräsidentenbeschlusses erreicht ist. Gelingt es, auch die internationale Solidarität aller demokratischen Kräfte zu mobilisieren, wird auch das möglich sein. Indem auf diese Weise die Demokratie in der BRD wirklich geschützt wird – gegen diejenigen, die unter dem Vorwand, sie schützen zu wollen, ihre praktische Wirksamkeit unterwandern –, wird auch das Interesse der anderen europäischen Nationen, die in demokratischen Staaten leben, an der Sicherung des Friedens gewahrt. Man soll die Lehren der Geschichte niemals vergessen. Als in der Weimarer Republik einst durch das Eingreifen des Kabinetts Hermann Müller gegen den Metallarbeiterstreik die damaligen Rechtsnormen langsam ins Gleiten gerieten, war auf dem Weg über Brüning und Papen kein Halten mehr, bis Hitler kam. Die BRD ist der wirtschaftlich und militärisch stärkste Staat im westlichen Europa. Jedes Volk in Europa muß wissen, daß alles getan werden muß, um Demokratie und soziale Rechtsstaatlichkeit in der BRD durchzusetzen, wenn die Gefahr neuer Katastrophen für immer ausgeschaltet werden soll.

In diesem Sinne wünsche ich Ihrer Konferenz vollen Erfolg.

11. Verbond van Wetenschappelijke Onderzoekers, Utrecht

Der „Verbond van Wetenschappelijke Onderzoekers" (Verband von Wissenschaftlern), in dem rund 1000 progressive Wissenschaftler in den Niederlanden organisiert sind, unterstützt völlig Ihren Protest gegen ausgesprochene Berufsverbote und beabsichtigte Legalisierung der Diskriminierung von Demokraten und Sozialisten im öffentlichen Dienst. Wir unterschreiben gerne Ihnen Aufruf gegen Berufsverbote, der uns erinnert an unsere eigene Aktivität vor zehn Jahren, als wir uns den Praktiken und Prinzipien der politischen Antezedentenprüfung („politiek antecedentenonderzoek") bei Bewerbungen um den öffentlichen Dienst widersetzt haben.

12. GEW-Kreisverband München, Fachgruppe Hochschulen

Die Fachgruppe Hochschulen des Kreisverbandes München der GEW begrüßt die Initiative zu dem Kongreß gegen Berufsverbote ... Wir hoffen, daß der Kongreß zur Solidarität aller politischen Kräfte, die die Demokratie in der Bundesrepublik noch nicht für durchgesetzt halten, beiträgt. Ihr gemeinsames Handeln ist die Voraussetzung für den Erfolg im Kampf für die *Abschaffung* des Berufsverbots.

13. Landeskonferenz der Industriejugend- und Berufsschülerarbeit in der Evangelisch-Lutherischen Kirche in Bayern

Die Jugendbildungsreferenten der Industriejugend- und Berufsschülerarbeit in der Evang.-Luth. Kirche in Bayern haben auf ihrer Landeskonferenz vom 7./8. Mai in Prackenfels/Altdorf den „Aufruf zu einer Konferenz mit internationaler Beteiligung gegen Berufsverbote" ausdrücklich begrüßt. Sie sind der Auffassung, daß der Ministerpräsidentenbeschluß vom 28. 1. 72 eine Entwicklung eingeleitet hat, die nicht nur die Freiheit der Berufswahl und Berufsausübung in Frage stellt, sondern auch die Bestrebungen einer fortlaufenden Demokratisierung unserer Gesellschaft gefährdet. Deshalb schließen sich die Jugendbildungsreferenten den Forderungen im Aufruf zur Konferenz am 12. Mai 1973 in Hamburg an.

14. Gewerkschaft Erziehung und Wissenschaft, Hamburg

Die Gewerkschaft Erziehung und Wissenschaft, Landesverband Hamburg, begrüßt die Initiative, die zur „Hamburger Konferenz gegen Berufsverbote am 12. 5. 1973" führte.

Die Achtung vor den im Grundgesetz konkretisierten Grundrechten schließt alle Beschränkungen der Freiheitsrechte ohne Entscheidung des Bundesverfassungsgerichts aus. Deshalb gewährt die GEW Rechtsschutz gegen Verwaltungsmaßnahmen, die in die grundrechtlich geschützte Sphäre des einzelnen eingreifen.

Die Hamburger Konferenz könnte ausgehend von konkreten Fällen in der Bundesrepublik Deutschland die rigorosen Berufsverbote in Ost und West aufgreifen, sie dokumentieren, um zu einer Solidarisierung von Gewerkschaftlern gegen staatliche Willkür zu kommen. Dabei wird es entscheidend sein, ob es gelingt, überall demokratische Kontrollen der Regierungen einzurichten, damit die Bürger durch unabhängige Richter ihre Rechte einklagen können.

15. Prof. Dr. Gerald Grünwald, Bonn

Ich begrüße die Hamburger Konferenz und ihre Zielsetzung. Sie ist ein wichtiger Beitrag zur Aufklärung der Öffentlichkeit darüber, daß die angeblich zum Schutze der freiheitlich-demokratischen Grundordnung erlassenen Ministerpräsidentenbeschlüsse eben diese Ordnung gefährden, indem sie nonkonformistische Meinungen und für die Entfaltung der Demokratie engagierte Menschen diskriminieren und der Verdächtigung aussetzen, ein Klima der Gesinnungsschnüffelei und der Einschüchterung schaffen und den Spielraum der Auffassungen, von dem der demokratische Staat lebt, unerträglich einengen. Ich wünsche der Konferenz den Erfolg, daß sie im Verein mit den gleichgerichteten Initiativen die Beseitigung der Berufsverbote bewirkt.

16. James Sillars, Member of Parliament, House of Commons, London

Im Namen der Tribune Group of Members of Parliament sende ich Ihnen dieses Solidaritätsschreiben für Ihre Konferenz. Wir sind sehr betroffen, erfahren zu müssen, daß zahlreiche junge Demokraten, die während der letzten Jahre an verschiedenen linksgerichteten politischen Aktivitäten teilgenommen haben, vom öffentlichen Dienst ausgeschlossen werden, einschließlich des Lehrerberufs in der Bundesrepublik Deutschland. Wir wünschen Ihrer Konferenz vielen Erfolg. Ich wäre erfreut, wenn Sie mich über die weitere Entwicklung auf dem laufenden halten würden.

17. Aktionszentrum Hamburger Jugendverbände
Die heute, am 12. Mai 1973, tagende Delegiertenkonferenz des Aktionszentrums Hamburger Jugendverbände, der Zusammenschluß von DGB-Jugend, DAG-Jugend und SJD „Die Falken", sendet der internationalen Konferenz gegen Berufsverbote solidarische Grüße. Die Delegiertenkonferenz des Aktionszentrums wendet sich entschieden gegen die Berufsverbote, die einen staatlichen Verfassungsbruch darstellen und sich fast ausschließlich gegen fortschrittliche Kollegen im öffentlichen Dienst richten.

In einer Reihe mit diesen Berufsverboten stehen die Versuche der Unternehmer, aktive Jugendvertreter und junge Betriebsräte nach Ende ihrer Ausbildungszeit nicht weiterzubeschäftigen und damit eine konsequente Interessenvertretung in den Betrieben zu verhindern.

Wir fordern: Weg mit den Berufsverboten! Her mit einem wirksamen Kündigungsschutz für Jugendvertreter und Betriebsräte!

18. Herta Däubler-Gmelin, MdB
Leider kann ich wegen anderer terminlicher Verpflichtungen nicht an dem Kongreß teilnehmen, doch übersende ich den Teilnehmern des Kongresses meine besten Grüße. Der Ministerpräsidentenbeschluß, seine Ausführungsbestimmungen in den einzelnen Ländern und die heute bei der Einstellung von Bewerbern für den öffentlichen Dienst geübte Praxis sind untragbar. Durch sie drohen unserer freiheitlich-demokratischen Grundordnung neue Gefahren. Sie gilt es zu bekämpfen.

19. Hochschulrat der Hochschule für Wirtschaft und Politik Hamburg – Beschluß vom 10. 5. 1973

Der Hochschulrat der Hochschule für Wirtschaft und Politik, Hamburg, hat bereits am 7. Oktober 1971 aufgrund des fast einstimmigen Beschlusses einer Vollversammlung den Senat der Freien und Hansestadt Hamburg aufgefordert,

– „seine Grundsatzerklärung (zu) korrigieren, in der er festgestellt hat, daß die Ernennung zum Beamten auf Lebenszeit bei politischen Aktivitäten des Bewerbers in links- oder rechtsradikalen Gruppen unzulässig sei,

und

– künftig bei seinen Einstellungsentscheidungen die politischen Meinungen und Aktivitäten Andersdenkender (zu) tolerieren, solange diese sich nicht individuell, konkret und nachweisbar für die Abschaffung der demokratischen Grundprinzipien des Grundgesetzes (Menschenrechte, Rechtsstaat, Demokratie) einsetzen".

Inzwischen ist ein Ministerpräsidentenbeschluß gleicher Richtung ergangen, der bereits wegen seines Inhalts als verfassungswidrig anzusehen ist und dessen Anwendung auf Einzelfälle zeigte, daß nicht nur Inhalt, sondern auch Praktizierung des Beschlusses als verfassungswidrig zu bezeichnen sind.

Aus diesem Grunde begrüßt der Hochschulrat, daß weite Teile der Öffentlichkeit bis in die Betriebe hinein gegen diese verfassungswidrige Rechtspraxis zunehmend Widerstand leisten.

Er fordert alle Hochschulangehörigen auf, sich

– am Freitag, dem 11. Mai 1973 an der Demonstration unter dem Motto „Weg mit den Berufsverboten" zu beteiligen

und

– am Sonnabend, dem 12. Mai 1973, an der Konferenz mit dem Thema „Funktion und Folgen der antidemokratischen Berufsverbote in der BRD" teilzunehmen.

20. Bund demokratischer Lehrer und Erzieher Österreichs

Erblicken in Zielen Ihrer Konferenz Anliegen der Demokraten aller Länder. Wünsche Erfolg.

21. Fachhochschule Hamburg, Präsidialverwaltung

In seiner 20. Sitzung am 19. 4. 1973 stellte der Fachhochschulsenat zum „Extremistenbeschluß" fest: Entsprechend den Vorschriften der Beamtengesetze ist Voraussetzung für die Tätigkeit im öffentlichen Dienst das Bekenntnis und die Bereitschaft zum jederzeitigen Eintreten für die freiheitlich-demokratische Grundordnung im Sinne des Grundgesetzes. Die Mitgliedschaft in einer politischen Organisation, die nicht durch die zuständigen Organe in verfassungskonformer Weise (Urteil des Bundesverfassungsgerichts/Verbot durch Innenminister) verboten ist, ist kein ausreichendes Kriterium, einen Bewerber von der Einstellung in den Staatsdienst auszuschließen. Die Ablehnung eines Bewerbers sollte nur möglich sein, wenn ihm durch Benennung konkreter und nachprüfbarer Tatsachen verfassungswidriges Verhalten nachgewiesen ist. Wird ein Bewerber für den öffentlichen Dienst abgelehnt, sollte ihm hierfür eine Begründung unter Einschluß der sie tragenden Tatsachen schriftlich mitgeteilt werden.

Der Fachhochschulsenat begrüßt die „Konferenz mit internationaler Beteiligung gegen Berufsverbote" und wünscht der Konferenz klärenden Erfolg zur Problematik des „Extremistenbeschlusses".

22. Aktion Sühnezeichen, Friedensdienste e. V., Berlin

Die Mitgliederversammlung und der Vorstand der Aktion Sühnezeichen/Friedensdienste haben mich beauftragt, Ihrer „Konferenz gegen Berufsverbote" am 12. 5. 1973 die Verbundenheit der Aktion Sühnezeichen/Friedensdienste zu erklären.

Auch wir sehen in den auf der Konferenz der Innenminister und der Beratung der Ministerpräsidenten mit Bundeskanzler Willy Brandt am 27. und 28. Juni 1972 verabschiedeten „Grundsätze zur Frage der verfassungsfeindlichen Kräfte im öffentlichen Dienst" eine Gefährdung der im Grundgesetz festgelegten demokratischen Rechte und einen bedauerlichen Widerspruch zu dem von Bundeskanzler Willy Brandt in seiner ersten Regierungserklärung abgelegten Versprechen, „mehr Demokratie wagen" zu wollen.

Die Aktion Sühnezeichen/Friedensdienste, die ihre Wurzeln vor allem im christlichen Widerstand gegen die Verbrechen des deutschen Faschismus sieht, ist in dieser Frage besonders betroffen durch die Erinnerung an das von Hitler im Juli 1933 unterzeichnete „Gesetz zur Wiederherstellung des Berufsbeamtentums", das damals durch Gesinnungsschnüffelei und Terror zu faschistischer Gleichschaltung führte. Die Erfahrungen dieser Vergangenheit verpflichten uns heute, den Anfängen zu wehren und die durch das Grundgesetz gegebenen demokratischen Rechte mit allen unseren Kräften zu schützen.

23. Karl-Heinz Walkhoff, MdB, Münster
Ich wünsche Ihrem Kongreß einen guten Verlauf. Möge er ein Beitrag dazu sein, der Öffentlichkeit die Gefahr für unsere Demokratie zu verdeutlichen, die sich daraus ergibt, daß Vertreter politischer Minderheiten zu Bürgern zweiter Klasse degradiert und Kritiker unserer gesellschaftlichen Ordnung als Verfassungsfeinde abgestempelt werden.

24. Prof. Dr. Ulrich Sonnemann, München
. . . Beifolgende Dokumentation, die von Bernt Engelmann und mir für das PEN-Zentrum Bundesrepublik Deutschland und im Namen seines Justizkritischen Ausschusses ausgearbeitet wurde, enthält vielleicht zusätzliche Argumente, die die Verhandlungen bereichern könnten.
Ich wünsche der Konferenz sehr viel Erfolg . . .

4. Referate

Die folgenden Beiträge wurden für die Hamburger Konferenz mit internationaler Beteiligung gegen die Berufsverbote verfaßt und am 12. Mai 1973 im Congreß-Centrum von den Referenten selber vorgetragen. Lediglich Mogens Camre und Gerd Petersen waren verhindert. Dr. Fritz Hanacik gab seinen Beitrag aus zeitlichen Gründen zu Protokoll. Nähere Angaben zur Person der Referenten am Ende des Bandes.

Dr. Richard Bünemann
Eröffnung

Im Namen des Organisationsausschusses der Konferenz gegen Berufsverbote begrüße ich Sie alle recht herzlich, besonders aber unsere ausländischen Gäste. Als Eröffner dieser demokratischen Veranstaltung verzichte ich bewußt darauf, irgend jemanden persönlich zu begrüßen. Damit möchte ich zum Ausdruck bringen, daß es sich hier um eine Gesellschaft der Freien und Gleichen handelt; außerdem wäre die Frage des Protokolls sehr langwierig und schwierig.

Der Organisationsausschuß und die Initiatoren dieser Konferenz haben mit einer starken Resonanz für unsere Veranstaltung und für unsere Initiative gerechnet, und ich bin sicher, im Laufe des Vormittags wird dieser Saal auch noch gefüllt, denn nach dem Ausmaß der Unterstützung, der Unterschriftensammlung, die bereits – wenn ich richtig informiert bin – gestern Nachmittag über 10 000 hinausging, ist diese Resonanz noch stärker geworden, als wir erwartet haben. Wir stellen mit Zufriedenheit fest, daß ein wachsender Solidarisierungsprozeß im Gange ist mit unserem Kampf gegen die Berufsverbote.

Diese Konferenz ist eine bundesweite Bürgerinitiative von Menschen unterschiedlicher politischer Anschauungen und Bindungen. Ganz gleich, woher wir kommen: Uns alle vereint die aktive Opposition gegen den verfassungswidrigen Ministerpräsidentenbeschluß, gegen den sogenannten „Extremistenbeschluß", den wir aus rechtsstaatlichen Gründen, weil er mit unserem Grundgesetz unvereinbar ist, entschieden ablehnen. Wir wollen alle Verantwortlichen in Staat und Gesellschaft und die gesamte Öffentlichkeit aufrütteln, mit uns diesen Rechtsstaat zu verteidigen.

Wir sind mit unserer Konferenz nach Hamburg gegangen, weil der Regierung dieses Bundeslandes, dem Hamburger Senat, leider der traurige Ruhm gebührt, als Vorreiter den unseligen Ministerpräsidentenbeschluß initiiert zu haben. Wir wollen den Vätern dieses verfassungswidrigen Beschlusses damit zeigen, daß wir nicht ruhen und rasten werden, bis ihr Machwerk vom Tisch ist.

Wir haben unsere ausländischen Gäste aus zwei Gründen eingeladen: Erstens um sie über das, was bei uns geschehen ist, genau zu informieren, denn für Europa kann es im Lichte der geschichtlichen Erfahrung nicht gleichgültig sein, was in der Bundesrepublik Deutschland auf diesem Gebiet geschieht; zweitens aber möchten wir von unseren ausländischen Gästen gerne hören, wie sie zu Hause in ihren Heimatländern mit den Bürgern umgehen, die bei uns als „Radikale" oder „Extremisten" bezeichnet werden. Vielleicht können uns die Erfahrungen von Ländern mit älterer demokratischer Tradition dabei helfen.

Auch nach dem SPD-Parteitag von Hannover – und das sage ich als Sozialdemokrat – ist diese Konferenz nach wie vor notwendig; denn wenn der Parteitag von Hannover auch eine starke und wachsende Opposition innerhalb der SPD gegen den Ministerpräsidentenbeschluß gezeigt hat (eine beachtlich starke Gruppe), so hat er den Ministerpräsidentenbeschluß dennoch leider nicht aufgehoben, sondern nur verändert und präzisiert, immerhin – wie ich meine – ein wesentlicher Vorgang, den niemand übersehen und unterbewerten sollte. Worauf es nun aber ankommt, ist, daß zunächst der Beschluß von Hannover ausgeführt wird. Er beinhaltet auch eine Überprüfung aller Einzelfälle nach rechtsstaatlichen Kriterien. Wir warten darauf, daß diese Überprüfung der Einzelfälle möglichst bald geschieht, und wir erwarten von den sozialdemokratischen Ministerpräsidenten, daß sie den Beschluß von Hannover auch in der Konferenz der Innenminister und Ministerpräsidenten durchsetzen, damit der Extremistenbeschluß auch in den CDU-geführten Ländern vom Tisch kommt.

Abschließend möchte ich hier noch mit aller Deutlichkeit betonen, daß wir Gegner der Berufsverbote uns nicht von staatlichen Stellen diffamieren lassen. Ich meine damit die abwertenden Äußerungen und falschen Behauptungen des Leiters des Bundesamtes für Verfassungsschutz, ausgerechnet noch dazu in der Springer-Presse!

Wir weisen eine derartige Diffamierungspolitik auf das schärfste zurück. Es gehört in unserem Rechtsstaat überhaupt nicht zu den gesetzlichen Aufgaben des Verfassungsschutzes, sich in der Öffentlichkeit über legitime demokratische Veranstaltungen in der erfolgten Weise zu äußern. Gerade das Bundesamt für Verfassungsschutz muß seine gesetzlichen Grenzen peinlich genau beachten, sonst wird der Bürger mißtrauisch.

Damit, liebe Freunde, schließe ich meine Begrüßung und wünsche dem Verlauf der Konferenz und ihrer Ausstrahlung einen Erfolg.

Prof. Dr. Gerhard Stuby
Funktion und Folgen der antidemokratischen Berufsverbote in der BRD

I. Zur aktuellen Lage

Die Ministerpräsidentenbeschlüsse vom 28. 1. 1973 sind nunmehr über ein Jahr alt. Proteste, Unterschriftensammlungen, Demonstrationen und andere Aktionen von Privatpersonen, demokratischen Organisationen in allen gesellschaftlichen Bereichen können schon gar nicht mehr aufgezählt werden. Am 14. April fand eine machtvolle Demonstration von annähernd 20 000 Bürgern in Dortmund statt.

Nach zahlreichen Beschlüssen auf unterer Parteiebene rang sich nach langen Diskussionen der Parteitag der SPD dazu durch, bestimmte Modifikationen gegenüber den Ministerpräsidentenbeschlüssen zu fordern.

Mitgliedschaft in einer nicht verbotenen Partei oder Organisation soll kein Hinderungsgrund mehr für den öffentlichen Dienst sein. Demgegenüber wird die Überprüfung jedes einzelnen Falles verlangt. Ablehnungsgründe sollen in Zukunft schriftlich mitgeteilt werden. Auch im Bereich des öffentlichen Dienstes müsse die verfassungsrechtlich garantierte Vielfalt von Meinungen erhalten bleiben, damit eine Verengung des Freiheitsraumes vermieden wird und für weiterführende Ideen und Initiativen, die auf nicht gewaltsame Veränderung im Rahmen des Grundgesetzes gerichtet sind, Platz bleibt.

Ich möchte mich im Augenblick nicht darüber auslassen, inwieweit hier gegenüber den Ministerpräsidentenbeschlüssen wirklich eine Modifikation vorliegt – ich habe meine Zweifel, aber Kollege Ridder wird das im einzelnen noch darlegen. Feststellen kann man jedenfalls, daß sich an der Praxis des Berufsverbotes und seiner Handhabung durch die Administrative in keinem von der SPD geführten Bundesland etwas geändert hat. Im Gegenteil, die CDU hat in Nordrhein-Westfalen das Berufsverbot zum ersten Mal gegen einen Funktionär der SPD angewandt. Die CDU-Mehrheit im Rat der 28 000 Einwohner zählenden Stadt Greven bei Münster lehnte die Anstellung des Volksschullehrers Hans Heilker ab, weil er Vorsitzender der Jusos der Stadt war.

Wenn die Gegner des Berufsverbotes in ihren Aktionen auch nie, wie es Herbert Wehner behauptete, pauschal gegen den Ministerpräsidentenbeschluß vorgegangen sind, indem sie Sozialdemokraten, Kommunisten, Gewerkschafter und Unorganisierte in einen Topf warfen, im Gegenteil die verschiedenen politischen Standorte der Betroffenen nicht verwischt haben, so bestätigt sich doch an diesem Fall in eindeutiger Klarheit die geschichtliche Erfahrung, daß die Disziplinierung von Kommunisten stets eine Disziplinierung aller Demokraten zur Folge hat. Angesichts der nicht nur nicht veränderten, sondern der sich sogar verschärfenden Praxis des Berufsverbotes ist die Feststellung von Herbert Wehner (Kieler Nachrichten vom 4. 5. 1973), die SPD dürfe keine Zeit damit verlieren, Kampagnen zu führen, die am Ziel vorbeigingen (es fragt sich, an welchem?), dies sei Zeitvergeudung, einigermaßen verwunderlich.

Vergegenwärtigt man sich die täglich steigende Hetze der Reaktion in der bürgerlichen Presse gegen die demokratischen Kräfte, vor allem gegen die DKP, in der der FDP-Minister der sozial-liberalen Koalition, Genscher, und sein parlamentarischer Staatssekretär Baum die nötige Munition zur Verfügung stellen, indem sie die Verfassungswidrigkeit der DKP unter Berufung auf das KPD-Urteil des Bundesverfassungsgerichts von 1956 behaupten, so erstaunt die Feststellung Wehners noch mehr.

Welche Funktion mißt die gegenwärtige SPD-Führung eigentlich dem Parteitagsbeschluß vom April zu? Soll nach ihrer Meinung durch ihn überhaupt etwas geändert werden? Dann müßten doch demokratische Aktionen, die solches fordern, willkommen sein, z. B. auch unsere heutige Konferenz, deren breites Spektrum ja nichts zu wünschen übrig läßt.

Angesichts der allergischen Reaktionen gegenüber solchen Aktivitäten könnte man jedoch den Verdacht hegen, für die SPD-

Führung habe der Parteitagsbeschluß lediglich Auffang- und Abblockfunktion solcher Aktivitäten gehabt. Nun mag die SPD-Führung dem Parteitagsbeschluß wohl diese Aufgabe zugemessen haben, vielleicht zeitweilig sogar in Teilen der Partei bis hin zum Juso-Vorstand Erfolg gehabt haben. Ihre eigene Aktivität jedoch – ich erinnere an die Bestätigung des Antikommunismusbeschlusses durch den Parteivorstand – wie die Inaktivität der SPD-Länder, an der Praxis des Berufsverbotes etwas zu ändern, und nun zu guter Letzt die neue Stoßrichtung der CDU gegen SPD-Mitglieder selbst machen diese Auffangfunktion des Parteitagsbeschlusses zunichte. Das beweist auch das breite Echo, das unsere heutige Konferenz auch bei maßgeblichen Funktionären der SPD gefunden hat.

Um die geschilderten Phänomene über das Erstaunen hinaus zu begreifen, müssen wir aber etwas tiefer ansetzen. Wir haben die Frage nach der sozialen Funktion antidemokratischer Berufsverbote zu stellen, um ihre Folgen richtig einzuschätzen und unsere Gegenmaßnahmen richtig ansetzen zu können.

Ich möchte meine Betrachtung in vier Schritten vollziehen.

1) Welche innen- und außenpolitische Situation bestand bei Erlaß der Ministerpräsidentenbeschlüsse im Januar 1972, wie hat sich die Situation inzwischen entwickelt?

2) Welche rechtliche und politische Funktion erfüllen die Ministerpräsidentenbeschlüsse?

3) Wie sieht die Realität des Berufsverbotes und der demokratische Kampf hiergegen aus?

4) Welche weiteren Perspektiven stellen sich für den demokratischen Kampf?

Für viele werde ich mich in meinen folgenden Ausführungen wiederholen müssen.

II. Ausgangssituation

Daß der Ministerpräsidentenbeschluß gerade zu diesem Zeitpunkt zustande kam, beruht auf einer gewissen Zuspitzung der außen- und innenpolitischen Situation der BRD. Es standen zwei Problemkomplexe im Vordergrund der Diskussion: die von der sozial-liberalen Koalition gegenüber den sozialistischen Staaten eingeleitete Entspannungspolitik und die Problematik der sogenannten inneren Reformen. Sie reichten von Stabilitätserhaltungsversuchen im Bereich der Wirtschafts- und Finanzpolitik über verschiedene Anläufe, die Bereiche Forschung und Bildung neu zu organisieren – ich erinnere an den Hochschulrahmengesetzentwurf – bis hin zu weiterem Ausbau des Polizeistaatsinstrumentariums. Notstandsübungen unter dem Vorwand, die anarchistische Baader-Meinhof-Gruppe zu verfolgen, mußten dafür herhalten, im öffentlichen Bewußtsein einen Rückhalt für derartige Maßnahmen zu finden. Obwohl die Wahrheit historisch ist, wechselt sie jedoch nicht mit den Tagesereignissen. Zudem muß sie in den Köpfen der Menschen existieren, um wirken zu können. Sie muß also, um mit Brecht zu sprechen, „durch List und Wiederholung" verbreitet werden.

Die staatlichen Maßnahmen in diesen Bereichen spiegeln die wachsenden inneren ökonomischen und sozialen Schwierigkeiten wider, denen die Bundesrepublik zunehmend ebenso ausgesetzt ist wie andere kapitalistische Länder. Daß man heute keines der inneren Probleme der kapitalistischen Länder mehr erklären kann, ohne die Bedeutung der Herausbildung eines sozialistischen Weltsystems nach dem 2. Weltkrieg und das Wachsen der nationalen Befreiungsbewegung einzubeziehen, braucht hier wohl nicht besonders betont zu werden. Das System des Monopolkapitalismus in den westlichen Ländern, dessen integralen Bestandteil die BRD darstellt, agiert nicht mehr allein. Es muß, soweit es dazu überhaupt imstande ist, durch seine Repräsentanten in Politik und Wirtschaft mehr und mehr auf die Entwicklungen im Sozialismus reagieren, in ökonomischer, wissenschaftlich-technischer, politischer und ideologischer Beziehung. Insbesondere in kapitalistischen Ländern mit einer gut organisierten Arbeiterklasse und einer starken gewerkschaftlichen und politischen Arbeiterbewegung stellt sie das raschere Wirtschaftswachstum der sozialistischen Länder, ihre Freiheit von Krisen, Arbeitslosigkeit und sozialer Unsicherheit vor immer größere Probleme. Tendenziell ist die Bundesrepublik von dieser Entwicklung ausgenommen.

Auf die besonderen Entwicklungsbedingungen in der BRD nach 1949 kann hier nicht näher eingegangen werden. Für unser Thema ist jedoch die Feststellung wichtig, daß die sozialökonomische und politische Ausnahmesituation in der BRD zunehmend zurückging und sich seit der Krise von 1966/67 auf der ganzen Linie ein Angleichungsprozeß an die Situation in anderen kapitalistischen Ländern vollzog. Das gilt vor allem für das Gebiet der staatlichen Programmierung, wie den Bereich der Außenpolitik, wo das System des Monopolkapitalismus durch das Scheitern der roll-back-Politik mit militärischen und ökonomischen Mitteln gezwungen war, sich auf eine Entspannungspolitik mit den sozialistischen Ländern einzulassen.

Seit der Rezession von 1966/67 erhielten die globalen Programmierungsanforderungen des kapitalistischen Systems insgesamt an die staatliche Administration eine neue Qualität, vor allem zeigt es sich, daß ein forciertes Nachholprogramm im Infrastrukturbereich erforderlich war, das mit dem ideologischen Potential der CDU (katholische Soziallehre, neoliberale Ideologie der sozialen Marktwirtschaft usw.) der breiten werktätigen Bevölkerung nicht vermittelt werden konnte. Für die notwendigen Maßnahmen war man jedoch um so mehr auf Massenloyalität angewiesen, als vorauszusehen war, daß sie nur über eine Konsumeinschränkung auf die Dauer zu erreichen waren. Sowohl den zur Erhaltung des kapitalistischen Gesamtsystems unter den erschwerten Bedingungen notwendigen Modernisierungsschub als auch die Integration von möglichen demokratischen Aktivitäten glaubten 1969 die wichtigsten Wirtschaftskreise durch eine sozial-liberale Koalition, in der die Sozialdemokraten den Hauptton angaben, besser erreichen zu können als durch eine vor allem auf ideologischem Gebiet unflexible und daher abgenutzte CDU/CSU-Regierung. Das Ambivalenzrisiko einer sozialdemokratisch geführten Regierung, die sich nur bis zu einem gewissen Grad von den objektiven Interessen ihrer Mitgliedschaft entfernen kann, glaubten die Repräsentanten des Großkapitals angesichts der Stärke des rechten Flügels der SPD gering veranschlagen zu können. Auf der gleichen Linie lag die noch unter der großen Koalition mehr oder weniger offizielle Aufforderung an die Kommunisten in der BRD, sich in einer Partei neu zu konstituieren. Der heutige Innenminister Genscher sprach damals im Gegensatz zu seinen heutigen Äußerungen von der Möglichkeit einer Aufhebung des KPD-Verbotes.

Angesichts der Schwäche der demokratischen Bewegung glaubte man, das durch diese generöse Liberalität verursachte innere Risiko gering veranschlagen und mehrfach durch außenpolitische Vorteile wettmachen zu können.

Es sollte sich aber bald herausstellen, daß die staatsmonopolistische Regulierung und Programmierung nicht die Labilität und Unsicherheit, die Spontaneität und die Disproportionen im kapitalistischen Reproduktionsprozeß zu beseitigen vermochte. Das zeigten vor allem die auch in der Bundesrepublik immer stärker bemerkbar werdende permanente Inflation und die Auswirkung der internationalen Währungskrise.

Ebensowenig konnte die staatsmonopolistische Regulierung strukturelle Ungleichgewichte, den chronischen Finanzmangel an Mitteln für öffentliche Aufgaben selbst in der Hochkonjunktur verhindern. Die immer offenbarer werdenden ökonomischen Schwierigkeiten führten auch zu einer Verschärfung der Klassenwidersprüche in der Bundesrepublik. Bestimmte Differenzierungsprozesse innerhalb der beiden Hauptklassen, die auf den skizzierten ökonomischen Veränderungen beruhen, schufen auch eine neue Situation in der ideologischen Auseinandersetzung. Für die politischen Repräsentanten des Großkapitals wird die Herrschaftsausübung immer komplizierter, da die herrschende Klasse sich zugunsten der Vergrößerung des Proletariats auch numerisch verkleinert. In Schichten, die bislang ihrer Stellung im Produktionsprozeß nach zur herrschenden Klasse gehörten, vor allem im Klein- und Mittelbürgertum, führt der soziale Strukturwandel auch zu Bewußtseinsveränderungen. In unserem Zusammenhang ist dies deshalb wichtig, da die Bewußtseinsstruktur dieser Schichten bislang einen großen Teil der Intelligenz, aber auch Teile der

Arbeiterklasse bestimmt hatte. Die Intelligenz nimmt hinsichtlich der Auseinandersetzung deshalb eine Sonderstellung ein, da die Repräsentanten des Großkapitals wegen der enormen Wichtigkeit des subjektiven Faktors in den Klassenauseinandersetzungen alle Anstrengungen unternehmen müssen, einem möglichst großen Teil der ausgebeuteten Klasse die Einsicht in ihre objektive gesellschaftliche Stellung zu verstellen und zu diesem Zwecke eines Teiles der Intelligenz bedürfen. Gerade hier zeichnet sich aber in den letzten zwei Jahren für das Großkapital eine beunruhigende Tendenzlinie ab. Soweit sich in der BRD bislang die Intelligenz überhaupt gesellschaftskritisch verhielt, bewegte sie sich auf der ideologischen Bandbreite, wie sie von der Sozialdemokratie seit Godesberg vertreten wurde. Das bedeutete, daß nur ein verschwindend kleiner Teil eine prinzipielle Systemgegnerschaft zum Ausdruck brachte. Die Ausschaltung der KPD hatte dazu geführt, daß selbst noch vereinzelt marxistische Positionen sich expressis verbis antikommunistisch, d. h. ablehnend gegenüber den grundsätzlichen Entwicklungen in den sozialistischen Ländern verhielten. Dies gilt auch für die während und nach der Studentenbewegung systemoppositionellen Kräfte.

Durch das legale Erscheinen der DKP war in dieser Situation ein qualitativer Unterschied zu früher eingetreten. Wenn auch zögernd, kam hier eine Entwicklungslinie zum Durchbruch, die für die demokratischen Bewegungen in anderen kapitalistischen Ländern, vornehmlich Frankreich und Italien, kennzeichnend ist. Dort ist es selbstverständlich, daß die eigentlich treibende Kraft in der demokratischen Bewegung (d. h. die Eindämmung der ökonomischen, sozialen und politischen Machtpositionen der Monopole, vornehmlich also der großen Konzerne) die kommunistischen Parteien sind. Bei aller nationalen Selbständigkeit verstehen diese sich als Teil der internationalen Arbeiterbewegung und damit eng verbunden mit den kommunistischen Parteien der sozialistischen Länder. Für die demokratische Bewegung insgesamt, die in Frankreich und auch in Italien über die Sozialdemokraten hinaus tief ins liberale Lager reicht, ist daher die Politik des sozialistischen Lagers einer der wichtigsten Faktoren der internationalen und der eigenen nationalen demokratischen Bewegung.

Durch ihren starken Mitgliederzuwachs und ihre zunehmende Anziehungskraft, vor allem auf die junge Intelligenz im Bildungs- und Wissenschaftssektor, sowie ihre wachsende gewerkschaftliche Verankerung war auch in der Bundesrepublik die DKP eine ernstzunehmende politische Kraft geworden. Dies gilt auch, obwohl aus verschiedenen, hier nicht zu erörternden Gründen, z. B. die Fünf-Prozent-Klausel und andere administrative Repressionen, sich diese politische Potenz in Wahlen außer eventuell bei Kommunalwahlen nicht umsetzen konnte.

Parallel zum Erstarken der DKP vollzog sich auch eine Neuformierung solcher Kräfte innerhalb der Sozialdemokratie, die sich ideologisch auf die marxistische Tradition innerhalb der SPD besannen. Sie versuchten, eine Programmalternative gegenüber der herrschenden systemverteidigenden Linie zu formulieren. In erster Linie entstand diese Diskussion bei solchen Gruppen, die ihre entscheidenden politischen Impulse in der Studentenbewegung erhalten hatten, also im besonderen beim SHB. Durch Jungsozialistengruppen wurden diese Diskussionen auch in die Parteigliederungen getragen, wo sie zum Teil bis zu organisatorischen und personellen Konsequenzen führten. Wichtiger für den angedeuteten Wandel war jedoch der Einfluß der auf betrieblicher Ebene mit Kommunisten und anderen sozialistischen Kräften zusammenarbeitenden sozialdemokratischen Gewerkschaftsmitglieder, die aus dem konkreten Kampf um die Durchsetzung der materiellen Interessen der Lohnabhängigen die Schädlichkeit der auf Gemeinsamkeit mit dem Klassengegner steuernden rechten sozialdemokratischen Politik erfuhren, wie sie zum Teil auch von der Gewerkschaftsspitze vertreten wurde.

Im Gegensatz zur vorhergehenden Periode des Kalten Krieges, in der es auf dieser Ebene lediglich ein Unbehagen gab, das mit Zugeständnissen auf der Lohnebene jeweils schnell aufgefangen war, konnte mit dem Erscheinen der ökonomischen und sozialen Widersprüche auf der politischen Ebene und dem

Wiedererstarken der marxistischen Theorie der Gegensatz auch zunehmend programmatisch formuliert werden. Gerade die Diskussion bei den Jungsozialisten zeigte, daß jede Strategieüberlegung, die von antikapitalistischen Positionen ausgeht, unvermeidlich zu der Konsequenz gelangt, sich eine fundierte und geschlossene wissenschaftliche Analyse des heutigen Kapitalismus, insbesondere seiner ökonomischen Grundlage, zu erarbeiten. Eine derartige Analyse geht jedoch an den aktuellen Notwendigkeiten vorbei, wenn sie die ökonomische und politische Rolle der Monopole und ihr Verhältnis zum Staat ausklammert. Daß dies nicht nur eine theoretische Frage ist, sondern daß diese Problematik letztlich der Punkt jeder realistischen demokratischen Strategie, sprich einer Bündnispolitik, ist, hat gerade die Diskussion in den Reihen der Jungsozialisten gezeigt. Jedenfalls ist festzuhalten, daß die bislang zumindest in ihrer Grundposition fast unangefochtene SPD-Führung sich zunehmend einer Kritik aus den eigenen Reihen ausgesetzt sieht.

Diese angedeuteten Umschichtungen, die sich zwar jetzt erst in aller Deutlichkeit zeigen, aber schon zum Zeitpunkt des Ministerpräsidentenbeschlusses spürbar waren, erhöhten das Ambivalenzrisiko einer sozialdemokratisch geführten Regierung für das Großkapital. Schrittweise erfolgte daher ein Abrücken von den 1969 eingenommenen Positionen, die während des vorgezogenen Wahlkampfes im Jahre 1972 bis zur offenen materiellen Unterstützung der CDU/CSU durch das Großkapital ging. Innerhalb der CDU/CSU wurden vor allem diejenigen Kräfte unterstützt, die eine Politik der Gemeinsamkeit mit der rechten Sozialdemokratie zugunsten einer rechten Sammlungsbewegung mit faschistischen Zügen ablehnen. Die erste Umorientierung erfolgte auf dem Gebiete der Entspannungspolitik, die ja zunächst von bestimmten CDU-Kreisen mitgetragen worden war. Man fürchtete hier vor allem die innenpolitischen Rückwirkungen, d. h. eine Stärkung der demokratischen Bewegung im Inneren. Die weiteren Versuche der Reaktion möchte ich hier nur in Erinnerung rufen, jedoch nicht näher auf sie eingehen:

Forderungen nach einem staatlich dekretierten Preis- und Lohnstopp und Einschränkungen der Tarifvertragsfreiheit, Verbesserungen auf dem Gebiet der inneren Sicherheit usw. Obwohl die politischen Repräsentanten der reaktionärsten Kreise des Großkapitals selbst vor Korruptionsmaßnahmen nicht zurückschreckten, um die Regierungsgewalt wieder in ihre Hände zu bekommen, beeilte sich die sozialliberale Koalition, nach Möglichkeit alle Forderungen zu erfüllen, ja selbst auf dem Gebiet der Ostpolitik wich sie zeitweise zurück. Daß es dann doch zur Neuwahl und zu ihrem überwältigenden Wahlsieg kam, ist sicherlich nicht ihr Verdienst, sondern beruht auf der Mobilisierung weiter Kreise der Bevölkerung durch diejenigen demokratischen Kräfte, die gerade von den führenden Kräften der sozialliberalen Koalition bekämpft werden. Die Vorgänge vor und bei der Wahl zeigten sehr deutlich, daß sich auch in der Bundesrepublik eine Kräfteverschiebung ergeben hat, die bestimmte Grenzen für die Disziplinierung der demokratischen Kräfte durch die Repräsentanten des Großkapitals aufzeigt.

III. Wahl des Repressionsinstrumentariums und Stellung der Ministerpräsidentenbeschlüsse

Ein Rückgriff auf das Instrumentarium des Kalten Krieges war in dieser innen- und außenpolitischen Situation der BRD nicht ohne weiteres möglich. Ein offenes DKP-Verbot, das 1956 eine weitgehende Lähmung der demokratischen Bewegung in der BRD bewirkt hatte, war nicht möglich. Man hätte hier eine Kalte-Krieg-Position offenbart, die im internationalen Kontext weder gegenüber den sozialistischen Ländern noch gegenüber westlichen Ländern mit starken legalen kommunistischen Parteien wie überhaupt innerhalb des internationalen Entspannungskomplexes kaum haltbar gewesen wäre. Nach innen hätte man zudem im Falle eines Verbotes mit einer starken Mobilisierung weiter Bevölkerungsschichten rechnen müssen, ganz davon abgesehen, ob das Bundesverfassungsgericht trotz seiner personellen Umbesetzung nach den Erfahrungen des KPD-Verbotes ein DKP-Verbot ausgesprochen hätte. Es muß jedoch hinzugefügt werden, daß, obwohl diese Gründe nach wie vor gelten, ein solcher Schlag der Reaktion auch in der gegenwärtigen Lage nicht ausgeschlossen ist. Ich werde darauf gleich in einem anderen Zusammenhang zurückkommen. In der Situation Anfang 1971 glaubte man jedenfalls, zunächst mit einer Regelung, wie sie die Ministerpräsidentenbeschlüsse vorsahen, auszukommen. Auf einer unterverfassungsrechtlichen Ebene – die Verfassungsebene wäre das Verbot der DKP gewesen – versuchte man, durch einen Rückgriff auf den sogenannten Sonderstatus des Beamten, eine in der Weimarer Zeit von der reaktionärsten Verfassungslehre entwickelte Kategorie, einen Ausweg zu finden. Ich möchte hier keine großen verfassungsrechtlichen Erörterungen anstellen, denn hierzu liegt inzwischen genügend Material vor. Gestatten Sie mir jedoch, einige wesentliche Punkte herauszustellen.

Sowohl die Ministerpräsidentenbeschlüsse als auch die inzwischen ergangenen Ablehnungsbescheide der Behörden gegenüber Bewerbern in den öffentlichen Dienst berufen sich auf die in allen Beamtengesetzen der Länder gleiche Bestimmung, wonach ins Beamtenverhältnis nur berufen werden darf, wer die „Gewähr dafür bietet, daß er jederzeit für die freiheitlich-demokratische Grundordnung eintritt". Gegenüber der Bestimmung des Grundgesetzes in Art. 33, Abs. 4: „Das Recht des Öffentlichen Dienstes ist unter Berücksichtigung der hergebrachten Grundsätze des Berufsbeamtentums zu regeln", könnte eine solche Bestimmung ein durchaus progressives Element darstellen, falls man unter freiheitlich-demokratischer Grundordnung etwas mehr versteht als lediglich die Widerspiegelung des gegenwärtigen sozialökonomischen Status quo. Die ursprünglich antifaschistisch-demokratische Grundtendenz des Grundgesetzes, wie sie z. B. im Art. 139 zum Ausdruck kommt, der die von den Siegermächten des 2. Weltkrieges zur Befreiung des deutschen Volkes vom Nationalismus und Militarismus erlassenen Rechtsvorschriften ausdrücklich aufrechterhält, unter Bezug auf das Potsdamer Abkommen, das die Beseitigung aller aktiven Nazis aus öffentlichen und halböffentlichen Ämtern sowie aus verantwortlichen Stellen in wichtigen Privatunternehmen sowie die Demokratisierung von Justiz und Erziehungswesen und das Verbot aller faschistischen Organisationen vorschrieb, würde jedenfalls gegen eine Gleichsetzung von sozialökonomischem Status quo und freiheitlich-demokratischer Grundordnung sprechen. Ebensowenig läßt Art. 14, Abs. 2 (Sozialbindung des Eigentums) und Art. 15, der eine Sozialisierungsmöglichkeit der wichtigsten Schlüsselindustrien vorsieht, eine Gleichsetzung von kapitalistischer Wirtschaftsordnung – sprich: sozialer Marktwirtschaft – und freiheitlich-demokratischer Grundordnung zu.

Die ersten verfälschenden Interpretationen von freiheitlich-demokratischer Grundordnung fanden in den 50er Jahren vor dem Verbot der KPD durch das Bundesverfassungsgericht gerade im Zusammenhang mit dem Versuch statt, kommunistischen und anderen demokratischen Bewerbern den Zugang zum öffentlichen Dienst zu versperren. Die eindeutigen Bestimmungen des Grundgesetzes in Art. 21, Abs. 2, das das Parteienverbot beim Bundesverfassungsgericht monopolisierte, versuchte man dadurch zu umgehen, daß man die These aufstellte, das Parteienprivileg umfasse nicht ein Organisationsprivileg. Zu diesem Zwecke wurden formalrechtliche Zulässigkeit und inhaltliche Verfassungsmäßigkeit einer Partei so gegenübergestellt, daß eine behauptete inhaltliche Verfassungswidrigkeit in wesentlichen Punkten schon Rechtswirkung entfalten sollte, bevor ein Spruch des zuständigen Gerichtes, nämlich des Bundesverfassungsgerichtes, vorlag. Also ein doppelter Verfassungsbruch: Einmal wurde die freiheitlich-demokratische Grundordnung verfassungswidrig als identisch mit der kapitalistischen Gesellschaftsordnung interpretiert, zum anderen eine nicht diesem so interpretierten Inhalt in ihrer Zielsetzung entsprechende Partei administrativ für verfassungswidrig erklärt, so daß Mitglieder einer solchen Partei als Bewerber für öffentliche Ämter ausschieden.

Diese angesichts des Normtextes des Grundgesetzes allzu windige Rechtsfigur konnte man mit dem Verbot der KPD durch das Bundesverfassungsgericht im Jahre 1956 wieder aufgeben. Bezeichnenderweise wurde sie wieder aus der Mottenkiste gezogen, als sich das Wiedererstarken der demokratischen Kräfte im legalen Erscheinen der DKP dokumentierte. Mit nicht zu überbietender Klarheit hat dies Bundesrichter Günther Wilms vor einigen Tagen in der „Frankfurter Allgemeinen" zum Ausdruck gebracht:

„Ein überzogenes Parteienprivileg wird mit kühnem Griff zu einem Organisationsprivileg ausgeweitet. Zugleich aber bietet sich auf dieser Basis die einzigartige Gelegenheit, jeden zaghaften Versuch eines staatlichen Einstellungsorgans, etwas gegen das Eindringen von Verfassungsfeinden in den öffentlichen Dienst zu tun, als Gesinnungsschnüffelei zu diskreditieren" (FAZ vom 8. Mai 1973, S. 2).

Genau auf dieser Basis operieren die Ministerpräsidentenbeschlüsse. Auf der verfassungsrechtlichen Ebene haben sie die Funktion, das Parteienprivileg bis zur Bedeutungslosigkeit auszuhöhlen. Man hat sie daher treffend als die Nebelwerfer gegen die Rechtssicherheit bezeichnet. Ihre politische Funktion besteht darin, unter Umgehung eines innen- und außenpolitisch unmöglichen DKP-Verbotes die wiedererstarkende demokratische Bewegung in ihrem Nerv zu treffen.

IV. Realität der Repression und der demokratische Kampf

Die angedeutete Funktion hat sich auch seit den am 28. Januar 1972 zustandegekommenen Ministerpräsidentenbeschlüssen bestätigt. Im Vordergrund stehen diejenigen Fälle, in denen Bewerber abgelehnt werden, weil sie der DKP angehören. Die meisten Ablehnungsbescheide sprechen diesen Grund auch offen aus. Im Verwaltungsstreit Holzer gegen die Freie und Hansestadt Bremen ist diese Praxis auch gerichtlich bestätigt worden. Gegenüber den Ministerpräsidentenbeschlüssen ist hier sogar eine gewisse Verschärfung zu verzeichnen. Während die „Grundsätze" an die Mitgliedschaft in Organisationen mit verfassungsfeindlicher Zielsetzung lediglich Zweifel an dem jederzeitigen Eintreten des Bewerbers für die freiheitlich-demokratische Grundordnung knüpfen, die in der Regel eine Ablehnung des Anstellungsantrages rechtfertigen, wird in diesem Fall aus der Mitgliedschaft in der DKP die Gewißheit verfassungsfeindlicher Einstellung gefolgert. Nur scheinbar stellt das Gericht in seiner Begründung nicht auf die bloße Mitgliedschaft zur DKP ab, indem es darauf hinweist, daß sich Holzer ausdrücklich zu den Zielen, den wissenschaftlichen Analysen und den programmatischen Erklärungen der DKP bekannt hatte; denn die Mitgliedschaft schließt doch wohl ein solches Bekenntnis zu den Zielsetzungen einer Partei ein. Dieser Erfolg der Reaktion auf Gerichtsebene ist inzwischen durch verschiedene entgegenstehende Urteile relativiert. Sowohl das Verfassungsgericht Neustadt, das die Verpflichtung zur Einstellung von Anne Lenhart in den öffentlichen Dienst aussprach, wie das Bayrische Verwaltungsgericht München, das den Freistaat Bayern verpflichtete, Claudia Eisinger zu verbeamten, stehen auf dem Standpunkt, daß sich das Parteienprivileg nicht nur auf die Parteiorganisation als solche bezieht, sondern ebenso auf die mit allgemein erlaubten Mitteln arbeitende parteioffizielle Tätigkeit der Funktionäre und Angehörigen, so daß hieraus kein Hindernis für die Einstellung in den öffentlichen Dienst gesehen werden kann. Dies ist sicherlich nicht zuletzt auch ein Erfolg des demokratischen Kampfes. Andererseits darf nicht übersehen werden, daß eine solch divergierende Rechtssprechung über kurz oder lang eine Entscheidung des Bundesverfassungsgerichtes herbeiführen wird, deren Ergebnis nicht ohne weiteres vorauszusagen sein wird. Zwar darf nicht übersehen werden, daß die Legitimierungsmacht des Bundesverfassungsgerichtes größer ist als die einer Ministerpräsidentenkonferenz oder die einer Landesregierung, weil der Rechtsstaatsschein richterlicher Tätigkeit kraft bürgerlicher Tradition tief im Bewußtsein der Bevölkerung verankert ist. Allerdings läßt sich ein solcher Schein auf die Dauer nur aufrechterhalten, wenn wenigstens teilweise die Entscheidungen der Gerichte die Rechtsstaatsprinzipien wirklich respektieren. Durch die sozialen Veränderungen und die dadurch bedingten Verschiebungen im politischen Kräfteverhältnis, das auch in der Aktivität der demokratischen Kräfte gegen das Berufsverbot zum Ausdruck gekommen ist, dürfte die Legitimierungsfunktion des Bundesverfassungsgerichtes, wenn es die Linie der Ministerpräsidentenbeschlüsse einschlägt, langfristig jedoch nicht weiterreichen als die der Ministerpräsidentenbeschlüsse selbst.

Alles hängt von der weiteren Entfaltung demokratischer Gegenmacht ab. Wie verschiedene Fälle zeigen, wie wir auch in unserer Dokumentation belegt haben, kann die politische Hauptstoßrichtung, DKP-Mitgliedern keine Chance im öffentlichen Dienst zu geben, aufgehoben oder eingeschränkt werden, wenn Gefahr besteht, daß sich eine Solidarisierungswelle, vor allem in den Gewerkschaften, herausbildet, der sich eine sozialdemokratische Administration zumindest auf die Dauer nicht entziehen kann.

Gleichzeitig darf aber nicht übersehen werden, daß das Ansteigen der Ablehnungsfälle wegen DKP-Mitgliedschaft, von denen die prominenten Fälle Holzer und Meyer-Ingwersen z. B. lediglich Paradebeispiele sind, hinter denen sich eine Unzahl gleichgelagerter Fälle verbergen, das Bemühen der Reaktion zeigt, möglichst perfekt durchzugreifen. Diese Perfektion besteht weniger darin, alle Fälle von DKP-Mitgliedschaften zu umfassen, das wird zunehmend auch schwieriger werden, als vielmehr genügend Exempel zu statuieren, um die nicht zu übersehende Anziehungskraft der DKP auf bestimmte Schichten der jungen Intelligenz zumindest nicht bis zum Parteieintritt gedeihen zu lassen.

Neben den DKP-Mitgliedern sind vor allem solche fortschrittlichen Kräfte vom Berufsverbot betroffen, die potentiell ein Bündnis gegen die Großkonzerne und ihre politischen Repräsentanten eingehen könnten. In erster Linie handelt es sich hier wiederum um marxistisch orientierte Lehrer und Hochschullehrer. Betrachtet man sich die einschlägigen Fälle näher, so sind meistens solche Lehrer und Hochschullehrer betroffen, die ihre Bereitschaft erklärt oder in die Praxis umgesetzt haben, auch mit Kommunisten in einem demokratischen Bündnis zusammenzuarbeiten, sei es im Rahmen der Gewerkschaften oder in Organisationen, wie z. B. dem Bund demokratischer Wissenschaftler.

In letzter Zeit wird allerdings deutlich, daß sich die Kulturbehörden auf eine argumentative Rückzugslinie zurückziehen, indem sie Ablehnungen von Bewerbern scheinbar unpolitisch kaschieren. Diese Taktik hat die hessische Kultusbehörde bei dem DKP-Mitglied Meyer-Ingwersen vorexerziert, dessen Berufung auf eine Hochschullehrerstelle an der Gesamthochschule Kassel deswegen abgelehnt wurde, weil er angeblich nicht den Kriterien der ausgeschriebenen Stelle entsprach. In Bremen und auch anderswo ist man inzwischen in verschiedenen Fällen dieser Argumentationsweise gefolgt.

Die Reaktion gegen die Ministerpräsidentenbeschlüsse und ihre Praxis hat gezeigt, daß die ihnen zugedachte rechtliche und politische Funktion nur zum Teil verwirklicht werden konnte. Zwar sind hier und dort konkrete Erfolge zu verzeichnen, wie z. B. im Falle Jacobs oder in den schon genannten gerichtlichen Entscheidungen; im Vergleich zu den noch anstehenden Fällen sind dies aber alles nur Tropfen auf den heißen Stein. Der eigentliche Erfolg im demokratischen Abwehrkampf besteht darin, daß die Abwehrfront im Gegensatz zu den 50er Jahren breiter und sogar im ständigen Wachsen begriffen ist, und zwar in Kreisen, die bislang für derartige Probleme kaum ansprechbar waren. Ich glaube, ein Beweis hierfür ist auch die heutige Konferenz.

Bekanntlich waren eine der ersten Reaktionen auf die Ministerpräsidentenbeschlüsse die vom Pahl-Rugenstein Verlag in den „Blättern" herausgegebenen Stellungnahmen von Juristen. Da mir die dort vertretenen Argumente sowohl für die inzwischen erreichten vorläufigen Zwischenergebnisse als auch für die weitere Entfaltung des demokratischen Kampfes wichtig erscheinen, gestatten Sie mir hierzu einige Bemerkungen. Gerade die sorgfältige Klärung der verfassungs- und beamtenrechtlichen Situation sowie die entschiedene Verteidigung der verbliebenen demokratischen Substanz unserer Verfassung legt nämlich eine der wesentlichen Stoßrichtungen der Ministerpräsidentenbeschlüsse lahm, nämlich den Behördenmaßnahmen eine scheinkonstitutionelle Legitimität zurückzugeben. Der Hinweis auf die geschriebenen und ungeschriebenen Rechtsstaatsgebote (Kompetenzvorschriften, Tatbestandsbestimmtheit und Normenklarheit, Verhältnismäßigkeit im Sinne der Geeignetheit, Erforderlichkeit und eine angemessene Zweck-Mittel-Relation der fraglichen Maßnahmen, das Rückwirkungsverbot usw.) und vor allem auf die rechtsstaatliche Unschuldsvermutung mit ihren Auswirkungen auf das Beamtenrecht sind ein unverzichtbarer Teil auch jeder politischen Argumentation in der gegenwärtigen Lage. Eine präzise Einhaltung dieses vom Grundgesetz gesteckten Rahmens würde nämlich von vornherein die gegenwärtige Praxis der Berufsverbote ausschließen. Insofern haben die Beschlüsse des letzten SPD-Parteitages, auf die der Kollege Ridder noch näher eingehen wird, durchaus ihren Stellenwert. Nur muß man sich darüber im klaren sein, daß rechtsstaatliche Forderungen in der Luft hängen, wenn die dahinterstehende inhaltliche politische Machtfrage nicht zugunsten der demokratischen Kräfte entschieden ist. Hierüber muß sich auch eine rein juristische Argumentation implizite oder explizite im klaren sein. Nur wenn das Grundgesetz wieder historisch als eine Gegenverfassung gegen die nationalsozialistische Willkürherrschaft begriffen wird und damit aktuell gegen die politischen und ökonomischen Auswüchse des Monopolkapitals gerichtet, die gegenüber faschistischen und neofaschistischen Aktivitäten keineswegs farbenblind ist, vielmehr demokratische Alternativen im wirtschaftlichen und politischen Bereich fordert, erhalten die rechtsstaatlichen Absicherungen den richtigen Stellenwert. Nicht umsonst ist dieser Aspekt aus den gängigen verfassungsrechtlichen Darstellungen ganz herausgefallen; denn die antifaschistische Stoßrichtung unserer Verfassung wie die hieraus abzuleitenden aktuellen Konsequenzen sind für alle Demokraten in unserem Lande der Anknüpfungspunkt ihrer Zusammenarbeit. Übrigens gilt dies nicht nur für die Bundesrepublik, sondern auch für die aktuelle demokratische Bewegung in Frankreich, die ihre Wurzeln nicht von ungefähr in der Resistancebewegung gegen den Faschismus hat.

Es ist daher bezeichnend, daß das Aufkommen reaktionärer Verfassungslehren während der Restaurationsperiode begleitet war von einem Verschweigen bzw. Hinweginterpretieren dieses wesentlichen Verfassungsgehaltes; denn erst ohne ihn ist ein abstrakter Freiheitsbegriff möglich, der Rot und Braun gleichsetzt, um hinter dieser Gleichsetzung ungeniert den Abbau demokratischer Rechte betreiben zu können. Umgekehrt ist daher um so wichtiger die Herausarbeitung dieser antifaschistisch-demokratischen Substanz unserer Verfassung. Ein Verzicht auf diesen Argumentationskern durch ein rein instrumentelles Verhältnis zur Verfassung verkennt nicht nur die Funktion von Verfassung und Recht in den konkreten Klassenauseinandersetzungen, sondern geht am Rechtsbewußtsein gerade der werktätigen Bevölkerung vorbei, das an materiellen Gerechtigkeitsvorstellungen ausgerichtet ist. Gerade hier wäre eine kritische Abgrenzung von allen anarchistischen, linkssektiererischen und linksopportunistischen Aktivitäten anzusetzen. Die Funktion von Aktionen wie z. B. die Rathausbesetzung in Bonn, die übrigens gerade von denjenigen verurteilt wurde, für die man sie zu unternehmen vorgab, nämlich den demokratischen Kräften des vietnamesischen Volkes, der Versuch, 1. Mai-Veranstaltungen durch sektiererische Parolen umzufunktionieren, besteht objektiv darin, der Reaktion in die Hände zu spielen, die bis in die Gewerkschaftsspitzen reicht. Die werktätige Bevölkerung wird im demokratischen Kampf desorientiert. Bei der gegenwärtigen Schwäche der demokratischen Bewegung in der Bundesrepublik setzt sie solche anarchistischen Aktionen mit demokratischem Kampf gleich, so daß hier die Einsicht in eine mögliche Alternative versperrt bleibt. Damit entsteht objektiv die Gefahr, die Ausweitung der Basis der demokratischen Kräfte zu verhindern, was der Reaktion nur allzu recht sein kann.

Dies ist gerade im gegenwärtigen Augenblick um so schlimmer, als nicht nur eine breite Front der unmittelbar Betroffenen, nämlich der Schüler und Studenten, gegen das Berufsverbot mobilisiert werden konnte, sondern zunehmend Teile der werktätigen Bevölkerung erkennen – vor allem die in den Gewerkschaften und Parteien organisierten Werktätigen –, daß das Berufsverbot sie in ihren eigenen Interessen trifft. Dies ist erstaunlich; denn oberflächlich betrachtet liegt die Problematik des Berufsverbotes gegen Vertreter der Intelligenz im Wissenschafts- und Bildungssektor scheinbar weit von ihren materiellen Interessen entfernt. Die täglichen Erfahrungen, daß sowohl im Betrieb als auch in den gewerkschaftlichen Organisationen Kommunisten und Sozialisten von disziplinierenden Repressionen in erster Linie betroffen sind und die mögliche verschärfende Wirkung des Ministerpräsidentenbeschlusses in diesen Bereichen, wie sie ja auch schon durch die Forderung des nordrhein-westfälischen Ministers Weyer an den Deutschen Gewerkschaftsbund, sich von seinen kommunistischen Mitgliedern zu trennen, zum Ausdruck kommt, genügen meines Erachtens nicht zur Erklärung der Solidarisierungswelle, vor allen Dingen an der Basis der Gewerkschaft.

Entscheidend scheint mir vielmehr die wachsende Einsicht in die immer wichtiger werdende Funktion von Wissenschaft und Ausbildung und die Wichtigkeit der demokratischen Kontrolle dieser Bereiche in den kommenden gesellschaftlichen Auseinandersetzungen zu sein. Je mehr Wissenschaft und Ausbildung innerhalb gewerkschaftlicher Aktivitäten an Bedeutung gewinnen und demokratische Lehrinhalte und ihre institutionellen Voraussetzungen Bestandteil materieller Sicherung für die Arbeiterschaft werden, um so mehr stehen die Gewerkschaften unter dem Zwang, sich gegen derartige Maßnahmen zu wenden, wie sie von den Ministerpräsidentenbeschlüssen intendiert werden. Daß einige Gewerkschaftsspitzen zum Teil zu einer ausklammernden Tolerierungspolitik neigen bzw. die Tendenz der Beschlüsse offen unterstützen, soll hier nicht verschwiegen werden. Aber auch in den Gewerkschaften vollziehen sich im Zuge der wachsenden gesellschaftlichen Widersprüchlichkeit ähnliche Differenzierungs- und Polarisierungsprozesse wie in der SPD, die die Gewerkschaftspitzen immer wieder vor neuen

Legitimierungszwang nach unten setzen. Innerhalb der SPD hat gerade die Auseinandersetzung um die Ministerpräsidentenbeschlüsse zu einer Verschärfung der Polarisierung geführt.

Kaum eine andere politische Frage hat den Gegensatz zwischen der rechten SPD-Führung, die in den entscheidenden Fragen nach wie vor die Gemeinsamkeit mit den systemerhaltenden reaktionären Kräften anstrebt, und den auf demokratische Reform drängenden Kräften offenbarer werden lassen. Daß hierzu nicht nur Jungsozialisten und auch wiederum in einer spezifischen Differenzierung gehören, sondern daß die Basis viel breiter ist, haben Protestbeschlüsse gegen das Berufsverbot von SPD-Landesvorständen, von Kreisparteitagen, Unterbezirkskonferenzen und auch die jüngste Auseinandersetzung auf dem Bundesparteitag gezeigt. Die Tendenz, daß dort, wo noch keine Mehrheiten sind, die Minderheiten wachsen, ist wohl der entscheidende Grund, weswegen der jüngste Parteitagsbeschluß zum Berufsverbot überhaupt zustandekommen konnte. Ob er auch in seiner ganzen Beschränktheit verwirklicht wird, hängt von der weiteren Auseinandersetzung ab, auf die ich gleich noch kurz zu sprechen kommen werde.

Ähnliche Entwicklungen zeigen sich auch in der FDP, die früher eindeutig Partei des Mittelbürgertums und von Teilen des Großbürgertums war. Auch an ihr ist der soziale Strukturwandel mit dem ihn begleitenden Mentalitätswechsel nicht vorübergegangen, der zu einem Differenzierungsprozeß innerhalb der Mitgliedschaft geführt hat.

Auch die Diskussion innerhalb der Kirchen zeigt, daß die affirmative gesellschaftliche Funktion, die diese bislang in der Bundesrepublik erfüllt haben, so ungebrochen nicht mehr durchzuhalten ist. Für viele Christen ist die Inhumanität des monopolkapitalistischen Systems nicht mehr zu übersehen.

All diese Vorgänge machen deutlich, daß die Verwirklichung der Ministerpräsidentenbeschlüsse wegen des wachsenden demokratischen Potentials, das in dem von mir aufgezeigten Spektrum auch heute hier auf der Konferenz vertreten ist, erheblich schwieriger geworden ist, obwohl sich dies unmittelbar noch nicht auswirken mag.

V. Zur Lage in der SPD

Eine solche Aussage mag angesichts der schon zu verzeichnenden Erfolgsfälle, wie angesichts des Parteitagsbeschlusses der SPD für viele, die hier versammelt sind, zunächst übertrieben erscheinen. Zur Dämpfung des Optimismus möchte ich mich nicht lediglich nur mit dem Hinweis auf die täglich in der bürgerlichen Presse erscheinenden Forderungen nach einem DKP-Verbot, meist kaschiert mit einem Hinweis auf die linkssektiererischen Aktivitäten in der sogenannten KPD, begnügen, sondern zum Schluß einige Punkte benennen, die für eine Einschätzung des möglichen Erfolges der weiteren demokratischen Aktivitäten wichtig sein könnten.

Sicherlich haben sich im Wahlausgang vom 19. 11. 1972 günstige Perspektiven für die weitere demokratische Entwicklung in der Bundesrepublik gezeigt. Es konnte die Rückkehr der CDU/CSU, des gegenwärtig reaktionärsten Teils der politischen Repräsentanz des Großkapitals, an die Regierungsgewalt verhindert und damit die Chance für weitere demokratische Entwicklungen im Innern erhöht, wie die Fortsetzung der Entspannungspolitik nach außen gesichert werden. Daß der Entspannungsprozeß nach außen sich nicht reibungslos ergeben würde, haben ja die letzten Monate zur Genüge bestätigt.

In dem Wahlergebnis kam zum Ausdruck, daß große Bevölkerungsteile das sogenannte marktwirtschaftliche System nicht mehr unproblematisch hinnehmen. Sie halten zumindest Systemkorrekturen zur Abschaffung der größten Mängel, denen sie jeden Tag begegnen, wie auf dem Gebiet des Gesundheitswesens, der Bildung, der sozialen Sicherung usw. für nötig. Gleichzeitig brachte jedoch auch das Wahlergebnis zum Ausdruck, daß nur ein geringer Teil der werktätigen Bevölkerung in grundsätzlicher Gegnerschaft zum kapitalistischen System steht, also bislang noch nicht die Wurzeln der eigentlichen Übel erkannt hat. Allerdings ist der Anteil der Systemgegner höher einzuschätzen, als er im Votum für die einzige in ihrem Programm als Systemgegner auftretende Partei, nämlich die DKP, zum Ausdruck kam. Dennoch läßt sich insgesamt sagen, daß die Reformerwartungen in weiten Kreisen der Bevölkerung hoch sind und daß sie in den nächsten Jahren aus objektiven Gründen ansteigen werden. Dem Monopolkapital und seinen politischen Repräsentanten wird daher in Zukunft nichts übrig bleiben, als unter Verzicht auf bestimmte optimale Kapitalverwertungsinteressen einen Teil dieser Erwartungen zu erfüllen, wenn sie ihre Machtpositionen nicht insgesamt gefährden wollen. Daß diesem Erfüllungszwang unter den Bedingungen des Systems Schranken gesetzt sind, zeigt andererseits die gegenwärtige Stabilitätspolitik, denn eigentlich wirksame Maßnahmen würden antimonopolistisch wirken. Das hat auch auf das Bestreben Auswirkungen, nur solche Reformen anzugehen oder überhaupt nur zuzulassen, die die Machtposition der Monopolbourgeoisie nicht gefährden können.

Trotz der seit dem Bestehen der Bundesrepublik massivsten Bemühungen der Großindustrie, der CDU/CSU wieder an die Regierungsmacht zu verhelfen, konnte dieses Ziel nicht erreicht werden. Damit bleibt im gegenwärtigen Zeitpunkt die SPD trotz aller Ambivalenzrisiken für das Großkapital der einzig relevante Faktor, der diese Integrationsfunktion durchführen könnte. Das schließt selbstverständlich nicht aus, daß jede Möglichkeit ergriffen wird, auch die politische Konstellation zugunsten der reaktionären Kräfte zu verändern. Zudem darf man sich das Großkapital mit seinen politischen Repräsentanten nicht als einen einheitlichen Block vorstellen, sondern muß vielmehr gerade auf dem Gebiet der Strategie und Taktik gegenüber den demokratischen Kräften erhebliche antagonistische Widersprüche in Rechnung stellen. Die grundsätzlich nach wie vor eine Bündnispolitik mit dem Großkapital anstrebende rechte SPD-Spitze steht nach dem hohen Wahlsieg vor einer prekären Situation. Auf der einen Seite sieht sie sich dem Druck der Industrie ausgesetzt, auf der anderen Seite stehen die Reformerwartungen der arbeitenden Bevölkerung, die das eigentliche Wählerpotential der SPD darstellt. Diese Reformerwartungen kann sie nur zum Teil mit Scheinreformen, wie z. B. der Vermögensbildung in Arbeiterhand, der Fusionskontrolle, der Wettbewerbsverstärkung usw. auffangen.

Die Verbesserung oder auch nur die Erhaltung der materiellen Lage der wachsenden Zahl der Werktätigen setzt nämlich zunehmende Veränderungen im Bildungssektor, im Sektor der Gesundheitsversorgung, des Verkehrs, des Städtebaus usw. voraus, die ohne einschneidende, systemverändernde, d. h. die Macht der großen Konzerne einschränkende Reformen nicht möglich sind. Daß die weitere Entfaltung von Produktivität auch im kapitalistischen Rahmen derartige Reformmaßnahmen verlangt, bestätigt einmal mehr die These, daß das staatsmonopolistische System einerseits aus sich heraus die materiellen Grundlagen für den Übergang zur wirtschaftlichen und politischen Demokratie und damit auch zum Sozialismus entwickkelt, andererseits aber gleichzeitig einen solchen Übergang hemmt, indem es die zentrale Rolle des Staates, dessen Handeln in letzter Instanz von den Interessen der Monopolbourgeoisie bestimmt wird, verstärkt und demokratische Entwicklungen eindämmt und zurückdrängt. Für unseren Gesichtspunkt ist die Feststellung wichtig, daß die SPD diese Reformbereiche angehen muß, wenn sie ihren sowieso schon prekären Rückhalt in der Mitgliedschaft nicht noch mehr gefährden will. Damit gerät sie aber notwendigerweise in einen stärkeren Interessenkonflikt mit ihrem Bündnispartner, dem Großkapital, das, je mehr die SPD-Führung gezwungen ist, den Reformwünschen mehr nachzugeben, als es im Interesse staatsmonopolistischer Regulierungen notwendig ist, um so eher geneigt ist, die integrative zugunsten der disziplinierenden Linie mit Hilfe der zuverlässigsten Kräfte der CDU/CSU aufzugeben, falls die SPD-Spitze diesem Kurs nicht folgen will oder kann. Die SPD-Führung steht also zwischen zwei sich ausschließenden Alternativen. Es liegt weitgehend an ihr, welche Formen die kommenden sozialen Auseinandersetzungen annehmen werden. Hält sie an ihrer gegenwärtigen systemstabilisierenden Bündnispolitik fest, wird sie über kurz oder lang immer mehr Rückhalt in ihrer Basis verlieren und damit nicht nur einen Spaltungsprozeß in der SPD selbst forcieren, sondern auch die sozialen Auseinandersetzungen insgesamt verschärfen. Wegen des Verlustes ihrer integrativen Funktion wird sie auch weitgehend uninteressant für ihren Bündnispartner, der um so mehr geneigt sein wird, reaktionärere, bis hin zu faschistischen Kräften für seine Zwecke zu funktionalisieren. Nur eine Aufkündigung der gegenwärtigen Bündnispolitik mit den Repräsentanten des Monopolkapitals und eine Aufnahme der demokratischen Impulse aus der Basis der Partei und auch der Gewerkschaften könnte eine weitgehend friedliche, d. h. verfassungsmäßige Form der kommenden sozialen Umwälzung gewährleisten. Eine solche offensive Politik der Monopolmächteeinschränkung im Zuge der Durchsetzung realer Reformen, d. h. vor allem demokratische Mitbestimmungsrechte in allen gesellschaftlichen und politischen Bereichen, ist allerdings nur mit der Unterstützung aller demokratischen Kräfte innerhalb und außerhalb der SPD zu erreichen. Hierzu gehören nicht nur Sozialisten, sondern ebenso Liberale, die die Bedrohung ihrer Freiheit durch die Monopolherrschaft sehen, Christen, die aus den Erfahrungen des Faschismus und des Neokolonialismus in der Dritten Welt die Inhumanität des kapitalistischen Systems erkannt haben, linke Gewerkschafter, Jungsozialisten und andere fortschrittliche Sozialdemokraten. Keiner von ihnen wird an der Tatsache vorbeigehen können – und das gilt um so mehr, wenn man die Erfahrungen der demokratischen Kräfte in anderen kapitalistischen Ländern, vor allem in Frankreich und Italien, beachtet –, daß die Kommunisten ungeachtet aller politischen und ideologischen Differenzen in diesem Bündnis der demokratischen Kräfte – und auch was die Abwehr der Angriffe auf die bürgerlich-demokratischen Rechte anbelangt – der aktivste Teil sind, auf den man nicht verzichten kann, wenn man unter Demokratie überhaupt etwas Reales versteht und diesen Begriff nicht etwa nur demagogisch gebraucht.

Gerade die fortschrittlichen Kräfte innerhalb der Sozialdemokratie müßten sich darüber im klaren sein, daß ihre Zukunft und weitere Entfaltungsmöglichkeit von der Stärke der DKP abhängt. Daß sich diese oder jene Alternative verwirklicht, ist nicht das Ergebnis des guten oder schlechten moralischen Willens eines der SPD-Führer. Vielmehr ist das Verhalten der SPD-

Spitze und damit der Kräfte insgesamt, die gegenwärtig unsere Politik bestimmen, Ergebnis des inneren und äußeren politischen Kräfteverhältnisses. Je mehr die demokratischen Kräfte in dem bezeichneten Spektrum sich auf ein gemeinsames Vorgehen einigen können, um so größer werden ihre Möglichkeiten sein, das Verhalten der SPD-Führung zu bestimmen.

Auf diesem Hintergrund ist der mögliche Erfolg oder Mißerfolg im Kampf gegen das Berufsverbot für demokratische Kräfte im öffentlichen Dienst zu sehen. Die Reaktion von ganz rechts bis hinein in diejenigen Kräfte in der SPD, die die Gemeinsamkeitspolitik mit den politischen Repräsentanten des Großkapitals fortsetzen wollen, suchen eine Möglichkeit, die sich abzeichnende demokratische Entwicklung, die im öffentlichen Bewußtsein Hand in Hand mit dem Abbau des Antikommunismus geht, abzublocken. In Betrieben, Hochschulen, Schulen, in den öffentlichen Institutionen der Massenmedien versuchen sie daher, andere als konzernorientierte Meinungen zu unterdrücken. An dieser Praxis hat sich auch noch nichts durch den Parteitagsbeschluß der SPD hinsichtlich des Berufsverbotes geändert. Gewiß wären rechtsstaatliche Formen der Repression, wie sie der Beschluß vorsieht, gegenüber der gegenwärtigen feudalabsolutistischen Praxis der Administration, um nicht stärkere, aber eigentlich adäquatere Ausdrücke zu gebrauchen, ein Fortschritt, ein Fortschritt, wie er im 18. oder 19. Jahrhundert zu bejubeln gewesen wäre. Ob sich jedoch eine Partei mit einer antifaschistischen Vergangenheit, wie sie die SPD aufzuweisen hat, und eine Gesellschaftsordnung, deren Grundgesetz jedem nach seiner Eignung, Befähigung und fachlichen Leistung gleichen Zugang zu jedem öffentlichen Amte gewährt, unabhängig von seiner politischen Anschauung, soweit sie nicht faschistisch geprägt ist, mit einer solchen Position zufriedengeben kann, sollte mehr als eine Frage sein.

Das Gebot der Stunde ist nicht rechtsstaatliche Zähmung des Berufsverbotes, sondern seine Beseitigung. Daher unsere Forderung: Aufhebung des Ministerpräsidentenbeschlusses und freier Zugang für alle Kommunisten und andere Demokraten in jedes öffentliche Amt.

Friedrich Neunhöffer
Berufsverbote und freiheitlich-demokratische Grundordnung in der BRD

Das Berufsverbot wird der Öffentlichkeit und uns angepriesen als ein Beitrag zur Verteidigung der freiheitlich-demokratischen Grundordnung. Diese freiheitlich-demokratische Grundordnung ist angeblich gefährdet durch heimtückische Angriffe und Unterwanderungsversuche von Kommunisten und anderen linken Kritikern der bestehenden Ordnung; gegen Rechte und Faschisten sind sie ja praktisch nicht angewandt worden. Es dürfte sich lohnen, einmal zu fragen, was die freiheitlich-demokratische Grundordnung denn selbst zu dem Problem beizutragen hat, ob sie überhaupt in der Weise beschützt werden will und beschützt werden kann.

Mit der Formulierung „freiheitlich-demokratische Grundordnung" will man dem Vorwurf entgehen, nur die bestehende Ordnung zu verteidigen. Das Grundgesetz sieht ja die Möglichkeit seiner eigenen Änderung vor, also kann die Forderung nach Veränderung der bestehenden gesellschaftlichen Verhältnisse, einschließlich von Veränderung der Verfassung, für sich allein noch nicht verfassungsfeindlich sein. Die freiheitlich-demokratische Grundordnung bezeichnet dagegen die politischen Grundentscheidungen, die hinter der Verfassung stehen und in ihr ihren Niederschlag gefunden haben. Welches sind diese Grundentscheidungen?

Das Grundgesetz gibt Handlungsfreiheit in Art. 2, Freiheit der Meinungsäußerung, der Information, der Presse, der Kunst und der Wissenschaft in Art. 5, Freiheit des religiösen Bekenntnisses in Art. 4, dazu Gleichbehandlungsgebote in den Art. 3 und 33. Diese Rechte dienen nicht nur und nicht in erster Linie der Sicherung rein individueller Freiheiten; als reine Individualrechte müßten sie sich die Frage nach ihrer Nützlichkeit, nach der Schädlichkeit für andere und gegebenenfalls entsprechende Einschränkungen gefallen lassen und in vieler Hinsicht anders ausgestaltet sein.

Die genannten Rechte sollen in erster Linie in ihrem Zusammenwirken den gesellschaftlichen Fortschritt organisieren. Hinter ihnen steht die Einsicht, daß menschliche Erkenntnis grundsätzlich unabgeschlossen und unabschließbar ist, daß es keine letzten endgültigen Wahrheiten gibt und daß jeder Mensch und jede Gruppe grundsätzlich eine gleiche Chance hat, Recht oder Unrecht zu haben. Deshalb muß jedermann und jede Gruppe eine gleiche Chance haben, sich mit seinem Programm und seiner Meinung durchzusetzen, nach Maßgabe der verfügbaren Argumente und des Einsatzes der Mitglieder und Anhänger. Dieser Wettstreit bietet die besten Möglichkeiten, der Wahrheit nahezukommen und den gesellschaftlichen Fortschritt voranzutreiben.

Natürlich geben wir uns nicht der Illusion hin, den gesellschaftlichen Meinungs- und Willensbildungsprozeß jemals von den Machteinflüssen der jeweils Herrschenden ganz frei machen zu können. Aber je weiter wir die Machtmittel der Administration zurückdrängen können, um so größer wird die Aussicht, daß der Prozeß zu einem fortschrittlichen Resultat führt. Dieser im weitestmöglichen Sinn machtfreie Meinungs- und Willensbildungsprozeß, dieser freie Wettstreit der Gruppen und Personen, ihrer Meinungen und Programme, ihrer Argumente und ihres Einsatzes, ist der Kern der freiheitlich-demokratischen Grundordnung. Er wird beeinträchtigt, wenn eine Gruppe mit administrativen Mitteln aus dem Prozeß ausgeschaltet wird, beeinträchtigt nicht nur zum Nachteil dieser Gruppe, sondern zum Nachteil des Ganzen. Berufsverbote sind deshalb mit der freiheitlich-demokratischen Grundordnung unvereinbar. Das Grundgesetz ist eine Verfassung mit liberalem Anspruch; auf die Verfassungswirklichkeit läßt sich diese Aussage nicht übertragen. Die Hauptmenge der gesellschaftlichen Macht ist in den Händen von Gruppen, die über keine demokratische Legitimation verfügen: die Eigentümer von Produktionsmitteln, insbesondere das Großkapital, die Bürokratie in Wirtschaft und Staat, die sich weitgehend der Kontrolle durch ihre jeweiligen Auftraggeber entzogen hat, die kirchliche Hierarchie, die ihre Macht der Unterhaltung ihres Apparates mit Hilfe der vom Staat eingezogenen Geldmittel verdankt und gegen die sich ja eine innerkirchliche Opposition formiert, Großverleger, Professoren, die die Wissenschaftsfreiheit privatisiert haben, und andere Gruppen, die sich gegenseitig bei der Erhaltung und Steigerung ihrer Macht unterstützen.

Diese undemokratische Verteilung der gesellschaftlichen Macht wirkt sich auf dem Weg über die formaldemokratische Staatsverfassung auch auf den Staat aus: Das Parlament spiegelt die wirtschaftliche Machtverteilung wider. Darum kann diese Gesellschaft nicht als liberal bezeichnet werden, darum fordert Liberalismus Demokratisierung dieser Gesellschaft.

Die vom Berufsverbot Betroffenen gehören zu den scharfen Kritikern dieser bestehenden Ordnung. Wir Jungdemokraten stimmen in vielen Punkten nicht mit ihnen überein, was den Inhalt der Kritik betrifft, und mehr noch, was die Vorstellung von einer künftigen emanzipierten Gesellschaft betrifft. Aber wir meinen, daß die Kritik auch und gerade von Kommunisten an der bestehenden Gesellschaft objektiv eine fortschrittliche Funktion hat. Indem die Kritiker die gegenwärtigen Machtverhältnisse und Machthaber einer scharfen Prüfung unterwerfen, tragen sie dazu bei, den unkritischen Glauben an die Güte des Bestehenden zu überwinden, und sie ermöglichen und erleichtern dadurch die Durchsetzung emanzipatorischer Fortschritte in dem Rahmen, in dem das heute eben möglich ist. Aus dieser Erkenntnis hat auch zum Beispiel der hiesige Landesverband Hamburg der FDP durch Beschluß seines Landesparteitages gefordert, die Ministerpräsidentenbeschlüsse ersatzlos aufzuheben und die Beamtengesetze dahingehend zu ändern, daß nur derjenige vom Zugang zum öffentlichen Dienst ausgeschlossen werden kann, dem in dem dafür vorgesehenen Verfahren nach Art. 18 des Grundgesetzes Grundrechte durch das Bundesverfassungsgericht aberkannt worden sind, eine Voraussetzung, die bei keinem der gegenwärtig vom Berufsverbot Betroffenen bekanntlich vorliegt. Wir betrachten das als einen ermutigenden Erfolg.

Soweit die bestehende Ordnung mit der freiheitlich-demokratischen Grundordnung in Einklang steht, wird sie der Prüfung durch die Kritiker standhalten. Das demokratische Prinzip und das Mehrparteiensystem beispielsweise sind nicht gefährdet, jedenfalls nicht von links (die Gefahr eines Militärputsches nach griechischem Muster wollen wir nicht aus den Augen verlieren) und nicht gefährdet durch die Betroffenen der Berufsverbote, denn Herr Kosiek ist ja nicht mehr betroffen. Aber gefährdet ist die Herrschaft über Menschen im Produktionsprozeß, die sich auf das Eigentum an Sachen stützt und keine demokratische Legitimation hat. Gefährdet ist das unkontrollierte Schalten und Walten der Bürokraten in Staat und Wirtschaft. Gefährdet sind die Vorrechte, die der kirchlichen Hierarchie die Aufrechterhaltung ihrer Propagandaapparate ermöglichen. Gefährdet ist die Privatisierung der Wissenschaftsfreiheit durch die Ordinarien, die die Wissenschaft als ihr Privateigentum betrachten und behandeln.

Nicht gefährdet ist die Meinungsfreiheit, aber gefährdet ist das Meinungsmonopol einiger Großverleger.

Das Berufsverbot schützt nicht die freiheitlich-demokratische Grundordnung; die verbittet sich solchen Schutz. Das Berufsverbot schützt die demokratisch nicht legitimierten Machtpositionen gegen die freiheitlich-demokratische Grundordnung und ihre konkreten Verfechter. Wir schützen die freiheitlich-demokratische Grundordnung gegen das Berufsverbot.

Wolfgang Roth
Der Ministerpräsidentenbeschluß und die Stellung der Jungsozialisten

Der Kampf gegen die Ministerpräsidentenbeschlüsse vom 28. Januar 1972 war für die Jungsozialisten von Anfang an kein Kampf gegen eine einzelne staatliche Regelung, sondern ein Kampf im Rahmen des umfassenderen Kampfes zum Schutz und zur Entfaltung des Grundgesetzes. Es war dabei nach meiner Auffassung von Anfang an klar, daß im Augenblick auf Grund der politischen Kräfteverhältnisse in der Bundesrepublik Deutschland Jungsozialisten selbst nur in Ausnahmefällen von diesen Beschlüssen der Ministerpräsidenten betroffen sein würden. Heute früh wurde ein Fall erwähnt, aber auch da war es ja so, daß das nur verdeckt in einer geheimen Abstimmung erfolgte, ohne daß jemand öffentlich sich traute, das Argument zu bringen, daß ein Jungsozialist betroffen war. Ich glaube aber, dieses Nichtbetroffensein im Unmittelbaren, im Personellen unserer Organisation machte unsere Verantwortung als politisch einflußreichste Jugendorganisation in der Bundesrepublik Deutschland nur größer.

Unser Kampf gegen die Ministerpräsidentenbeschlüsse war dabei stets verknüpft mit dem innerparteilichen Kampf, den wir zu führen haben. Daß Christdemokraten vom Schlage eines Strauß oder Dregger ohne Rücksicht auf rechtsstaatliche Prinzipien unbequeme und kritische Leute verfolgen würden, war und ist uns allen geläufig. Daß es den konservativen und reaktionären Kräften jedoch gelingen würde, durch monatelange Hetze, durch das ständige Schüren einer Hysterie verantwortliche Sozialdemokraten zu Zugeständnissen zu bringen, die an die Substanz der Verfassung gehen, mußten manche erst wieder begreifen. Aus der Tatsache, daß Sozialdemokraten am Zustandekommen dieser Beschlüsse beteiligt waren, haben Jungsozialisten den Schluß gezogen, daß die Ministerpräsidentenbeschlüsse zu einem entscheidenden Thema der innerparteilichen Diskussion werden müssen. Dieses ist geschehen.

Seit 1972 im Januar haben unzählige, tausende Parteiversammlungen von Orts- bis zur Bundesebene stattgefunden, die zum Thema die Ministerpräsidentenbeschlüsse hatten. Tausende von Jungsozialisten wurden in ihrer Parteiarbeit diffamiert, weil sie beharrlich die Rückkehr zu verfassungsmäßigen Verhältnissen forderten. Immer mehr Genossen in unserer Partei nahmen an dieser Diskussion teil, immer mehr trieben die Auseinandersetzung voran. Wer also heute die Sozialdemokratische Partei und ihre Gliederungen, Vorstände, Organe einer berechtigten Kritik unterzieht, muß hier die Genossen mitberücksichtigen, in allen Vorständen, auf allen Ebenen, die von Anfang an gegen den Erlaß gekämpft haben.

Ich will hier nur einen für viele nennen; er hat am Anfang hier gesprochen. Er hat in der Auseinandersetzung mit der besonders üblen Praxis der Stoltenberg-Regierung große Verdienste – ich sage ausdrücklich: große Verdienste – für die Sozialdemokratische Partei erworben. Er gehört zu den Initiatoren dieser Konferenz: Ich meine Richard Bünemann, dem ich als Jungsozialist ausdrücklich danke. Er hat durch Anfragen und Kampagnen in Schleswig-Holstein nicht nur Stoltenberg und Braun in die Enge getrieben, sondern hat auch die Mehrheiten in unserer Partei bewegt.

Sie wissen alle, es gibt entscheidende ideologische und theoretische Unterschiede zwischen den Hauptbetroffenen der Ministerpräsidentenbeschlüsse, den Mitgliedern der Deutschen Kommunistischen Partei, und den Jungsozialisten. Wir unterscheiden uns nach unserer Auffassung vor allem in dem, was Inhalt und Merkmal der Demokratie in Übergangsgesellschaften sein soll. Es wäre unredlich, wenn wir auf diesem Kongreß verschweigen würden, daß wir unsere kritische Haltung gegenüber dem autoritären Sozialismus in der Nachfolge Lenins aufrechterhalten. Ich füge noch etwas hinzu: Ich glaube, es ist eine Frage der Glaubwürdigkeit dieser Konferenz, daß Sie dieses Flugblatt, das Wolf Biermann, Rudi Dutschke und andere uns vor dem Haus verteilt haben, miteinbeziehen in die

Diskussion, jenes Flugblatt, das von der Verfolgung von sozialistischen und kommunistischen Oppositionellen in der ČSSR und anderen sozialistischen Ländern spricht. Ich hoffe, daß es gelingt, das in der richtigen Weise hier einzubeziehen.

Unser Engagement für die Sicherung der Rechte, die das Grundgesetz gewährleistet, in diesem Fall vor allem zum Schutz der Kommunisten in der Bundesrepublik gegen staatliche Willkür, steht nach unserer Auffassung gerade im Einklang mit unserer kritischen Haltung gegenüber der leninschen Partei- und Staatstheorie und einer entsprechenden Praxis. Verstehen Sie also unser Auftreten hier und an anderer Stelle für Kommunisten richtig in seinem kritischen Gehalt.

Entscheidend für uns im Kampf gegen die Ministerpräsidentenbeschlüsse war die Feststellung, daß die zunehmenden Schwierigkeiten im kapitalistischen Verwertungsprozeß die Chancen für eine sozialistische Veränderung der Gesellschaft erhöhen. Die gesellschaftlichen Konflikte nehmen seit 1966 immer wieder eine Dimension an, die für die kapitalistischen Machtstrukturen tatsächlich bedrohlich werden. Diese Herrschaftsbedrohung wird mit einem konservativen und reaktionären Angriff, also mit der Kriminalisierung von linken und kommunistischen Minderheiten, beantwortet. Teile der Sozialdemokratie neigen zu taktischen Auffangstellungen, in denen die demokratische Substanz der eigenen Position verlorengehen muß. Das Entscheidende an den Ministerpräsidentenbeschlüssen ist nicht ihre – und da stimme ich Prof. Stuby ausdrücklich zu – formale Grundgesetzwidrigkeit, sondern ihre politische Funktion, die darin liegt, durch die Schaffung einer Atmosphäre der Einschüchterung und der Denunziation Prozesse der gesellschaftlichen Änderung im Ansatz zu unterbinden; deshalb ist das auch eine Lebensfrage für unsere politische Arbeit als Jungsozialisten. Unser Kampf für eine Beseitigung der Ministerpräsidentenbeschlüsse hat auf dem Parteitag unserer Partei am 10. bis 14. April 1973 einen Höhepunkt gehabt. Wir haben einen Beschluß durchgesetzt, der in den entscheidenden inhaltlichen Aspekten den Ministerpräsidentenbeschluß beseitigt, wenn die sozialdemokratischen Länderchefs endlich handeln.

In diesem Beschluß, dessen Tragweite noch nicht voll erkannt zu sein scheint, wurden insbesondere drei Grundsätze festgelegt, denen die ursprünglichen Beschlüsse diametral entgegenstehen:

1) Nach Auffassung des sozialdemokratischen Parteitags darf die Mitgliedschaft in einer nichtverbotenen politischen Partei einer Mitarbeit, einer Beschäftigung im öffentlichen Dienst nicht entgegenstehen. Das ist der erste Grundsatz, der dort mehrheitlich festgelegt wurde.

2) Jeder Einzelfall ist zu prüfen, die Gründe einer etwaigen Ablehnung müssen bekannt gemacht werden, die Gründe müssen gerichtlich überprüft werden können. Hat der Staat ein Ausbildungsmonopol, so gilt es, einen Ausbildungszwang durchzusetzen, d. h. niemand kann abgelehnt werden, wenn er nur über staatliche Ausbildungsgänge gehen muß.

3) Alle bisherigen Entscheidungen, also alle Entscheidungen seit Januar 1972, in Hamburg sogar seit Herbst 1971, sind zu überprüfen. Besondere Treueerklärungen gegenüber dem Staat darf es nicht geben.

Ich habe sofort nach dem Parteitag in der Öffentlichkeit gesagt und wiederhole es hier:
Den Beschluß des Parteitags kann man auch so charakterisieren: Wenn dieser Beschluß in der Praxis durchgesetzt wird, heißt das, der Ministerpräsidentenbeschluß ist beseitigt. – Ich würde Sie bitten, diesen Beschluß ernstzunehmen. Es gibt auch eine Gefahr, nämlich derartige Beschlüsse so herabzuwürdigen, daß diejenigen, die ihn von rechts nicht wollen, mit denjenigen, die ihn von links kritisieren, zusammen wegpuschen und anschließend die Bürokraten machen, was sie wollen.
Wir Jungsozialisten nehmen den Parteitagsbeschluß ernst, und ich bitte andere, ihn auch nicht zu relativieren und abzuschwächen. Wenn er nämlich ernstgenommen wird, müssen alle Entscheidungen – ich sage ausdrücklich: alle Entscheidungen, die in den letzten zwei Jahren zu Berufsverboten geführt haben, aufgehoben werden. Das ist für mich die politische Ausgangssituation in meinem Kampf innerhalb der Sozialdemo-

kratischen Partei Deutschlands. Und wir werden in einem halben Jahr zu überprüfen haben, ob diese Berufsverbote, die ergangen sind, aufgehoben sind. Alle, die ich kenne, sind nicht vereinbar mit den drei Kriterien.

Sicherlich, wir haben uns auf dem Parteitag der SPD nicht in allen Fragen durchsetzen können. Einen sicherlich hinsichtlich der äußeren Wirkung wichtigen und entscheidenden Satz konnten wir gegen eine knappe Mehrheit nicht durchsetzen. Dieser Satz hatte gelautet: „Dabei kann der Ministerpräsidentenbeschluß nicht mehr die Grundlage bilden." Aus Gründen, die mehr mit dem Prestige als mit der Sache zu tun hatten, sind wir durch einen Geschäftsordnungstrick in dieser Sache unterlegen. Das ändert jedoch nichts an meiner Feststellung: Der sozialdemokratische Parteitag hat dem Inhalt nach den Ministerpräsidentenbeschluß zurückgewiesen. Die vielen öffentlichen Aktionen und Appelle, die Rechtsgutachten und Argumentationshilfen von Freunden und Genossen außerhalb der Sozialdemokratischen Partei haben uns die Kraft gegeben, in der SPD eine Wende durchzusetzen.

Erinnern wir uns an die Hysterie der Jahre 1971 und 1972, an die Versuche, sozialistisches Denken und Handeln zu kriminalisieren, so haben wir nach meiner Auffassung einen Erfolg verbucht, den wir gemeinsam erzielt haben. Worum geht es jetzt? Nach meiner Auffassung müssen wir das Verlangen des Parteitages, alle Fälle zu überprüfen, einlösen. Noch in diesem Sommer, in diesem Herbst, müssen wir als Fazit unseres Kampfes wenigstens in den sozialdemokratischen Bundesländern sagen können: Der Ministerpräsidentenbeschluß ist weg!

Prof. Dr. Helmut Ridder
Juristische Tragweite und politische Implikationen des SPD-Beschlusses von Hannover

Bevor ich die Laudatio meines verehrten Vorredners auf die SPD-Parteitagsempfehlung von Dur auf ein mehr gedämpftes Moll verwandle, muß ich mich – nicht nur, um zwei Minuten mehr Redezeit herauszuschinden – eines Auftrags entledigen – ich tue das mit großer Freude. Es handelt sich darum, daß es mir als Vorstandsmitglied des Bundes demokratischer Wissenschaftler obliegt, Ihnen ein herzliches Grußwort zu überbringen, Die Sache heißt mit dem geläufigen Kürzel ja „Berufsverbot". Die „Berufsverbote", um die es hier geht, treffen – wie könnte es anders sein, da sie doch kritischem Aufbegehren gegen ideologischen Nebel gelten – in aller Regel zentral auch die Freiheit der Wissenschaft, die wir im Bund demokratischer Wissenschaftler allerdings nicht dauernd im Munde führen, auch nicht im Firmenzeichen haben und die wir nicht mit dem Kattun personenbezogener Privilegien verwechseln. Wir sind eine Vereinigung „demokratischer Wissenschaftler" und nennen uns so, weil wir wissen, daß unter den heutigen Gegebenheiten eine Selbststeuerung des Wissenschaftsprozesses nur durch Demokratisierung des institutionalisierten Wissenschaftsbetriebes möglich ist, die aus den Stätten ihrer Pflege zugleich Faktoren des politischen Lebens macht. Das zur Zeit nicht nur, aber wohl überwiegend im Schul- und Hochschulbereich praktizierte „Berufsverbot" schlägt Wissenschaft und Demokratie zugleich. So steht es bei uns im Mittelpunkt der täglichen Arbeit, im Mittelpunkt des Kampfes, den wir gemeinsam mit Ihnen gegen das Bündnis einer verderbten „Praxis", ihrer staatlichen Vollzugsapparate und blinder oder käuflicher „Theorie" führen. Die Solidarität des Bundes demokratischer Wissenschaftler mit der Konferenz folgt aus der Gemeinsamkeit der Sache.

Zum Titel dessen, was ich hier vorzutragen habe, eine kleine Ergänzung: Es handelt sich um Tragweite und Implikation des diesjährigen SPD-Parteitages zum Verfahren „bei der Bekämpfung verfassungswidriger Bestrebungen, die sich gegen die freiheitlich-demokratische Grundordnung richten". Damit habe ich etwas zitiert, was zu zitieren sicherlich eine gehörige Portion Selbstüberwindung kostet: Die Empfehlung scheint ganz unreflektiert davon auszugehen, daß die Bestrebungen, die gegenwärtig in Gestalt der staatlicherseits verhängten „Berufsverbote" auf Grund eben jenes Beschlusses vom 28. Januar 1972 unterdrückt werden (das alles ist übrigens nur die Spitze eines noch gar nicht erforschten Eisberges; aus den Schründen und Spalten dieses Eisberges gehen fortwährend verdeckte „Berufsverbote" hervor und werden – selbst wenn die Empfehlung Erfolg haben sollte – in verstärktem Maße hervorgehen, da gibt es dann keine Begründungen mehr, da ist vorher schon alles klar, und stillschweigend wird die Einstellung abgelehnt) – diese Empfehlung geht also davon aus, daß solche Bestrebungen verfassungswidrig seien. Ich scheue bei aller notwendigen Kürze eingangs meiner Ausführungen nicht die Wiederholung der doch so eminent wichtigen Feststellung, daß in so gut wie keinem der uns bekannten Fälle ein in irgendeiner politisch oder rechtlich relevanten Weise verfassungswidriges Verhalten der Betroffenen vorgelegen hat.

Verfassungswidrig war vor der Verfassungsordnung des Grundgesetzes von 1949, das deutscherseits von Repräsentanten des gesamten Spektrums parteipolitischer Gruppierungen von der damaligen konservativen Deutschen Partei bis hin zur KPD ausgearbeitet worden ist, von vornherein jede unmittelbare Fortsetzung der faschistischen Organisation und Ideologie, deren Machtapparat die Alliierten Mächte 1945 zerschlagen hatten. Darüber bestand auch unter den Verfassungsvätern, von denen ja keiner die Geschichte auf den Kopf stellen wollte, volle Einigkeit bei aller sonstigen Divergenz im Grundsätzlichen wie im Detail. Die bald genug im Wind des Kalten Krieges mit Hilfe gängiger Geschichtsklitterungen in das Grundgesetz hineininterpretierte antikommunistische Therapie, die aus der Par-

tei des Grundgesetzvaters Reimann eine „verfassungswidrige"
machte und von manchen ihrer Protagonisten mit zynischer
Offenheit als ein Vehikel zur Aufrollung und Rechtsverschie-
bung des ganzen demokratischen Parteienspektrums bezeichnet
worden ist, beruhte damals auf immerhin verständlichen politischen Bedingungen, die nunmehr entfallen sind. Ich komme
darauf zurück.

Über das früher so viel geglaubte Ammenmärchen, wonach
das streitbare Inventarium von Normen und Maßnahmen gegen
„Radikale", „Extremisten" oder „Verfassungsfeinde" – man
könnte beliebig neue substanzlose und somit ad hoc auffüll-
bare Nichtbegriffe erfinden – gleichzeitig nach „rechts" und
links" angewendet werde, braucht angesichts des vor uns
liegenden Materials h e u t e kein Wort mehr verloren zu werden. Betroffen sind heute vom „Berufsverbot", wie gestern
unter dem wohlwollenden Sammelprotektorat des vordemokra-
tischen rheinischen Politikpatriarchen für die Union und Entwicklung der wesentlichsten unchristlichen und undemokratischen Kräfte unseres Landes vom politischen Strafrecht und
seinen negativen Folgen für die Ausübung der politischen
Grundrechte, nur die Demokraten, die „links" stehenden, wie
man sagt, sprich: die reflexionsfähigen Demokraten, die „Radikalen", die hier wie in anderen bürgerlichen Verfassungsstaaten dem politischen Prozeß permanent die Springfedern der
fortschrittlichen Veränderung einspannen, da sie am ehesten zu
einem ideologisch unverzerrten Blick auf das wahre Gemein-
wohl in der Lage sind. Ich bemerke ausdrücklich, daß dazu,
ohne daß sie sich allerdings in rechtsrelevanter Weise in unserem System eines Monopols an politischer Weisheit rühmen
oder eine privilegierte Führungsrolle beanspruchen dürften, wie
in allen anderen normalen bürgerlichen Verfassungsstaaten
auch alle marxistischen oder marxistisch influenzierten Demokraten gehören.

(Und ich bemerke am Rande, daß die Verwendung von ein
paar marxistischen Vokabeln aus den aktionistischen Hohl-
köpfchen meist der jeunesse dorée, die da mit dick aufgetrage-
nem roten Make up auf den Schaumkronen eines die reali-

tätsbezogene Anstrengung des Gedankens meidenden Fortschrittsgewoges tanzen, keine Marxisten und keine Demokraten machen.) Und ich bemerke ausdrücklich, daß die SPD ihre Hypothek von Demokratieverhinderung, die zugleich Selbstverhinderung ist, solange nicht loswerden kann, wie sie dem wissenschaftlich längst als unhaltbar erwiesenen, aftertheologischen und in Irrungen des Kalten Krieges ad absurdum geführten Geschwafel vom „freiheitlichen" Sozialismus Raum gibt, soweit sie damit die noch längst nicht ausgearbeitete seriöse Dichotomie von sozialistischen und bürgerlichen Demokraten verdrängt, dadurch das konstruktive Gespräch einer offenen Gegenwart mit ihrer eigenen möglichen Zukunft verhindert und gerade dadurch dem Aggressionsstau und entsprechenden Eruptionen Vorschub leistet.

Von all dem zieht sich die SPD-Parteitagsempfehlung nichts an. Sie ist sogar naiv genug, sich selbst als eine Hilfe zur „Präzisierung" des Ministerpräsidentenbeschlusses zu verstehen, wogegen mit vollem Recht einzuwenden ist, daß weder „Präzisierung" noch auch Abschwächung eines toto coelo verfassungswidrigen Unterdrückungsfeldzuges diesen zu einem gerechten Krieg machen kann. Aber: Wer nur und ausschließlich in dieser durchaus zutreffenden Beurteilung verharrt, mag nicht nur zu übersehen versucht sein, daß die (auch nur partielle) Verwirklichung des Inhalts der Empfehlung tatsächlich einen wesentlichen Fortschritt bedeuten würde gegenüber der jetzt bestehenden Praxis. Er könnte dann sogar verkennen, daß diese Empfehlung darüberhinaus bereits in Gang befindliche, tiefgreifende Umwälzungen signalisiert, die heute noch so wenig spektakulär sind, wie es seinerzeit die in traditioneller Einhüllung beginnende kopernikanische Wende war, derer wir in diesem Jubiläumsjahr gedenken. Das zu erwägen, wird für viele Demokraten hilfreich sein, die ja stets mehr als andere mit ihren Kräften haushalten müssen und auf geschichtsperspektivische Analysen angewiesen sind, um sich in dem richtigen Augenblick, an der richtigen Stelle, mit dem richtigen Aufwand an Kraft und dem richtigen Gewicht in die Speichen des Geschichtsrades hängen zu können.

Was den Inhalt der Empfehlung angeht, sollte an der Ziffer 1, die von den Angehörigen des öffentlichen Dienstes Bekenntnis und aktiven Einsatz entsprechend den bestehenden Rechtsnormen für die „freiheitlich-demokratische Grundordnung" im Sinne des Grundgesetzes fordert, kein Anstoß genommen werden, obwohl wir um die eingefahrene Identifizierung der „freiheitlich-demokratischen Grundordnung" mit dem sozialen und wirtschaftlichen Status quo wissen. Wir können zum Beispiel selbst neueren Judikaten zuverlässig entnehmen, daß diese bislang geläufige Identifizierung von „freiheitlich-demokratischer Grundordnung" und den gegebenen Machtverhältnissen so primitiv war, daß sie allmählich entlarvt wird, selbst in den gerichtlichen Urteilen; verstärkte Aufklärung hat dazu beigetragen und wird diese Identifikation weiter aufbrechen. Ist das erreicht, so bleibt die geschichtlich richtige, an die antifaschistische Wende anknüpfende positive Funktion der in ihrer eigenen demokratischen Sache nicht mehr neutralen Verfassung.

Begrüßenswert ist an der Empfehlung die verfassungsgerechte Besinnung auf die personelle weite Reichweite des „Parteienprivilegs" und der Vereinigungsfreiheit in Ziffer 2, ebenso die Hervorhebung der förmlich rechtsstaatlichen rechtlichen Sicherungen und der Berufswahlfreiheit in Ziffer 3. Was Ziffer 4 über die notwendige Verbürgung des Veränderungspotentials sagt, ist sogar vortrefflich, weil es über das Prozedurale hinausgeht und eine von vielen der heutigen zwerghaften Epigonen des Liberalismus vergessene grundlegende liberale Aussage wagt, nämlich die, daß alle Institutionen dazu da sind, durch bessere überwunden zu werden, und weil sie zum Nachdenken darüber auffordert, was denn nun eigentlich an verfassungswidrigen Bestrebungen übrigbleiben könnte, wenn die auf nicht gewaltsame Veränderungen gerichteten in Wegfall geraten sind. Da wird man dann vielleicht auch noch darauf kommen, daß die Frage überhaupt nicht abstrakt gestellt und beantwortet werden kann, und sich mit Nutzen und vielleicht vorurteilsloser als bisher noch einmal an das Studium unserer jüngsten Vergangenheit machen. Man kann also nur wünschen, daß sich die Adressaten diese Empfehlung zu eigen machen, die Adressaten, unter denen allerdings seltsamerweise der Bundeskanzler in persona nicht aufgeführt ist, obwohl er sich doch selbst am 28. Januar 1972 sehr betont in die Front der Ministerpräsidenten eingereiht hat und keineswegs feststeht, daß er den vernünftigeren Teil seiner Wähler nicht dadurch zur Verzweiflung bringen will, daß er sich als profaner Heiliger Vater dauerhaft in die vatikanischen Gärten der Grundsatzmeditation zurückzieht.

Was die Empfehlung signalisiert und langfristig zu viel Optimismus berechtigt, läßt sich einigermaßen erkennen, wenn man die komplexe Ursächlichkeit der aktuellen Berufsverbotspraxis auseinanderschichtet, die weitestgehend mit der komplexen Ursächlichkeit des gemeinen Antikommunismus und der politischen Strafrechtsinflation der fünfziger bis Anfang sechziger Jahre zusammenfällt. Doch anders als der gemeine Antikommunismus und das „politische Strafrecht neuer Art" sind die moralisch und geschichtlich bereits abgeurteilten aktuellen „Berufsverbote" Phänomene des Rückzugs, allerdings eines mörderischen Rückzugs mit einer Strategie der verbrannten Erde.

Im einzelnen:

1) Soweit die „Berufsverbote" ein psychologisch und sozialpsychologisch zu erklärender Versuch von Inhabern institutionalisierter Macht zur weiteren Machtbefestigung sind (das sind sie auch, neben anderem), läßt die politisch noch unspezifische Akzentuierung der verfahrensmäßigen Sicherungen in dieser Parteitagsempfehlung die Regeneration von rechtsstaatlichem Bewußtsein im SPD-Parteivolk erkennen, die mittelbar auch zur Aktivierung demokratischer Verfahrensweisen bei der Ausübung von Staatsgewalt beitragen kann. Daß der Institutionen beherrschende Machthaber nicht auch noch zusätzliche Machtprämien erhalten darf, das ist Gemeingut einer jeden demokratisch auch nur angehauchten Staatstheorie. Und jedenfalls ein solcher noch nicht ganz vergangener Hauch ist uns geblieben, uns, den Nachgeborenen, von den Opfern des deutschen Faschismus, und er ist von den Opfern um einen unsäglichen Preis erkauft worden. Wir zählen uns daher nicht zu den verstockten Musikern, die sich weigern, den versteinerten

Verhältnissen mit ihrer eigenen rechtsstaatlichen Melodie zum Tanz und zu anderen geeigneten Lockerungsübungen aufzuspielen.

2) Was die politisch spezifischere, von Marxisten als „Klassenkampf" interpretierte, tradierte Funktion des auf Systemverhärtung angelegten Antikommunismus, Antisozialismus, Antimarxismus und zunehmend auch Antiliberalismus unter pseudoliberaler Flagge angeht, hat die Parteitagsempfehlung keine Aussage gewagt. Dennoch liegt der enge Kausalzusammenhang der Empfehlung mit den von der Presse bestenfalls als Richtungskämpfe angesprochenen Ansätzen für eine Reform der SPD an Haupt und Gliedern auf der Hand. Es ist in diesem Zusammenhang richtig, immer wieder auf das historische Kontinuum dieser diversen Anti-Ismen und darauf hinzuweisen, daß es gerade in Deutschland eine fürchterliche Blutspur gezeichnet hat, die nicht zuletzt Sozialdemokraten überzog und sie wieder überziehen könnte, wenn sie wieder – wie schon in Weimar – an und in der staatlichen Macht ihre Mission verfehlen. Wir müssen ihnen helfen, das Menetekel der Linie von den Sozialistengesetzen Bismarcks über die Linksrepression und politische Justiz von Weimar, die faschistischen „Säuberungen" des öffentlichen Dienstes und die schließlich wieder im politischen Gesinnungsstrafrecht und in „Berufsverboten" heute sich aktualisierende Linie zu begreifen. Die SPD kann sich nicht noch einmal aufs Lavieren verlegen, weil ihre Uhr darüber wieder ablaufen würde, und sie hat auch nicht die mindeste Veranlassung dazu. Denn

3) ist die Gunst der außenpolitischen Konstellation für ihre Selbstermannung größer als je zuvor (ob verdient oder unverdient, mag dahingestellt bleiben).

Was sich gegenwärtig weltweit zwischen den entwickelten Ländern, im besonderen in Europa und noch besonderer zwischen den beiden deutschen Staaten, als „Normalisierung" auf Friedenssicherung und Kooperation hin abspielt und was unsere famosen Auguren, Astrologen, Ränkeschmiede und sonstigen unwissenschaftlichen Politikkünstler auf Schwächezustände des Ostens zurückführen (dem man fix übers Ohr hauen könnte), ist Ausdruck sowohl von globalen Machtverschiebungen als auch des mit fortschreitender Industrialisierung und Technologie unaufhaltsam und zwangsläufig fortschreitenden nationalen Autarkieverlusts und internationaler Arbeitsteilung, die es auch nicht mehr gestattet, Innen- und Außenpolitik mit zwei verschieden programmierten antagonistischen Händen zu betreiben. Diese Situation bringt uns noch einmal (es grenzt ja fast ans Wunderbare) in eine Lage, die derjenigen der Stunde Null von 1945 vergleichbar ist, als die antifaschistische Weltbürgerkriegskoalition noch bestand und erfolgreich war. Was die beiden deutschen Staaten angeht, sei daran erinnert, daß mit ihrer 1949 anlaufenden Rivalität auf jeder Seite eine Internalisierung des Konflikts verbunden war: eine „intime" Feindschaft, ein schlagender Beleg übrigens für den Fortbestand der „Nation". Diesseits wurde sie auf die schon vorher vorhandene antikommunistische Hypothek aufgestockt, mit der Folge des Rückschritts von der geschichtlich möglich gewesenen Stufe einer Weimar erst erfüllenden, sozialstaatlichen, bürgerlichen, parlamentarischen Demokratie; jenseits wurde sie zum Beschleuniger der Umwandlung in ein sozialistisches System. Schauen wir uns mit dieser Erinnerung noch einmal das KPD-Urteil des Bundesverfassungsgerichts und den Berufsverbotsbeschluß der Regierung Adenauer vom 19. September 1950 an, so fällt uns auf: das heute nicht mehr gegebene Spezifikum, das mich vorher zu dem Prädikat „verständlich" veranlaßt hat. Denn hier ist die Rede nicht nur von dieser „freiheitlich-demokratischen Grundordnung", die dann bald zum Synonym für den Status quo geworden ist; es ist auch die Rede von der Gegnerschaft zu der sich damals erst konsolidierenden Bundesrepublik als solcher. Mag man damals (zu Recht oder zu Unrecht, das bleibe wieder auf sich beruhen) vor allem den Kommunisten eine solche Gegnerschaft unterstellt haben können, dann ist das in jedem Fall längst Vergangenheit. Die vielgeschmähte Abgrenzungspolitik, die nur die Kehrseite von Nichteinmischung und Respektierung der inneren Souveränität der Bundesrepublik ist, räumt insofern die letzten möglichen Zweifel aus. Und sollten die westdeutschen Kommunisten in dem unverkennbaren Ausdifferenzierungsprozeß des Weltkommunismus etwa nachhinken, dann sicher, weil sie in die Illegalität verbannt waren, die es schon deswegen in den Restbeständen schleunigst aufzugeben und abzubauen gilt.

Wir stehen damit bei den jüngsten und härtesten, aber nach der endlichen Neuorientierung unserer amtlichen Außenpolitik auch am schnellsten auflösbaren, ja zwangsläufig sich von selbst auflösenden historischen Ursachen auch des Berufsverbotsphänomens. Diese neue Ostpolitik, die ja übrigens – wie meist vergessen wird – nicht nur der DDR etc. eine Grenz- und Bestandsgarantie seitens der Bundesrepublik, sondern auch umgekehrt der BRD eine im künftigen Wechsel der Zeitläufte gar nicht so uninteressante Grenz- und Bestandsgarantie seitens der DDR etc. verschafft, wird geradezu abenteuerlich, schizophren und am Ende vergeblich, wenn man der anderen Seite permanent entgegenknallt, ihre Bekundungen von Nichteinmischung, Souveränitätsrespekt etc. seien unglaubwürdig (wenn das auch heute nicht mehr in dieser kruden Form geschieht, wie man es in den politischen Strafurteilen der abendländischen Kreuzritter der fünfziger Jahre nachlesen kann). Es ist an der Zeit, dies denen klarzumachen, die den Zusammenhang von Innen- und Außenpolitik immer noch leugnen. Es ist an der Zeit für die SPD selbst, dies zu tun, da die SPD der wesentliche Träger dieser neuen Außenpolitik ist. Und wie die Parteitagsempfehlung ausweist, rührt sich etwas in der SPD, wenn es auch noch nicht hinreichend reflektiert ist. Das „Berufsverbot" gab es in der Kreuzritterzeit ganz rigoros plus politisches Strafrecht. Nur waren nicht so viele betroffen, denn fast alle unsere lieben Landsleute trugen damals noch die ihnen von den Nazis über die Ohren gezogene Schlafmütze bis tief über die Ohren. Inzwischen sind einige mehr, viele mehr, erwacht, und was sich da gegen sie aufbäumt, bevor es zu Ende geht, wird sicherlich noch manchen Hieb verteilen. Tragen wir alles, was wir können, dazu bei, daß es schnell zu Ende geht.

Jürgen Vahlberg
Der SPD-Beschluß – Schluß mit den Berufsverboten

Ich gebe zu, nur widerstrebend die Einladung angenommen zu haben, hier auf dieser Konferenz zu sprechen, nicht etwa, weil es einen grundsätzlichen Zweifel an meiner Ablehnung zu diesem Ministerpräsidentenbeschluß gibt, sondern weil ich glaubte, weil ich hoffte, daß wir mit dem Parteitagsbeschluß von Hannover aus dem Gröbsten raus sind.

Einige Fälle von Berufsverboten nun in der jüngsten Zeit haben diesen Glauben, diese Hoffnung als Naivität entlarvt. Der Beschluß von Hannover löst das Problem nicht, er kann also auch nicht ein Ruhekissen sein. Deshalb ist es wichtig, die Bevölkerung zu mobilisieren für den Kampf um rechtsstaatliche Prinzipien, deshalb ist diese Konferenz notwendig.

Was die Gründe angeht, die zu dem Beschluß der Ministerpräsidenten führten, sind sie unterschiedlich, meine ich, was die Vertreter angeht. Soweit die Vertreter meiner Partei angehörten, war es – das ist meine persönliche Meinung – die Angst um Wählerstimmen; politisch motiviert durch kriminelle Akte von Baader-Meinhof, war die Bevölkerung stark verunsichert. Mit dem Beschluß wollte man die aktive Abwehrbereitschaft der Demokratie dokumentieren. Soweit es sich um Vertreter der CDU/CSU handelte, kam die Sache gerade recht, um ein Instrument gegen radikalkritische Kräfte in unserem Land zu entwickeln. Viele von denen, die durch Berufsverbot betroffen sind, wollen doch Demokratie – so sehe ich das jedenfalls – erst verwirklichen, und zwar über den formalen staatlichen Rahmen hinaus in anderen gesellschaftlichen Bereichen. Dagegen wird natürlich mobilisiert. Wer für Demokratisierung der Schule, der Hochschule, des Betriebes kämpft, ist ein Feind der Demokratie. Das ist die Logik.

Das bewußte, absichtliche Mißverständnis scheint mir darin zu liegen, daß über das vom Grundgesetz verlangte Bekenntnis zur freiheitlich-demokratischen Grundordnung hinaus ein Bekenntnis zu unserem Wirtschaftssystem, ein Bekenntnis zu unserer Eigentumsordnung und damit zu den Herrschaftsverhältnissen in diesem Staat verlangt wird. Wer zum Beispiel für den Verfassungsauftrag „Sozialpflichtigkeit des Eigentums" auf die Straße geht, wird flugs zum Verfassungsfeind hochstilisiert. Von den Befürwortern des Ministerpräsidentenbeschlusses wird immer wieder und mit großem Pathos ein Bekenntnis zur kämpferischen Demokratie abgegeben. Man verweist auf die Weimarer Republik, die zugrunde gegangen sei, weil das Engagement für die Demokratie mangelhaft war. Das ist sicherlich richtig, nur, meine ich, vergißt man dabei, daß die Weimarer Republik nicht zerbrochen ist an einigen radikal-demokratischen Leuten, die in den öffentlichen Dienst eingeschleust worden sind oder diesen öffentlichen Dienst unterwandert haben, sondern an der großen Zahl reaktionärer, faschistischer Beamter, die – ohne daß das jemals ein sonderliches Problem gewesen wäre – auch heute noch ihren Dienst tun. Wenn ein Hamburger Gericht die NPD nicht als verfassungsfeindlich, sondern als „nur verfassungsunfreundlich" bezeichnet, weiß man, wie fein differenziert wird.

Meine Damen und Herren, der SPD-Parteitag war sich einig, daß Leute, die aktiv den Grundrechtskatalog des Grundgesetzes bekämpfen, nicht in den Staatsdienst gehören. Er hat sich aber genauso klar gegen Gesinnungsschnüffelei, Denunziation und Einschüchterungen gewandt. Die bestehenden Gesetze – das ist meine Überzeugung – z. B. das Beamtenrecht, reichen zur Verteidigung dieses Grundrechtskatalogs aus. Ist der Ministerpräsidentenerlaß selbst schon verfassungsrechtlich bedenklich, so ist die Praxis seiner Anwendung in den Bundesländern schlicht verfassungswidrig.

Sie wissen, die Jungsozialisten haben von Anfang an sich gegen diese Berufsverbote gewandt. Die Partei hat das in den Gliederungen aufgegriffen, und auch Willy Brandt, der, wie Sie ja wissen, an diesem Ministerpräsidentenbeschluß beteiligt war, Willy Brandt und Herbert Wehner haben sich kritisch geäußert, natürlich nicht mit der für mich erforderlich gebotenen

Deutlichkeit, aber immerhin, sie haben erkennen lassen, daß die Praxis dieses Beschlusses und der Beschluß selbst bedenklich sind. So war klar, daß es in Hannover zu einer Äußerung des Parteitags kommen würde. Meine Aufgabe hier in diesem Kreis ist es, den Parteitagsbeschluß von Hannover darzustellen, und obwohl bereits mehrfach darauf Bezug genommen worden ist, meine ich, ist es ganz sinnvoll, noch einmal auf diesen Parteitagsbeschluß einzugehen, zumal ich meine, daß er im Zentrum der Diskussion auch weiterhin auf dieser Konferenz stehen wird.

Die Delegierten des Parteitags forderten in dem Antrag zum Ministerpräsidentenerlaß, darauf hinzuwirken, daß bei der Bekämpfung verfassungswidriger Bestrebungen, die sich gegen die freiheitlich-demokratische Grundordnung richten, eine verfassungsgemäße und rechtsstaatliche Behandlung von Bewerbern und Bediensteten im öffentlichen Dienst gewährleistet ist. Das ist ein Vorspann, und dann folgen einige Grundsätze; ich möchte sie ganz kurz hier skizzieren:

In dem ersten Absatz wird ausgesagt, daß die Vorschriften des Grundgesetzes, der Beamtengesetze und Tarifverträge ausreichen würden zum Schutz der Grundordnung und daß es einer zusätzlichen Treueerklärung nicht bedürfe.

In einem zweiten Satz wird auf das Grundsatzurteil des Bundesverfassungsgerichts vom 21. März 1961 verwiesen, in dem es in einem Satz heißt: Bis zur Entscheidung des Bundesverfassungsgerichts kann die Verfassungswidrigkeit einer Partei nicht geltend gemacht werden. Die Mitgliedschaft – so wird hier in dem SPD-Beschluß gesagt – in einer nicht verbotenen politischen Partei steht daher einer Mitarbeit im öffentlichen Dienst nicht entgegen. Dies gilt auch für die Mitgliedschaft in einer nichtverbotenen Organisation.

In einem weiteren Absatz wird dann gefordert, daß in jedem einzelnen Fall genau geprüft werden muß, daß Angaben anonym bleibender Zeugen keine Rolle spielen dürften und daß eine mögliche Ablehnung dem Betroffenen schriftlich zugestellt werden muß, d. h. also die Gründe für diese Ablehnung. Soweit ich informiert bin, geht das über das bestehende Beamtenrecht hinaus; ich glaube, daß man heute die Gründe für eine Ablehnung nicht darlegen muß, hier ist das also zumindest gefordert.

Dann wird weiter ausgeführt: Hat die öffentliche Hand ein Ausbildungsmonopol rechtlicher oder faktischer Art, muß einem Bewerber Gelegenheit gegeben werden, seine notwendige Ausbildungszeit zu absolvieren.

In einem vierten Absatz steht dann: Auch im Bereich des öffentlichen Dienstes muß die verfassungsmäßig garantierte Vielfalt von Meinungen erhalten bleiben, damit eine Verengung des Freiheitsraumes vermieden wird und für weiterführende Ideen und Initiativen, die auf nichtgewaltsame Veränderungen im Rahmen des Grundgesetzes gerichtet sind, Platz bleibt.

Absatz fünf: Verfassungswidrige Bestrebungen müssen vor allem politisch bekämpft werden.

Und in einem letzten Absatz wird ausgeführt: Die bisherige Entscheidungspraxis ist zu überprüfen. Entscheidungen, die mit den vorstehenden Grundsätzen nicht übereinstimmen, sind aufzuheben. Der Beschluß der Ministerpräsidenten vom 28. Januar 1972 ist entsprechend zu ändern und zu präzisieren.

Nun, meine Damen und Herren, warum ist der Parteitag nicht einem Antrag gefolgt, der vornehmlich vom linken Flügel des Parteitags vorgetragen wurde, nämlich der Forderung nach völliger Aufhebung des Ministerpräsidentenbeschlusses. Ich selbst war nicht Delegierter. Ich hätte diesen Antrag unterstützt. Aber es ist auf dem Parteitag ausgeführt worden, daß selbstverständlich ein Parteitagsbeschluß nicht automatisch die Praxis in den Ländern, zumal in den CDU/CSU-regierten Ländern, außer Kraft setzt. Die Mehrheit der Delegierten wollte eine einheitliche Regelung im gesamten Bundesgebiet erreichen, wollte auf die Demonstration zugunsten einer Konkretisierung und Präzisierung im Sinne rechtsstaatlicher Prinzipien verzichten.

Meine Damen und Herren, in der Law-and-Order-Hysterie der Vorwahlkampfzeit ist von Vertretern meiner Partei – das sage ich ganz offen – ein schwerwiegender Fehler gemacht worden, wie ich meine. Immerhin hat man das eingesehen und in Hannover versucht, das zu korrigieren. Die CDU/CSU weigert sich beharrlich, was mich natürlich nicht weiter verwundert, gleichzuziehen. Das bestätigt den Verdacht, daß ihr die Ausschaltung für sie politisch unbequemer Bürger wichtiger ist als Rechtsstaatlichkeit und Verfassung. Ihr Verständnis von Ordnung rangiert vor dem Recht. Lassen wir uns nicht täuschen über die Gegner des Grundgesetzes; diejenigen, die den Demokratisierungsprozeß unserer Gesellschaft blockieren, sind die wahren Feinde der Verfassung.

Kurt Erlebach
Vom Kölner Kommunistenprozeß zu den Berufsverboten – Der Kampf der Arbeiterklasse

Während sich in Europa ein Wandel vom Kalten Krieg zur Entspannung vollzieht, wird im Inneren der Bundesrepublik der Kalte Krieg gegen Kommunisten und andere konsequente Demokraten massiv fortgesetzt. Reaktionäre aller Schattierungen bemühen sich, die Hetze gegen die Kommunisten anzuheizen. Der Vorsitzende der CDU, Barzel, erklärte nach der Ratifizierung der Verträge von Moskau und Warschau: „Es ist unsere Aufgabe, dafür zu sorgen, daß der außenpolitischen Öffnung zum kommunistischen Osten nicht auch die innere politische folgt!"

Mit dem Berufsverbotsbeschluß der Ministerpräsidenten der Bundesländer wurde dieser Forderung Rechnung getragen. Mit diesem Beschluß soll nicht nur verhindert werden, daß Kommunisten und andere fortschrittliche Demokraten als Lehrer, Wissenschaftler, Ärzte, Sozialpädagogen, Richter in den öffentlichen Dienst eingestellt werden, sondern der Gesinnungsschnüffelei, Diffamierung, Denunziation und Einschüchterung Tür und Tor geöffnet werden. Der CDU-Abgeordnete Friedrich Vogel konnte am 29. Januar 1972 beruhigt feststellen, „die CDU habe mit diesem Beschluß ihre Vorstellungen voll durchgesetzt".

Würde Prof. Albert Einstein noch leben, würde er von der Universität verjagt. Ihn würde der Bannstrahl des Berufsverbotsbeschlusses treffen, da er als Physiker an Kongressen gegen den imperialistischen Krieg teilnahm.

Dieser Beschluß steht nicht isoliert da. Mit den Angriffen von Strauß, Barzel und Dregger und anderen CDU-Führern auf die Gewerkschaften, den verschärften Angriffen der Unternehmerverbände auf die Rechte der Arbeiter und Angestellten in den Betrieben, dem Kasseler Maulkorb-Urteil des Bundesarbeitsgerichts gegen das Recht der Meinungsfreiheit, dem Urteil des Landessozialgerichts Baden-Württemberg, das ausgesperrten Arbeitern die Arbeitslosenunterstützung verwehrt, den Verbotsdrohungen gegen die DKP versuchen die Herrschenden und ihre politischen Vertretungen, in unserem Land gegen alle fortschrittlichen Kräfte vorzugehen.

Diese Methoden sind nicht neu. Sie haben ihre Vorläufer. Bereits mit dem Kölner Kommunistenprozeß 1852 versuchte die preußische Reaktion, die Entwicklung der Arbeiterbewegung aufzuhalten. Indem sie ihre revolutionäre Partei bekämpfte und Revolutionäre verurteilte, wollte sie den gesellschaftlichen Fortschritt aufhalten.

Diese Maßnahmen der Feinde des Fortschritts setzten sich fort in dem Bismarckschen „Gesetz über die gemeingefährlichen Bestrebungen der Sozialdemokratie" vom 19. Oktober 1878, dem Sozialistengesetz.

Am 7. 4. 1933 verkündete Hitler das „Gesetz zur Wiederherstellung des Berufsbeamtentums". Kommunisten, Sozialdemokraten, Liberale, Juden und Christen wurden aus dem Staatsdienst entfernt, in KZs verschleppt, ermordet.

Am 19. September 1950, dem Höhepunkt des Kalten Krieges, wurde der sogenannte „Adenauer-Erlaß" und am 17. August 1956 das Verbot der KPD von der Reaktion durchgesetzt.

Diese Zwangsmaßnahmen richteten sich hauptsächlich gegen Kommunisten. Die historischen Erfahrungen zeigen jedoch: Mit diesen Verbots-, Diskriminierungs- und Diffamierungspraktiken wurden alle Kräfte bekämpft, die für gesellschaftlichen Fortschritt, für grundlegende demokratische Reformen, für den Sozialismus eintraten.

So ist es auch heute. Unter den Betroffenen des Berufsverbots befinden sich nicht wenige Sozialdemokraten und Gewerkschafter. Ich nenne nur einige Namen: Hans-Henrich Hinrichsen, Bargteheide; Claus Knutz, Oldenburg; Ulrich Kuder, München; Gerhard Schmitt, Augsburg; Ulrich Topp, Heidelberg; und in jüngster Zeit: Hans Heilker, Greven bei Münster. In dieser Stadt sind 18 Lehrerstellen nicht besetzt; der sozialdemokratische Lehrer wurde jedoch nicht eingestellt.

Das seit über einem Jahr praktizierte Berufsverbot zeigt, daß auch in einer sozialdemokratisch geführten Regierung der Antikommunismus als Staatsdoktrin beibehalten wird. Zur Abstützung des verfassungswidrigen Berufsverbotsbeschlusses, der Angriffe auf die Legalität der DKP, des Gesinnungsdrucks auf konsequente Demokraten wird durch Innenminister Genscher die Behauptung verbreitet, das Bekenntnis zu den Theorien von Marx, Engels und Lenin sei mit der freiheitlich-demokratischen Ordnung nicht zu vereinbaren. Die DKP sei verfassungsfeindlich. Auf diese Unterstellung stützen sich dann auch die Berufsverbote gegen Mitglieder der DKP, der SDAJ und des Studentenverbandes Spartakus.

Theorie und Praxis der DKP zeigen jedoch: Die DKP ist eine demokratische Partei. Sie stellt den verfassungsfeindlichen Plänen des Großkapitals und seinen politischen Parteien, die das Grundgesetz weiter aushöhlen, den Kampf um Ausweitung der demokratischen Rechte und Freiheiten entgegen. Die DKP tritt dafür ein, daß die im Grundgesetz proklamierten Grundrechte zur Verfassungswirklichkeit werden. Diese Orientierung ist in der Grundsatzerklärung des Essener Parteitages und in den Thesen des Düsseldorfer Parteitages von den Delegierten beschlossen worden.

Die Kommunisten haben im Kampf gegen die Notstandsgesetze, gegen jegliche Einschränkung der demokratischen Rechte im Betrieb und in der Schule, an den Hochschulen und Universitäten ihren Mann gestanden, sie werden sich von dieser Praxis nicht abbringen lassen.

Wenn der Minister behauptet, die Verfassungsfeindlichkeit der DKP werde durch ein Urteil des Bundesverfassungsgerichtes bewiesen, stellt er die Wahrheit auf den Kopf. Ein solches Urteil gegen die DKP existiert nicht. Seit 1956 existiert jedoch das Verbotsurteil gegen die KPD, von dem Genscher am 12. 2. 1969 sagte: „Es geht darum, das KPD-Verbot endlich zu beseitigen." Eine Woche später, am 19. 2. 1969, erklärte Genscher im Bundestag: „Wir streben eine Änderung des Gesetzes über das Bundesverfassungsgericht an, um auf diese Weise z. B. das Verbot der KPD auf verfassungsrechtlich und verfassungspolitisch völlig einwandfreiem Weg überwinden zu können." Wenn der Minister, statt seine damalige Erklärung zu erfüllen, heute immer wieder versucht, die DKP zu kriminalisieren, und damit einen Meinungsterror inszeniert, kennzeichnet sich der Verfassungsminister selbst als Gegner der in der Verfassung garantierten Rechte.

Das KPD-Verbotsurteil von 1956, das zur Begründung der Berufsverbote und als Druckmittel gegen alle demokratischen und sozialistischen Kräfte herangezogen wird, muß endlich aufgehoben werden.

Überall in der BRD kämpfen Demokraten gegen Gesinnungsdruck, antikommunistische Willkür, gegen den Berufsverbotsbeschluß. Diese Bewegung hat bereits Erfolge erzielt. Wieder wird bewiesen: Solidarität hilft siegen!

Die Diskussion über den verfassungswidrigen Berufsverbotsbeschluß hat auch in den Regierungsparteien, der SPD und der FDP, hohe Wellen geschlagen. Während immer mehr Anhänger und Mitglieder der SPD, Gewerkschafter und andere Demokraten die Aufhebung der Berufsverbote fordern, setzte sich die Mehrheit des Parteitages für eine „präzisierte" Anwendung des Beschlusses der Ministerpräsidenten ein.

An diesem undemokratischen Berufsverbotsbeschluß gibt es nichts zu „präzisieren", er ist in seiner Gesamtheit grundgesetzwidrig und muß weg.

Nun wurde hier von Wolfgang Roth der SPD-Parteitagsbeschluß sehr positiv bewertet. Er meinte, er müßte ernst genommen werden, und die Jungsozialisten kämpfen darum, daß die Ministerpräsidenten, soweit sie Mitglieder der SPD sind, diesen Parteitagsbeschluß korrekt durchführen. In der Praxis sieht es jedoch anders aus. Auch nach dem Parteitag werden Berufsverbote ausgesprochen. Sozialdemokratische Innenminister erklärten, so Ruhnau in Hamburg, unter anderem: Der Ministerpräsidentenbeschluß ist keineswegs vom Tisch.

In der vergangenen Woche kamen die Ministerpräsidenten der Bundesländer unter Vorsitz von Bundeskanzler Brandt zusammen. Der Ministerpräsidentenbeschluß wurde nicht vom Tisch genommen.

Die Bemühungen aller konsequenten Demokraten müssen weiterhin darauf gerichtet sein, den Kampf um die Aufhebung des Berufsverbots zu führen. Alle bisher ausgesprochenen Berufsverbote müssen rückgängig gemacht werden, das Recht auf freie Berufswahl muß wieder hergestellt werden.

Der Kampf gegen Berufsverbote, gegen die Verbotsdrohung gegen die DKP ist nicht nur eine Sache der progressiven Kräfte in der BRD. Antikommunismus in der BRD hat viele aufrechte Demokraten in den Nachbarländern hellhörig gemacht, denn eine wichtige historische Erfahrung besagt: Der Antikommunismus und Militarismus des deutschen Großkapitals hat sich nie auf innere Klassenauseinandersetzungen beschränkt, sondern ist mit Gefahren für die Nachbarvölker in Europa verbunden.

Der antikommunistischen Willkür sind heute Grenzen gesetzt. Die Völker der sozialistischen Staaten, die Arbeiterklasse in den kapitalistischen Ländern und die nationalen Befreiungsbewegungen haben eine Veränderung des internationalen Kräfteverhältnisses erkämpft, zugunsten des Friedens und des gesellschaftlichen Fortschritts. 1973 ist nicht 1956 und auch nicht 1933.

Trotzdem sind im benachbarten Ausland viele besorgte Stimmen hörbar geworden. Sie sind Ausdruck der Besorgnis und der internationalen Solidarität mit den progressiven Kräften in der BRD.

Die DKP, als Teil der kommunistischen Weltbewegung, wird dazu beitragen, daß die internationale Solidarität gestärkt wird.

Der bisherige Kampf gegen die Berufsverbote hat erste Erfolge gebracht. Sie sind das Ergebnis des gemeinsamen Handelns von Kommunisten, Sozialdemokraten, Christen und Liberalen, des kämpferischen Handelns von unerschrockenen Demokraten. Nun wird von bestimmten Kreisen der Versuch gemacht, die anwachsende Bewegung zur Aufhebung der Berufsverbote zu spalten, indem die Forderung erhoben wird, über sozialistische Demokratie in den sozialistischen Ländern zu diskutieren. Wir sollten uns durch solche Machenschaften nicht auseinanderdividieren lassen.

Verstärken wir unsere Bemühungen, damit der Berufsverbotsbeschluß vom Tisch gefegt wird, daß er dort hinkommt, wo seine Vorläufer endeten, auf dem Müllhaufen der Geschichte.

Pierre Juquin, Paris

Ich danke Ihnen für Ihre Einladung. Was mich bewogen hat, auf diese Einladung positiv zu antworten, war die Verbindung des auf der Tagesordnung stehenden deutschen innenpolitischen Problems, dem gegenüber ich mich jeder Einmischung enthalten will, mit den allgemeinen politischen, philosophischen und ethischen Fragen, mit denen die Europäer sich in verschiedener Form auseinandersetzen müssen.

Ich möchte diese Versammlung nicht mit Erinnerungen an die traurigen Erlebnisse der Vergangenheit belasten. Darf ich aber an die Bücherverbrennung erinnern, die genau vor 40 Jahren am 10. Mai stattfand? Damals wurde auch das Berufsverbot gegen namhafte Schriftsteller wie Tucholsky angewendet. Wir befinden uns heute aber in einer neuen Situation. Deshalb habe ich vor allem das geistige, freie, menschliche Deutschland im Auge. Ich gedenke im Augenblick der Politiker, Gewerkschafter, Dichter und Denker, der deutschen Patrioten, deren Schaffen und Wirken von der Aufklärung bis zum Vormärz, von der Revolution von 1848 bis zum Sozialistengesetz, von dem Widerstand gegen den Nazismus bis heute, die unbeugsam, wegweisend und siegesgewiß für die Idee der Humanität und der Freiheit gekämpft haben. Ich gedenke dieser deutschen Charaktere, die sich, nach dem Wort von Friedrich Engels, „den besten Leuten der Revolutionen anderer Länder an die Seite stellen können". Das ist das deutsche Erbe, das wir bewundern und das das Volk in der Bundesrepublik zum Kampf für eine demokratische und sozialistische Zukunft ermutigen darf.

Welche zuversichtliche und vernünftige Haltung Ihrer heutigen Konferenz! Sie findet in der Nation statt, aus der Lessing und Goethe, Hölderlin und Heine, Karl Marx und Rosa Luxemburg, Carl von Ossietzky und Albert Schweitzer in das Weltbewußtsein traten. Für das Berufsverbot, dieses ärmlich maskierte Kommunistengesetz, das Sie jetzt bekämpfen, gilt das gleiche, was Wilhelm Liebknecht vor einem Jahrhundert den Machern des Sozialistengesetzes zurief: „Das Gesetz gegen die Sozialdemokratie ächtet die Freiheit, durchbricht alle Verfassungsrechte ... Der Tag wird kommen, wo das deutsche Volk Rechenschaft fordern wird für dieses Attentat an seiner Wohlfahrt, an seiner Freiheit, an seiner Ehre!"

Da die gegenwärtigen Maßnahmen in erster Linie gegen Lehrer und Studenten gerichtet sind, widersprechen sie dem demokratischen Gebot einer Erziehung der jungen Generation zu wahrer Humanität. Die betroffenen Lehrer beweisen aber, daß ihnen kein Ministerpräsidentenbeschluß die innere Würde, den Willen des offenen Bekennens der eigenen Weltanschauung und politischen Gesinnung nehmen kann. Darüber hinaus ist die Kommunistenverfolgung unzeitgemäß.

Die reaktionären Kräfte steuerten jahrzehntelang auf einen Krieg zur Neuverteilung Europas zu, zur gewaltsamen Zurückdrängung des Sozialismus. Die Geschichte hat ihr Urteil gesprochen. Die Arbeiter und Intellektuellen haben ihre Antikriegshaltung mit Erfolg bekundet. Die Prediger des Revanchekrieges wurden geschlagen. Erzfeinde der sozialistischen Staaten müssen heute eingestehen, daß die Grenzen unantastbar sind und daß die DDR stark ist wie nie zuvor. Der Sieg der Friedenspolitik bei den letzten bundesdeutschen Wahlen ist ein Wendepunkt in der Geschichte Deutschlands und Europas. Es besteht jetzt die Möglichkeit, daß das deutsche Volk nun endgültig und auf friedlichem Weg Achtung, Wertschätzung und Freundschaft der anderen Völker gewinnt und für sich selbst zugleich Frieden und Sicherheit. Wenn eine sozialdemokratische Regierung gerade in dieser Situation, zu deren Zustandekommen sie beigetragen hat, die fortschrittlichen Kräfte spalten und schwächen würde, so wäre es ganz und gar unbegreiflich. Es wäre ein katastrophales Absurdum, zumal die Vergangenheit mindestens in der Hinsicht beweiskräftig ist, daß solche Kommunistengesetze früher für ihre Urheber selbstmörderisch gewesen sind. Darin liegt eine Logik.

In der ganzen Welt befindet sich der Kapitalismus in einer Krise. Auch in der Bundesrepublik tritt diese Krise zutage, die gekennzeichnet ist durch Inflation und Preissteigerung, Erhöhung der Arbeitsintensität und Verstärkung der Ausbeutung der Arbeiter in neuen Formen, durch Bodenspekulation wie nie zuvor, Verschlechterung der Lebensqualität, durch die Bildungskatastrophe und andere Erscheinungen.

In dieser Krise werden Stimmen laut, die den Kapitalismus in Frage stellen und nach einer neuen Gesellschaft verlangen. Naturgemäß bemühen sich die konservativen Kräfte, die Entwicklung einer solchen Bewegung in der Arbeiterschaft sowie bei den Lehrern und Studenten aufzuhalten. Das versteht sich in dem Maße, wie die Herren Strauß und Barzel direkte Vertreter der großkapitalistischen Interessen sind. War doch ihre

Wahlkampagne gegen den sogenannten „Geier der Sozialisierung" gerichtet. Es wäre aber unfaßbar, wenn eine Partei, die sich zum Sozialismus bekennt, ganz gleich, in welcher diskutablen Form sie sich ihn vorstellt, ebenfalls die kommunistische Komponente der antikapitalistischen Strömung bekämpfen würde. Soll dem einen, dem Kommunisten, der Kampf für Demokratie und Sozialismus angekreidet werden, und zwar von dem anderen, dem Sozialdemokraten, der sich im Grunde zu einem ähnlichen Ideal bekennt?

In Wirklichkeit werden sich die antikapitalistischen, sozialistischen Stimmen weiterhin vermehren, welche – nebenbei gesagt – mit sinnloser Zerstörung alles Vorhandenen, mit abenteuerlicher Taktik und trügerischer Utopie nichts Gemeinsames haben. Soll dieses Emanzipationsstreben für strafwürdig gehalten werden? Kein vernünftiger Politiker wird diese Stimmen überhören können. Keiner wird letzten Endes der Bundesrepublik die Entscheidung zwischen Kapitalismus und Sozialismus abnehmen können.

Im Hinblick auf die Krise des Kapitalismus hat sich die französische Linke über ein Regierungsprogramm geeinigt, das starken antikapitalistischen Einschlag aufweist und dessen Verwirklichung unser Land auf den Übergang zum Sozialismus vorbereiten wird. Dieses Regierungsprogramm enthält eine Reihe von tiefgreifenden Maßnahmen zur Verbesserung der sozialen und kulturellen Situation aller nichtmonopolistischen Klassen und Schichten der Bevölkerung. Sozialisten und Kommunisten haben in diesem gemeinsamen Programm Maßnahmen festgelegt, um die Allmacht des Großkapitals einzuengen, ja zu brechen, insbesondere durch die demokratische Nationalisierung der Großbanken und Industriemonopole. Dieser Fortschritt ist nicht von einer tiefen Demokratisierung des gesamten politischen, wirtschaftlichen und kulturellen Lebens zu trennen.

Wie soll das zustande kommen? Auf diese Frage geben wir Kommunisten diese Antwort: Wir wollen zusammen mit allen arbeiten, die bereit sind – und jeder auf seine Art –, sich zu gemeinsamer Arbeit auf klarer, ernster, demokratischer Grundlage zusammenzuschließen. Ja, wir, die wir seit Jahrzehnten für den Sozialismus kämpfen, wir wollen mit allen, ob Gläubigen oder Nichtgläubigen, ob Sozialisten oder Liberalen, an die neue Aufgabe gehen, die uns die Notwendigkeit unserer Epoche diktiert.

Unendlich viele Franzosen haben darauf gewartet, unsere gemeinsame Stimme zu hören. Nur das kann sie glauben lassen, daß ein neues Kapitel unserer Geschichte zu beginnen vermag. Wir Kommunisten erklären unsere Bereitwilligkeit. Wir erklären sie bedenkenlos und deutlich. Wir erklären sie gemeinsam mit zehn Millionen Franzosen, die sich schon bei den letzten Wahlen für das Regierungsprogramm der Linken ausgesprochen haben.

Werte Freunde, manche möchten sagen: Wie viele Grundfragen sind im Hinblick auf solche Einigung zu erörtern! Gewiß. Aber wir dürfen nicht nur planen, grübeln, reden – wir müssen bis zur Tat gehen, die allein geschichtlich wirken kann.

Um nur ein Beispiel aus den aufgeworfenen Fragen anzuführen, möchte ich darauf hinweisen, daß die Kommunisten nicht davon ausgehen, daß der Weg, den die vorhandenen sozialistischen Staaten eingeschlagen haben, der allein mögliche Weg in eine sozialistische Zukunft ist. Die Formen des Sozialismus sind je nach Zeit und Raum, nach Erfahrungen und Traditionen der Völker mannigfaltig. Es besteht zum Beispiel keine Notwendigkeit, daß ein Einparteiensystem errichtet wird oder daß Kommunisten und Sozialdemokraten sich zu einer einheitlichen marxistischen Partei vereinigen. Zahlreiche andere umstrittene Fragen wären ebenfalls zu erwähnen, zum Beispiel die Frage nach dem Eigentum an den wichtigsten Produktionsmitteln. Solange das Privateigentum der großen Monopole besteht, ist die Entfaltung der Demokratie ausgeschlossen. Es gibt keine echte Freiheit für die, die ihre Arbeitskraft als Ware auf dem Markt verkaufen müssen. Die Regulation der bedeutendsten gesellschaftlichen Aktivitäten innerhalb und auch außerhalb der Produktionssphäre begrenzt und gefährdet die kulturelle und zivilisatorische Entwicklung. Deswegen ist die Nationalisierung der Großbanken und der Schlüsselindustrien, welche mit der Mitbestimmung prinzipiell nichts gemeinsam hat, ein notwendiger Schritt auf dem Weg zur Demokratie und zum Sozialismus.

Solange solche Fragen zu klären sind, sind wir bereit, sie mit aller Offenheit und Gründlichkeit zu besprechen, weil wir wissen, daß nur freie Menschen höchste Leistungen vollbringen und daß nur deren gegenseitiger, ehrlicher Gedankenaustausch den Weg zur Verbesserung des Lebens zeigt. Wir sind zum Beispiel dazu bereit, mit der SPD freundschaftliche Kontakte zu pflegen.

Es gibt auch in der Bundesrepublik unendlich viele Menschen, deren Kräfte sich zu gemeinsamer Arbeit für Demokratie und Sozialismus zusammenfinden können, unendlich viel mehr, als dem oberflächlichen Beobachter möglich zu sein scheint. Ein schlagender Beweis dafür ist die Teilnahme so vieler Sozialdemokraten und anderer Demokraten an dieser Versammlung.

Was das heute besprochene Berufsverbot anbetrifft, möchte ein Zyniker wohl sagen: In der Hauptsache sind es ja bloß Kommunisten. Bloß? Es sind nicht nur Menschen wie du und ich, es sind Menschen, die wie du, werter SPD-Genosse, oder du, werter Gewerkschaftskollege, oder du, christlicher Bruder, und ich für Demokratie, Freiheit, Fortschritt und Sozialismus, gegen deine und meine Erzfeinde kämpfen.

Bloß Kommunisten? Die Spaltung der Arbeiterklasse und der demokratischen Bewegung, besonders in Deutschland, ist mit schmerzlichen Niederlagen und unzähligen Opfern bezahlt worden. Profitiert haben davon lediglich die Kapitalisten. Wie viele Kommunisten, Sozialdemokraten oder Liberale haben doch im Jahre 1933 die bittere Frage gestellt: Warum nur haben wir uns nicht früher verständigt! Wirst du nicht, Genosse, Kollege oder Bruder, morgen oder übermorgen, wenn die demokratischen und sozialistischen Kräfte sich selbst geschwächt und gespalten haben, von den Kapitalisten wie ein Kommunist behandelt?

Es liegt im Interesse jedes westdeutschen Bürgers, gegen das Berufsverbot mitzukämpfen. Es kommt auf jeden an, daß er mitkämpft, um seinetwillen, um seiner Klasse, der Arbeiterklasse, willen, um der Intelligenz willen, um seiner Nation und der Nachbarvölker willen, um unser aller willen, die wir die Demokratie für unsere Länder als die einzig mögliche Lösung betrachten.

Durch diesen Kampf wird die Idee der Humanität und der Freiheit in Deutschland kräftiger werden. Das müssen und werden eine Humanität und eine Freiheit sein, die nach dem berühmten Wort ihre Männlichkeit entdeckt haben, die gelernt haben werden, sich gegen ihre Todfeinde zu wehren. Zu diesem Kampf bestätige ich Ihnen die Solidarität der demokratischen Kräfte Frankreichs.

Mogens Camre, Ballerup (Dänemark)

Hiermit begrüße ich die Internationale Konferenz und bedaure sehr, daß es mir aus Termingründen unmöglich ist, anwesend zu sein.

Es scheint mir als Ausländer, daß die Grundsätze zur Frage der verfassungsfeindlichen Kräfte im öffentlichen Dienst, die von der Ministerpräsidentenkonferenz am 28. Januar 1972 beschlossen wurden, sehr anachronistisch sind. Es ist offenbar, daß jede Demokratie sich gegen die Kräfte schützen muß, die mit aller Gewalt und anderen ungesetzlichen Mitteln die Demokratie umzustürzen versuchen. Dagegen kann es unmöglich im Geist der Demokratie sein, Einzelpersonen oder Gruppen, die mit gesetzmäßigen Mitteln für ihre politischen Ideen arbeiten, zu verfolgen. Ich halte das Ziel der Berufsverbote für etwas ganz anderes als den Schutz der Demokratie, der ja selbstverständlich auch in den skandinavischen Ländern gilt. Wir wünschen selbstverständlich auch nicht, im öffentlichen Dienst Personen zu haben, von denen man erwarten kann, daß sie an einem

Putsch oder an Spionage teilnehmen wollen. Es wäre für mich aber unmöglich, geltende dänische Gesetze, auch nicht ministerielle Bestimmungen, zu finden, die man mit den in der Bundesrepublik Deutschland geltenden Berufsverboten vergleichen könnte. Im dänischen Erziehungsministerium gibt es ein Verzeichnis der Personen, die man für ungeeignet für den Lehrberuf in der Volksschule hält. Das Verzeichnis enthält aber ausschließlich Namen der Lehrer, die mit dem Gesetz in Konflikt geraten sind, hauptsächlich wegen Sittlichkeitsdelikten. Darüber hinaus gilt die Rücksichtnahme auf die normalen beamtenrechtlichen Regeln, wonach ein Beamter sich sowohl im Dienst als auch außerhalb des Dienstes des Zutrauens und der Achtung seiner Stellung würdig zeigen soll. Das bedeutet, daß Beamte, die zu schweren Strafen verurteilt worden sind, hierunter auch z. B. Urteile wegen Bereicherungsverbrechen, versetzt werden und jedenfalls nicht unmittelbar danach wieder Beamtenstellungen einnehmen können.

Im Januar 1972 erregte eine Sache in Dänemark große Aufmerksamkeit: Man behauptete, daß die Pädagogen auf einem Spielplatz in Kopenhagen den Kampfgesang der FNL „Befreit den Süden" mit den Kindern einstudiert und Plakate mit Texten wie „Nixon ist ein dummes Schwein" u. ä. hergestellt hätten. Gleichzeitig hätten die Pädagogen die Kinder für eine Vietnam-Sammlung agitiert, mit dem angeblichen Zweck, Maschinengewehre für Laos zu beschaffen. In den Institutionen gab es Plakate, die die Kinder aufforderten, Coca Cola und andere amerikanische Erzeugnisse zu boykottieren. Ein Mitglied der Konservativen Partei hatte die Sache im dänischen Parlament zur Sprache gebracht, und der sozialdemokratische Sozialminister stellte fest: Es ist natürlich unmöglich, die eigene, persönliche Lebensanschauung während der Arbeitszeit in den Kindergarteneinrichtungen zum Ausdruck zu bringen; in einer Institution für Kinder, die öffentliche Zuschüsse erhält, darf keine Indoktrinierung von Kindern stattfinden. Deshalb wurde eine Anweisung über die pädagogische Arbeit in Kinderinstitutionen herausgegeben, in der stark betont wurde, daß es selbstverständlich sei, daß Pädagogen in ihrer täglichen Arbeit

Kinder nicht bewußt beeinflussen dürfen. Das sei eine einseitige Politik und Lebensanschauung. Aber was ein Pädagoge zufällig oder unbewußt sagt – und das kann jedem passieren –, darf ihm nicht vorgeworfen werden. Auf diesem Hintergrund wurde den betreffenden Pädagogen mitgeteilt, daß sie ihren politischen Einfluß auf die Kinder einstellen müßten.

Ich hoffe, daß Sie daraus ersehen können, daß diese Bestimmungen nicht mit dem Berufsverbot in der Bundesrepublik Deutschland vergleichbar sind.

Als Politiker in einem anderen Land kommt es mir selbstverständlich nicht zu, mich in die inneren Angelegenheiten der Bundesrepublik Deutschland einzumischen. Es kommt nur Ihnen, und nur Ihnen allein, zu, die Verantwortung zu übernehmen, die innenpolitische Entwicklung in der Bundesrepublik zu beeinflussen und zu verändern. Meine Hoffnung ist, daß die freie und demokratische Gesetzgebung in den skandinavischen Ländern auch für Sie eine Anregung ist.

Wir wünschen ein Europa, das im Geist der europäischen Menschenrechtskonvention arbeitet, und ich hoffe, daß diese Konvention auch für Sie in Ihrer Arbeit eine Inspiration sein kann. Ich wünsche Ihnen viel Erfolg und Glück in dieser Arbeit.

Henrik E. Jensen, Kopenhagen

Gestatten Sie mir, ein paar persönliche Worte aus meinem Alltag als Elternratsmitglied hinzuzufügen:

In Dänemark haben die Eltern ein entscheidendes Wort mitzureden, wenn Lehrer oder Lehrerreferendare Stellungen suchen, denn im Aufsichtsgesetz für die Volksschule heißt es: Wenn ein Bewerber für eine Lehrstelle im Schulwesen der Gemeinde wünscht, an einer bestimmten Schule angestellt zu werden, muß der Antrag dem Elternrat zur Aussprache vorgelegt werden, ehe die Schulkommission über die Besetzung der Stelle bestimmt.

Das gleiche gilt für Schulleiter und ihre Stellvertreter. Am Mittwoch dieser Woche stellten wir für das kommende Schuljahr drei Lehrer ein. Wir haben nicht nach ihrer politischen oder weltanschaulichen Überzeugung gefragt, auch nicht, ob sie auf dem Boden unserer freiheitlich-demokratischen Grundordnung stehen – was das nun ist, ich weiß es nicht –, denn wir haben keine verbotenen politischen Parteien. Ob sie eine konservative oder kommunistische oder sogar eine sozialdemokratische Überzeugung haben, wissen wir nicht, interessiert uns auch nicht. Wir sind ganz zufrieden, wenn sie gute Pädagogen sind, nach den Lehrplänen mit Berücksichtigung der Methodenfreiheit unterrichten, die dänische Lehrer haben. Doch welche Unterrichtsmittel sie verwenden, das soll nach Empfehlung des Lehrerrates vom Elternrat gutgeheißen werden. Wenn die Lehrer dann auch ein gutes Verhältnis zu den Schülern und Eltern haben, dann ist die Grundlage für neue Lehrer und Lehrerinnen in Ordnung. Soviel aus Dänemark. Und ich möchte ausdrücklich betonen: Nachahmung ist gestattet.

Gerd Reinicke
Gemeinsames Handeln von Arbeiterschaft und
Intelligenz überwindet Berufsverbote und Bildungsnotstand

Hier ist nun zweieinhalb Stunden zum Thema gesprochen worden. Ich möchte einiges dazu vom gewerkschaftlichen Standpunkt her sagen. Erlauben Sie mir zuvor ein Zitat: „Deshalb können die Gewerkschaften und der DGB als Kräfte des gesellschaftlichen Fortschritts zu dieser Entwicklung nicht schweigen; sie müssen vielmehr ihr Augenmerk darauf richten, die Gesellschaft mit all ihren Abhängigkeiten, Zwängen, undurchsichtigen Machtverhältnissen von Grund auf zu verändern. Noch wird unsere Gesellschaft von dem Grundkonflikt aller privatkapitalistischen Ordnungen beherrscht, dem Widerspruch zwischen gesellschaftlicher Produktion und privater Verfügungsmacht und Aneignung."
Der dies gesagt hat, war kein geringerer als der Vorsitzende des Deutschen Gewerkschaftsbundes, Heinz Oskar Vetter. Diese Aufgabe der Gewerkschaften, auch festgelegt in ihrem Grundsatzprogramm und ihren Satzungen, zwingt diese daher, sich mit der Problematik der Extremistenbeschlüsse zu befassen. Entzögen sich die Gewerkschaften und der DGB nämlich dieser Aufgabe, müßten sie wehrlos zusehen, wie ihnen der politische Aktionsspielraum mehr und mehr eingeschränkt wird, und darüber hinaus vor allem jene, die an ihrer Seite für die Veränderung dieser Gesellschaft im Sinne des gewerkschaftlichen Grundsatzprogramms arbeiten, unkontrollierbarer Verfolgung ausgesetzt werden.
Der Deutsche Gewerkschaftsbund hat auf seinem 9. Ordentlichen Bundeskongreß im Juni 1972 eine Stellungnahme zu verfassungsfeindlichen Bestrebungen von Beschäftigten des öffentlichen Dienstes beschlossen. Dieser Beschluß des DGB-Bundeskongresses, der dort von Vertretern der Gewerkschaft Öffentliche Dienste, Transport und Verkehr, die von den Extre-

mistenbeschlüssen ganz besonders betroffen worden sind, eingebracht wurde, lautet in einigen Punkten:

1) Der Deutsche Gewerkschaftsbund geht von dem im Grundgesetz niedergelegten Grundrecht aus, daß niemand wegen seiner religiösen oder politischen Anschauung benachteiligt oder bevorzugt werden darf. Wer dieses Grundrecht antastet oder einzuengen trachtet, gefährdet oder beseitigt eine entscheidende Grundlage der freiheitlich-rechtsstaatlichen Demokratie.

2) Ebenso klar und unmißverständlich bejaht der DGB die Verpflichtung des Staates, seine demokratische Grundordnung zu sichern. Dazu gehört vor allem das Recht, von den Beamten, Angestellten und Arbeitern des öffentlichen Dienstes die Gewähr zu fordern, sich jederzeit für die freiheitlich-demokratische Grundordnung einzusetzen.

3) Die Feststellung darüber, ob ein Bewerber für den öffentlichen Dienst oder ein Angehöriger des öffentlichen Dienstes diese Pflicht nicht erfüllt und damit in Gegnerschaft zur Verfassung steht, muß in jedem Einzelfall nachgewiesen sein und von den zuständigen Gerichten überprüft werden können.

4) Der Deutsche Gewerkschaftsbund wird darüber wachen, daß Bund, Länder und Gemeinden und alle sonstigen öffentlichen Arbeitgeber auch bei diesen Feststellungen rechtsstaatliche Prinzipien einhalten. Die im DGB vereinigten Gewerkschaften des öffentlichen Dienstes werden ihren betroffenen Mitgliedern Rechtsschutz gewähren.

5) Der Deutsche Gewerkschaftsbund vertritt darüber hinaus die Auffassung, daß die bestehenden rechtlichen Regelungen in den geltenden Beamtengesetzen, Tarifverträgen und im Strafgesetzbuch ausreichen, um Verfassungsfeinde im öffentlichen Dienst wirksam bekämpfen zu können.

Auf der Grundlage dieser klaren Stellungnahme der deutschen Gewerkschaften hat der hier in Hamburg tätige Hochschularbeitskreis des DGB eine interpretierende Wertung dieser aktuellen Problematik für angebracht gehalten. Diese Beschlüsse müssen also politisch in die allgemeine Entwicklung der Bundesrepublik eingeordnet werden, eine Entwicklung, die gekennzeichnet ist durch eine Ausrichtung politischer Entscheidungen vorwiegend an privatwirtschaftlichen Interessen, die im Gegensatz zu gewerkschaftlichen stehen. Ereignisse der letzten Jahre, wie die Aushöhlung von Selbstbestimmungsrechten der Lehrenden und Lernenden im Hochschulbereich, vor allem die Ausweitung des Numerus clausus, die Einschränkung des Streikrechtes im öffentlichen Dienst, die Verhinderung der Ausweitung der qualifizierten Mitbestimmung, die massive Einschränkung gesellschaftskritischer Meinungsäußerungen in öffentlichrechtlichen Massenmedien, wie zum Beispiel in der Löwenthal-Nummer des Zweiten Deutschen Fernsehens, dies alles sind Indikatoren dieses Prozesses, die den gesellschaftlichen Status quo festschreiben sollen, ihn mit der freiheitlich-demokratischen Grundordnung identifizieren und abweichende Ordnungsvorstellungen von vornherein diskriminieren.

Auch die Beschlüsse der Ministerpräsidenten gehören zu diesen Indikatoren. Was folgt nun aus dem von mir Dargelegten? Betrachtet man die Ministerpräsidentenbeschlüsse und vor allem auch ihre Anwendung unter diesem Aspekt und mißt sie an unserer Verfassung, so ergibt sich eindeutig: Die Beschlüsse sind in Formulierung und Zielrichtung klar verfassungswidrig; sie erfüllen nicht einmal das Mindestmaß rechtsstaatlicher Konkretheit und sind allein durch ihre vagen Formulierungen nicht grundgesetzkonform. Dies gilt insbesondere für so unklare Tatbestandsmerkmale wie „Verfassungsfeind", „begründete Zweifel" und einiges mehr. Dies sind alles Generalklauseln zur Legitimation scharfer rechtlicher Sanktionen. Sie sind weder eindeutig, noch können sie Grundlage einer gleichen juristischen Überprüfung sein.

Andere Formulierungen, wie „verfassungsfeindliche Aktivitäten entwickeln", „gebotene Konsequenzen ziehen", erfüllen nicht die rechtsstaatlichen Anforderungen an präzise Gesetzes- oder Verordnungsformulierungen. Überdies sind alle diese Begriffe der bestehenden Rechtsordnung, ob es sich dabei um

Grundgesetz, Strafgesetzbuch oder Parteiengesetz handelt, völlig fremd.

Nach allem steht fest: Diese Beschlüsse verstoßen nicht nur formal gegen die Verfassungsordnung der Bundesrepublik, sondern sie führen auch dazu, gewerkschaftliche Aktivitäten zu behindern und damit die Arbeitnehmerschaft in der Ausnutzung ihrer Grundrechte zu beschränken.

Die Front gegen die Extremistenbeschlüsse wird innerhalb und außerhalb der Gewerkschaften von Tag zu Tag stärker. So hat der Hochschularbeitskreis des DGB – und ich darf sagen, es gibt nur diesen einen hier in Hamburg – die Initiative von 25 Bundestagsabgeordneten der Sozialdemokratischen Partei und der Freien Demokraten begrüßt, die Ministerpräsidenten der Länder zur Aufhebung dieser leidigen Beschlüsse zu bewegen. Der Hochschularbeitskreis hat sich diesen Bestrebungen angeschlossen und setzt sich intensiv für die Rücknahme dieser Beschlüsse ein. Der SPD-Parteitag in Hannover hat uns inzwischen in unserer Auffassung weitgehend bestätigt. Schließlich weist der Parteitagsbeschluß ausdrücklich darauf hin, daß auch im öffentlichen Dienst die verfassungsrechtlich garantierte Vielfalt von Meinungen erhalten bleiben muß. Die legitime Abwehr erklärter Verfassungsfeinde darf nicht zur Disziplinierung unbequemer politischer Anschauungen werden.

Es hat vor allem den Anschein, als ob man von Anfang an nicht so sehr die Rechten, als vielmehr die Linken treffen wollte. Lassen Sie mich zum Schluß das Ergebnis der Beratungen des Hochschularbeitskreises zu dieser Problematik in drei Punkten zusammenfassen:

1) Die verfassungswidrigen Beschlüsse sind ersatzlos aufzuheben.

2) Unabhängig davon ist sicherzustellen, daß aus der bloßen Zugehörigkeit zu einer nichtverbotenen Partei oder Organisation keine Vermutung zuungunsten eines Bewerbers abgeleitet wird. Darüber hinaus dürfen für Tätigkeiten im öffentlichen Dienst keine Zwangsregelungen und keine Zugangsregelungen praktiziert werden, die Arbeitnehmern den Verzicht auf grundgesetzlich verbürgte Freiheiten und Rechte abverlangen.

3) Es verbietet sich aus diesem Grunde, Treuebekenntnisse zu fordern, die im Ergebnis zu Gesinnungsschnüffelei, Denunziation, umfassender Überwachung und Beeinträchtigung der politischen Meinungsfreiheit führen müssen.

Gösta von Uexküll
Antikommunismus – Torheit oder Verbrechen?

Sie kennen das Wort von Thomas Mann über den Antikommunismus. Er nannte ihn die „Grundtorheit unserer Epoche". Ich glaube, Thomas Mann wußte genau, warum er „Grundtorheit" sagte und nicht „Grundverbrechen". Er wußte, daß der Vorwurf des Verbrechens die Herrschenden kalt läßt, solange sie darauf vertrauen, wegen ihrer Verbrechen nicht zur Verantwortung gezogen zu werden. Als Napoleon I. einen politischen Gegner, den Herzog von Enghien, aus dem Gefängnis holen und ohne Gerichtsverfahren erschießen ließ, sagte sein ebenso kluger wie zynischer Minister Talleyrand zu ihm: „Sire, das war schlimmer als ein Verbrechen, das war eine Dummheit." Talleyrand kannte sich aus in den Gepflogenheiten der Mächtigen. Er war vertraut mit ihrer Geringschätzung der Moral und ihrer Hochachtung vor dem Erfolg. Erfolg hat man aber nur, solange man keine Fehler macht, solange man keine Torheit begeht, denn Torheit kann den Verlust der Macht bedeuten. Und wer die Macht verloren hat, kann auch nicht mehr ungestraft Verbrechen begehen.
Hätte Thomas Mann „Verbrechen" gesagt statt „Torheit", so wäre sein Wort längst vergessen, denn Anklagen, denen kein Urteil folgt, haften nicht in unserem Gedächtnis. Wir legen sie achselzuckend zu den unerledigten Akten der Geschichte. Hätte Hitler den Krieg gewonnen, wäre selbst Auschwitz kein Ver-

brechen. Und hätte Nixon seinen Angriffskrieg in Asien so gründlich verloren wie Hitler seinen Angriffskrieg in Europa, so wäre ihm die Verurteilung und Bestrafung als Kriegsverbrecher gewiß.

Machen wir uns nichts vor. Hitler stürzte nicht über seine Verbrechen; er stürzte über seine Torheit. So sittlich ist die Welt, so stark ist das Weltgewissen – leider – noch nicht, daß ein Politiker allein an seiner Unmoral zugrunde ginge. Darum trifft der Vorwurf der Torheit die Herrschenden härter als der des Verbrechens. In einer Welt, in der das Recht stärker wäre als die Macht, wäre das anders.

Vom Standpunkt des Rechts, der Moral und der Sittlichkeit allerdings ist die Geschichte des Antikommunismus eine einzige lange Kette unerhörter Verbrechen. Werfen wir einen Blick zurück auf die vergangenen 55 Jahre:

Die russische Revolution im November 1918 ist auch die Geburtsstunde des Antikommunismus. Ab 1919 bis 1921 führten die Antikommunisten Englands, Frankreichs, Japans, der Vereinigten Staaten einen blutigen Interventionskrieg gegen die junge Sowjetmacht. Sogar die soeben besiegten Deutschen durften mit allerhöchster alliierter Genehmigung bei diesem ersten antikommunistischen Kreuzzug mit dabei sein. In den baltischen Staaten erfüllten sie im Auftrag der Siegermächte ihr diesbezügliches Soll. Wenn es gegen die Kommunisten ging, war sogar die „Schande von Versailles" vergessen. Hatte doch Kaiser Wilhelm kurz vor seiner Abdankung erklärt, „Bolschewiken muß man totschlagen", und Winston Churchill im gleichen Geiste dafür plädiert, die „bolschewistische Schlange in ihrem Nest zu erwürgen".

Zwanzig Jahre später versuchte Hitler, die Empfehlungen Wilhelms II. und Winston Churchills im Alleingang zu realisieren. Der Ausgang dieses Versuches ist bekannt. Doch auch während der zwei Jahrzehnte zwischen den Interventionskriegen und dem Hitlerkrieg waren die Antikommunisten nicht müßig. Sie ermordeten Rosa Luxemburg, Karl Liebknecht und Walter Rathenau, und sie versetzten der Weimarer Republik den Todesstoß. Sie füllten die Kassen Adolf Hitlers mit Geldern aus

Großindustrie, Großbanken und Großgrundbesitz, und sie trieben einen Keil in die deutsche Arbeiterbewegung. Die deutschen Sozialdemokraten sahen den Hauptfeind immer noch links, in den Kommunisten, als ihnen der Feind von rechts schon längst die Schlinge um den Hals gelegt hatte.

Als Neville Chamberlain 1938 in München Hitler die Hand zum „Frieden in unserer Zeit" schüttelte und damit die Weichen zum Zweiten Weltkrieg stellte, war sein seinen engsten Mitarbeitern gegenüber eingestandenes Motiv, „Europa vor dem Kommunismus zu retten". Und Präsident Truman, bekannt durch die nach ihm benannte Doktrin, mit der er den Startschuß zum Kalten Krieg gab, befahl die grauenhaften Massenmorde von Hiroshima und Nagasaki, weil er durch diese Demonstration amerikanischer Atommacht die eben noch mit ihm verbündete Sowjetunion bei der Regelung der Nachkriegsprobleme gefügig machen wollte. Hunderttausende kriegsmüder japanischer Zivilisten erfuhren nie, wofür und warum sie starben. An ihren Massengräbern fehlt die Tafel mit der Inschrift „Opfer des Antikommunismus".

Kaum war Hitler besiegt, suchten die westlichen Siegermächte nach einem neuen und bequemeren Antikommunisten, als Hitler es gewesen war. Hitler hatte ja die Hoffnung, die Chamberlain und andere westliche Politiker in ihn gesetzt hatten, bitter enttäuscht und die Unterstützung, die man bis zum Kriegsausbruch und teilweise sogar noch danach gewährt hatte, schlecht gelohnt. Auf der Suche nach einem verläßlichen antikommunistischen Statthalter in Westdeutschland fiel ihre Wahl auf Konrad Adenauer. Seitdem sind Kanzler gekommen und gegangen, aber der Antikommunismus ist geblieben. Auch die SPD und die FDP wollen sich an antikommunistischem Eifer weder nach innen – Berufsverbote – noch nach außen – Treuebekenntnisse zur NATO – von den Parteigängern Adenauers überbieten lassen.

Schlachtfelder, Massengräber, ruinöses Rüstungswettrennen, das alles gehört zu dem Preis, den die vielen, das heißt wir alle, für die wenigen, die Erfinder und Nutznießer des Antikommunismus, bezahlen mußten bzw. heute noch zahlen.

Und was haben die wenigen an Gewinnen eingeheimst für diesen Preis? Einmal eine Parole, einen Schlachtruf, eine Fahne; die Feiertagsfahnen „Freiheit", „Demokratie" und „Menschlichkeit" sind mittlerweile so geschändet und zerschlissen – in Griechenland, in Portugal, in der Türkei, in Indochina, in Südamerika –, daß man sie kaum noch zu entrollen wagt. Die noch einigermaßen demokratisch regierten Länder in der sogenannten Freien Welt sind längst in der Minderzahl.

Als einziges Feldzeichen bleibt also der Antikommunismus. Jedermann kann sich leicht davon überzeugen: Man kratze einen Rechten, und zum Vorschein kommt ein Antikommunist. Er weiß genau, wogegen er ist; fragt man ihn aber, wofür er sei, bringt man ihn in arge Verlegenheit.

Der zweite wichtige Gewinn für die wenigen ist der „Sündenbockeffekt". Man stellt die Kommunisten vor die Wahl, ob sie sich auf Gnade oder Ungnade unterwerfen oder sich wehren und bewaffnen wollen. Bewaffnen sie sich aber, kann man sie als potentielle Angreifer verteufeln.

Ja, man muß es sogar, denn sonst wären ja die eigenen Riesenrüstungen potentiell aggressiv. Da man selbst aber selbstverständlich die Friedensliebe in Person ist, muß der andere, der Kommunist, der Unhold und Bösewicht sein, von dem eine ständige Bedrohung ausgeht. In der NATO-Sprache heißt das: „Die Sowjetunion bzw. der Ostblock sind der einzig denkbare Gegner!" Und die Millionen wirklich friedlicher und friedliebender Menschen glauben das und opfern gläubig auf Kosten friedlicher Lebensbedürfnisse Milliarden für die Rüstung, für ihre vermeintliche „Sicherheit". Fahne und Sündenbock sind also der Gewinn der Antikommunismus-Gewinnler! Für sie zweifellos ein großer Gewinn, denn ohnedem wäre das System der plutokratischen Internationale längst zusammengebrochen.

Der Antikommunismus ist die letzte Bastion, die letzte Überlebenschance dieses Systems und insofern mehr Verbrechen als Torheit. Zumindest solange diese Torheit verbündet ist mit der Macht.

Aber diese Torheit, dieses Verbrechen hat auch einen starken Gegner in der Unbestechlichkeit der Wahrheitsliebenden. Und auch er verfügt über eine scharfe Waffe. Es ist die Waffe des Schusterjungen in Andersons Märchen von des „Kaisers neuen Kleidern": Es ist die Waffe auszusprechen, was ist. Machen wir Gebrauch von dieser Waffe!

Eckart Spoo
Informationsverbote – Meinungsverbote?

Bei der Firma Siemens, einem der größten bundesdeutschen Konzerne, wurden ein paar Hundert Lehrlinge „freigesprochen", wie man das nennt. Es war feierlich, mit Streichquartett und Oleanderbäumen. Der Sprecher der Lehrlinge erhielt das Wort, um dem Konzern für die Ausbildung zu danken. Ja, so liberal war man, da durfte auch ein Lehrling mitreden. Aber statt zu danken, legte der Lehrlingssprecher eine Dokumentation über Mißstände in der Berufsausbildung bei Siemens vor. Das ging natürlich nicht! Das Mikrophon wurde abgeschaltet, die Feier vorzeitig beendet. Am Saalausgang schnappten sich Werkschutzleute die Journalisten, die an der Feier teilgenommen hatten, und stellten deren Personalien fest. Als die Journalisten zurückkehrten, hatte bei den Verlagen bereits die Firma Siemens angerufen. Durfte über Mißstände in der Lehrlingsausbildung dieses großen Konzerns berichtet werden? Andererseits: Konnte man Informationen darüber völlig unterdrücken? Der Chefredakteur einer als liberal firmierenden Zeitung ließ sich den Artikel vorlegen, strich ihn kräftig zusammen, und in der Kurzfassung, die dann am nächsten Tag in dieser Zeitung stand, war sogar ein wörtliches Zitat aus der

113

Lehrlingsdokumentation verfälscht. Daß bei Siemens geprügelt worden war, das durfte nicht publik werden.

Ein anderer Fall: Der Bayerische Rundfunk hatte Mieter und Vermieter zu einer Fernsehdiskussion eingeladen. Hauptsprecher der Vermieter war der Präsident des Deutschen Haus- und Grundbesitzer-Verbandes, der ehemalige Bundeswohnungsbauminister Preusker. Die Diskussion verlief lebhaft; die beteiligten Mieter sprachen sehr offen über die Mißstände im Grundstücks-, Bau- und Wohnungswesen. Herr Preusker hatte diesen Informationen und Argumenten wenig, um nicht zu sagen nichts, entgegenzusetzen. Eigentlich wollte die ARD die Diskussion im Ersten Programm des bundesdeutschen Fernsehens ausstrahlen. Aber das ging natürlich nicht. Preusker vom Haus- und Grundbesitzer-Verband erhob Einspruch, das Programm wurde kurzfristig geändert.

Die Meinungsfreiheit hierzulande sei größer als je, war vor einiger Zeit einmal in der Kölnischen Rundschau zu lesen. Wörtlich: „Jeder kann sagen, schreiben und verkünden, was er will", stand da schwarz auf weiß in der Zeitung. Ein Anzeigensachbearbeiter der Kölnischen Rundschau stutzte, als er das las. Er meinte, diese wohlklingenden Sätze dürften nicht unwidersprochen bleiben. Also schrieb er – Peter Weiss ist der Name dieses kritischen Kopfes –, schrieb einen Leserbrief und stellte richtig: „In den meisten Zeitungen bestimmen Verleger und Inserenten, was veröffentlicht wird." Nicht lange, nachdem er den Brief abgeschickt hatte, bekam er etwas Schriftliches zurück, aber nicht den abgedruckten Leserbrief, der nie veröffentlicht worden ist, sondern die Kündigung.

Die gewöhnlichen Herrschaftsverhältnisse in der Presse entschleiern zu wollen, nein, das ging natürlich nicht. Das bloße Ansinnen wurde mit dem Entzug des Arbeitsplatzes bestraft. Wie hatte es doch so schön in dem Artikel der Kölnischen Rundschau geheißen: Jeder von uns kann sagen, schreiben und verkünden, was er will.

Gewiß, ein Gerhard Frey kann in seiner neofaschistischen Deutschen Nationalzeitung ungehindert durch unsere verfassungsschützenden Innenminister trotz des Artikel 39 des Grundgesetzes schreiben und veröffentlichen, was er will. Franz Joseph Strauß darf in seinem Bayern-Kurier gegen SPD, FDP, DKP, Gewerkschaften, Intellektuelle, gegen die DDR, Polen, die Sowjetunion jede erdenkliche und undenkliche Hetzpropaganda treiben. Zeitschriften des hiesigen Hamburger Bauer-Konzerns dürfen uns Woche für Woche in zehn und noch mehr Millionen Exemplaren Märchen über Soraya und Farah Diba erzählen; die großen Waschmittel-, Kosmetik-, Auto-, Getränke- und Zigarettenkonzerne lassen sich das einiges kosten, denn von ihren Anzeigen leben ja diese Konzerne. Und Axel Springers Bild-Zeitung darf Lügen verbreiten. Günter Wallraff hat in seinem jüngsten Buch einige drastische Beispiele gesammelt, wie da gelogen wird.

Die Arbeitsverhältnisse, die Produktionsverhältnisse, die Herrschaftsverhältnisse, unter denen wir in unserem Lande leben, sind ein sorgsam gehütetes Tabu der bundesdeutschen Zeitungen und Zeitschriften. Verleger, Innenminister, Kultusminister und der „Bund Freiheit der Wissenschaft" bewahren uns gottväterlich davor, vom Baum der Erkenntnis zu essen, damit wir noch lange hübsch artig, fromm und fleißig im Paradiese herrschender Ideologie bleiben. Wer aber, wie jener Angestellte Peter Weiss, ungeniert in den Apfel gebissen hat und andere am Genuß der Erkenntnis teilhaben lassen will, der wird von unseren gestrengen Gottvätern vor die Tür, auf die Straße gesetzt.

Sie kennen Fälle wie den des Schriftstellers Arnfried Astel, der in der Zeitschrift Konkret ein zeitkritisches Epigramm veröffentlicht hatte und daraufhin seine Stelle als Redakteur des Saarländischen Rundfunks verlor. Einige Fälle wurden bekannt, viele nicht. Lassen Sie mich einen ganz neuen Fall erwähnen: Dr. Jürgen Peter Stössel, seit vier Jahren Redakteur einer Zeitschrift für Ärzte. Er wurde jetzt von seinem Verleger Banaschewsky, einem bekannten Fachzeitschriftenverleger, entlassen. Begründung: Er hat ein Buch geschrieben, dessen Inhalt Herrn Banaschewsky nicht behagt, ein Buch über das wuchernde Geschäft mit den Psychopharmaka. Das ging natürlich nicht.

Das in all diesen Fällen exekutierte Informations- und Meinungsverbot gehört, wie ich meine, zum Kern der Problematik, mit der wir uns heute hier beschäftigen. Verboten ist gesellschaftliche Aufklärung. Verboten ist, wenn es nach dem Willen der Reaktion geht, Aufklärung über gesellschaftliche Verhältnisse hierzulande. So wie der bayerische Kultusminister Maier, Mitgründer des „Bundes Freiheit der Wissenschaft", der Universität Regensburg verbot, ihren Studenten gesellschaftswissenschaftliche Grundkurse anzubieten, so soll, wenn es nach dem Willen der Reaktion geht, Aufklärung über Herrschaftsverhältnisse in dieser Gesellschaft überall verboten sein, wo sie eigentlich stattfinden muß: in den Schulen, in den Massenmedien. Nein, um die Gesellschaft sollen wir uns nicht kümmern – das sollen wir denen überlassen, die diese Gesellschaft als ihren Privatbesitz betrachten!

Hier in Hamburg befindet sich die Tagespresse fast ausschließlich in der Hand eines einzigen Mannes: Axel Springer. In einem anderen Bundesland, dem Saarland, ist im vergangenen Jahr ein absolutes Pressemonopol entstanden: Ein Mann, der Großverleger Georg von Holtzbrinck, hat dort letztlich die Macht, zu entscheiden, was die Öffentlichkeit erfahren darf und was nicht.

Die Monopolisierung in der Presse, wie in anderen Wirtschaftsbereichen, marschiert im Eiltempo voran. Zweihundert Kreise der Bundesrepublik sind bisher bereits sogenannte „Ein-Zeitungskreise" geworden. Ein einziger Verleger beherrscht zum Beispiel publizistisch die beiden benachbarten Landeshauptstädte Mainz und Wiesbaden. Was die Presse betrifft, leben wir hierzulande in einer Monarchie, nicht in einer Republik, und ganz gewiß nicht in einer Demokratie.

In der gesellschaftlichen Wirklichkeit ist die Presse- und Meinungsäußerungsfreiheit ein Privileg weniger Besitzer von Produktionsmitteln der Presse.

Nach dem Grundgesetz dagegen, nach den Verfassungen des Bundes und der Länder, ist die Presse- und Meinungsfreiheit ein jedermann zustehendes Grundrecht. Die Presse soll, wenn es nach der Verfassung geht, nicht Instrument der Herrschaft über das Volk, sondern Instrument demokratischer Kontrolle des Volkes sein. Ich überlasse es Ihnen, aus dem Vergleich von Verfassungstext und Verfassungswirklichkeit Ihre Schlüsse zu ziehen und festzustellen, ob die Verhältnisse in der Presse verfassungskonform oder verfassungswidrig sind.

Ein fränkischer Verleger, der einen kritischen, gewerkschaftlich aktiven Journalisten auf die Straße setzte, argumentierte dann beim Arbeitsgericht: „Die Gedanken (des Journalisten) sind frei, aber sie dürfen im Text nicht durchschlagen."

In der Zeitung haben nicht die Gedanken der dort lohnabhängig beschäftigten Journalisten durchzuschlagen, sondern die hehren Gedanken des Verlegers. Dieses Privileg nehmen die Verleger ganz offen für sich in Anspruch. In der Verbandszeitschrift des Bundesverbandes Deutscher Zeitschriftenverleger fand sich folgende knappe Definition der Pressefreiheit: „Pressefreiheit bedeutet nur, daß jeder, der will und kann, eine Zeitung oder Zeitschrift herausgeben darf." Springer will und kann, Bauer will und kann, Holtzbrinck will und kann – und wir anderen, die wir die Druckereien nicht besitzen, wir wollen deswegen nicht dürfen.

Ich meine, diesem Monopolanspruch müssen wir entschieden entgegentreten, nicht nur wir Journalisten, die wir uns in immer größerer Zahl gewerkschaftlich organisieren, sondern wir alle, die wir auf die uns von den Massenmedien gelieferten Informationen schlechthin angewiesen sind; wir alle müssen uns gegen den Meinungsmonarchismus in der Bundesrepublik wehren und gemeinsam die in der Verfassung garantierten Grundrechte verwirklichen.

Lassen Sie mich noch einen Fall kurz streifen: In den letzten Wochen war im bundesdeutschen Blätterwald großes Geschrei: Die Pressefreiheit sei in Gefahr! Was war da passiert, während des Druckerstreiks? Was gab den Verlegern Anlaß, sich plötzlich um die Pressefreiheit Sorgen zu machen? Da hatte der Chefredakteur der Neuen Ruhr-Zeitung, Jens Feddersen, nach der Urabstimmung, deren Ergebnis auf weit über 90 % für den Streik lautete, die glatte Lüge niedergeschrieben, dies sei ein Streik, den keiner will. Und nun wollte er gern, daß die

117

Setzer das setzen und die Drucker das drucken sollten. Aber einige Drucker in Köln weigerten sich, und so blieb Feddersens Lüge in der Kölner Ausgabe der Neuen Ruhr-Zeitung ungedruckt, d. h. die dortigen Leser blieben in diesem Fall einmal davor bewahrt, belogen zu werden. Und da schrieen die Verleger plötzlich, die Pressefreiheit sei bedroht, und die CDU hängte hier in Hamburg, wie ich heute sah, große Plakate auf. Die Pressefreiheit! Bedroht? Wahrhaft bedroht war der gewöhnliche Mißbrauch der Pressefreiheit als Unternehmerprivileg, der gewöhnliche Mißbrauch der Presse als Instrument der Herrschaft über das lohnabhängige Volk!

Was tun gegen das Informations- und Meinungsverbot? Ich meine: Die Wahrheit lauter sagen! Je mehr Menschen die Wahrheit sagen, desto lauter, desto unüberhörbarer wird sie. Was tun? Die Universität nicht der Reaktion überlassen, die Schule nicht der Reaktion überlassen, die Presse nicht denen überlassen, die sie als Privatbesitz für sich beschlagnahmt haben. Was tun? Vor allen Dingen Solidarität üben mit allen, die in verfassungswidriger Weise gemaßregelt werden, weil sie es gewagt haben, über die Produktions- und Herrschaftsverhältnisse hierzulande Wahrheiten auszusprechen. Demokratische Solidarität muß an Ort und Stelle geübt werden, aber sie muß auch überregional organisiert werden. Daher bitte ich diejenigen, die diese Konferenz hier in Hamburg vorbereitet haben, ihre Arbeit fortzusetzen, für Kommunikation unter allen zu sorgen, jeden Berufsverbotsfall publik zu machen. Diese Konferenz muß, so meine ich, Auftakt einer weiter verstärkten Solidaritätsbewegung sein. Der maßlose Machtanspruch derjenigen, die uns allen Ohren, Augen und Mund verbinden wollen, ist zurückzudrängen, wenn alle Demokraten gemeinsam handeln.

Horst Symanowski
Die Verantwortung des Christen für die vom Berufsverbot Betroffenen

Das Modewort heißt Integration. Es bedeutet: Diese Gesellschaft bleibt, wie sie ist; ihr müßt euch ihr anpassen. Ihr werdet integriert, und damit werdet ihr kastriert. Wer heute ein anderes Bild von Staat und Gesellschaft, von Arbeit und Wirtschaft, von Gerechtigkeit und Frieden hat, ist staatsgefährdend. Unerhörterweise identifizierten die Ministerpräsidenten unseren Staat mit der augenblicklichen Gestalt unserer Gesellschaft. Und damit wird jede Entwicklung blockiert, auf den Status quo fixiert. Wer vorwärts drängt, Veränderung will, heißt heute „radikal" und wird bekämpft.

Das ist nicht neu. Wie Sie in der Dokumentation des „Zentralen Arbeitskreises für die Aufhebung des KPD-Verbots" nachlesen können, gibt es Gesetze und Erlasse schon in den Jahren 1878, 1933, 1950, 1972, und sie alle haben denselben Ursprung, nämlich die Sorge um den Status quo und die Angst vor dem Neuen. Und sie haben einen sehr ähnlichen Wortlaut. Ich könnte ironisch werden: die alte Vogelscheuche mit einem jeweils neuen Hut. Aber die Ironie vergeht, wenn man an das Leid denkt, das dieser antikommunistische Geist über einzelne und über Völker, nicht nur über das unsere, gebracht hat. Aber bei uns allein, nach dem KPD-Verbot im Jahre 1956, wurden mehr als 100 000 Untersuchungsverfahren eingeleitet. Wie viele verloren damals ihre Existenz und gingen ins Gefängnis! Der „Zentrale Ausschuß für die Aufhebung des KPD-Verbots" erhebt seit eineinhalb Jahrzehnten warnend seine Stimme: Mit diesem uns eingetrichterten Antikommunismus wird nicht nur eine Partei und werden nicht nur einige Gruppen bekämpft, sondern mit ihm wird die Demokratie selbst gefährdet.

Mit dem alten KPD-Verbot und dem neuen Ministerpräsidentenerlaß werden alle bedroht, die sich mit Leidenschaft für eine Demokratisierung in den Betrieben, in der Gesamtwirtschaft, in Schulen und Hochschulen, auf kommunaler und kirchlicher Ebene einsetzen. Wir haben jetzt diejenigen vor Augen, die schon von dem Ministerpräsidentenerlaß betroffen sind, nicht aber diejenigen – und wieviel Tausende mag es schon geben – die zuerst eingeschüchtert, dann verängstigt, zur totalen Integration, sprich: zur Kastration auf diese Weise bereitgemacht werden. Wie Mehltau legt es sich wieder auf die Demokratie. Wir sind hier, um ihn abzuschütteln.

Das wird uns auch gelingen, wenn die heute in Hamburg demonstrierte Solidarität auch in Zukunft zwischen den hier vertretenen Personen und Gruppen verwirklicht wird. Jeder einzelne von uns und jede Gruppe steht vor der Aufgabe, in der eigenen Partei, in der eigenen Organisation und Institution den Raum offenzuhalten, in dem Meinungs- und Handlungsfreiheit gewährleistet sind. In meinem Falle denke ich dabei besonders an die Evangelische Kirche. Wir sehen, wie der Ministerpräsidentenerlaß auch hier – wenn er auch dem Buchstaben nach nicht einfach übernommen wird – so doch seine Wirkung tut. Mitglieder und Funktionäre der Kirche erscheinen ausgerechnet jetzt, nach diesem Ministerpräsidentenerlaß, als eine Gefahr für die Kirchengemeinden, wenn sie aus ihrem christlichen Glauben Konsequenzen ziehen und sich politisch dort engagieren, wo andere schon lange um das Recht der Ausgebeuteten und Unterdrückten kämpfen.

Wir stehen alle an einer doppelten Front. Die eine läuft quer durch unsere eigene Organisation, sei es die Kirche, eine Partei oder Gewerkschaft; an der anderen stehen wir den Staatshütern gegenüber, die mit ihren Erlassen, Gesetzen und Machtinstrumenten den Status quo verteidigen. An beiden Fronten aber schwingen sie dieselbe Fahne: die des Antikommunismus. Und daran erkennt man, daß sie im selben Sold stehen, nämlich im Sold des Kapitalismus.

Angesichts dieser Situation bleibt uns dann wohl gar nichts anderes übrig, als wirklich *radikal* zu sein, das heißt auf deutsch: die Krankheit an der Wurzel anzupacken und nicht nur eine kosmetische Behandlung vorzunehmen. So wollen wir uns mit etwas Stolz diese Bezeichnung gefallen lassen und wollen radikal sein. Christen sollten eigentlich wissen, daß diese Welt radikal verändert werden muß, wenn Friede und Gerechtigkeit in ihr wohnen sollen. Diejenigen Christen, die mit der Möglichkeit einer neuen Menschheit rechnen – und das gehört doch wohl zu ihrem Glauben –, werden nach Bundesgenossen Ausschau halten, die zusammen mit ihnen ans Werk gehen, ans Werk gehen nicht so, wie es hier in unserem Programm heißt, um Verantwortung allein für die vom Berufsverbot Betroffenen wahrzunehmen, sondern dafür zu sorgen, daß es in Zukunft keine Betroffenen mehr geben wird.

So arbeiten heute schon in aller Welt Christen und Nichtchristen zusammen, nicht nur um Wunden zu verbinden, sondern um zu verhindern, daß Menschen sich gegenseitig Wunden schlagen. Sie bauen zusammen an einer besseren Zukunft. Deshalb gibt es bei uns eine Solidarität zwischen Menschen und Gruppen ganz unterschiedlicher Herkunft und politischen Engagements, deshalb bin ich selbst als Pfarrer seit anderthalb Jahrzehnten in diesem „Ausschuß für die Aufhebung des KPD-Verbots", deshalb sind wir auch in dieser Zusammensetzung hier heute zusammen. Das Fernziel ist eine Gesellschaft, in der alle Menschen in gleicher Weise teilhaben an den Früchten ihrer Arbeit, und in der die eigene Freiheit auch die des anderen ist. Die Hindernisse auf diesem Weg wegzuräumen, ist unsere gemeinsame Aufgabe, auch die Aufgabe der Christen heute unter uns. Und diese Aufgabe lautet in unserer Zeit: Weg mit dem KPD-Verbot und dem Ministerpräsidentenerlaß! Schluß mit dem Antikommunismus!

Heinz Hust
Berufsverbote – Folgen des KPD-Verbots

Als Mitglied der Sozialdemokratischen Partei Deutschlands, als aktiver Gewerkschafter und freigestelltes Betriebsratsmitglied in der BASF, deren Belegschaft mit 50 000 Beschäftigten gegenwärtig in einem harten Lohnkampf steht, bedaure ich es sehr, daß diese heutige Konferenz gegen Berufsverbote überhaupt stattfinden muß.

Ich würde mich bedeutend wohler fühlen, wenn solche Veranstaltungen in der Bundesrepublik überflüssig wären. Überflüssig deshalb, weil endgültig der Antikommunismus überwunden sein sollte und auch die Regierung der sozialliberalen Koalition begriffen haben müßte, daß eine Politik der Entspannung in Europa und der Aussöhnung mit den sozialistischen Völkern nicht zu vereinbaren ist mit Antikommunismus im Inneren.

Leider sind aber auch heute, im vierten Jahre der sozialliberalen Regierung, die Verhältnisse in der Bundesrepublik nicht so, daß man als engagierter Demokrat und Gewerkschafter, der die echte Mitbestimmung in Betrieb, Wirtschaft und nicht zuletzt im Staat will, die Hände in den Schoß legen und sich über das Erreichte freuen könnte.

Noch ist das Gegenteil der Fall, und deswegen sind solche Manifestationen des Widerstandes gegen undemokratische Praktiken wie KPD-Verbot und Berufsverbote, solche Veranstaltungen wie die heutige dringend notwendig, ja sie müssen sogar noch erweitert werden.

Seit 1971 arbeite ich im „Zentralen Arbeitskreis für die Aufhebung des KPD-Verbotes" mit, weil sich meine Hoffnung, daß der Vorsitzende meiner Partei, Bundeskanzler Willy Brandt, das KPD-Verbot als Relikt des Kalten Krieges beseitigen würde, nicht erfüllt hat. Bundeskanzler Willy Brandt hat in seiner ersten Regierungserklärung versprochen, mehr Demokratie wagen zu wollen. Diese Worte von Willy Brandt hätten sozialdemokratische Ministerpräsidenten daran hindern müssen, gemeinsam mit CDU-Ministerpräsidenten einen Beschluß zu fassen, mit dem sie die Grundlage für Berufsverbote geschaffen haben.

Berufsverbote, die sich gegenwärtig vor allem gegen junge Lehrer und Pädagogen richten, dürfen von der Arbeiterschaft nicht unterschätzt werden. Sie sind der Versuch, mit administrativen Mitteln die Meinungsfreiheit zu untergraben, und müssen als Fortsetzung der Unterdrückungsmaßnahmen verstanden werden, die im KPD-Verbot ihren Höhepunkt fanden.

Ich kann mich des Eindrucks nicht erwehren, daß Berufsverbote gegen Lehrer und Erzieher verhindern sollen, daß die Jugend in den Schulen von demokratischen Erziehern zu demokratischem Denken und Handeln erzogen wird.

Ginge es nach dem Willen derer, die um ihre Vorherrschaft zittern, dann würden Berufsverbote nicht auf Lehrer, Pädagogen und den öffentlichen Dienst beschränkt bleiben. Berufsverbote sollen als Disziplinierungsmaßnahme wie ein Damoklesschwert über den Arbeitenden hängen. Sie sollen auch für Arbeiter und Angestellte in der sogenannten freien Wirtschaft der Knüppel sein, mit dem man Maulhalten und Stillhalten als erste Bürgerpflicht einbleut.

Daß dies keine Schwarzmalerei, sondern eine echte Gefahr ist, zeigen doch heute schon Urteile des Bundesarbeitsgerichts und untergeordneter Gerichte. Das zeigen auch die Maßnahmen gegen die Jugendvertreter in zahlreichen Betrieben. Und wenn die CDU-Regierung von Rheinland-Pfalz erklärt, daß sie jeden gesetzlichen Schutz für Jugendvertreter im Betrieb als Verstoß gegen die Verfassung ablehnt, wenn die gleiche Landesregierung Modelle für den öffentlichen Dienst entwickelt, in denen die Tarifautonomie der Gewerkschaft ÖTV beseitigt werden soll, dann zeigt dies nur, wohin die gesellschaftliche Entwicklung in der Bundesrepublik nach dem Willen der Herrschenden führen soll.

Festhalten am KPD-Verbot, Einführung von Berufsverboten sollen den Herrschenden die Möglichkeit geben, gegen all jene loszuschlagen, die die Ungerechtigkeiten in der Bundesrepublik nicht nur aufdecken, sondern auch beseitigen wollen.

Die eigenen Erfahrungen lehren uns, daß Antikommunistenbeschlüsse und Berufsverbote den arbeitenden Menschen in unserem Lande nicht nützen, sondern schaden. Nutznießer solcher undemokratischen Maßnahmen sind immer nur diejenigen, die auf der Klassenfront der Unternehmer stehen, sind die wirtschaftlich Mächtigen in diesem Land, die uns den Lebensstandard schmälern und die Mitbestimmung verweigern wollen.

Manchmal zweifelte ich daran, daß es gelingen könnte, in meiner Partei erfolgreich für die Aufhebung des KPD-Verbotes und für die Beseitigung der Berufsverbote wirken zu können. Heute bin ich schon viel optimistischer. Die Tatsache, daß sich der Parteitag der SPD in Hannover mit einem Antrag zu diesem Problem befassen mußte, die Auseinandersetzungen in der Münchner SPD und bei den Jungsozialisten über die Aufhebung des Antikommunistenbeschlusses zeigen, daß der Widerstand gegen undemokratische Beschlüsse und Praktiken der Parteiführung wächst. Dieser Widerstand ist demokratisch, er entspricht dem Geist und Inhalt des Grundgesetzes.

Es ist erfreulich, feststellen zu können, daß die demokratische Bewegung gegen Berufsverbote breiter geworden ist. Veranstaltungen in Rheinland-Pfalz und in anderen Bundesländern, auch die heutige Konferenz, sind ein Beweis dafür. Es wäre jedoch falsch, darauf zu warten, bis bei den Regierenden Vernunft einkehrt. Wir müssen weiterhin handeln. Niemand in diesem Lande, dem Demokratie mehr als ein Schlagwort ist, darf zu Berufsverboten und zum KPD-Verbotsurteil von 1956 schweigen. Widerstand gegen diese undemokratischen Maßnahmen muß vor allen Dingen in den Gewerkschaften entwikkelt werden.

Daß auf diesem Wege Erfolge möglich sind, zeigte uns eine Veranstaltung, die sozialdemokratische und kommunistische Betriebsräte, Vertrauensleute und Jugendvertreter der BASF in Ludwigshafen durchführten und auf der die vom Berufsverbot betroffene junge Lehrerin Anne Lenhart auftrat. Bei einer Gegenstimme und vier Enthaltungen stimmten die dort

124

Anwesenden einer Protestentschließung an die Landesregierung zu, in der die sofortige Einstellung der Kollegin Lenhart gefordert wurde.

In dieser Entschließung heißt es am Schluß: „Wir stellen fest, daß heute erneut jene Kräfte am Werk sind, die mit dem KPD-Verbot in den fünfziger Jahren den Antikommunismus zur Staatsdoktrin erhoben, eine Hexenjagd gegen Kommunisten auslösten, alle kritischen Demokraten einzuschüchtern versuchten, um eine arbeiterfeindliche Politik durchzusetzen. Darum fordern wir: Rücknahme des verfassungswidrigen Berufsverbotes, Schluß mit dem Antikommunismus, Aufhebung des KPD-Verbots."

Wir alle sollten nun überall dort, wo wir arbeiten, uns dafür einsetzen, daß diese Forderung nicht verstummt, sondern durchgesetzt wird.

Gerhard Weber
Die Ablehnung der Ministerpräsidentenbeschlüsse durch die Hamburger FDP

Schade, daß mein Vorredner nicht Mitglied der Sozialdemokratischen Bürgerschaftsfraktion der Hamburger Bürgerschaft war. Es würde mir viel leichter werden, hier zu sprechen. Ich bin als Liberaler gebeten worden, ein paar Worte zur Stellungnahme der Hamburger Freien Demokraten zu den Berufsverboten zu sagen. Gestatten Sie zwei Vorbemerkungen zur Konferenz:

Einmal: Ich teile das Unbehagen einiger Freunde im Blick auf die Form der Veranstaltung, daß eine Diskussion in dieser

Form hier in diesem Saal nicht möglich ist, wie es einige vielleicht gehofft hatten. Ich habe mich aber überzeugen lassen, daß vom CCH her dies wie auch die Kontrollen draußen, leider auch bei anderen Veranstaltungen, nicht anders möglich ist. Von daher mußte man also in den sauren Apfel beißen, um die Veranstaltung in dieser Form durchzuziehen.

Zweitens möchte ich nicht kneifen – Wolfgang Roth und Kurt Erlebach haben auch nicht gekniffen – zu dem Flugblatt, das einige Genossen am Eingang verteilt haben mit der Stellungnahme von Rudi Dutschke und Wolf Biermann. Ich habe dieses Flugblatt – wie viele Redner hier – gelesen und muß dazu sagen, daß ich weiß – und wahrscheinlich wir alle wissen –, daß es in vielen Ländern der Welt (leider auch noch in einigen sozialistischen Ländern) Berufsverbote gibt. Ich bedaure das. Ich persönlich aber bin Bürger der Bundesrepublik, lebe in Hamburg und nehme zur Zeit im Rahmen dieses Kongresses Stellung zu der Problematik hier in meinem Land. Die Grundtorheit unserer Epoche, der Antikommunismus, über den Gösta von Uexküll gesprochen hat, hat in unserem Land, in Deutschland, seine Wurzeln. Deshalb kann eine solche Konferenz meiner Meinung nach nicht die Aufgabe haben, die antikommunistische Einheitsfront von Strauß bis Springer mit Argumenten zu beliefern, sondern sie muß sich der Situation in der Bundesrepublik stellen.

Hamburg – das ist nicht nur ein modernes, aber auch umstrittenes Congress Centrum, in dem wir tagen, das ist nicht nur die IGA und der Hafen, das ist also nicht nur eine internationale Stadt mit dem „Tor zur Welt", das ist leider auch die Stadt, die als erste für eine engagierte junge Lehrerin die Schultore dichtgemacht hat, die Stadt also, die am 23. November 1971 in Gestalt einer grundsätzlichen Entscheidung des Senats ein Berufsverbot ausgesprochen hat. Der Hamburger Senat hat sich dadurch als Schrittmacher für die Ministerpräsidentenerklärung vom 28. 1. 1972 erwiesen. Daher ist es wichtig, daß diese Konferenz hier stattfindet, daß viele Gäste aus dem Ausland nach Hamburg gekommen sind. Dafür möchte ich als Bürgerschaftsabgeordneter danken.

Als Mitglied der FDP-Fraktion der Hamburger Bürgerschaft und stellvertretender Landesvorsitzender dieser Partei einige Gedanken zur Stellung der Hamburger Liberalen. Ich bin gerne der Bitte gefolgt, da ich vom ersten Moment an zu den Gegnern der Hamburger und auch der Ministerpräsidentenbeschlüsse gehörte. Hamburg, bekanntlich von einer SPD/FDP-Koalition regiert, wobei die Sozialdemokraten – für Hamburg muß ich sagen: leider noch die absolute Mehrheit haben, denn wir sind hier nicht in Hessen-Süd. Die FDP hatte sich spontan am 14. 12. 1971 auf ihrer Landesausschußsitzung mit der Senatsentscheidung kritisch auseinandergesetzt und diese Grundsatzentscheidung verurteilt. Die damals mit Mehrheit verabschiedete Stellungnahme lautete: „Die FDP verurteilt die Entscheidung des Senats in der Fassung vom 23. 11. 71 über die Nichtzulässigkeit der Beamtenbenennung von Bewerbern bei politischen Aktivitäten in rechts- und linksradikalen Gruppen." Damals, auf dieser Sitzung am 14. Dezember 1971, war es in dieser Fassung. Es geht dann weiter in der Erklärung: „Der Landesverband der FDP tritt dafür ein, daß bei der Einstellung von Personen im öffentlichen Dienst bzw. bei der Übernahme ins Beamtenverhältnis ausschließlich von verfassungsmäßigen Grundsätzen auszugehen ist." Aus diesen Gründen folgt, daß die Mitgliedschaft in einer an Parlamentswahlen teilnehmenden Partei oder die Zugehörigkeit zu einer anderen Organisation kein Beweis für eine verfassungswidrige Haltung sein kann.

Die Nagelprobe kam am 15. 12. 1971 in der Hamburger Bürgerschaft. Die CDU-Fraktion hatte – ausgelöst durch den Senatserlaß – eine Große Anfrage zu den sogenannten Radikalen im öffentlichen Dienst eingebracht. In der Debatte hierüber ging die CDU davon aus, daß die Mitgliedschaft in nichtparlamentarischen Parteien ausreicht, um den einzelnen im öffentlichen Dienst nicht zuzulassen oder hieraus zu entfernen, im Grunde – das war das Ziel der CDU – zu einer Hexenjagd aufzufordern und alle unbequemen Linken aus dem öffentlichen Dienst zu entfernen. Daran hat sich bei der CDU bis heute – von Echternach über Dregger bis Strauß – nichts geändert. Das ist das erklärte Ziel.

Ich habe damals vor der Hamburger Bürgerschaft versucht, die ablehnende Haltung der Hamburger Freien Demokraten deutlich zu machen, die von der Fraktion leider bis auf Helga Schuchardt nicht geteilt wurde. Drei Punkte waren hierbei für mich entscheidend:

1. Wenn die Freiheit der Berufswahl und des Grundgesetzes ernstgenommen wird, dürfen wir diese Freiheit nicht durch besondere Erlasse einengen. Freiheit der Berufswahl gilt auch für den Kritiker unserer Gesellschaftsordnung, auch für den von uns gewollten unbequemen Bürger.

2. Wenn wir die Schüler zu Emanzipation und Kritikfähigkeit erziehen wollen, kann das nicht geschehen mit Lehrern, die zur Anpassung gezwungen wurden, und ein solches Anpassungsrelikt ist im Grunde genommen der Senatserlaß und der Ministerpräsidentenerlaß.

3. Wenn wir mit Kommunisten und Sozialisten den Dialog und die geistige Auseinandersetzung suchen, wenn man die Ostverträge als notwendigen Schritt zum Frieden und zur Verständigung in Europa begrüßt, kann man nicht dem Aufbau einer antikommunistischen Heimatfront durch die Extremistenbeschlüsse zustimmen.

Auf diesem Hintergrund war für mich klar, daß dieser Senatserlaß abzulehnen sei, und habe ich versucht, in der Bürgerschaftsdebatte damals deutlich zu machen, daß er nicht nur unglücklich, sondern auch überflüssig und undemokratisch ist und daß er im Grunde der Gesinnungsschnüffelei und der Diffamierung Tür und Tor öffnet.

Leider hat sich das von mir so begründete Urteil, das von vielen Sozialdemokraten als Vorurteil angesehen und abgelehnt wurde, bewahrheitet. Der damalige Beitrag fand in der Hamburger Bürgerschaft keinen Widerhall; er stieß auf Ablehnung, und man muß ein Jahr später feststellen, daß die damals angesprochenen Befürchtungen weithin eingetreten sind.

Es wird uns immer wieder vorgehalten, uns, den Gegnern der Berufsverbote, daß die Zahl der von den Berufsverboten Betroffenen ja nur eine kleine Zahl sei. Wenn man die Zahlen in der Dokumentation zusammenrechnet, dann ist es in der Tat keine kleine, sondern eine große Zahl. Und wenn es nur eine Handvoll Leute wäre, die betroffen wären, dann müßten wir als Demokraten hiergegen auf die Barrikaden gehen. Und deshalb bin ich hier.

Die unterschiedliche Praxis in den verschiedenen Bundesländern ebenso wie die unterschiedliche Anwendung dieser Erlasse – Rechte kommen in den Staatsdienst, Linke werden reglementiert – zeigen die in Verbindung mit den Beschlüssen herrschende Rechtsunsicherheit und zeigen, daß die Herrschenden diese Beschlüsse zu einem Instrument in ihrer Richtung durchaus ausgebaut haben.

Die Hamburger Freien Demokraten haben sich auf dem Hintergrund der Entwicklung auf ihrem diesjährigen Landesparteitag Mitte April erneut mit den Extremistenbeschlüssen beschäftigt. Übereinstimmung herrschte in dem 120 Personen umfassenden Landesausschuß weithin im Blick auf die Ablehnung der Extremistenbeschlüsse. Die Meinungen gingen dann allerdings auseinander, ob es politisch opportun und ratsam und auch durchsetzbar sei, die Aufhebung der Beschlüsse zu fordern, oder ob man nicht stattdessen einen Schritt weitergehen solle und auf eine Änderung der Beamtengesetze dringen müsse. Verabschiedet wurde letztlich dann mit Mehrheit ein Antrag der Hamburger Jungdemokraten, der folgenden Wortlaut hat, und der – das zeigt auch die Diskussion hier – noch ein Stück darüber hinausgeht: „Der Landesverband der Hamburger FDP lehnt den Extremistenbeschluß ab und fordert dessen sofortige Aufhebung." Insofern unterscheiden wir uns da von den Sozialdemokraten in Hannover, die zur gleichen Zeit getagt haben. Der Antrag geht weiter: „Die bisherigen Erfahrungen haben deutlich gemacht, wie die Formulierung des Beschlusses bereits befürchten ließ, daß die Verwaltung bei dessen Anwendung den Grundrechten der Betroffenen kaum Rechnung trägt sowie in undemokratischer und eines Rechtsstaates unwürdiger Weise die politische Auseinandersetzung mit andersdenkenden Gruppen auf dem Rücken einzelner austrägt. Da sich zumindest die Stimmen derer mehren, die der Auffassung sind, daß auch mit den einschlägigen Bestimmungen der Beamtengesetze sich das gleiche Ziel erreichen läßt, fordert der Landesverband den Bundesvorstand, die Bundestagsfraktion sowie die Bürgerschaftsfraktion auf, sich dafür einzusetzen, daß das Beamtenrechtsrahmengesetz in der Weise geändert wird, daß die Nichtberufung eines Bewerbers in das Beamtenverhältnis aus politischen Gründen von einer vom Bundesverfassungsgericht ausgesprochenen Verwirkung der Grundrechte nach Art. 18 GG abhängig ist."

Soweit der Beschluß. Nur in einem solchen Fall, wenn also das Bundesverfassungsgericht nach Art. 18 GG die Grundrechte abgesprochen hat, nur in einem solchen Fall kann man darüber reden, ob jemand nicht in den Staatsdienst aufgenommen werden soll. Von daher sind wir der Meinung, daß alle Modifizierungen der Ministerpräsidentenerlasse im Grunde Nonsens sind; es geht um die Aufhebung und um eine rechtliche Klarstellung auf dem Boden unseres Grundgesetzes.

Dies ist um so wichtiger, als der Hamburger Senat unabhängig von dem Parteitag der Sozialdemokraten eine Vorlage an das Hamburgische Verfassungsgericht verabschiedet hat. In dieser Vorlage heißt es, daß das Verfassungsgericht feststellen möge, daß, über die bloße Mitgliedschaft hinaus, Personen, die in einer nichtverbotenen Partei oder Organisation mit verfassungsfeindlicher Zielsetzung tätig sind oder die Organisation politisch unterstützen, nicht in den Staatsdienst aufgenommen werden dürfen. „Die Mitgliedschaft in einer derartigen Organisation begründet Zweifel daran, ob der Bewerber jederzeit für die freiheitlich-demokratische Grundordnung im Sinne des Grundgesetzes eintreten wird. Ein Bewerber darf nur in das Beamtenverhältnis berufen werden, wenn er diese Zweifel behebt."

Sie sehen also, daß sich im Blick auf die Einschätzung des Senatserlasses auch anderthalb Jahre danach leider beim Hamburger Senat die Auffassung nicht geändert hat, sondern daß nach wie vor die Mitgliedschaft in Organisationen – sprich: in der DKP, in der SDAJ, im Spartakus oder anderen – zu Zweifeln berechtigt und daß von daher mit einer Ablehnung der Aufnahme in den Staatsdienst gerechnet werden muß. Solange ein solches Papier da ist, eines Senats, einer Freien und Hansestadt Hamburg, solange ist es erforderlich, für die Aufhebung der Ministerpräsidentenbeschlüsse und des Senatserlasses zu kämpfen, denn so lange wird der Beschluß ein Instrument sein, um unliebsame Bürger aus dem Staatsdienst fernzuhalten.

Dieser Kampf dauert an. Wir als Freie Demokraten haben durch unsere Beschlüsse deutlich gemacht, daß wir uns diesem Kampf anschließen, und solange diese Beschlüsse bestehen, kann es nur darum gehen, daß Liberale, Sozialisten, Christen und Kommunisten gemeinsam Solidarität üben. Und daß, meine Damen und Herren, Solidarität auch zum Ziel führt, hat die Aufhebung des Berufsverbotes bei Ilse Jacob gezeigt. Sie sollte auch bei den anderen zum Ziel führen.

Ingemar Nohrén, Nacka (Schweden)

Zuerst möchte ich Ihnen herzlich für die Einladung zu diesem Kongreß danken. Die Problemstellung, die zu dieser Konferenz geführt hat, ist von höchster Wichtigkeit und erfordert eine ausgedehnte Diskussion, in der alle aktuellen Fragestellungen eingehend besprochen und analysiert werden müssen.

Die Position eines Staatsangestellten in Schweden ist natürlich auch gesetzlich abgesichert. Zuerst muß darauf aufmerksam gemacht werden, daß die Staatsangestellten zum ersten Mal am 1. Januar 1966 das volle Mitspracherecht über ihre Angestelltenbedingungen und damit das Streikrecht erhielten. Das bedeutet, daß die Personalorganisationen mit dem staatlichen Arbeitgeber über die staatliche Verhandlungsstelle in Verhandlung treten. Die staatliche Verhandlungsstelle hat also die Aufgabe, in einem bestimmten ökonomischen Rahmen gleichgeartete Verhandlungen zu führen, wie sie mit Angestellten in der privaten Wirtschaft üblich sind. Über das Verhandlungsrecht hinaus gelten für die schwedischen Staatsangestellten grundlegende Verwaltungsbestimmungen in Form von Gesetzen und Verordnungen. Alle Staatsangestellten fallen unter das Staatsdienstgesetz, ausgenommen sie haben bestimmte Funktionen im Reichstag. In § 3 dieses Gesetzes ist verankert, daß bestimmte Angestelltenbedingungen nicht zwischen den Personalorganisationen und der staatlichen Vermittlungsstelle geregelt werden müssen, wie z. B. behördliche Arbeitsaussetzungen, Leitung und Verteilung der Arbeit innerhalb der Behörde oder das Recht auf zeitweilige Befreiung von der Arbeit.

Die Personalorganisationen sind ständig bestrebt, diesen Paragraphen inhaltlich zu verbessern, und machen so gewisse darin geregelte Fragen zum Verhandlungsgegenstand.

In diesem Staatsdienstgesetz wird weiter von der Anstellung der Beamten gesprochen, d. h. von den Bedingungen und Gründen dieser Anstellung. Dabei muß darauf hingewiesen werden, daß seit dem 1. Januar 1970 auch angestellte Arbeiter für allgemeinstaatliche Angelegenheiten wie Beamte behandelt werden. Das Gesetz beinhaltet weiter beamtenrechtliche Bestimmungen, in denen u. a. ausgeführt wird, daß die Anerkennung der Rechtmäßigkeit der von der Behörde gegebenen Anweisungen, Arbeitsordnungen und anderer allgemeiner Bestimmungen zur Bedingung gemacht wird.

Auch das Streikrecht ist in diesem Gesetz geregelt. Beamte dürfen an einem Streik teilnehmen, vorausgesetzt, daß er von der fachlichen Organisation genehmigt ist. Hat sich der Beamte bei seiner Arbeit Versäumnisse zuschulden kommen lassen, so kann er zur Anklage gebracht oder einer disziplinarischen Bestrafung, z. B. in Form von Lohnabzug, unterworfen werden. Weiterhin bestimmt das Gesetz, daß der Beamte aus dem Dienst entlassen werden muß, sofern dies nach Beschluß des allgemeinen Gerichtshofes oder der Behörde für nötig befunden wird. Es wird in diesem Zusammenhang auch davon gesprochen, daß Beamte im Auswärtigen Amt, beim Militär oder Polizeibeamte zurücktreten müssen, wenn das im Interesse der Nation liegt. Die Staatsdienstverordnungen stellen eine weitere formale Grundbestimmung dar. In diesen Verordnungen werden Fragen, die die Durchführung, Kündigung und Wiederaufnahme des Dienstes betreffen, geregelt. Darüber hinaus findet sich eine Aufstellung der im Gesetz verankerten Bestimmungen für die Staatsanstellung.

Zusätzlich zu den im Vorhergehenden erwähnten Grundbestimmungen gibt es auch noch Vereinbarungen zwischen den fachlichen Hauptorganisationen für Staatsangestellte und der staatlichen Verhandlungsstelle. Diese kann man kurz als Anstellungssicherungen bezeichnen, durch die die fachlichen Organisationen Einblick und in gewissen Fällen direkten Einfluß auf die Beschlußfassung zur Aussetzung des Dienstes gewinnen.

Zur Frage der Qualifikation der Staatsbeamten: Es werden keine Personaluntersuchungen vorgenommen, die auf eine Aufdeckung politischer Denkweisen hinzielen oder andere Erschwernisse für den Bewerber zur Folge haben könnten. Das heißt, daß Beamte im allgemeinen ungeachtet ihrer politischen Ansichten in den Staatsdienst übernommen werden. Dies gilt selbstverständlich auch für Lehrer.

Unsere grundlegenden Bestimmungen geben klar Auskunft, daß allein die fachliche Kompetenz für die staatliche Anstellung zugrunde gelegt wird. Während des Zweiten Weltkrieges hat in Schweden eine gewisse Registrierung der politischen Aktivitäten von Personen stattgefunden, die jetzt jedoch nicht mehr betrieben wird. Allerdings ist durch ein entsprechendes Gesetz zum Schutze Schwedens vor gewissen Terrororganisationen, die in der Welt mit gewaltsamen Methoden arbeiten, vom schwedischen Reichstag 1973 gegen terroristische Aktionen eingegriffen worden.

Das Problem, daß nach mir vorliegenden Informationen bei Ihnen eine bestimmte politische Auffassung zur Nichteinstellung in den öffentlichen Dienst führen kann, hätte vorher eigentlich ausführlich diskutiert werden müssen. Der Begriff Demokratie beinhaltet ja gerade die Möglichkeit der freien

Meinungsäußerung. Solange man dies auf demokratische Art und Weise und ohne eine gewalttätige Gesinnung tut, kann daraus kein Hinderungsgrund für die Anstellung im öffentlichen Dienst werden. Statt demokratische, fortschrittliche Mitbürger auf diese Weise vom öffentlichen Dienst auszuschließen, hätte man wenigstens überlegen sollen, ob nicht rechtsextreme Kräfte von einer staatlichen Anstellung ferngehalten werden müssen, denn von diesen geht doch eine viel größere Gefahr für das Staatswesen aus. Es wäre sinnvoll, vor so schwerwiegenden Beschlüssen solche Überlegungen anzustellen.

Jens Flegel
Der gemeinsame Kampf von Studenten und Arbeiterjugend

Wir sind sehr einverstanden damit, hier einmal in aller Deutlichkeit auszuleuchten, was es in Wirklichkeit mit dem Ministerpräsidentenerlaß für die Berufsverbote auf sich hat:

Da haben wir ein Grundgesetz, das die Freiheit der Berufswahl, den freien Zugang zu allen öffentlichen Ämtern garantiert, – aber aktive Demokraten werden nicht zu Lehrämtern zugelassen.

Da haben wir ein Grundgesetz, das das Recht auf freie Meinungsäußerung garantiert, – aber das Bundesarbeitsgericht entscheidet, daß Arbeiter und Angestellte entlassen werden dürfen, wenn sie es wagen, in der Öffentlichkeit Kritik am Unternehmertum zu üben; kritische Jugendvertreter werden mundtot gemacht.

Zahlreiche Mitglieder – auch unserer Organisation – sind betroffen. Dennoch, es geht um mehr: Es geht um Angriffe auf die demokratischen Rechte aller arbeitenden Menschen.

134

Bleiben wir bei den Jugendvertretern. Über 400 Jugendvertreter sind in den letzten Monaten aus den Betrieben herausgeflogen. Rücksichtslos nutzen die Unternehmer eine Lücke im Betriebsverfassungsgesetz, um einen unbequemen Jugendvertreter nach dem anderen zu feuern. Das geht dann so vor sich: Ich zitiere aus einem Kündigungsschreiben, wie es bei Bayer-Leverkusen einem Jugendvertreter zugegangen ist: „Sollten Sie die Abschlußprüfung bestehen, scheiden Sie somit am 28. 2. 1973 oder an dem vor diesem Datum liegenden letzten Prüfungstag aus unserer Firma aus." So einfach geht das – und sie unterstützen sich gegenseitig.

CDU-rheinland-pfälzischer Sozialminister Geißler:

„Ein gesetzlicher Zwang der Arbeitgeber zur Weiterführung des Arbeitsverhältnisses von Jugendvertretern erscheint der Landesregierung aus arbeitsrechtlichen Gründen *systemwidrig*."

Dem Zynismus wird die Krone aufgesetzt: Auf dem Kongreß der Unternehmer zur Berufsausbildung in München wird erklärt: „Jeder Lehrling hat das Recht, nach Abschluß der Lehre einen neuen Arbeitsplatz zu suchen."

Die Katze wird aus dem Sack gelassen: Das Berufsverbot wird auch in Betrieben praktiziert, und wir wissen, daß die Bundesregierung diese Unternehmerpraktiken unterstützt, indem sie aktive Jugendvertreter zur Bundeswehr einziehen läßt wie im Fall Winfried Karches.

Solche Willkürmaßnahmen der Unternehmer erinnern an moderne Sklavenmethoden. Mit ihnen sollen aktive Gewerkschafter an der Ausübung ihrer Tätigkeit im Interesse einer konsequenten Gewerkschaftspolitik behindert werden. Damit sollen die Gewerkschaften – und insbesondere die Gewerkschaftsjugend, die immer mehr erkennt, daß der Schwerpunkt ihrer Arbeit der Betrieb ist – entscheidend geschwächt werden, soll die Arbeiterjugend eingeschüchtert und diszipliniert werden. Dagegen wehren wir uns mit aller Entschiedenheit. Als Antwort darauf werden wir unseren Kampf verstärkt weiterführen für die Rechte der Jugend, für eine starke Gewerkschaft im Betrieb!

In den vergangenen Monaten und Wochen erlebten wir in der Bundesrepublik ein starkes Anwachsen des Kampfes der demokratischen Jugend für ihre Rechte in der Bildungspolitik oder für bessere Freizeitbedingungen. Die Gedanken der Solidarität und das gemeinsame Handeln wirken immer stärker. Es wächst die Systemkritik, sozialistische Alternativen werden diskutiert.

Angesichts der wachsenden Bereitschaft zu gemeinsamem Handeln verschärfen die reaktionären Kräfte in diesem Land – auch über die SPD-Regierung – den Antikommunismus. Und die schärfsten Verfechter des Monopolkapitals legen der SPD die faulen Eier ins Nest: In Springers Dreckschleuder „Die Welt" schreibt Carl-Gustav Ströhm: „Jede westliche Demokratie, welche die Tatsache verkennt, daß totalitäre Bewegungen ihre Todfeinde sind, muß den Keim des eigenen Untergangs in sich tragen. In diesem Sinne ist *Antikommunismus Voraussetzung* für das Überleben der eigenen Gesellschaft, übrigens auch für das Überleben einer sozialdemokratischen Partei, die ihren Namen zu Recht tragen will."

Und die faulen Eier werden pausenlos produziert. Deshalb der Ministerpräsidentenerlaß, deshalb der Bau von Bundeswehrhochschulen und deshalb die Verweigerung der Förderungswürdigkeit von SDAJ und VdS. Dagegen richtet sich unser Kampf, und wir werden die gemeinsamen Interessen der Arbeiter, Lehrlinge, Schüler und Studenten nicht auseinanderdividieren lassen.

Beispielhaft wird in dem gemeinsamen Festivalaufruf zu den X. Weltfestspielen der Jugend und Studenten an die Jugend der Bundesrepublik, der von über 33 Jugendverbänden getragen wird, ausgedrückt:

„Die unterzeichneten Verbände werden sich dafür einsetzen, daß im Rahmen des Festivals konkrete Schritte erörtert werden, die den weltweiten Kampf gegen Imperialismus, Rassismus, Kolonialismus unterstützen. Wir wenden uns gegen die Verfolgung religiöser und weltanschaulicher Überzeugungen sowie gegen die Verfolgung von Kommunisten, Sozialdemokraten und anderen Demokraten."

Und wenn zu der Kundgebung gegen das Berufsverbot am 14. April in Dortmund über 600 Jugendvertreter aufgerufen, wenn sich eine Vielzahl örtlicher Initiativausschüsse gebildet haben, dann unterstreicht das die Tatsache des verstärkten Engagements der arbeitenden und lernenden Jugend und ihrer Organisationen.

Wir fordern: Weg mit dem Berufsverbot! Da gibt es weder was zu konkretisieren noch zu präzisieren!

Wirksamer Kündigungsschutz für Jugendvertreter muß her!

Prof. Dr. Horst Holzer
Der Versuch zur Einschränkung der Freiheit der Wissenschaft
Grundsätzliche Bemerkungen eines Betroffenen

Zunächst möchte ich mich einer angenehmen Pflicht entledigen: Ich bin beauftragt worden, sowohl vom Initiativkreis gegen das Berufsverbot München wie auch von der dortigen Sektion des Bundes demokratischer Wissenschaftler, Ihnen die solidarischen Grüße dieser Organisationen zu überbringen.

So sehr ich, nach Wolfgang Roth zweifellos ein „autoritärer Sozialist", mich über die Beteiligung des Bundesvorstandes der Jungsozialisten in Gestalt von Wolfgang Roth freue, so sehe ich mich doch genötigt, auf das, was er gesagt hat, kritisch zurückzukommen, aber nicht etwa, daß ich versuchen möchte, seine vehemente, aber nicht weiter begründete Kritik an dem, was er den autoritären Sozialismus nannte, zu widerlegen; widerlegen läßt sich nur, was begründet wird. Nein, ich möchte an den Punkt erinnern, an dem er zu dem Ministerpräsidentenbeschluß etwa mit einem Slogan, der ja auch auf dem Parteitag der Sozialdemokratischen Partei geprägt wurde, sagte: Da ist sozusagen das Pulver raus.

Daran ist sicher richtig, daß die breite Solidaritätsbewegung gegen diesen Ministerpräsidentenbeschluß nicht wirkungslos geblieben ist. Das Pulver ist aber aus diesem Beschluß insofern nicht heraus – das wurde ja auch immer wieder betont, ich möchte es nochmals betonen –, als dieser Beschluß eben nicht vom Tisch ist und als bisher nur in Einzelfällen die eben auch sozialdemokratisch orientierten Behörden und zuständigen Gerichte eine vorsichtige Umorientierung erkennen lassen. Noch immer haben die Berufsverbote die Aufgabe und die Wirkung, jeden einzuschüchtern, der an den bestehenden Produktions- und Marktverhältnissen konstruktive, das heißt für mich: auf Verwirklichung der Prinzipien des Grundgesetzes drängende Kritik übt und üben will. Diese Kritik, die notwendigerweise eine praktische sein muß, hat allerdings in sich die Erkenntnis aufzunehmen, daß es hierbei nicht um die Beseitigung zufälliger, unbedeutender Mängel eines ansonsten intakten Gesellschaftssystems geht, sondern gerade um dessen grundsätzliche Veränderung. Das muß natürlich die in der Bundesrepublik herrschenden Kreise irritieren, das muß jene irritieren, die ihren Sitz an den Hebeln unkontrollierter ökonomischer und politischer Macht für eine lebenslängliche, sozusagen in Erbpacht befindliche Pfründe halten, die von der Bevölkerung, insbesondere von der Arbeiterklasse, nicht aufkündbar sei. Und das muß jene irritieren, die glauben, sie könnten per parteipolitischer Verordnung einen sogenannten „humanen Kapitalismus" einrichten. Die Antwort der herrschenden Kreise auf die erstarkende demokratische Bewegung in der Bundesrepublik kann verständlicherweise zunächst nur darin bestehen, entgegen dem Text des Grundgesetzes die freiheitlich-demokratische Grundordnung mit der wirtschaftlichen und damit der gesellschaftlichen Macht der Kapitalherrscher, vor allem der Herrschaft des Großkapitals, gleichzusetzen. Aber eben diese wirtschaftliche und damit gesellschaftliche Macht des Großkapitals – und darauf muß immer wieder hingewiesen werden – ist es, die ununterbrochen gegen elementare Verfassungsgrundsätze, in denen beispielsweise ein sozialer und demokratischer Rechtsstaat gefordert und die Volkssouveränität proklamiert wird, verstößt.

Genau für diese elementaren Verfassungsgrundsätze sind jedoch all jene Demokraten, Sozialisten und Kommunisten eingetreten, die als Betriebsratsmitglieder, Jugendvertreter, Pfarrer, Journalisten, Gewerkschafter, Juristen und Schüler von der Welle der Berufsverbote erfaßt worden sind, die seit 1969, also vor dem Beschluß der Ministerpräsidenten und verstärkt seit diesem Beschluß über die Bundesrepublik hingeht.

An dieser Stelle – und das ist ja wohl schon aus der Aufzählung eben klar geworden – soll nicht das Mißverständnis aufkommen, als ginge es bei dem Kampf gegen das Berufsverbot darum, wie Friedrich Vogel, der Vorsitzende des Innen- und Rechtspolitischen Arbeitskreises der CDU/CSU-Fraktion entsetzt, aber eben doch auch durchaus richtig sagte: „den in der DKP und ihren Anhängseln organisierten Kommunisten den Weg für eine unbeeinträchtigte Teilhabe am politischen und staatlichen Leben in der Bundesrepublik Deutschland freizukämpfen." Darum geht es sicher auch; vor allem aber geht es darum, allen demokratischen Kräften in diesem Land das Recht freizuhalten, das ihnen gehört, das Recht nämlich darauf, in Solidarität miteinander eine Gesellschaft aufzubauen, in der die, von deren Hände und Köpfe Arbeit schließlich gesellschaftliches Leben allein existieren kann, nicht Objekte ihnen aufgezwungener Interessen, sondern Subjekte ihrer eigenen, selbstbestimmten Geschichte sind.

Der Kampf um gesellschaftliche Verhältnisse, die solches ermöglichen, hat gerade in der Bundesrepublik während der letzten Jahre sichtbar und merkbar zugenommen. Auch und gerade an den Hochschulen hat sich begrenzt, aber doch wirksam die Einsicht durchgesetzt, daß die verstärkte Auseinandersetzung um eine demokratische Zukunft der westdeutschen Gesellschaft nottut und daß Wissenschaft und Pädagogik in und für diese Auseinandersetzung eine ganz bestimmte Verantwortung dafür tragen, was das Resultat dieser Auseinandersetzung denn sei.

Was geschieht aber mit denen, die solche Verantwortung sehen und sie zu übernehmen sich verpflichtet wissen? Sie werden, wie in meinem Fall, aber nicht nur in meinem Fall zu sehen ist, zu gerichtsnotorischen Verfassungsfeinden abgestempelt, mit denen, deren Existenz und der Existenz ihrer Familien in wahrlich nicht grundgesetzkonformer Weise umgesprungen wird – ein Gesichtspunkt, der, glaube ich, auch einmal erwähnt werden muß. Welche Ausmaße das annehmen kann, läßt sich an vielen Fällen demonstrieren. Lassen Sie mich bitte, da ich meinen Fall am besten kenne, ihn hier als Beispiel nehmen, wobei es mir bei diesem Fall auch nur auf einen ganz bestimmten Punkt ankommt.

Die eine Seite des Falles: 1971 wurde ich auf einen Lehrstuhl für Kommunikation und Soziologie an die Universität Bremen berufen. 1972 wurde ich von dem Gründungssenat der Universität Oldenburg für eine Professur für Politische Soziologie vorgeschlagen. 1973 wurde ich von der gemeinsamen Berufungskommission der Freien Universität Berlin und der Pädagogischen Hochschule Berlin für einen Lehrstuhl für Allgemeine Soziologie vorgeschlagen.

Die andere Seite meines Falles: In Bremen wurde mir die Ernennung zum Beamten auf Lebenszeit verweigert. In Oldenburg wurde der auf der Liste Zweitplazierte berufen, ohne Erwähnung von Gründen. In Berlin schließlich – und deshalb erwähne ich vor allem diesen Punkt – wurde die Liste von dem Akademischen Senat, also einem inneruniversitären Gremium, an die Berufungskommission zurückgegeben mit dem Argument, sie sei nicht ausgewogen.

Ich erwähne diesen Punkt hier deshalb, nicht um ein großes Wehklagen anheben zu lassen, sondern weil in den zitierten Entscheidungen erstens eine ganz klare antikommunistische und damit antidemokratische Tendenz zu sehen ist, und weil zweitens in diesen Entscheidungen, wenn man sie nacheinander betrachtet, eine Entwicklung sichtbar wird, der allein mit dem Kampf gegen die Ministerpräsidentenbeschlüsse nicht Einhalt geboten werden kann. Ich meine die Entwicklung von den pseudolegalen Ministerpräsidentenbeschlüssen zu deren sozusagen institutioneller Verinnerlichung, zur Hineinnahme des Ministerpräsidentenerlasses in die Universität selbst und zu dessen Praktizierung als eine Art verbessertes Hausrecht für den akademischen Elfenbeinturm.

Daraus folgt: Der demokratisch orientierte Kampf gegen die Ministerpräsidentenbeschlüsse und gegen das, wofür sie stehen, ist zwar unabdingbar; es muß aber – hier nur bezogen zunächst einmal auf die Hochschule – ein Kampf sein, der auf die Entwicklung einer demokratischen Hochschule ausgerichtet ist. Es muß damit ein Kampf sein gegen jeden Zugriff auf die Hochschule, der diese zu einem integrierten, zu einem festen Bestandteil staatlich erweiterter Kapitalherrschaft und die an den Hochschulen Arbeitenden zu dieser Herrschaft konformer Intelligenz machen will.

Ein in dieser Perspektive vor allem von Wissenschaftlern und Pädagogen geführter Angriff auf die Ministerpräsidentenbeschlüsse wird nicht nur deren antidemokratische Form, sondern deren prinzipiell antidemokratischen Inhalt treffen. Und dieser Inhalt muß getroffen und beseitigt werden, wenn Demokratie für die Gesellschaft der Bundesrepublik eine materielle Basis bekommen soll. Dieser Kampf kann aber nur erfolgreich sein, wenn er geführt wird im Zusammenhang mit den Anstrengungen der arbeitenden Bevölkerung insgesamt um die Erringung und den Ausbau weiterer demokratischer Rechte, die sichern, daß es überhaupt eine Wissenschaft, eine Pädagogik geben kann, von der ich hier andeutungsweise spreche.

Deshalb ist zu fordern die Rücknahme des Ministerpräsidentenbeschlusses im Einklang mit der Rücknahme und der Aufhebung des KPD-Verbots. Deshalb ist zu fordern eine entscheidende Gegenwehr gegen alle Versuche, den Ministerpräsidentenbeschluß zwar formal abzuschaffen, um ihn aber dann nur um so besser innerhalb der Institutionen gegen die hier betroffenen Demokraten und Kommunisten anzuwenden.

Gert Wille
Die Berufsverbote und die GEW

Ich möchte im Namen des GV der GEWN unsere gewerkschaftliche Position zu den Beschlüssen der Ministerpräsidenten-Konferenz darstellen.

Der Hauptvorstand der GEW hat bereits am 23. Oktober 1971 auf Tendenzen hingewiesen, die dann zu den Ministerpräsidentenbeschlüssen führten, und vor der Verletzung des Grundgesetzes gewarnt. In dem Beschluß des Hauptvorstandes heißt es u. a.: „Das Motiv, Verfassungsverletzungen vorzubeugen, kann Verfassungsbrüche nicht rechtfertigen. Wer die Verfassung aufgibt, um möglichen Verfassungsverletzungen entgegenzutreten, handelt selbst verfassungswidrig." „Die GEW besteht auf einem Fundamentalprinzip unserer verfassungsmäßigen Ordnung: der Rechtsstaatlichkeit."

Die GEW fordert deshalb konkret, daß eventuelle Verfahren millimetergenau rechtsstaatlichen Prinzipien entsprechen müssen. Ablehnungsbescheide müssen begründet, Vorwürfe konkretisiert und Behauptungen nachprüfbar sein. Darüber hinaus muß die Beweislast bei der Anstellungsbehörde und nicht beim Bewerber liegen. Die Vertreterversammlung der GEW Niedersachsens hat bereits am 10. 5. 72 mit überwältigender Mehrheit die Beschlüsse des Hauptvorstandes unterstützt. Die GEW hat in Konsequenz ihrer Beschlüsse allen betroffenen Kollegen Rechtsschutz gewährt und wird das auch in Zukunft so tun.

Für Lehrer und Hochschullehrer geht es außerdem um die Art und Weise, wie sie ihren Beruf ausüben können. In einer Zeit, in der strukturelle und inhaltliche Veränderungen unseres Bildungssystems in Angriff genommen werden und immer dringender werden, ist im Umfeld von Schule und Hochschule eine Atmosphäre nötig, die Phantasie, Originalität und Engagement zuläßt, ja begünstigt!

Das gilt besonders für den politischen Unterricht in der Schule, der die heranwachsende Generation befähigen soll, mündig, kritisch und engagiert zu handeln, d. h. im gewerkschaftlichen Sinne für ihre Interessen in dieser Gesellschaft und an der Weiterentwicklung dieser Gesellschaft zu mehr Demokratie und sozialem Fortschritt einzutreten.

Diese Entwicklung von mehr Demokratie soll, wenn es nach den Ministerpräsidentenbeschlüssen geht, offenbar auf den politischen Konsensus der im Bundestag vertretenen Parteien beschränkt, darüber hinausgehende Vorstellungen im Bereich von Lehre, Unterricht und Erziehung sollen verhindert werden.

Die Ministerpräsidentenbeschlüsse entstanden nicht zur Zeit des Höhepunktes rechtsradikaler Aktivitäten und wenden sich deshalb nicht gegen NPD-Mitglieder und deren Anhänger. Die Beschlüsse bedrohen gerade die Demokraten, die sich entschieden für eine Veränderung unserer Gesellschaft im Interesse der Mehrheit der Bevölkerung einsetzen, sie sollen die Studenten davon abhalten, sich mit Alternativen für unsere Gesellschaft überhaupt zu befassen.

„Wenn an den Schulen und Hochschulen ein Zustand der sich duckenden, ängstlichen Anpassung herbeigeführt wird, dann ist dies auch eine Gefahr für Verfassung und Gesellschaft. Die für die Demokratie notwendige Zivilcourage erreicht man nicht durch Einschüchterung."

Diese Warnungen Erich Fristers vom Januar 72 haben eine lebhafte Diskussion auch unter den GEW-Mitgliedern in Gang gesetzt, deren Ergebnisse sich u. a. in Anträgen niederschlagen.

Lassen Sie mich schließen mit dem ersten Absatz eines Antrages, der der diesjährigen Vertreterversammlung der GEW Niedersachsens vorliegt und Aussichten hat, angenommen zu werden.

„Die GEW hat mit Genugtuung zur Kenntnis genommen, daß Basisgremien der SPD und der FDP die Ministerpräsidentenbeschlüsse über sogenannte Verfassungsfeinde im öffentlichen Dienst ablehnen. Sie unterstützt nachdrücklich die Bestrebungen nach Aufhebung dieser – für die Demokratie schädlichen – Beschlüsse."

Gerhard Kiehm
Die Berufsverbote auf dem Hintergrund des studentischen Kampfes für Hochschulreform

Der wahre Charakter des Beschlusses der Ministerpräsidenten vom 28. Januar 1972 ist heute deutlicher denn je. Die Praxis der Berufsverbote hat die Behauptung, dieser Beschluß richte sich gleichermaßen gegen rechts wie gegen links, mit der der Zusammenhang zu Adenauer-Erlaß und Sozialistengesetz verwischt werden sollte, Lügen gestraft. Der Fall des baden-württembergischen NPD-Funktionärs Rolf Kosiek, dem Kultusminister Hahn persönlich eine Stelle als Dozent an der Fachhochschule Nürtingen verschaffte, steht nicht allein. In Baden-Württemberg allein sind es acht Lehrer und Dozenten, alle führende Mitglieder der NPD, deren Namen kürzlich vom Pressedienst der Demokratischen Aktion und dem Ausschuß junger Lehrer und Erzieher in der GEW veröffentlicht wurden. Für Hessen wurden vier Namen angegeben, für Nordrhein-Westfalen fünf. Der Beschluß vom 28. Januar richtet sich gegen die fortschrittlichen Kräfte in unserem Lande, gegen ihr Eintreten für den Ausbau der demokratischen Rechte; dies zeigt sich gerade an den Hochschulen.
Kapitalistische Hochschulpolitik, das ist die Politik des materiellen Bildungsnotstandes, das ist die Zementierung des Numerus clausus, Studienzeitverkürzung als Studienreform und Unterfinanzierung. Insgesamt ist es die Politik der Festschreibung des Bildungsprivilegs der herrschenden Klasse. Es ist allerdings auch die Politik der politischen Disziplinierung. Durch Erlasse der Kultusministerien, beispielsweise Tutorenprogramme unter inhaltliche Kontrolle reaktionärer Ordinarien zu nehmen, über die Einschränkung des studentischen Rechts zur freien Wahl der Prüfer und durch Aberkennung des Prüfungsrechts bei kritisch eingestellten Hochschullehrern sollen Studium und Lehre vollends in den Würgegriff reaktionärer Interessen genommen werden.

Die Berufungspraxis der Ministerien ist die Praxis des Berufsverbots. Wer militärische, antikommunistische, friedensfeind-
liche oder antigewerkschaftliche Lehrinhalte vertritt, kann sicher sein, einen hochdotierten und gut ausgestatteten Hoch-
schullehrerposten zu bekommen. Wer dagegen von den Wissenschaftlern Ansätze demokratischen Engagements zeigt, wird
diskriminiert. Wer entschieden für Demokratie und sozialen
Fortschritt eintritt, wird von den Herrschenden verfolgt. Ein
Hinweis auf die Beispiele Holzer und Meyer-Ingwersen mag
hier genügen.

Hochschulreform im Interesse der Herrschenden stellt sich dar
als Formierung des Studiums im Verwertungs- und Herrschafts-
interesse des Großkapitals und des Staates. Diesen Zusammenhang durchschauen die Studenten immer mehr. Sie erkennen,
daß die Probleme ihres Studiums politische Probleme sind
und daß diese Probleme nur gegen Großkapital, gegen CDU/
CSU, gegen die rechte SPD, gegen den Bund Freiheit der
Wissenschaft zu lösen sind. Immer mehr Studenten treten
aktiv für ihre Ausbildungsinteressen ein, kämpfen gegen materiellen Bildungsnotstand und für Mitbestimmung. Diese Studenten erkennen, daß der Kampf nur im Bündnis mit der
arbeitenden Bevölkerung und mit ihren Organisationen, den
Gewerkschaften, im Bündnis mit allen fortschrittlichen Kräften
eine Perspektive hat. Gerade das ist ein wesentliches Merkmal
der sich entwickelnden demokratischen und sozialistischen Bewegung in der BRD.

Das erste Mal in der deutschen Geschichte umfaßt diese Bewegung große Teile der jungen Intelligenz, die sich insbesondere als Studenten an demokratischen Aktionen beteiligen und
demokratische Forderungen formulieren. Diese werden allerdings auch später zum großen Teil im öffentlichen Dienst
arbeiten. Berufsverbote sollen diese schnell zunehmende Zahl
an Demokraten und Sozialisten verhindern. Berufsverbot, das
ist ein Mittel zur Verhinderung der konsequenten Vertretung
der materiellen und politischen Interessen. Berufsverbot, das
ist ein Mittel der Zementierung der Monopolstellung der bürgerlichen Wissenschaft, der Verhinderung demokratischer Lehr-

inhalte und marxistischer Wissenschaft. Denn es liegt im Interesse der arbeitenden Bevölkerung, wenn – wie der stellvertretende Leiter der Abteilung Jugend beim DGB-Bundesvorstand, Kollege Todtenberg, auf der 25. Mitgliederversammlung des VdS hervorgehoben hat – zum Beispiel an der Universität Marburg die Situation der Lohnabhängigen, wie sie sich in den Betrieben konkret zeigt, zum Gegenstand von Lehr- und Forschungsveranstaltungen gemacht wird.

Hinzu kommt, daß die Studenten bei ihren Aktionen immer davon ausgegangen sind, daß – wie in der Arbeiterbewegung – auch in der Studentenbewegung dort, wo es gemeinsame Interessen gibt, das gemeinsame Handeln, insbesondere von Sozialdemokraten und Kommunisten, ein wichtiger Beitrag zur Veränderung des politischen Kräfteverhältnisses ist. Dies hat den rechten Kräften nie gepaßt. Deshalb verweigern sie Mitbestimmungsrechte und bekämpfen die eigenständig verfaßte Studentenschaft mit Beitragshoheit und dem Recht zu umfassender politischer Interessenvertretung. Deswegen gerade soll der Ministerpräsidentenbeschluß als Disziplinierungsmittel eingesetzt werden, ebenso wie das gemeinsame Handeln der Arbeiter in den Betrieben durch Entlassungen von Betriebsräten und Vertrauensleuten – wie kürzlich bei Hoesch in Dortmund – verhindert werden soll. Doch die rechten Kräfte wissen genau, daß es heute nicht mehr möglich ist, mit Parolen des Kalten Krieges wie in den fünfziger Jahren ein Klima der Angst zu schaffen. Das lautlose Mittel des Berufsverbots ist an dessen Stelle getreten. Doch die Hoffnung, auf diese Weise eine breite Solidaritätsbewegung zu verhindern, hat sich längst als Illusion erwiesen. Die Protestwelle gegen die Berufsverbote ist zu einer der breitesten Bewegungen in den vergangenen Jahren in der Bundesrepublik geworden.

Angesichts dieser Tatsache fehlt es nicht an neuerlichen taktischen Manövern, um vor allem durch die Diskussion über angeblich gerechtere Ausführungsbestimmungen den Ministerpräsidentenbeschluß aufrechtzuerhalten. So kann und soll der Eindruck erweckt werden, dieser Beschluß sei im Grunde immer rechtmäßig gewesen und brauche nur präzisiert zu werden.

146

Doch die Studenten kennen derartige Versuche, so wenn zum Beispiel in Länderhochschulgesetzen die Zerschlagung der verfaßten Studentenschaft unter der Flagge ihrer Erhaltung betrieben wird. Ihnen ist klar, daß die Praxis der Berufsverbote, nicht nur die Begründungen bekämpft werden müssen. Solange der Ministerpräsidentenbeschluß weiterbesteht, solange weitere Berufsverbote ausgesprochen werden, sind der Gesinnungsschnüffelei Tür und Tor geöffnet. Das Berufsverbot kann niemals in rechtsstaatliche Formen gebracht werden. Eine wichtige Aufgabe der Studentenbewegung und der verfaßten Studentenschaft im Kampf gegen die Berufsverbote ist es, die Studenten zu einer geschlossenen Front zusammenzuschließen und das Bündnis mit der Arbeiterklasse in konkreten gemeinsamen Aktionen herzustellen. Im gemeinsamen Kampf mit den Gewerkschaften und allen demokratischen Verbänden und Organisationen wird es möglich sein, die Aufhebung des Ministerpräsidentenbeschlusses zu erzwingen und die Einstellung aller Demokraten, die vom Berufsverbot betroffen sind, zu erkämpfen.

Romeo Ferrucci, Rom

Zu dem Thema, das wir hier behandeln, gibt es interessante Berührungspunkte zwischen Deutschland und Italien. Auch in Italien war vor zwanzig Jahren ein Berufsverbot eingeführt worden. Wie bei Ihnen hier hat auch in Italien die Verfassung die Freiheit der politischen Gedanken und Meinungen proklamiert; 1951/52 jedoch begann die Regierung eine Praxis der Diskriminierung gegen leitende Gewerkschafter und aktive Sozialisten und Kommunisten. Aber in Italien waren viele dieser „Linksverpesteten", wie man sie dort nennt, bereits im Staatsdienst, und so mußte man nicht nur versuchen, neue

Extremisten aus dem Staatsdienst fernzuhalten, sondern man mußte auch die Extremisten aus ihren Ämtern jagen. Einige von ihnen befanden sich schon zehn oder zwanzig Jahre in diesen Ämtern, aus denen man sie dann entfernte.

In der Zeit von 1953 bis 1956 war der Eintritt in die Verwaltung, in Lehrämter und andere Sektoren der Verwaltung vielen Aktiven der linken Parteien verboten. Man entfernte Personen, die große Publizität in der Öffentlichkeit hatten. Allein 1952 wurden 1070 Angestellte des Verteidigungsministeriums gefeuert. Von diesen waren 481 Kriegsveteranen, 51 Schwerverwundete, 290 Partisanen aus der Zeit des Befreiungskampfes, 61 politisch Verfolgte und 91 hochdekorierte Soldaten. Außerdem befanden sich darunter 110 Betriebsräte und 72 führende Gewerkschaftsfunktionäre, sowohl der Provinzen als auch des Staates. 1955 wurden einige hundert Arbeiter des Verteidigungsministeriums gezwungen, selber zu kündigen. Viele von ihnen waren hochqualifizierte Spezialisten, und ihre Kündigung führte zu großen Schwierigkeiten im öffentlichen Dienst.

Die Partei der Linken und die Gewerkschaften führten einen harten Kampf, der nach Jahren von einem großen Erfolg gekrönt wurde. 1971 verabschiedete das Parlament das Gesetz Nr. 214, das entschied, daß alle Angestellten und Arbeiter des Verteidigungsministeriums, die in den fünziger Jahren entlassen worden waren, eine Pension erhalten – auch für die Zeit der erzwungenen Arbeitslosigkeit. Das Parlament entschied, die Kündigungen seien rechtswidrig und illegal gewesen. Dies war ein Sieg des Gesetzes, ein Sieg der republikanischen Verfassung gegen die Übermacht der Regierung. Es wurde festgestellt, nicht die Kommunisten, sondern die Regierung habe gegen das Gesetz verstoßen. Mit diesem Sieg öffnete sich der Weg für die Anwendung der verfassungsmäßigen Prinzipien in allen Fällen, die den Staatsdienst betreffen.

Vergangenen Sonntag veröffentlichte die Zeitung „La Stampa" einen Gesetzentwurf, der allen Beamten physische Unversehrtheit und freie gewerkschaftliche Betätigung garantieren soll. Vorgelegt wurde dieser Entwurf vom Minister für Verwaltungsreformen. Dieser Entwurf sieht unter anderem das Recht vor, sich an zwanzig Tagen pro Jahr während der Arbeitszeit zu versammeln. Außerdem darf keine Versetzung ohne das Einverständnis des Arbeiters erfolgen. Das wichtigste an diesem Gesetz ist jedoch die Tatsache, daß alle Staatsbeamten, -angestellten und -arbeiter ohne Unterschied der politischen oder religiösen Überzeugung oder gewerkschaftlichen Tätigkeit das Recht haben, diese ihre Meinung offen und ungehindert zu manifestieren. Es ist auch der Staatsverwaltung verboten, die Polizei über die Meinungen der Arbeiter, Angestellten und Beamten zu informieren. Dieses Gesetz trifft nicht die „Linken", sondern es weist die Regierung in die ihr von der Verfassung gesetzten Schranken. In Italien waren zwanzig Jahre harten Kampfes nötig, um dieses Resultat zu erreichen. Wir wünschen Euch, liebe deutsche Freunde, daß ihr dies in zwanzig Wochen schaffen mögt. Wir sind sicher, daß dies gar nicht irreal ist. Und dies aus zwei Gründen:

1) Heute hat sich gezeigt, daß wir viele Sympathisanten und Helfer in diesem Kampf haben.

2) Die Regierung muß an der Liquidierung dieses Beschlusses interessiert sein, da sie dann viel Geld spart, das sie sonst für Pensionen bezahlen müßte.

Peter Stein
Das Berufsverbot und der SHB

Das Berufsverbot richtet sich – dies ist bereits mehrfach ausgeführt worden – gegen Kommunisten und Sozialdemokraten. Innerhalb der Sozialdemokratischen Partei wird dies mehr und mehr erkannt, und man kann sagen, daß diese Frage heute zum Prüfstein für jeden sozialdemokratischen Politiker und Funktionär geworden ist bzw. gemacht werden muß. Dabei fällt es den rechtssozialdemokratischen Führern leicht, sich allenfalls verbal ein wenig von der weiterhin von ihnen selber betriebenen Berufsverbotepolitik zu distanzieren, solange unter den Betroffenen und vor allen Dingen den tendenziell Betroffenen auf Grund der ideologischen Zerstrittenheit ein solidarisches, gemeinsames Vorgehen noch nicht in allen Fällen möglich ist.

Zwei Positionen, die eine auch gerade in der Sozialdemokratie, die andere in Teilen der studentischen Linken, haben sich trotz des jeweils vorhandenen Versuchs, die Berufsverbote in einen theoretischen Erklärungszusammenhang zu stellen, herausgebildet, die mir überaus gefährlich zu sein scheinen. Zum ersten kann man zwar, z. B. anhand der Sozialistengesetze, einige immer wieder auftretende Mechanismen kapitalistischer Herrschaftssicherung idealtypisch herausarbeiten, bleibt jedoch auf dem Niveau historischer Analogien und gelangt auf Grund des Verzichts darauf, die Erscheinungsformen der Repression in ihrer jeweils historischen Situation materialistisch zu analysieren, zu Illusionen und opportunistischen Positionen. Hier scheint mir ein Kern zu liegen für die nur moralisch bleibenden Appelle, für den Glauben an rechtsstaatlicher gemachte Verfahren, an Maßnahmen also, die am Klassencharakter der Berufsverbote überhaupt nichts ändern. So etwas kann man auch bewußt und konsequent durchdrücken, wie der Parteitag von Hannover gezeigt hat.

Zum anderen wird völlig richtig festgestellt, daß sich der Monopolkapitalismus keine durch die Ausübung demokratischer Rechte entstehenden Reibungsverluste leisten kann. Dieser Ansatz stellt den Abbau demokratischer Rechte als einen quasi mit naturgesetzlicher Präzision ablaufenden Prozeß dar, dem sich entgegenzustellen hieße, wie ein Don Quichotte gegen Windmühlenflügel anzukämpfen. Hier bleibt dann nur noch die Strategie, den Kapitalismus zu entlarven; allerdings bleibt dann auch der vom Berufsverbot Betroffene auf der Straße. Diese „Es kann nicht anders sein"-Haltung ignoriert, daß der Abbau demokratischer Rechte neben dem deklassierten Bürgertum in sehr viel stärkerem Maße auch gerade die Arbeiterklasse trifft. Und für die Arbeiterklasse sind diese demokratischen Rechte allerdings notwendige Voraussetzungen für die Entfaltung ihres eigenen Kampfes; sie sind die Luft, die sie zum Atmen braucht, wie Friedrich Engels es ausgedrückt hat.

Rechter wie linker Opportunismus spielen der rechten SPD-Führung in die Hände bei ihrem Versuch, den Prozeß der praktischen wie theoretischen Vereinheitlichung der Linken in der BRD aufzuhalten.

Neben den Berufsverboten sind in dieser Strategie die Münchener Antikommunismus-Beschlüsse, die Einengung der Rechte der Arbeitsgemeinschaften in der SPD, vor allem gegen die Jungsozialisten gemünzt, und der Namensentzug für den Sozialdemokratischen Hochschulbund zu sehen. Die Repressionen gegen den SHB durch den Parteivorstand wurden intensiviert genau in dem Maße, wie aus dem parteiloyalen Karrieristenverein, als der der SHB vor dreizehn Jahren gegründet wurde, eine Organisation fortschrittlich sozialdemokratischer Studenten entstand, die, von marxistischen Positionen ausgehend, an der Seite der Arbeiterklasse gegen die Formierung des Hochschulwesens kämpfte, dies im Bündnis mit allen fortschrittlichen Kräften.

Genauso wie der SHB den Liquidationsversuchen des Parteivorstandes nicht auszuweichen versucht, indem er etwa Massenaktivitäten gegen die rechte Koalitionspolitik drosseln würde, lassen wir uns auch im Kampf gegen die Berufsverbote nicht einschüchtern. Wer dem Antikommunismus der CDU/CSU nicht objektiv Schützenhilfe leisten will, darf bei der Diskriminierung von Marxisten und allen konsequenten Demokraten keine faulen Kompromisse eingehen. Die antidemokratischen Berufsverbote können nicht demokratisiert werden. Und gerade angesichts und nach dem SPD-Parteitag von Hannover muß die zunehmende prinzipielle Kritik an der Funktionalisierung der SPD für die Interessen des Monopolkapitals, die sich sowohl in der Stärkung der DKP als auch in der innerparteilichen Opposition in der SPD manifestiert, auch auf die einzig mögliche demokratische Alternative zu den Ministerpräsidentenbeschlüssen gerichtet werden, auf den Kampf um die Abschaffung der Berufsverbote.

Ilse Jacob
Solidarität überwindet die antikommunistische Kontinuität

In Hamburg wurde ein Berufsverbotserlaß schon zwei Monate vor den entsprechenden Beschlüssen der Ministerpräsidenten herausgegeben und auch sofort praktiziert. Noch am gleichen Tag, dem 23. November 1971, wurde der Lehrerin Heike Gohl mitgeteilt, daß sie aus dem Beamtenverhältnis entlassen werden solle. Einige Monate später erhielt ich denselben Bescheid.

Wie war es zu diesen Hamburger Beschlüssen gekommen?

Die CDU hatte schon seit langem von der SPD entschiedene Maßnahmen gegen diejenigen verlangt, die sich aktiv für eine demokratische Bildungsreform einsetzten. Die SPD gab diesem Druck nach. Das zeigte sich in Hamburg, als der Lehrer Alfred Dreckmann auf Grund der Forderung des CDU-Abgeordneten Rollmann aus einer deutsch/schwedischen pädagogischen Kommission abberufen wurde; als Bernhard Laux, gewählter Vertreter der Referendare, nach seinem Examen nicht in den Schuldienst übernommen wurde; als Peter Gohl seine Funktion als Fachberater für politische Bildung niederlegen mußte und als fortschrittliche Lehrer, die sich für Gesamtschulen beworben hatten, dort nicht zugelassen wurden.

Die Richtung hatte F. J. Strauß gewiesen, als er auf dem CDU-Parteitag 1971 zur Jagd gegen diejenigen aufrief, die sich in Gewerkschaften, Parteien und Massenmedien ernsthaft für europäische Sicherheit und grundlegende demokratische Reformen einsetzen.

Gegen wen und gegen welche Bestrebungen sich die Berufsverbote richten, zeigte sich sehr deutlich in dem Verfassungsschutzdossier, das zur Grundlage meiner Entlassung gemacht werden sollte.

In einer Zeit, in der die Ratifizierung der Verträge von Moskau und Warschau anstand, warf man mir eine Reise in die Sowjetunion vor.

In einer Zeit, in der sich die Jugendorganisationen der BRD und der ganzen Welt auf das Festival der Jugend und Studenten in Berlin vorbereiten, wertet man meine Teilnahme an den Weltjugendfestspielen in Helsinki und Sofia als Beweis für eine verfassungsfeindliche Einstellung.

In einer Zeit, in der intensive Verhandlungen zur Verbesserung der Beziehungen zur DDR geführt werden, wurde meine Reise in die DDR zum „Belastungsmaterial" gezählt.

In einer Zeit, in der das Wort von der „Priorität der Bildung" Eingang in eine Regierungserklärung gefunden hat, nennt man die Teilnahme an der Aktionskonferenz zur Bildungspolitik, die die notwendige Demokratisierung des Bildungswesens zum Thema hatte, einen Beweis für verfassungsfeindliche Aktivität.

Dieses Verfassungsschutz-Dossier zeigt, um was es den Herrschenden geht: Das Eintreten für friedliche Koexistenz und grundlegende demokratische Reformen soll diskreditiert und unter Anklage gestellt werden.

Die Einschüchterung durch Berufsverbote vergleicht der Bundesverfassungsrichter Herbert Scholtyssek mit Methoden faschistischer Staaten. Diese faschistische Kontinuität zeigte sich an meinem Fall sehr deutlich. Mein Vater wurde als kommunistischer Widerstandskämpfer von den Faschisten ermordet. Ein Hubert Schrübbers, der unter Hitler als Kommunistenjäger Karriere machte, leitete den Verfassungsschutz, das Amt also, das bereits seit 1961 Material gegen mich zusammentrug. So ist es kaum erstaunlich, daß der Verfassungsschutz meine Teilnahme am Bundeskongreß der VVN, mein Eintreten gegen die Vorbeugehaft und einen Aufruf für eine Demonstration gegen die NPD als Indiz verfassungswidriger Aktivität wertet. Schrübbers mußte gehen, aber die Praktiken und die Unterlagen blieben. Geblieben ist auch der Antikommunismus, der nach wie vor als Waffe gegen jede ernsthafte Demokratisierung verwandt wird.

Solidarität jedoch kann diese antikommunistische Kontinuität überwinden. Das hat sich gezeigt, als der Hamburger Senat durch eine breite Solidaritätsbewegung gezwungen wurde, meine Entlassung zurückzunehmen. In dieser Solidaritätsbewegung wirkten die verschiedensten Kräfte zusammen. Kollegen, Eltern und Schüler meiner Schule forderten die Rücknahme der Entlassung. Der Vorsitzende der GEW, Erich Frister, fragt in einem Brief an den 1. Bürgermeister Hamburgs, ob im Hamburger Verfassungsschutz „Theorie und Praxis der Staatsschutzorgane aus der Zeit von 1933–45 nach wie vor lebendig sind". Ähnliche Fragen stellen bundesrepublikanische und internationale Organisationen der Widerstandskämpfer und Verfolgten.

Innerhalb der SPD kam es zu heftigen Auseinandersetzungen. Viele Sozialdemokraten sahen – wie es in einem Beschluß heißt – ihre Befürchtungen bestätigt, daß die Ministerpräsidentenbeschlüsse „nicht dem Schutz der Demokratie" dienten, sondern vielmehr ein politisches Klima schafften, in dem „jede sozialistische oder auch nur fortschrittliche Aktivität als verfassungsfeindlich denunziert und diskreditiert werden" könne. Sie protestieren dagegen, daß „der Einsatz für die Erhaltung demokratischer Rechte, für eine fortschrittliche Bildungspolitik und gegen das Wiederaufleben des Faschismus als verfassungsfeindlich gewertet" werde.

Die Vertrauensleuteversammlung der Hamburger GEW beschloß Kampfmaßnahmen für den Fall meiner Entlassung und forderte die Hamburger Gewerkschaftsmitglieder auf, sie „im Kampf gegen diesen undemokratischen Willkürakt" zu unterstützen.

Die Tatsache, daß mein Vater von den Faschisten ermordet wurde, hat den Hamburger Senat nicht bewogen, mich im Schuldienst zu behalten. Diese Tatsache war ihm auch vorher bekannt. Er wurde durch den Druck, den diese breite Solidaritätsbewegung auslöste und der stärker war als der Druck der CDU, gezwungen, meine Entlassung zurückzunehmen.

Alain Nicolas, Paris

Ich möchte Ihnen hier im Namen der französischen nationalen Studentenvereinigung UNEF die herzlichsten Grüße und die Solidarität der französischen Studenten überbringen. Ferner möchte ich den Protest auch der französischen Schüler, Studenten und Arbeiterjugend gegen die Berufsverbote, die Euch bedrohen, zum Ausdruck bringen.

Wir sehen mit Besorgnis, daß sich in der BRD schwere Angriffe auf die Demokratie und die Lehrfreiheit entwickeln und die politischen Diskriminierungen zunehmen, die von allen den Kräften nicht toleriert werden können, die in der ganzen Welt für Demokratie und Fortschritt kämpfen.

Bildung, Berufsausbildung und die Möglichkeit, eine Anstellung zu finden, sind auch für die Jugendlichen in Frankreich besonders in Frage gestellt. Die Bildungspolitik unseres Staates basiert auf einer sozialen Auslese, die fast der gesamten Arbeiterjugend die Bildungsmöglichkeiten verschließt. In der Universität selbst geben zwei von drei Studenten ihr Studium nach zwei Jahren auf. Sie werden dazu gezwungen durch die schlechten Lebens- und Studienbedingungen. Bei der Arbeitssuche werden sie mit dem Problem der Arbeitslosigkeit konfrontiert. Aber auch ihre demokratischen Rechte werden ihnen vom Staat verweigert. So ist Frankreich eines der letzten westeuropäischen Länder, in denen die Jugendlichen erst mit 21 Jahren wahlberechtigt sind. Ebenso werden sie in der Fabrik, der Schule und der Universität daran gehindert, ihre Interessen wahrzunehmen.

Die Jugend, der die Pompidou-Messmer-Regierung das Mitspracherecht verweigert, hat nach der Unterzeichnung des gemeinsamen Regierungsprogramms der Linksparteien massenhaft am Kampf für die Veränderung der Gesellschaft teilgenommen.

Auf dieser Basis hat die UNEF die Studenten mobilisiert. Sie hat ihrerseits zu dem Wahlergebnis beigetragen. Die Regierungsparteien sind aus diesen Wahlen geschwächt hervorgegangen. Sie wurden um 1,5 Mio. Stimmen von den Linksparteien geschlagen. Obwohl sie im Land nur von einer Minderheit von 38 % der Wähler unterstützt werden, stellen sie dennoch die Regierung.

Anstatt dem Willen nach einer Veränderung der Gesellschaft Rechnung zu tragen, verfolgt die Regierung eine immer reaktionärere Politik. Sie wendet das Gesetz Debré an, das die Jugendlichen dazu zwingt, ihr Studium zu unterbrechen oder aufzugeben, weil sie ihren Militärdienst ableisten müssen. Sie verstärkt durch neue Prüfungen die soziale Auslese und unterwirft damit die Universität zunehmend den Interessen des Kapitals. Deshalb setzt sich die Jugend massenhaft gegen die reaktionären, antidemokratischen und unsozialen Maßnahmen der Regierung zur Wehr. An den Streiks und Demonstrationen haben fast 1 Mio. Jugendlicher teilgenommen. Wenn die Regierung auch zu einigen Zugeständnissen gezwungen wurde, so hat sie ihre reaktionäre Politik dennoch nicht aufgegeben.

In ganz Westeuropa kämpfen die Studenten für eine demokratische Ausbildung. Das letzte internationale Seminar des ISB, unter Beteiligung des VDS, der UNEF etc., hat die Basis für weitere Aktionen aller demokratischen Studenten geschaffen.

Unsere Solidarität beruht u. a. auf der Tatsache, daß beunruhigende Maßnahmen auch in Frankreich ergriffen werden, die vor allem die politischen Freiheiten einschränken sollen.

Auf diese Bedrohung gibt es nur eine Antwort:

Die Aktionseinheit aller demokratischen Kräfte gegen Willkürherrschaft, für demokratischen Fortschritt.

Wir fordern mit euch: „Weg mit dem Berufsverbot!"

Hans Schwarz
Historische Parallelen zwischen „Wiederherstellung des Berufsbeamtentums" 1933, Adenauer-Erlaß 1951 und Ministerpräsidentenbeschluß 1972

Es ist kein Zufall, wenn wir als Junge Antifaschisten uns gerade in der Frage des Berufsverbotes aktivieren. Nicht verschwiegen werden soll aber auch, daß es nicht nur die Arbeitskreise Junger Antifaschisten sind, sondern daß aus antifaschistischer Sicht auch die VVN, der Bund der Antifaschisten, genau in ähnlicher Richtung aktiv sind. Im Auftrag des Präsidiums der VVN darf ich dieser Konferenz folgendes Grußtelegramm übersenden:

„Das Präsidium der VVN bzw. des Bundes der Antifaschisten ist bereit und dazu in der Lage, gemeinsam mit allen demokratischen Kräften dafür zu kämpfen, daß der Ministerpräsidentenbeschluß ersatzlos fallen muß."

Soweit die Grußadresse. Frage: Warum? Die Geschichte lehrt uns, was es mit Berufsverboten auf sich hat. Denken wir an die Verabschiedung des Gesetzes zur Wiederherstellung des Berufsbeamtentums im Jahre 1933. Wir erinnern uns aber auch an den sogenannten Adenauererlaß aus dem Jahre 1950. Stets, so lehrt die Erfahrung, dienten diese Ausnahmebestimmungen immer der Einschränkung und nicht dem Schutze der Demokratie. Deshalb gilt es heute, den Anfängen zu wehren.

Zu deutlich macht die angewandte Praxis sichtbar, daß das verfassungswidrige Ausnahmerecht bewußt als Waffe gegen Linke benutzt wird, während man auf dem rechten Auge blind ist. Denn trotz des Grundgesetzartikels 139, der ausdrücklich feststellt, daß die Gesetze zur Befreiung von Militarismus und Nazismus auch nach der Verabschiedung des Grundgesetzes ihre Gültigkeit behalten, gibt es zahlreiche ehemalige führende Mitglieder der NSDAP, ja sogar der SS, in vielen Positionen des staatlichen Lebens. Mit ihnen hat sich bisher noch kein Innenminister auseinandergesetzt.

Aber auch Neofaschisten, Spitzenfunktionäre der NPD finden wir in den verschiedensten Staatsstellen. Die liebevolle Anteilnahme des Kultusministers Hahn für Rolf Kosiek ist bekannt. Mit seinem Segen ist er nun Dozent geworden. Dieses Beispiel, eines von vielen, zeigt deutlich, daß der Ministerpräsidentenerlaß nicht dazu geschaffen ist, nazistische und neofaschistische Kräfte, die wirklichen Bedroher dieser Demokratie, aus dem öffentlichen Dienst fernzuhalten, wie es die Schöpfer dieses Erlasses uns immer wieder vorgaukeln wollen. Es ist schon eine Zumutung, uns die Berufsverbote als ein antifaschistisches Instrument verkaufen zu wollen. Wer die Demokratie tatsächlich gegen faschistische Gefahr schützen und verteidigen will, muß die neofaschistischen und nazistischen Organisationen und Parteien verbieten, muß die Vormachtstellung des Großkapitals brechen und muß die Aktionseinheit aller antifaschistischen und demokratischen Kräfte herstellen. Dies und nur dies allein sind die richtigen und wirksamen Mittel im Kampf gegen jede faschistische Gefahr. Berufsverbotspraktiken können niemals ein antifaschistisches Instrument sein. Im Gegenteil, sie schwächen die demokratischen und damit auch die antifaschistischen Kräfte, weil sie die demokratischen Aktivitäten mit Strafe bzw. mit Existenzvernichtung bedrohen.

Ich darf jetzt auszugsweise eine Erklärung des Arbeitskreises Junger Antifaschisten, Frankfurt, die unter Mitarbeit von Dr. Heinz Düx, Richter am Oberlandesgericht Frankfurt, zustande kam, verlesen:

„Annähernd 30 Jahre nach dem Zusammenbruch der faschistischen Diktatur in Deutschland sehen wir uns noch täglich mit den individuellen Folgen nazistischer Gewaltmaßnahmen konfrontiert. Neben den schwerwiegenden Gesundheits- und Freiheitsschäden der Antifaschisten sind insoweit insbesondere ihre Schäden im beruflichen Fortkommen zu nennen. Bereits wenige Wochen nach dem Machtantritt des NS-Regimes wurden umfangreiche Ausschließungsmaßnahmen gegen Angehörige des öffentlichen Dienstes eingeleitet. Das berüchtigte Gesetz zur Wiederherstellung des Berufsbeamtentums vom

7. April 1933 bildete die Grundlage für das Vorgehen gegen die Antifaschisten im öffentlichen Dienst. Nach dem damaligen offiziellen Kommentar zu diesem Gesetz war es erklärter Zweck dieses Gesetzes, ,Staatsfeinde und politisch unzuverlässige Beamte aus dem Beamtenkörper auszuscheiden', um ,die unbedingt nötige Gleichschaltung der deutschen Beamtenschaft mit dem nationalsozialistischen Staat zu erreichen'. . . .

Um die Folgen dieser damaligen widerrechtlichen Maßnahmen zu beseitigen und um den Betroffenen einen gewissen Ausgleich für ihre Rechtsverluste zu gewähren, war es notwendig, eigens ein Gesetz zur Regelung der Wiedergutmachung nationalsozialistischen Unrechts für Angehörige des öffentlichen Dienstes zu erlassen. . . .

Es gehört in den Bereich des einfach nicht Faßbaren, daß in einer Zeit, in der man sich noch damit beschäftigt, nationalsozialistisches Unrecht gegenüber den Angehörigen des öffentlichen Dienstes wiedergutzumachen, bereits neue Unrechtstatbestände ähnlichen Inhalts gesetzt werden. Von einer faschistischen Diktatur konnte man nichts anderes erwarten als die offiziell erklärte ,unbedingt nötige Gleichschaltung der Beamtenschaft mit dem nationalsozialistischen Staat'. Daß diese Gleichschaltungsideologie in Gestalt des Beschlusses der Ministerpräsidenten der BRD vom 28. 1. 1972 eine Wiedergeburt erlebte, ist ein ernüchternder Tiefschlag für alle, denen Demokratie mehr als ein heuchlerisches Lippenbekenntnis bedeutet.

Demokratie existiert doch gerade aus dem so häufig gepriesenen Pluralismus, der offenbar nunmehr zu einem inhaltlosen Schlagwort geworden ist. In einer echten Demokratie ist jeder für den öffentlichen Dienst tragbar, der keiner verfassungsfeindlichen oder kriminellen Vereinigung angehört. Ob eine Vereinigung mit einem derartigen Makel behaftet ist, haben die dafür vorgesehenen Institutionen – insbesondere das Bundesverfassungsgericht – nach den Bestimmungen des Grundgesetzes zu prüfen. Alle Maßnahmen, die zusätzliche Überprüfungsmaßnahmen einzufügen versuchen, also über Verfassung und Gesetz hinausgehen, sind illegal und damit verfassungs- und gesetzwidrig. Sie widersprechen dem in der Demokratie herrschenden Legalitätsprinzip.

Von diesem Grundsatz ausgehend, ist der Ministerpräsidentenerlaß eine rechtswidrige Maßnahme. Es ist in diesem Zusammenhang notwendig, die gesellschaftlichen Kräfte zu charakterisieren, die ihn initiiert haben. Federführend waren die beiden Rechtsparteien CDU und CSU und eine kleine Gruppe dorthin tendierender Führungskräfte der SPD und FDP. Der Beschluß wurde in einer Phase durchgesetzt, als die Regierung Brandt-Scheel durch permanente Überläufermanipulationen entscheidend verunsichert war. Die Rechtsparteien und ihre Sympathisanten aus SPD und FDP glaubten damals, zur Festigung ihres als bedroht empfundenen Machtanspruchs einen entscheidenden Schritt tun zu können. Für die Initiatoren des Erlasses vom 28. 1. 1972 ist alles verfassungsfeindlich, was nicht dem ihnen eigenen schrankenlosen Eigentums-, Zins- und Profitdenken entspricht. Es soll eine Wirtschaftsordnung verewigt werden, die grundgesetzlich gar nicht geschützt ist.

Diese Fixierung treibt die Rechtsgruppen in Hysterie und Verfassungsblindheit. Ihre Maßnahmen zur Beschränkung anderer politischer und gesellschaftlicher Gruppen sind verfassungswidrig. Der Ministerpräsidentenerlaß vom 28. 1. 1972 verstößt gegen die Artikel 2, 3, 4, 5, 12, 33 Grundgesetz! Deshalb kann es nur eine Konsequenz geben: dieser Beschluß ist ersatzlos zu beseitigen. Die demokratische Legalität ist wiederherzustellen."

Aus all den bisher genannten Gründen – da kann mir der Kollege Wolfgang Roth erzählen, was er will – reicht es nicht aus, daß die SPD Parteitagsbeschlüsse faßt. Ohne den verstärkten Druck der demokratischen Öffentlichkeit wird es keine Einstellung der Berufsverbote, wird es nicht einmal die vom SPD-Parteitag geforderte Einschränkung der Berufsverbotspraxis geben. Wobei von mir und an dieser Stelle nur gesagt werden kann, daß wir uns mit einer Einschränkung oder Veränderung nicht zufriedengeben können. Was wir von dieser Stelle aus nur fordern können, ist die vollständige Einstellung jeder Art von Berufsverbot.

Dr. Yves Grenet, Paris

Ich freue mich, daß ich an dieser Tagung teilnehmen und heute zu Ihnen sprechen darf. Ich rede hier nicht im Namen einer Organisation und kann so als einfacher Katholik Frankreichs um so freier sprechen.

Im Herbst 1969 war ich in der Nähe von Mainz mit einer Gruppe von westdeutschen katholischen jungen Männern und Frauen zusammen. Viele von ihnen hatten einen Monat vorher zum ersten Mal die SPD gewählt. Von der neuen Regierung Brandt erwarteten sie viel, nicht nur eine neue Ostpolitik, sondern auch eine breite Demokratisierung des ganzen Lebens in der BRD. Heute fürchte ich, daß diese Freunde enttäuscht worden sind, mindestens was die Demokratisierung betrifft. Das zeigt u. a. der Ministerpräsidentenerlaß vom letzten Jahr, was die Berufsverbote betrifft, denn eine Politik des Kalten Krieges im Innern steht, denke ich, im Widerspruch zu einer Politik der Entspannung auf außenpolitischem Gebiet.

In der BRD wird es schon als verfassungsfeindlich betrachtet, von Sozialismus und Klassenkampf zu sprechen. In Frankreich dagegen wären solche Maßnahmen wie die Berufsverbote undenkbar. Viele Franzosen sehen es als selbstverständlich an, daß man sich für den Sozialismus aktiv einsetzen kann, sogar unsere katholischen Bischöfe. So heißt es in der Erklärung der Plenarversammlung des französischen Episkopats im Oktober 1972 in Lourdes: „Christen aus verschiedenen Bevölkerungsschichten, Arbeiter, Bauern, Intellektuelle, sprechen im täglichen Leben im Vokabular des Klassenkampfes. Diese Ausdrucksweise ist für sie der grundlegende Schlüssel zum Verständnis und zur Erklärung ihrer konkreten Lebenslage. Diese Ausdrucksweise charakterisiert auch ein Mittel der wirksamen kollektiven Handlungsweise. Sie (diese Christen) beziehen sich hierbei mehr oder weniger auf das Instrumentarium der marxistischen Analyse des Klassenkampfes."

Unsere Bischöfe verbieten die Sprache des Klassenkampfes

nicht, aber sie sprechen auch mit Recht für den Pluralismus unter den Christen. Das wichtigste Dokument, das die Erklärung von Lourdes vorbereitet hat, war der Text der bischöflichen Kommission der Arbeitswelt: „Man beginnt zu erkennen, daß es keinen Widerspruch zwischen Evangelium und einem wirtschaftlichen und politischen System sozialistischen Typs gibt, vorausgesetzt, daß die grundlegenden Rechte der Person und die Forderungen nach einem wahrhaften kollektiven Vorgehen der ganzen Menschheit gewahrt werden, vorausgesetzt auch, daß der Ruf des Menschen nach dem Göttlichen sich Ausdruck verleihen kann. Aus den Gesprächen zwischen Bischöfen und aktiven Arbeitern geht klar hervor, daß alle Arbeiter, die gesprochen haben, den Kapitalismus ablehnen und sich am Sozialismus orientieren. Es ist übrigens eine Tatsache, die durch die Meinungsumfrage offenbar wird: Die Arbeitswelt ist in ihrer Gesamtheit vom Sozialismus angezogen. Diese Tatsache ist für uns ‚Seelsorger' ein großer Anspruch. Sie drängt sich uns als eine der wesentlichen Gegebenheiten der Arbeiterklasse auf. Die Kirche kann den Bestrebungen und den Kämpfen dieser Arbeiterklasse nicht fremd gegenüberstehen. Sie ist aufgefordert, hierin die Zeichen der Handlungen des Heiligen Geistes zu entdecken und differenziert zu handeln."

So sprechen die Bischöfe in Frankreich, und ich muß sagen, daß die Ministerpräsidenten der BRD mit ihren Berufsverboten reaktionär sind und die französischen Bischöfe nicht, was mich als französischen Katholiken freut, aber für die Bundesrepublik traurig stimmt. Ich hoffe, daß alle Menschen in der BRD denken können, was sie für richtig halten, insbesondere, was die Zukunft der Gesellschaft betrifft, ohne daß sie in ihrem Beruf beeinträchtigt werden.

Meiner Meinung nach ist keine Form der Gesellschaft ewig und auch der Kapitalismus nicht. Nur Gott ist ewig. Die Entwicklung ist das Gesetz der menschlichen Gesellschaften, und die Menschen wählen ihre Zukunft in voller Freiheit als Gotteskinder. Wenn ein Mann meint, daß der Sozialismus besser ist, hat er das Recht dazu. Ihn aus Meinungsgründen aus seinem

Beruf auszuschließen, ist ungerecht, und es ist die Pflicht aller Menschen guten Willens, dagegen zu kämpfen. Deshalb bin ich mit Ihnen heute für die Gerechtigkeit. Die Gerechtigkeit soll siegen!

Anne Lenhart
Verbindung von juristischen und politischen Mitteln im Kampf gegen Berufsverbote

Jetzt ist der Zeitpunkt gekommen, das Verhältnis von politischem und juristischem Kampf einzuschätzen und aus gewonnenen Erfahrungen in Berufsverbotskampagnen und im Kampf gegen den Abbau demokratischer Rechte zu einem vorläufigen Ergebnis zu kommen.

Im jetzigen Stadium unseres Kampfes um Demokratie und Sozialismus ist eines der wichtigsten Momente, den Abbau demokratischer Rechte, wie ihn die Herrschenden allenthalben zu praktizieren versuchen, zu verhindern; dabei geht es auch um die Betonung des liberal-demokratischen Gehalts des Grundgesetzes gegenüber einer staatsmonopolistisch-reaktionären Interpretation, die das Grundgesetz umfunktionieren will zur Grundlage eines kapitalistisch organisierten Staates. Das Grundgesetz, wie es nach 1945 durch die antifaschistische und antikapitalistische Stimmung und Haltung der Menschen in Deutschland geprägt wurde, ist in der Hand der Arbeiter und ihrer Verbündeten ein wichtiges Instrument, um die freie politische Betätigung in Betrieb und Gesellschaft und die Tarifautonomie zu verteidigen oder zu erkämpfen.

Wie so oft in der Geschichte der Klassenkämpfe sind die von den Herrschenden gemachten Gesetze den Herrschenden bei der Erhaltung des Systems im Weg. Die Berufsverbote sind mit

Ausdruck der Schwäche des Großkapitals; es muß seine eigenen Gesetze brechen, um zu verhindern, daß fortschrittliche Gedanken in Schule und Universität Raum gewinnen. Der teilweise erfolgreiche Kampf gegen eine reaktionäre Auslegung des Grundgesetzes zeigt uns aber, daß auch das Großkapital nicht allmächtig ist und man es mit seinen eigenen Gesetzen schlagen kann.

Diese Lücke in ihren Abwehrstellungen ist den Herrschenden und ihren Interessenvertretern in den Verwaltungen bewußt. Der unberechenbare Faktor, den liberal-demokratisch eingestellte Richter, die sich nicht zu Systemerhaltern berufen fühlen, darstellen, veranlaßte die Ministerial- und Kultusbürokratie, eine neue Taktik einzuschlagen, nämlich den juristischen Weg des Kampfes gegen das Berufsverbot zu verbauen. Dieser Weg im Kampf gegen die Berufsverbote steht uns nicht ohne weiteres offen. Er muß oft (wie ich in meinem Fall versuchen werde darzustellen) erst erkämpft werden gegen Verzögerungs- und Hinhaltetaktiken der Kultusbürokratie.

In meinem speziellen Fall mußte der juristische Weg sogar gegen den mich zuerst vertretenden Rechtsanwalt erzwungen werden. Man war sich in der Kultusbürokratie in Rheinland-Pfalz wohl darüber im klaren, auf welch schwachen Füßen ihre Berufsverbote rechtlich stehen, und schob eine subalterne Behörde vor. Am 10. 4. 72 teilte mir die Bezirksregierung Rheinhessen-Pfalz telefonisch mit, ich könnte über meine Person verfügen, denn man würde mich nicht einstellen. Man hatte wohl gehofft, mich mit einer juristisch irrelevanten telefonischen Ablehnung abspeisen zu können.

Die breite politische Kampagne, die wir daraufhin entwickelt haben, diente also nicht nur der Information der Öffentlichkeit und der Entfaltung der Solidarität. Wir wollten damit auch erreichen, daß das Kultusministerium endlich Farbe bekennt und mir endlich einen rechtsmittelfähigen Bescheid zukommen läßt, um damit das Berufsverbot auch juristisch angreifbar zu machen.

Ich erhielt die schriftliche Ablehnung am 26. 7. 72. Das Kultusministerium konnte, da die Öffentlichkeit über die willkürliche Handhabung meines Falles informiert war und die zahlreichen Solidaritätsbekundungen auch aus den Betrieben und der örtlichen SPD bekannt wurden, nicht mehr umhin, mir diesen Bescheid zu schicken. Dieser Bescheid war zwar die Grundlage für das juristische Vorgehen, enthielt aber keine Rechtsmittelbelehrung. Im Bescheid wurde auch ausdrücklich betont, man sei an sich nicht verpflichtet, mir schriftlich auf meine Bewerbung zu antworten; der Bescheid sei wohl mehr ein Entgegenkommen, um „mich nicht über die Gründe im unklaren zu lassen".

Anhand dieser aufgezeigten Fakten wird die Taktik der Kultusbürokratie klar: Um jeden Preis sollte der juristische Schwebezustand, in dem ich mich monatelang befand, perpetuiert werden. Daß die regierende CDU mit allen Mitteln versuchte, mir den juristischen Weg nicht zu ermöglichen, beweist andererseits die Schwäche der CDU-Landesregierung und ihrer Kultusbürokratie. Man war sich in diesen Kreisen wohl klar, daß die juristisch hirnrissige Argumentation, mit der man die Berufsverbote begründete, rechtlich nicht haltbar war. Der mich damals vertretende Rechtsanwalt hat die Verzögerungstaktik des Kultusministeriums weitgehend unterstützt. Trotz meines ständigen Drängens, einen Bescheid zu erwirken, hat er nur endlose Verhandlungen im Kultusministerium geführt. Nebenbei versuchte er auch – vermutlich auf Anraten des Kultusministeriums – unsere politische Arbeit in der Bevölkerung abzublocken, indem er ständig mit der Mandatsniederlegung drohte, falls ich nicht politisch enthaltsam sei.

Das Gerichtsurteil endlich, vom Verwaltungsgericht Neustadt, Kammer Mainz, am 22. 2. 73 verkündet, bestätigte die Verfassungsfeindlichkeit des Berufsverbotes. Es zeigte nicht nur, daß die antikommunistische und antidemokratische Berufsverbotspolitik der CDU-Landesregierung von Rheinland-Pfalz der Vergangenheit angehören müßte, sondern auch, daß diese Politik jeder rechtlichen Grundlage entbehrt. Die Position der Landesregierung ist, daß nicht nur die Mitgliedschaft in, sondern auch das aktive Engagement für eine von ihr für verfassungsfeindlich gehaltene Partei als eine verfassungsfeindliche Tätigkeit zu ahnden ist. Eine solche Haltung resultiert aus ihrer Eigenschaft als Interessenvertreter und Sachverwalter des Monopolkapitals. Darum werden alle fortschrittlichen, gegen das abgewirtschaftete kapitalistische System kämpfenden Kräfte kriminalisiert, unter Umgehung und Einschränkung von bürgerlich-demokratischen Rechten, wie sie das Grundgesetz bietet. Immer offener zeigt sich hinter dem Gesicht des gütigen Landesvaters Kohl das Gesicht des ehemaligen Syndikus der rheinland-pfälzischen chemischen Industrie. Kohl drängt schon lange auf bundesweite Anwendung der rheinland-pfälzischen Berufsverbotspolitik und beschimpft in diesem Zusammenhang den hessischen Ministerpräsidenten Osswald, der Kohls diesbezügliche Ansichten nicht voll und ganz teilt, als einen, der „aus der Solidarität der Demokraten ausgeschert" sei.

Die Position des Verwaltungsgerichts, die sich im Gerichtsurteil ausdrückt, steht der der Landesregierung diametral entgegen. In der vom Gericht am Tag der Urteilsverkündung abgegebenen Presseerklärung heißt es u. a.: „Das Parteienprivileg nach Art. 21, Abs. 2 GG verbietet ... die Berücksichtigung der Tatsache, daß ein Bewerber für ein öffentliches Amt einer für verfassungsfeindlich gehaltenen Partei angehört, solange das Bundesverfassungsgericht nicht die Verfassungswidrigkeit dieser Partei festgestellt hat." – „Allein in der Person des Bewerbers selbst liegende Gründe" rechtfertigen „einen Ausschluß vom öffentlichen Dienst. Hierbei kommt es maßgeblich darauf an, ob der Bewerber bei der Verbreitung seiner politischen Ansicht im Rahmen des rechtlich Erlaubten geblieben ist" ...

Das Verwaltungsgericht argumentiert also vom Standpunkt der im Grundgesetz festgelegten Normen aus, erkennt also auch für Kommunisten Grundrechte wie das Parteienprivileg, das Recht auf freie Berufswahl und -ausübung an und fordert mit seinem Urteil die Praktizierung dieser Grundrechte und damit die Rückkehr der Landesregierung zu rechtsstaatlichen Normen. Davon ausgehend stellt das Verwaltungsgericht darauf ab, daß bei der Ablehnung eines Bewerbers nur sein rechtstreues Verhalten bei der Durchsetzung politischer Ziele geprüft werden darf. Mit denselben Argumenten und vom selben Gericht wurde der Heidelberger NPD-Mann Kosiek abgelehnt, da er offensichtlich der Meinung war, seine politischen Ziele durch tätliche Angriffe auf Studenten und durch Herunterreißen einer DDR-Fahne erreichen zu können.

Es bleibt nun die Frage, welchen Stellenwert dieses Urteil als Ergebnis des Kampfes gegen reaktionäre Gesetzesinterpretationen hat.

– Das Gerichtsurteil hat unsere rechtliche Argumentation bestätigt. Es hat im Zusammenhang mit dem Kosiek-Urteil unsere bisherige offensive Haltung in Sachen Berufsverbot bekräftigt: Nicht von uns kommt die Gefahr für die Demokratie, sondern von der CDU-Landesregierung, der staatlichen Exekutive; von den Unternehmerverbänden und ihren politischen Vertretern rechtsaußen werden die Grundrechte ausgehöhlt.

– Das Urteil bietet uns eine verbesserte und erweiterte Basis für den juristischen und politischen Kampf gegen den Abbau der demokratischen Rechte. Andere Gerichte werden, bedingt durch ein erhöhtes Problembewußtsein in der Öffentlichkeit, auf Grund eines solchen Urteils leichter zu denselben oder ähnlichen demokratischen Positionen finden und sich nicht als Legitimationsinstrument staatsmonopolistischer Interessen mißbrauchen lassen. Diese These hat sich schon im Fall der Genossin Claudia Eisinger in München bewahrheitet.

– Das wichtigste, was mit diesem Urteil erreicht wurde, liegt auf der politischen Ebene: Die CDU-Landesregierung in Rheinland-Pfalz sowie andere reaktionäre Landesregierungen wurden propagandistisch in die Defensive gedrängt. Es wird ihnen nicht mehr möglich sein, ihre Meinung in bezug auf sogenannte Verfassungsfeinde als die einzig richtige in der Bevölkerung zu verbreiten.

Abgesehen von diesen Folgen, die nicht zu unterschätzen sind, hat das Urteil für mich als Betroffene noch keinen direkten Erfolg gehabt, nämlich meine Einstellung in den Schuldienst. Um eine Antwort auf diesen unbefriedigenden Zustand zu geben, muß mein Fall vor dem zeitlichen Hintergrund der Ent-

wicklung des Kampfes gegen die Berufsverbote gesehen werden.
– Die Ablehnung im März 1972 war eines der ersten Berufsverbote überhaupt. Die Bedingungen, um den Kampf gegen das
Berufsverbot zu führen, erfolgreich zu führen, mußten erst
geschaffen werden. Das bedeutet: Das damalige Bewußtsein in
der Bevölkerung und bei den fortschrittlich-demokratischen
Kräften, nämlich das beruhigende Gefühl, nicht selbst betroffen zu sein, mußte revidiert werden. Dies erforderte das Hin-
eintragen der Berufsverbotsproblematik in die Bevölkerung und
eine breite Diskussion darüber.
– Bis heute hat sich aber gezeigt: Der Abbau demokratischer
Rechte wirkt sich in allen gesellschaftlichen Bereichen aus.
Nicht nur die Intelligenz im öffentlichen Dienst, kommunistische und sozialdemokratische Lehrer, Gewerkschafter, Juristen usw. sind betroffen. Die reaktionären Bestrebungen reichen weit in den betrieblichen Bereich hinein. Das „Maulkorb-
Urteil" des Bundesarbeitsgerichts in Kassel hängt, wie der Name sagt, jedem Arbeiter jederzeit einen politischen Maulkorb
um, sobald dieser die Interessen seines Ausbeuters tangiert.
Aktive Vertreter von Arbeiterinteressen werden, wie bei
Hoesch, kurzerhand vor die Tür gesetzt. Am deutlichsten wird
der Abbau demokratischer Rechte in den sogenannten Main-
zer Thesen des rheinland-pfälzischen Innenministers Schwarz
praktiziert, der verlangt, das Streikrecht und die Tarifautonomie aller im öffentlichen Dienst Beschäftigten abzuschaffen.
Alle diese Bestrebungen tragen aber nicht zu einer Einschüchterung, sondern zu einer weiteren Solidarisierung der demokratischen Kräfte bei. Das größere Problembewußtsein in der
Bevölkerung wiederum verhilft dazu, daß sich immer breiter
und rascher die Solidarität mit den vom Berufsverbot Betroffenen entwickelt. Einige Fälle, wie z. B. Rolf Geffkens Fall,
haben gezeigt, daß durch eine große Solidaritätsbewegung die
für den einzelnen zermürbende und belastende juristische Tret-
mühle umgangen werden kann.
Gerade der Fall Geffken beweist, daß durch eine immer breiter werdende Diskussion, daß auf Grund der Bereitschaft vieler, gegen den Abbau der demokratischen Rechte auf die Stra-

ße und in Bürgerinitiativen zu gehen, daß es auf Grund der positiven Gerichtsurteile möglich ist, den Betroffenen sofort zu einer Einstellung in den öffentlichen Dienst zu verhelfen.

Ohne grundsätzlich den juristischen Weg geringzuschätzen, sollten wir unter Ausnutzung der bisher geschaffenen günstigen Bedingungen unsere Kraft verstärkt auf die politische Arbeit konzentrieren. Denn der politische Kampf gegen die Berufsverbote kann nicht automatisch zu Erfolgen führen, sondern ist immer ein Kräftemessen zwischen denjenigen, die das Grundgesetz verfälschen wollen, und denjenigen, die den demokratischen Gehalt des Grundgesetzes praktiziert wissen wollen. Je aktiver wir sind, desto mehr Erfolg im Kampf gegen den Abbau demokratischer Rechte werden wir haben.

Helmut Both
Die Arbeit einer Bürgerinitiative

In Harburg hat die „Bürgerinitiative gegen die Entlassung der Lehrerin Elke Leppin" über 6000 Unterschriften von Bürgern gesammelt, die sich damit für die Wiedereinstellung dieser Kollegin verwenden wollen.

Was ist der Lehrerin Elke Leppin widerfahren? Wie bildete sich die Bürgerinitiative, und wie hat sie gearbeitet? Als an der gleichen Schule tätiger Lehrer und Mitbürger der Bürgerinitiative möchte ich kurz berichten.

Frau Leppin ist seit über vier Jahren an unserer Schule als Beamtin auf Probe tätig. Als solche bestand sie ihre zweite Lehrerprüfung und hätte nun ins Beamtenverhältnis auf Lebenszeit übernommen werden sollen. Stattdessen wurde ihr nach einem quälenden Briefwechsel von fünf Monaten Dauer im November 1972 mitgeteilt, sie sei zum 31. 12. 1972 aus dem Schuldienst entlassen.

In der Senatsbegründung für die Entlassung heißt es:

„Zu der erforderlichen Eignung gehört auch, daß der Beamte in seinem ganzen Verhalten die Gewähr dafür bietet, daß er jederzeit für die freiheitliche demokratische Grundordnung im Sinne des Grundgesetzes eintritt. Diese Gewähr ist bei Ihnen im Hinblick auf Ihre politische Betätigung in der DKP und als Vorstandsmitglied der DKP-Lehrergruppe nicht gegeben."

In keiner Weise werden die Stellungnahmen der unmittelbar Betroffenen (Eltern, Lehrer, Schulleitung) berücksichtigt. Frau Leppins Schulleiter bestätigt, daß Frau Leppin regelmäßig und pünktlich ihren dienstlichen Verpflichtungen nachkomme und daß nichts vorliege, das einen Vorwurf gegen Frau Leppin rechtfertigen könne.

In einer von fast allen Kolleginnen und Kollegen der Schule Hanhoopsfeld unterzeichneten Erklärung zur beabsichtigten Entlassung Frau Leppins verleihen sie ihrer Betroffenheit Ausdruck:

„Sie ist seit April 1968 Mitglied des Kollegiums und hat während dieser Zeit weder in ihrer Eigenschaft als Kollegin noch in persönlichen Gesprächen mit einzelnen versucht, agitatorisch für eine bestimmte politische Interessengruppe tätig zu werden. Sie hat vielmehr durch nüchterne und sachliche Kritik dazu beigetragen, Probleme, die die Schularbeit betreffen, klarer zu sehen und befriedigende Lösungen dafür zu finden.

Frau Leppin hat stets in vorbildlicher Weise die Belange der Schule vertreten. Die unterzeichnenden Kollegen schätzen Frau Leppin als sehr zuverlässige und hilfsbereite Kollegin und legen großen Wert darauf, auch in Zukunft mit ihr zusammenzuarbeiten."

Die Eltern der Klasse 4 a stellen sich geschlossen hinter die Lehrerin ihrer Kinder:

„Frau Leppin ist uns, solange unsere Kinder zur Schule gehen, also seit nunmehr über drei Jahren, als korrekte und allen Problemen der Kinder, der Schule und der Eltern gegenüber aufgeschlossene Persönlichkeit bekannt geworden. Wir schätzen hoch ein, daß Frau Leppin ihre ganze Kraft für ein vorbildliches Zusammenarbeiten aller Kinder der Klasse einsetzt.

Sie hat sich besonders darum bemüht, die Kinder zu urteilsfähigen und selbstbewußten Menschen zu erziehen. Sie war immer bereit, Anregungen der Eltern und der Kinder gerecht zu werden ...

Frau Leppin hat nie versucht, unsere Kinder in Richtung einer bestimmten Weltanschauung zu indoktrinieren. Die Elternschaft der Klasse 4 a steht geschlossen hinter Frau Leppin."

Der Elternrat der Schule äußerte sich in ähnlicher Form.

Alle Schreiben wurden dem Hamburger Senat übersandt. Eine Reaktion erfolgte nicht.

An der Art und Weise, wie der Senat hier mit einer bewährten und beliebten Kollegin umging, wurde mir klar, daß Senats- bzw. späterer Ministerpräsidentenbeschluß mit seinen Auswirkungen nicht widerspruchslos hingenommen werden durfte. Ein Kreis von Harburgern, bestehend aus Vertretern der verschiedensten politischen Richtungen – Sozialdemokraten, Freie Demokraten, Kommunisten – und der unterschiedlichsten Berufe – Ärzte, Arbeiter, Lehrer und Pastoren – fand sich zusammen zur Bürgerinitiative gegen die Entlassung der Lehrerin Elke Leppin.

Wir formulierten unsere Position so:

– Auch Beamte haben das Recht, sich in einer legalen, zu den Wahlen kandidierenden Partei zu betätigen. Es ist nicht Sache des Beamten, darüber zu rätseln, welche Partei „zulässig" ist und welche nicht. Über die Verfassungswidrigkeit einer Partei entscheidet nur das Bundesverfassungsgericht und nicht der Senat oder eine Verwaltungsbehörde. Schon die Ausforschung, welcher Beamte in welcher Partei ist, ist unzulässig.

– Auch Beamten steht das Grundrecht auf die Weltanschauungsfreiheit zu; aus dem Bekenntnis zu einer Weltanschauung darf einem Beamten kein Nachteil erwachsen.

– Die der geplanten Entlassung zu Grunde liegenden Auffassungen tragen die Gefahr in sich, daß jedes kritische Engagement als verfassungswidrig verdächtig wird. Maßnahmen wie die Entlassung von Frau Leppin schaffen ein Klima des Mißtrauens und begünstigen Gesinnungsschnüffelei. Wo Angst vor Sanktionen herrscht, wird der Mut zu kritischem Nachdenken und das Streben nach demokratischen Reformen beeinträchtigt.

– Es geht also nicht um die Richtigkeit einer Parteimeinung, sondern um eine Grundfrage der Demokratie: ob nämlich die im Grundgesetz garantierten Rechte auch im Bereich des öffentlichen Dienstes zu gelten haben. Der „Fall" Elke Leppin ist nicht eine Sache, die diese Lehrerin allein angeht. Hier geht es um die Glaubwürdigkeit unserer Verfassung.

132 meist Hamburger Bürger waren bereit, diesen Thesen zuzustimmen und durch ihre Unterschrift die Rücknahme der Entlassung zu fordern. Zu diesen Erstunterzeichnern sind bis jetzt über 6000 weitere Unterschriften gekommen. Dieser Erfolg war nur möglich, weil die Harburger Jungsozialisten, die Jungdemokraten und die SDAJ mit uns zusammen an sieben Informationsständen im Harburger Stadtgebiet Unterschriften sammelten und darüber hinaus Aufklärungsarbeit leisteten. Allein aus dem Wohnbereich in der Nähe unserer Schule kamen über 1200 Unterschriften.

Wichtig erschien es uns, Information auch in solche Bevölkerungskreise zu tragen, die die Ereignisse in unserem Schulbezirk nicht verfolgen konnten. Dazu diente einmal das persönliche Gespräch, das wir mit Passanten an unseren Unterschriftenständen führten. Die am häufigsten erlebte Reaktion war Ungläubigkeit; man konnte sich nicht vorstellen, daß wir richtig berichteten.

Zwei Veranstaltungen (eine davon mit mehr als 300 Teilnehmern) dienten der Unterrichtung der Presse und der Diskussion zwischen dem Publikum und Vertretern der Bürgerinitiative.

Schließlich konnten wir in einer umfassenden Dokumentation den Briefwechsel zwischen der Behörde bzw. dem Senatsamt und Elke Leppin sowie die Eltern- und Kollegenerklärungen dem interessierten Bürger anbieten. Wir wollten und wollen keine Unterstützung von Leuten haben, die grundsätzlich mitmachen, wo es „denen da oben" einmal gezeigt werden kann. Faktenwissen halten wir für unentbehrlich. Aus diesem Wissen heraus folgt bei gerecht denkenden Bürgern Empörung über die Art, wie in unserer Stadt mit Menschen umgegangen wird, die jahrelang täglich ihre Pflicht taten und sich nichts zuschulden kommen ließen.

Wir meinen, daß wir durch unsere Aktivitäten mit dazu beigetragen haben, daß in der Öffentlichkeit die Ablehnung des Berufsverbots stark gewachsen ist. Diese Tendenz kommt auch in dem Beschluß des SPD-Parteitages zum Ausdruck. Der SPD-Parteitag lehnte den Berufsverbotserlaß nicht grundsätzlich ab, stellte aber fest, daß die bloße Zugehörigkeit zu einer zugelassenen Partei kein Entlassungsgrund sein könne. Demnach müßten die Lehrerin Elke Leppin und viele andere sofort in das Beamtenverhältnis übernommen werden. Der Hamburger Senat aber bleibt bisher noch bei seiner unverständlichen Haltung. Bürgermeister Schulz ist bis zum gegenwärtigen Zeitpunkt noch nicht einmal bereit, Vertreter der Bürgerinitiative zu empfangen, die mit den über 6000 Unterschriften unter die Erklärung gegen die Entlassung der Lehrerin Elke Leppin zu ihm kommen wollen.

Die Aktivitäten gegen die Berufsverbote – und bei uns in Harburg besonders gegen das Berufsverbot für Elke Leppin – müssen beständig weitergeführt werden, bis der Ministerpräsidentenbeschluß fällt und die ausgesprochenen Berufsverbote rückgängig gemacht sind.

Paul Schäfer
Studentenbewegung und Berufsverbote

Nicht zufällig ist der Zeitpunkt, zu dem sich die Ministerpräsidenten zusammengesetzt haben, um zu beraten, wie das Grundgesetz am besten zu umgehen sei. Ebensowenig zufällig ist das, was dabei herauskam: der Berufsverboterlaß. Waren schon beim Aufbruch der Studentenbewegung 1967/68 Repressionen, wie Polizeieinsätze, an der Tagesordnung, so glaubten die Herrschenden zu diesem Zeitpunkt noch, die antiautoritäre

Studentenbewegung würde sich von alleine totlaufen. Tatsächlich jedoch entwickelte sich aus dieser Studentenbewegung ein starker Kader an Studenten, die mit falschen, elitären Vorstellungen der Studentenrevolte brachen und die Studenten auf den gemeinsamen Kampf mit den Arbeitern, mit der Arbeiterjugend orientierten.

Mit der Entwicklung der fortschrittlichen Studentenbewegung zu einer Kraft, die sich als Teil der gesamten demokratischen Bewegung begriff, die in der Arbeiterklasse die Hauptkraft der gesellschaftlichen Veränderung sah und begann, sich von marxistischer Theorie leiten zu lassen, konnte der Kampf der Studenten Durchschlagskraft und Perspektive gewinnen.

Einen wichtigen Anteil an der Weiterentwicklung der Studentenbewegung hatte der MSB Spartakus, der sich im Mai 1971 als Bundesverband konstituierte. Folgerichtig versucht die herrschende Klasse in der BRD, mit verschiedenen Repressionsmaßnahmen, vor allem mit den Berufsverboten, die demokratische Bewegung an den Hochschulen zu schwächen, unter den Studenten Angst vor politischer Aktivität zu verbreiten. Folgerichtig auch, daß sich aktuell diese Maßnahmen besonders gegen Mitglieder des MSB Spartakus und der DKP richten.

Der Kern der Berufsverbote jedoch ist der Abbau demokratischer Rechte zur Festigung der Herrschaft des Monopolkapitals, zur Beschneidung der politischen Betätigungsmöglichkeiten für diejenigen, deren Interessen sich gegen das Großkapital und dessen Staat richten, also sozialdemokratische, liberale, kommunistische Arbeiter und Intellektuelle gleichermaßen. Wie sagte doch Strauß nach den Rote-Punkt-Aktionen in Hannover 1969? „Eine Niederlage für die Demokratie". Das ist die Position des Großkapitals zu den Bewegungen, zu der demokratischen Selbsttätigkeit der Massen für ihre Interessen.

Daß die herrschende Klasse zu solchen Mitteln greift, um die Interessengegensätze der lohnabhängigen Massen, der Schüler und Studenten zum Monopolkapital auf ihre Weise zu lösen, entspringt also dem monopolkapitalistischen Herrschaftssystem und nicht einem auf geheimnisvolle Weise sich ausbildenden konservativen Geist einiger Zurückgebliebener. Daß dem so ist, zeigt die Unterdrückung aktiver Gewerkschafter, aktiver Kollegen in den Betrieben, fortschrittlicher Jugendvertreter und Studenten. Doch die jüngste Entwicklung in der BRD zeigt auch: Der Kampf der Arbeiter und Angestellten, der Lehrlinge, Schüler und Studenten gegen den Abbau demokratischer und sozialer Rechte hat einen Aufschwung genommen. Wenn die Bild-Zeitung Maßhalteappelle von Bonner Regierungsvertretern aufgreift und die arbeitende Bevölkerung aufruft: „Bonn: Jetzt den Gürtel enger schnallen!" dann wissen wir, die Krise des Kapitalismus nimmt zu, der Klassenkampf zwischen den Massen und dem Großkapital wird sich zuspitzen.

Die Vereinigung der verschiedenen fortschrittlichen Kräfte, derjenigen, die gemeinsame Interessen an Demokratie und sozialem Fortschritt haben, das ist der Schlüssel zum Erfolg, auch bei der Verteidigung und Erweiterung der demokratischen Rechte und Freiheiten. Die klare Orientierung der Studentenbewegung auf das Bündnis mit der Arbeiterbewegung, den Lehrlingen, den Lehrern und Schülern, ist die Voraussetzung für den erfolgreichen Kampf gegen Berufsverbote und politische Disziplinierung.

Wir haben gleichzeitig gelernt, daß die Studenten vereinzelt, isoliert nichts gegen die undemokratischen Berufsverbote unternehmen können. Eine der besten Waffen gegen die Einschränkung der demokratischen Rechte ist die Organisierung der Studenten, ihre Organisierung in dem Verband, der gegenwärtig mit am stärksten betroffen ist, ihre Organisierung im MSB Spartakus.

Der MSB Spartakus unterstützt entschieden alle Initiativen und Bündnisse gegen die Berufsverbote. Wenn auch die Berufsverbote ihre Wirkung an den Hochschulen nicht verfehlt haben und ihre Gefährlichkeit nicht unterschätzt werden darf, können wir heute sagen: Im Kampf für die Aufhebung des verfassungswidrigen Ministerpräsidentenerlasses sind die demokratischen Kräfte in der Offensive. Und wir werden alles dafür tun, um diese Offensive zum Erfolg zu führen, bis zur endgültigen Aufhebung des Ministerpräsidentenerlasses.

Die Bewegung gegen die politische Disziplinierung an den Hochschulen entwickelt sich im Zusammenhang mit dem Kampf der Studenten für ihre Interessen an einem materiell abgesicherten Studium, an einer qualifizierten Berufsausbildung. Der MSB Spartakus hat daher ein Programm für das gemeinsame Handeln der Studenten vorgelegt, in dem er konkrete Vorstellungen über eine wissenschaftliche Ausbildung im Interesse der arbeitenden Bevölkerung, der Lehrlinge, Schüler und Studenten entwickelt. Die Gewinnung der Masse der Studenten für dieses Programm gegen Hochschulmisere und Bildungsnotstand, für die Zurückdrängung und Brechung der Macht des Großkapitals, das ist ein entscheidender Beitrag des MSB Spartakus für die Verteidigung und den Ausbau der demokratischem Rechte, für die Aufhebung des verfassungswidrigen Berufsverboteerlasses.

Karl Drewes
Der Grundsatzbeschluß des Hamburger Senats vom 23. 11. 1971

Zu dem uns überreichten Schreiben der Genossen Biermann, Dutschke, Negt usw. kann ich mich voll der Stellungnahme Gerhard Webers anschließen und brauche dazu weiter nichts zu sagen.

Ich sollte hier eigentlich reden zum Beschluß des Hamburger Senats vom 23. 11. 71. Ich möchte meinen Beitrag hierzu aus Zeitgründen nur schriftlich zu Protokoll geben, zumal schon einige Vorredner diesen Punkt angesprochen haben.

Im übrigen kann ich Ihnen hier leider, insbesondere nach dem, was Wolfgang Roth heute morgen gesagt hat, meinen Beitrag nicht voll ersparen, da hier für die Hamburger Jungsozialisten einige Klarstellungen erforderlich sind.

Die Hamburger Jungsozialisten haben – wie die Jungsozialisten insgesamt – die verfassungswidrige Praxis der Berufsverbote von Anfang an bekämpft und eindeutig verurteilt, zuletzt vor einigen Wochen auf ihrem Bundeskongreß im März 1973 in Bad Godesberg. Sie haben sich mit den Betroffenen solidarisiert und insbesondere innerhalb der SPD versucht, eine Änderung der bisherigen Praxis und eine Forderung nach ersatzloser Aufhebung der Berufsverbotsbeschlüsse durchzusetzen. Das ist – und hier stimme ich mit Wolfgang Roth nicht überein – bisher nicht gelungen. Zum Beschluß des SPD-Parteitags von Hannover haben bereits mehrere Vorredner ausführlich Stellung genommen; ich kann mich hier weitgehend der Kritik von Helmut Ridder anschließen. Dieser Parteitagsbeschluß kann nicht befriedigen. Er hat die Berufsverbote nicht beseitigt, auch der Ministerpräsidentenbeschluß ist weiter in Kraft, selbst wenn der Bundesvorstand der Jungsozialisten in seinem neuesten Informationsdienst meint: „Der Ministerpräsidentenbeschluß ist damit de facto aufgehoben worden." Dennoch sollte man den Beschluß des Parteitags von Hannover nicht in seiner Bedeutung unterschätzen. Er bedeutet zweifellos gegenüber der bisherigen Praxis einen Fortschritt. Seine konsequente Anwendung zwingt zur Aufhebung des Ministerpräsidentenbeschlusses in seiner gegenwärtigen Form und zu einer rechtsstaatlicheren und liberaleren Praxis. Es wird die Aufgabe der Jungsozialisten und der Linken in der SPD sein, zunächst die Einhaltung und Ausführung der Beschlüsse des Parteitages durch die SPD-geführten Regierungen durchzusetzen, d. h. Aufkündigung der Ministerpräsidentenvereinbarung und Aufhebung der bisher gegen Demokraten und Sozialisten verhängten Berufsverbote. Das kann aber nur ein erster Schritt sein, nicht das Endziel unserer Arbeit. Unser Ziel ist und muß weiterhin bleiben: Aufhebung aller Berufsverbote! Fort mit dem Antikommunismus und Antisozialismus! Die Hamburger Jungsozialisten werden dazu das Ihre beitragen.

Dickby Jacks, London

Ich freue mich sehr, auf dieser Konferenz gegen Berufsverbote in Westdeutschland für die nationale Studentengewerkschaft Großbritanniens sprechen zu dürfen.

Zuerst möchte ich Sie bitten, mein Deutsch zu entschuldigen – Engländer hatten schon immer die Angewohnheit, keine fremden Sprachen zu lernen und von allen anderen Menschen zu erwarten, daß sie Englisch sprechen.

Das soziale und ökonomische System in Großbritannien ist grundsätzlich dasselbe wie in Westdeutschland. Dem entspricht auch seine internationale Stellung. Unsere beiden Länder leiden unter den Folgen des Kalten Krieges und dessen tiefgreifenden antidemokratischen Auswirkungen im politischen Leben. Aber die spezifische Situation in Großbritannien ist doch eine andere.

Ich war sehr erstaunt, als ich erfuhr, daß Mitglieder sogenannter extremistischer Organisationen – wir wissen in Großbritannien, was das heißt, nämlich: die Linken, die sogenannten Radikalen und Kommunisten – in ihren Berufen sehr stark diskriminiert werden, besonders im Erziehungsbereich und im öffentlichen Dienst. Gleichzeitig ist Euer Land wie unseres stolz darauf, eine Demokratie zu sein. Und doch ist es grundsätzlich undemokratisch, wenn solche Diskriminierungen möglich sind.

In Großbritannien ist die Situation nicht so festgelegt, obwohl der McCarthyismus bis vor kurzem praktiziert wurde. In Großbritannien können Kommunisten, Radikale und Sozialdemokraten Lehrer und Staatsangestellte werden, und sehr viele tun es auch. Aber es gibt auch immer Behinderungen, und die Möglichkeiten, Karriere zu machen, sind beschränkt. In der Industrie werden von den Kapitalisten schwarze Listen angelegt über aktive Demokraten und Linke, und wie schon immer ist an den Universitäten der Druck gegen alles Unorthodoxe erheblich.

In der Tat wurden einige der wichtigsten Kämpfe der Studentenbewegung – in der London School of Economics, an der Lancaster-University und anderen Hochschulen – um die Frage der Berufsbehinderung und Diskriminierung linksorientierter Mitglieder des Lehrkörpers der Hochschule geführt. In jedem Fall haben die Universitätsbehörden ihr eigenes Prinzip der akademischen Freiheit unterlaufen, um sich von den linksgerichteten Lehrern zu befreien.

In den letzten Jahren hat es sowohl in unserer Organisation als auch im VdS, unserer Bruderorganisation, eine Linksentwicklung gegeben. Der Antikommunismus ist zurückgedrängt worden, und es wurden die Grundlagen für einen demokratischen, aktiven und kämpferischen Verband gelegt. Die Mehrheit der britischen Studenten erkennt nun, daß Antikommunismus kein Schutz der Demokratie, sondern einer ihrer schlimmsten Feinde ist. Zur Zeit ist diese Entwicklung der Studentenbewegung hier und in Großbritannien eine wichtige Kraft im demokratischen Kampf für eine demokratische Ausbildung in Schulen und Hochschulen und in anderen gesellschaftlichen Bereichen. Die Kluft zwischen demokratischer Theorie und undemokratischer Praxis in den kapitalistischen Ländern wird den Studenten deutlicher als vielen anderen Leuten. Auch in Großbritannien verstärken sich antidemokratische Tendenzen, zum Beispiel Großbritanniens Beitritt in die Europäische Gemeinschaft, verstärkte scharfe Gesetzgebung, die die Rechte der Gewerkschaften einschränkt, die alle fünf Jahre durch die Wahl stattfindende Farce bürgerlicher Demokratie, Eingriffe in die persönlichen Freiheiten, Nordirland, Verstärkung von Polizei und Militär usw.

Unser demokratischer Kampf muß glücklicherweise noch kein Kampf gegen Berufsverbote sein. Wir kämpfen gegen die Mißstände, die ich hier nur kurz aufzählen konnte, und für die Erweiterung der Rechte und Freiheiten. Denn es gibt in Großbritannien sogar noch Organisationen der Arbeiterklasse, die Kommunisten von der Mitgliedschaft oder von Funktionen ausschließen.

Wie der VdS bemüht sich unser Verband im wachsenden Maße um ein Bündnis mit den Organisationen der Arbeiterklasse. Diese Entwicklung wird, so glaube ich, tiefgreifende Konsequenzen für den demokratischen Kampf und die Stärkung der fortschrittlichen Bewegung haben.

Dieses Bündnis muß von der Arbeiterklasse und den Studenten beschleunigt angestrebt werden. Ich möchte von meiner Organisation brüderliche Grüße bringen allen Studenten in diesem Land und allen Teilnehmern dieser Konferenz. Ich wünsche den Aktionen gegen die Berufsverbote allen Erfolg, und ich bin sicher, Ihr werdet erfolgreich sein.

Leo Klatser, Amsterdam

Ehe ich anfange, das zu sagen, was ich gerne sagen möchte über die Ursache davon, daß wir hier zusammen sind, möchte ich etwas Persönliches sagen: Als Mitglied einer Partei, die in vielen Hinsichten, wenn auch nicht in allen, mit der SPD zu vergleichen ist, lege ich darauf Wert, folgendes zu erklären:

Die Tatsache, daß ich in diesem konkreten Fall mit Mitgliedern der DKP auf einem Podium sitze, wird durch mich positiv gewertet. Für diese positive Einschätzung habe ich gute Gründe. Ich habe mich auch nicht beschwert, als ich mit Genossen der SPD und der KPD in Buchenwald zusammentraf. Ich weigere mich, diese Mode mitzumachen, die in meiner Partei und anderen westeuropäischen sozialdemokratischen Parteien so im Schwung ist: jedesmal, wenn sich so etwas tut, ehe man zur Sache kommt, eine kleine Verbeugung nach rechts zu machen, dann ein paar Worte zu reden über die inneren Angelegenheiten der sozialistischen Länder, als wäre es notwendig, daß wir uns bei dem Klassenfeind entschuldigen.

Jetzt zur Sache. Die erste Frage: Ist der Demokratie mit antidemokratischen Mitteln gedient? Die Antwort kann ohne weiteres und ohne Bedenken Nein sein. Soll die Demokratie sich dann überhaupt nicht absichern gegenüber feindlichen Übergriffen? Jeder Bürger eines demokratischen Staates soll nach meiner Auffassung 24 Stunden am Tag wachsam sein gegen antidemokratische, bürgerrechtsfeindliche Kräfte, die sich in dieser Gesellschaft vorfinden. Dann könnte man vielleicht schlußfolgern, daß meine erste Frage falsch oder nicht zutreffend war?

Wenn einer behauptet, daß eine Demokratie sich nur mit der Demokratie wesensfremden Mitteln verteidigen kann, dann sollte er nach meiner Meinung jedenfalls die Ausgangspunkte seiner demokratischen Gesinnung einmal gründlich überprüfen. Es wird behauptet, daß man im Haus des Gehängten nicht nach dem Henker fragen soll. Ich bedanke mich für solche Weisheiten. Im Gegenteil. Andererseits möchte ich als nicht-deutscher Europäer die hier Anwesenden nicht belehren; das ist nicht meine Aufgabe. Man wird mir aber doch wohl gestatten, hier und jetzt einmal nachzufragen, ob diejenigen, die fortwährend die Gefahr für die Demokratie auf der linken Seite suchen, immer so energisch die Demokratie verteidigt haben.

Waren diese Leute auch in der ersten Reihe, als die deutsche Demokratie 1932/33 um den Hals gebracht wurde? Wo waren diese Leute, als unsere beste demokratische und humanistische Tradition in ganz Europa bedroht war? Wenn man sich schon für undemokratische Verteidigungsmittel auf die Erfahrungen von damals beruft, dann soll man erst gründlich fragen und analysieren, ob die Schlußfolgerungen, die man jetzt zieht, die adäquaten sind. Ich glaube, sie sind es nicht. Gerade hier haben viele bundesrepublikanische Politiker und andere weniger exponierte Leute in Wirtschaft und Erziehung nachgelassen zu fragen, wie alles kam und was man in der Zukunft zu machen hat.

Sie haben geglaubt, daß die Sache erledigt war, als sie damals sagten: „Ab heute bin ich Demokrat!" Gute Grundgesetze kamen bis heute immer zustande unter dem Druck von einigen wenigen von guten Vorhaben besessenen Leuten, Individuen, die die Realität in dem Moment genau durchschauten. Aber die Realisierung, die Konkretisierung von allem, was in einem guten Grundgesetz zu lesen ist, ist ein mühseliger Alltagskampf gegen die Privilegien von Minderheiten in Wirtschaft und Politik. Andererseits ist es ein Kampf für die Erhaltung und Weiterentwicklung für die freiheitlichen Rechte der Bürger gerade im Kampf mit diesen mächtigen Minderheiten.

Ein solcher Kampf setzt voraus, daß man die Demokratie als politischen Rahmen erfährt und nicht monumentalisieren läßt zu den „ewigen abendländischen Werten". Eine solche Umfunktionierung der Demokratie wird unser politisches System, so wie es im Grundgesetz zum Ausdruck gebracht wurde, abwerten zu einem Konservierungsmittel einer auf Ausbeutung und Privatbesitz an Produktionsmitteln sich stützenden Gesellschaftsordnung, die im Grunde dem Volk feindlich ist.

Das Berufsverbot ist schon deswegen als antidemokratisch zu werten, weil es der Demokratie ihre charakteristische Eigenschaft, den Dynamismus, nimmt. Der Kampf zur Erhaltung der antifaschistischen und in der weiteren Perspektive sozialistischen Demokratie ist an sich die ureigenste Form der Verteidigung der demokratischen Gesellschaft.

Ich möchte deswegen nicht abschließen, ohne festzustellen, daß auch für uns in Holland diese Konferenz ein wichtiger Beitrag ist zur Verteidigung und zum weiteren Ausbau einer demokratischen Gesellschaftsordnung, nicht nur in der Bundesrepublik, sondern in ganz Europa.

Gert Petersen, Albertslund (Dänemark)

Ich danke Ihnen vielmals für die Einladung zur Teilnahme an der Konferenz und bedaure tief, daß es mir wegen politischer Arbeit dringender Art hierzulande unmöglich ist, zu Ihnen zu kommen.

Ich muß unterstreichen, daß ich voll und ganz solidarisch bin mit dem Zweck der Konferenz: die öffentliche Meinung so zu mobilisieren, daß man dazu gezwungen wird, das schändliche und antidemokratische Berufsverbot aufzuheben.

In meinem Lande, in Dänemark, ist uns der Begriff nicht ganz unbekannt. Aber wir haben niemals seit Einführung unserer freien Verfassung vor 124 Jahren erlebt, daß dieser antidemokratische Begriff in eine prinzipielle, allgemeine Entschließung umgesetzt wurde, und auch die Einzelfälle des Ausschlusses von öffentlichen Stellungen, die wir insbesondere während des Kalten Krieges erlebten, haben sich schon vor Jahren verringert und sind schließlich ganz verschwunden.

Heutzutage ist es uns in Dänemark vollkommen fremd, daß eine linke Gesinnung Anlaß zur Verhinderung der Besetzung von Stellungen als Pädagoge, Hochschullehrer oder Forscher im öffentlichen Dienst bieten würde. Der Gedanke eines allgemeinen Verbotes ist uns natürlich noch mehr fremd.

Wir wissen, daß Deutschland – leider – andere Traditionen hat. Wir wissen, daß viele aufrechte Deutsche seit mehr als einem Jahrhundert gegen diese Traditionen gekämpft haben. Wir wissen, daß der derzeitige Bundeskanzler selbst, durch Teilnahme am illegalen Widerstandskampf gegen den Nazismus, dazu beigetragen hat. Umso größer ist dann die Enttäuschung für uns, daß man gerade zur Zeit seiner Regierung auf diese schlechten und antidemokratischen Traditionen zurückgreift.

Wir sind nicht dafür, uns in die inneren Angelegenheiten eines anderen Landes einzumischen. Aber hier handelt es sich um eine Sache, zu der wir nicht schweigen können. Es kann nicht gleichgültig für uns sein, was mit der Demokratie in der Bundesrepublik geschieht, einem Nachbarland Dänemarks und einem der stärksten Staaten der EWG und der westlichen Allianz. Wir haben früher fühlen müssen, daß gewisse Aspekte der „inneren Angelegenheiten" Deutschlands Folgen auch für uns hatten.

Deshalb ist es meine Hoffnung, daß es gelingen wird, eine solche öffentliche Meinung der Bundesrepublik zu schaffen, daß man genötigt wird, die Berufsverbote wieder zurückzunehmen.

Für uns, in einem Nachbarland, ist es gefährlich, bei Ihnen eine Lage vorzufinden, in der die Mitgliedschaft in einer linken Organisation oder bloß eine linke Gesinnung eine Sperre zum öffentlichen Dienst ausmachen kann. Ein Staat, dessen ganzer Apparat von Konservativen oder Gleichgültigen bevölkert wird, ist nicht allein für die eigenen Bürger, sondern auch für die Bürger anderer Länder eine Gefahr.

Ein solcher Staat hat einen Weg beschritten, an dessen Ende die totale Gleichschaltung, die Negation der Demokratie, vorzufinden ist.

Wenn man die Demokratie will, muß man danach streben, daß viele Blumen blühen und viele Gedankenschulen miteinander wetteifern können. Nur dadurch kann die Bevölkerung wirklich in die Leitung der Angelegenheiten des Staates einbezogen werden, nur dadurch wird es ihr möglich, die komplizierten Verhältnisse zu erkennen und dazu Stellung zu nehmen. Kein Machthaber liebt das. Aber unklug ist das Volk, welches ernste Angelegenheiten zur alleinigen Entscheidung den Machthabern überläßt. Sollte doch eben das deutsche Volk nicht aus bitteren und blutigen Erfahrungen die Lehre gezogen haben, daß ein solcher Vorgang unklug ist und daß es nötig ist, die Meinungsfreiheit und die freie Debatte zu sichern, vor allem in den staatlichen und öffentlichen Gremien? Viele von uns in Dänemark glauben, daß die letzte Bundestagswahl gezeigt hat, daß eine Mehrzahl der Wähler in der Bundesrepublik endlich diese Lehre verstanden und gezogen hat. Deshalb glaube ich, daß Ihr Kampf gegen Berufsverbote erfolgreich sein wird.

Ich wünsche Ihnen Glück in diesem Kampf, den ich als einen Teil des allgemeinen Kampfes dafür werte, daß die schwarze, reaktionäre Linie in der Tradition der deutschen Geschichte ausgemerzt wird. An diesem Kampf muß sich ganz Europa, das für diese Traditionen mit dem Blut gezollt hat, beteiligen. Auch wir in Dänemark. Ihr Kampf ist unser Kampf.

Dr. Fritz Hanacik, Wien

Gestatten Sie mir, die Konferenz gegen Berufsverbote namens der Österreichischen Vereinigung demokratischer Juristen und namens des österreichischen antifaschistischen Solidaritätsklubs für Fortschritt und Frieden zu begrüßen.

Bei dem Beschluß der Länderministerpräsidenten der Bundesrepublik Deutschland vom 28. 1. 1972, demzufolge Angehörige des öffentlichen Dienstes entlassen oder Bewerber für diesen Dienst nicht eingestellt werden, wenn sie nicht die Gewähr dafür bieten, jederzeit für die von der Verfassung vorgeschriebene freiheitlich-demokratische Grundordnung einzutreten, handelt es sich, wie die praktischen Erfahrungen zeigen, um die Grundlage zur Diskriminierung von wahren Demokraten.

Demgegenüber werden Vertreter rechter, reaktionärer Auffassungen nicht behelligt. Daraus ergibt sich deutlich der wirkliche Zweck des Beschlusses, der in seiner Auswirkung sogar die freie Meinungsäußerung in Frage stellt.

Wir Österreicher könnten uns auf den Standpunkt stellen, wenn es auch in Österreich ohne Vorhandensein eines ähnlichen Beschlusses in der Praxis bei der Bewerbung um entsprechende Dienstposten häufig zu diskriminierenden Maßnahmen gegen fortschrittliche Personen kommt, daß uns derartige Probleme im Ausland nicht berühren. Eine solche Einstellung wäre jedoch völlig falsch, da Maßnahmen der aufgezeigten Art bei den heutigen engen Verbindungen der einzelnen Staaten nicht ohne Auswirkung für andere Staaten sein können.

Einem derartigen Beschluß, wie dem der Länderministerpräsidenten der Bundesrepublik Deutschland vom 28. 1. 1972, der meines Erachtens, abgesehen von allen anderen Erwägungen, verfassungs- und gesetzwidrig ist, sowie der sich daraus ergebenden Praxis muß daher schärfstens entgegengetreten werden, damit den diskriminierenden Maßnahmen gegen fortschrittliche Menschen ein Ende gesetzt wird.

Ich danke Ihnen für Ihre Aufmerksamkeit und wünsche der Konferenz einen vollen Erfolg.

Joë Nordmann
Ansprache auf der Abschlußkundgebung der Demonstration aus Anlaß der Hamburger Konferenz gegen Berufsverbote am 11. 5. 1973

Mit größter Freude und Interesse haben wir als ausländische Gäste Ihre Einladung entgegengenommen.

Sicher wollen wir uns in innenpolitische Fragen der Bundesrepublik nicht einmischen. Sicher ist aber auch – und besonders für mich als Juristen –, daß Fragen, die die bürgerlichen Freiheiten betreffen, internationale Bedeutung haben und dadurch internationalen Widerhall nicht vermeiden können.

Die Fragen der Menschenrechte sind in keiner Hinsicht nur nationale Fragen. Sie betreffen uns alle. Die allgemeine Erklärung der Menschenrechte bestimmt, daß niemand für seine politische Meinung oder Stellungnahme verfolgt oder benachteiligt werden darf. Derselbe Grundsatz der Menschenrechte, dieselbe Rechtsnorm ist in der europäischen Konvention der Menschenrechte, die die Unterschrift der Bundesrepublik trägt, verbindlich erklärt.

So hat sich auch der Europarat mit einer solchen Frage befaßt. Demokratische Parteien in der Bundesrepublik, wie zum Beispiel die SPD und andere politische Kräfte, haben in diesem Fall bedeutsame Erklärungen abgegeben, welche natürlich in Europa einen großen Widerhall fanden. Zugeben muß man, daß es sich um Griechenland handelte. Desto mehr ist für uns Demokraten unverständlich, daß in Ihrer Republik – und sogar heute noch – Maßnahmen getroffen werden, welche die Menschenrechte verletzen. Und das ist der Fall bei den Berufsverboten.

Ich darf behaupten, als Generalsekretär der internationalen Vereinigung demokratischer Juristen, daß ein Jurist, der die Verteidigung der Menschenrechte ernstnimmt, gleich, welcher politischen Meinung er auch sei, Ihre Stellung gegen diese Erlasse nur billigen muß. Diese Stellung entspricht nämlich dem allgemein anerkannten Völkerrecht.

Als Franzose erlauben Sie mir noch folgendes zu erwähnen: Hervorragende Universitätsprofessoren meines Landes haben sich mit einer Erklärung an den deutschen Romanistenverband gewandt. Sie haben den Wunsch geäußert, dieser Verband möge erklären, „daß er für selbstverständlich hält, daß Kommunisten an Schulen und Universitäten lehren und forschen dürfen, und daß er Repressionen gegenüber Kommunisten und Demokraten im öffentlichen Dienst weder für wissenschaftlich noch für rechtlich oder moralisch verantwortbar hält."

Dies ist nur ein Beispiel der Solidarität und Unterstützung, die wir Ausländer heute abend durch unsere Anwesenheit hier darstellen. Im Interesse der Verständigung, der Demokratie in unseren Ländern hoffen wir, daß das Berufsverbot sobald wie möglich ins Museum für Antiquitäten geworfen wird.

Helga Kern
Schlußwort

Wir alle sind hierher gekommen, weil wir den „Anfängen wehren" wollen. Die breite Beteiligung an dieser Konferenz beweist, daß das demokratische Bewußtsein in diesem Lande wächst. Der Ministerpräsidentenbeschluß, der Anlaß für unser Engagement und das vieler anderer Menschen, die heute nicht hier sein können, hat aber gerade darin seine Ursache.

Die hier geschilderten und dokumentierten Beiträge, die geschichtlichen Betrachtungen und juristischen Erläuterungen der Beiträge dieser Konferenz zeigen, daß, wie eh und je, diejenigen verfolgt und mit Berufsverboten belegt werden, die bereit sind, aus der Geschichte zu lernen und das mit Leben zu erfüllen, was man Demokratie nennt.

Hier ist viel über den Begriff der „freiheitlich-demokratischen Grundordnung" gesprochen worden. Wir können doch leicht zur Klärung beitragen, indem wir eine kleine Zusatzfrage stellen, nämlich: Recht für wen? Freiheit für wen? Und dann ist schnell die Frage beantwortet, ob es sich hier um Demokratie, nämlich Herrschaft des Volkes, im Interesse des Volkes handelt. Da bleibt dann nur festzustellen: „ ... doch die Verhältnisse, sie sind nicht so!"

Prof. Stuby hat in seinem Beitrag aufgezeigt, daß die Herrschenden in diesem Lande die Funktion der Intelligenz im Kapitalverwertungsprozeß sehr wohl begriffen haben. Hier wollen sie einhaken und ihre Positionen absichern. Ihre Mittel sind wie eh und je die Mittel der herrschenden Minderheit, die der Unterdrückung!

In den Betrieben haben sie ja Praxis erworben. Vergegenwärtigen wir uns nur einmal die Diskussionen um das neue Betriebsverfassungsgesetz. Denken wir an das Argument der Gewerkschaften: „Die Demokratie darf nicht am Werktor aufhören!" Und sehen wir uns das klägliche Ergebnis an.

Nach wie vor sind die Betriebe, in denen sich der größte Teil des wachen Lebens der Mehrheit der Bevölkerung abspielt, zum parteipolitisch neutralen Raum erklärt, und es gibt Beispiele genug, die beweisen, daß das eben wieder nur ein Maulkorb für die sogenannten Arbeitnehmer ist. Der Herr-im-Hause-Standpunkt ist immer noch gesetzlich gesichert, und es gibt tausend Möglichkeiten, unbequeme Arbeiter und Angestellte vor die Tür und auf die schwarze Liste des Arbeitgeberverbandes zu setzen.

Sehr eindringlich ist uns an den Beispielen der gemaßregelten Jugendvertreter die Notwendigkeit der Forderung nach dem Kündigungsschutz für Auszubildende gezeigt worden. Gerade gestern hat der AEG-Telefunken-Konzern in seiner Tochtergesellschaft „Telefunken Rundfunk und Fernseh GmbH" dem Gesamtjugendsprecher mitgeteilt, daß er nach Beendigung der Lehre keinen neuen Anstellungsvertrag erhält. Wenn das nun auch bei einem Konzern von der Bedeutung des hier genannten geschieht, so ist das kein Versehen, kein Ausrutscher von untergeordneten Stellen, sondern dann ist das bedacht, dann hat das Methode. Hier hilft nur eines – Solidarität!

Jedes Quentchen Recht der arbeitenden Menschen konnte und

kann nur im konsequenten Kampf errungen werden, und nur so wird auch der Ministerpräsidentenbeschluß vom Tisch kommen. Ja, wir können auch in diesem Beschluß – wie es hier gesagt wurde – Rückzugsgefechte der Herrschenden erkennen, wenn wir den Blick auf die inneren und internationalen Kräfteverhältnisse richten.

Die Verträge dieser Regierung mit den sozialistischen Ländern beweisen, daß Realitäten durchaus gesehen werden. Aber sie werden nur zögernd anerkannt, und immer versucht man, durch formale Akte wirkliche Qualitätsänderungen zu umgehen und zu verhindern. Aber hier wirken objektive Gesetzmäßigkeiten, und da geht es den „Scheinfechtern" wie dem, der die Geister, die er rief, nicht wieder los wurde.

Das Mißverhältnis zwischen Entspannungspolitik nach außen und verstärktem Antikommunismus nach innen wird nicht mehr widerspruchslos hingenommen.

Es ist Erschöpfendes zum Thema Antikommunismus hier gesagt worden, und speziell, viele von uns hier haben ihn in der Vergangenheit am eigenen Leibe erfahren. Die Konsequenz aus unseren Erkenntnissen muß dann aber auch sein, nach wie vor unermüdlich und verstärkt die Aufhebung des KPD-Verbots zu fordern.

Unsere ausländischen Gäste haben uns in wertvollen Beiträgen über das Echo unterrichtet, das die erneute Verfolgung demokratischer Kräfte hier in ihren Ländern findet. Sie konnten uns auch Erfahrungen ihres eigenen Kampfes vermitteln, wie es so beeindruckend unser französischer Genosse getan hat. Ja, die humanistische Tradition unseres Volkes steht neben den Grausamkeiten, die in seinem Namen begangen wurden und die auch mit Verfolgungen von Kommunisten und anderen demokratischen Kräften ihren Anfang nahmen.

Immer wieder wurde die Notwendigkeit gemeinsamen Handelns betont. Alle, alle sind aufgerufen, gemeinsame Interessen gemeinsam zu vertreten.

Eine wesentliche Funktion dieses Kongresses bestand auch darin, daß wir uns mit dem Beschluß des SPD-Parteitages auseinandergesetzt haben. Es wurde bewiesen, daß von Grund auf undemokratische Erlasse weder durch Modifizierung noch durch Konkretisierung demokratischer werden. Es wird höchstens ihr Charakter verschleiert. Dennoch hoffen wir, daß auch trotz der optimistischen Einschätzung der Wirkung des Parteitagsbeschlusses, wie sie hier heute von Wolfgang Roth geäußert wurde, der gemeinsame Kampf um die Aufhebung der Berufsverbote weitergeht. Denn Wolfgang Roth hat deutlich gesagt: Danach müßte jede Überprüfung mit der Aufhebung des Verbotes enden. Die Praxis wird es zeigen!

Alle hier diskutierten und vorgetragenen Erkenntnisse gilt es jetzt zu verwerten, zu verbreiten! An Schulen, Hochschulen, im öffentlichen Dienst und in den Betrieben. Überall dort, wo die Disziplinierungsmaßnahmen sich verschärfen, um die Herrschaft der wenigen über die vielen zu sichern, überall dort, wo sie die Macht über uns haben – und das ist überall! Da gilt es wachsam zu sein, gilt es, die Worte auf ihren Inhalt zu überprüfen, gilt es, papierne Aussagen mit Leben zu erfüllen, gilt es, „Scheinfechter" zu entlarven, gilt es, einander zu helfen!

Die Eltern den Lehrern, die Lehrer den Schülern, die einmal Lehrlinge, Studenten und Arbeiter werden, die Arbeiter den Lehrlingen, die Juristen allen denen, die ein Urteil, aber kein Recht erhalten sollen, die Hochschullehrer den Studenten, die Studenten ihren verfolgten Dozenten, also – alle füreinander! Wissen vermitteln! Wachsam sein und gemeinsam handeln, wie wir es hier begonnen haben!

Alle Kraft für die Aufhebung des gesetzwidrigen, des grundgesetzwidrigen, des verfassungswidrigen Ministerpräsidentenbeschlusses!

5. Resonanz in der Presse (Auswahl)

Fast alle größeren Tages- und Wochenzeitungen der Bundesrepublik gingen auf die Hamburger Konferenz vom 12. Mai 1973 ein. Einige wurden offensichtlich durch diese Konferenz angeregt, die Problematik erneut aufzugreifen. Eine Auswahl aus den Berichten und Kommentaren der Presse folgt auf den nächsten Seiten.

Die Welt, Hamburg, 14. Mai 1973

Ein Flugblatt gegen Berufsverbote in Ostblockländern fand nur wenig Beachtung
Kongreß in Hamburg fordert Aufhebung des Extremistenbeschlusses der Ministerpräsidenten

Etwa 1400 Teilnehmer einer „Konferenz gegen Berufsverbote" haben am Wochenende in Hamburg die Aufhebung des Extremistenbeschlusses der Ministerpräsidenten gefordert. Für die Veranstaltung war durch Anzeigen und Bürgerinitiativen geworben worden. Der Konferenz ging am Freitag eine Demonstration in Hamburg voraus.
Hoffnungsvoll wurde in der Pressekonferenz am Ende der Marathonveranstaltung ein Beamter des Verfassungsschutzes zitiert: Hier sei so etwas im Entstehen wie die Friedensbewegung für Vietnam. War dies noch Zukunftsmusik, so stand am Samstagabend bereits als Tatsache fest, daß eine von Linksextremen benutzte Volksfrontbewegung zu einem bestimmten Problem entstanden ist, bei der Mandatsträger demokratischer Parteien ohne Rücksicht auf Abgrenzungsbeschlüsse willig die Rolle von Zugpferden spielen.
„Weg mit dem Berufsverbot – Freiheit im Beruf – Demokratie im Betrieb" stand auf der Stirnseite des großen Saals im Hamburger Congress Centrum. Anwesend waren Vertreter aller Schattierungen des halblinken und des linken Spektrums: DKP und Spartakus, SHB,

VDS und „Internationale Marxisten, Vierte Internationale", dazu Gewerkschafter und politische Prominenz wie der Jungsozialisten-Vorsitzende Wolfgang Roth, der Jungdemokraten-Chef Friedrich Neunhöffer und der Hamburger FDP-Bürgerschaftsabgeordnete und CVJM-Generalsekretär Gerhard Weber.

Bezeichnend für die wirklichen Intentionen eines Teils der Veranstaltungsträger war, daß sie sich nicht mit dem rechtlich umstrittenen Berufsverbot allein befaßten, sondern – unter anderem ein Geistlicher, der gleichzeitig Vorsitzender des zentralen Arbeitskreises für die Aufhebung des KPD-Verbots in Mainz ist – die Aufhebung des Bundesverfassungsgerichts-Urteils gegen die KPD verlangten.

Ebensowenig war es ein Zufall, daß Wolfgang Roth mit seiner Behauptung, durch den Beschluß des SPD-Parteitags in Hannover zum Problem des sogenannten Ministerpräsidenten-Erlasses sei das Problem vom Tisch, und es gelte nun lediglich, diesen Beschluß durchzusetzen, auf Widerstand stieß. Für Roth war dies nicht mehr erstaunlich: Er hatte bereits Protest hervorgerufen, als er die Jusos scharf gegen die DKP und deren „autoritären Sozialismus" in der Nachfolge Lenins abgrenzte und auf „bedeutende ideologische und theoretische Unterschiede" zwischen seiner Organisation und der DKP hingewiesen hatte.

Vergeblich hatte sich der Vorsitzende der Jungsozialisten für die Einbeziehung eines Flugblattes in die Diskussion eingesetzt, mit dem neben anderen der ehemalige SDS-Vorsitzende Rudi Dutschke, der Ostberliner Polit-Bänkelsänger Wolfgang Biermann und der marxistische Theoretiker Oskar Negt gefordert hatten, auch über Berufsverbote in den Ländern des „realen Sozialismus", Staaten mit kommunistischer Führung, zu sprechen. Wolfgang Roth, der immer wieder auf den Kampf seiner Organisation gegen den Extremistenbeschluß in seiner bisherigen Form hinwies, sah sich in die rechte Ecke gedrängt.

Bezeichnenderweise war es jedoch der Hamburger FDP-Bürgerschaftsabgeordnete Gerhard Weber, der für politische Einäugigkeit mit dem Argument plädierte, man solle nicht die Solidarität der Linken spalten.

Beschränkten sich einige Redner, etwa Vertreter von Bürgerinitiativen zur Einstellung oder Wiedereinstellung betroffener Pädagogen, auf Erfahrungsberichte, schilderten Betroffene mehr oder weniger leidenschaftlich ihr persönliches Schicksal, setzten sich ausländische Redner – meist Vertreter westeuropäischer linker Parteien und Organisationen – für absolute Gesinnungsfreiheit ein, so war für viele deutsche Referenten der Kongreß willkommener Anlaß zu ausgiebiger Systemkritik.

„Vom Kölner Kommunistenprozeß zu den Berufsverboten – Der Kampf der Arbeiterklasse", „Historische Parallelen zwischen der ‚Wiedereinführung des Berufsbeamtentums' 1933, Adenauer-Erlaß 1951 und Ministerpräsidentenbeschluß 1972", „Solidarität überwindet die antikommunistische Kontinuität" – derartige Titel von Referaten zeigten, um was es einem Teil der Redner auf dieser der Behandlung des Berufsverbots vorbehaltenen Konferenz in der Hansestadt in Wirklichkeit ging. Es hätte nicht des rhythmischen Volkskammer-Applauses durch die jugendlichen Zuhörer nach einigen Ausführungen bedurft, nicht ihres vehementen Protestes bei der Erwähnung politischer Repressionen in Ländern des Ostblocks (etwa durch eine Vertreterin der Vierten Internationale oder einen Hamburger Juso) – zu eindeutig war, daß hier zwei Veranstaltungen parallel im Saal liefen. Nach Ansicht des Kieler SPD-Landtagsabgeordneten Richard Büne-mann muß jetzt die Bewegung zur Abschaffung des Ministerpräsidenten-Erlasses verstärkt werden.

Henk Ohnesorg

Frankfurter Rundschau, Frankfurt, 14. Mai 1973

Dutschke-Flugblatt gefiel der DKP nicht
Konferenz gegen Berufsverbote in Hamburg / Scharfe Kritik
am Extremistenerlaß

Eine „bundesweite Bürgerinitiative von Menschen unterschiedlicher politischer Anschauungen und Bindungen" begrüßte der schleswig-holsteinische SPD-Landtagsabgeordnete Richard Bünemann am Samstag im Hamburger Congreß-Zentrum. Dort hatten sich in der „Hamburger Konferenz gegen Berufsverbote" linke Sozialdemokraten und linke Freidemokraten mit führenden Angehörigen der DKP zu einer gemeinsamen Aktion zusammengefunden: zum Protest gegen den Ministerpräsidentenbeschluß vom 28. Januar 1972 – den Extremistenbeschluß – von dem bis heute knapp einhundert Angehörige und Sympathisanten kommunistischer Gruppen betroffen sind. Dieser Beschluß, nach dem Aktivität in links- oder rechtsradikalen Gruppen unvereinbar ist mit der Position eines Beamten, gehört nach Ansicht des DKP-Vorstandsmitgliedes Kurt Erlebach „auf den Müllhaufen der Geschichte".

Juso-Bundesvorsitzender Wolfgang Roth bezeichnete den Beschluß als Ergebnis einer monatelangen Hetze konservativer und reaktionärer Kreise, die dazu geführt habe, „verantwortliche Sozialdemokraten zu Zugeständnissen zu bringen, die an die Substanz unserer Verfassung gehen". Roth grenzte die Jungsozialisten deutlich von der DKP ab.

Der SPD-Bundestagsabgeordnete Jürgen Vahlberg vermutete, das von Beamten verlangte Bekenntnis zur freiheitlich demokratischen Grundordnung werde erweitert in ein Bekenntnis zur praktizierten Wirtschafts- und Eigentumsordnung in der Bundesrepublik. Vahlberg: „Wer für den Verfassungsauftrag ,Sozialbindung des Eigentums' auf die

Straße geht, wird flugs zum Verfassungsfeind hochstilisiert."

Zu den rund 1500 Teilnehmern der Hamburger Konferenz gehörten neben Gästen von sozialistischen und kommunistischen Parteien aus westeuropäischen Ländern auch der Jungdemokraten-Vorsitzende Friedrich Neunhöffer und der Hamburger FDP-Bürgerschaftsabgeordnete Gerhard Weber.

Diskussionsstoff bot in der Veranstaltung ein (von Roth begrüßtes)

Flugblatt, in dem sich Rudi Dutschke, Oskar Negt und Wolf Biermann dafür aussprachen, das Diskussionsthema über Berufsverbote auszuweiten. Notwendig sei ein internationaler Arbeitskongreß, verlangten die Unterzeichner, in dem auch Fragen der Berufsverbote in sozialistischen Ländern behandelt würden. Von Sprechern der DKP wurde dies abgelehnt, da es nach ihrer Ansicht nicht zum Thema der Hamburger Konferenz gehöre.   *Dieter Stäcker*

Morgenpost, Hamburg, 14. Mai 1973

1400 protestieren gegen Berufsverbot

„Freiheit im Beruf – Demokratie im Betrieb – Weg mit dem Berufsverbot!" Das forderten am Wochenende rund 1400 Teilnehmer einer internationalen Konferenz gegen Berufsverbote. SPD-Landtagsmitglied und Mit-Initiator der Konferenz, Dr. Richard Bünemann aus Plön, erklärte in seinem Eröffnungsreferat, warum der Kongreß nach Hamburg verlegt wurde: „Dem Hamburger Senat gebührt der traurige Ruhm, als Vorreiter den unseligen Ministerpräsidentenbeschluß initiiert zu haben."

Als unvereinbar mit der Verfassung bezeichneten die Konferenzmitglieder der SPD, FDP, DKP, DFU, Studentenvereinigungen und Gewerkschaften den „Radikalenerlaß" vom Januar 1972. Juso-Bundesvorsitzender Wolfgang Roth sah allerdings in dem Präzisionsbeschluß des SPD-Parteitages in Hannover einen

hoffnungsvollen Anfang: „Wenn dieser Beschluß in die Tat umgesetzt wird, müssen alle bisherigen Berufsverbote aufgehoben werden."

Differenzen gab es, als Roth – wie Dutschke, Negt und Biermann auf einem Flugblatt – eine Diskussion über Berufsverbote in sozialistischen Ländern forderte. Die meisten Teilnehmer, auch der FDP-Bürgerschaftsabgeordnete Gerd Weber, befürchteten, dies könne „die Solidarität innerhalb der Linken spalten".

Heinz Hust, BASF-Betriebsrat aus Ludwigshafen und SPD-Mitglied, nahm in seiner Rede Willy Brandt beim Wort: „Mehr Demokratie wagen, hatte der Kanzler versprochen. Dies hätte SPD-Ministerpräsidenten hindern müssen, gemeinsam mit der CDU einen Extremistenbeschluß zu fassen."

Nachrichten, Frankfurt, Mai 1973

Schluß mit dem Berufsverbot

Die Initiatoren des Berufsverbotes – die Länderministerpräsidenten und der Bundeskanzler, die gemeinsam am 28. Januar 1972 den berüchtigten „Extremistenbeschluß" gefaßt hatten – sie haben offenbar nicht mit dem demokratischen Bewußtsein großer Teile der Bevölkerung gerechnet. So muß nun die Bundesregierung, gut ein Jahr danach, eine wachsende Protestwelle gegen Existenz und Praktiken des Berufsverbots zur Kenntnis nehmen, die sich fast ausnahmslos gegen DKP-Mitglieder und andere engagierte und aktive Demokraten im öffentlichen Dienst richten. Die Proteste haben ein solches Ausmaß angenommen, daß Bundeskanzler und Länderministerpräsidenten sich genötigt sahen, eine „Modifizierung" und „Vereinheitlichung" der Richtlinien anzukündigen. Die Annullierung der Berufsverbote wollen sie jedoch nicht.

Der 14. April 1973 brachte in der Bundesrepublik einen eindrucksvollen Höhepunkt der Bewegung gegen das Berufsverbot. Unter der Losung „Freiheit im Beruf – Demokratie im Betrieb!" demonstrierten in Dortmund 20 000 Menschen. Weitere Protestmärsche oder -kundgebungen gab es am selben Tage in Stuttgart, Frankfurt, München, Nürnberg, Freiburg und Göttingen. Die Dortmunder Großveranstaltung wurde von 62 örtlichen und regionalen Initiativkomitees gegen das Berufsverbot im ganzen Bundesgebiet vorbereitet.

Am 12. Mai, nach Redaktionsschluß dieser Ausgabe der NACHRICHTEN, fand in Hamburg eine internationale Konferenz gegen Berufsverbote statt, zu der über 5000 Bürger der Bundesrepublik mit ihrer Unterschrift aufgerufen hatten. Dazu gehörten bis Anfang Mai 255 Betriebs- und Gewerkschaftsfunktionäre, 587 Professoren, Dozenten und Pädagogen, 28 Richter, 136 Funktionäre von Jugend- und Studentenorganisationen, 127 Pfarrer beider Konfessionen, 117 Schriftsteller, Journalisten und Künstler, 193 Ärzte, Ingenieure, Architekten, Juristen und Unternehmer sowie eine große Zahl von Studenten.

In dem Aufruf zu der Hamburger Konferenz wird zu der Absicht von Bundeskanzler und Länderministerpräsidenten, die „Erfahrungen" des Ministerpräsidentenbeschlusses auszuwerten, festgestellt: „Das Berufsverbot kann aber nicht in rechtsstaatliche Formen gebracht werden. Die Antwort kann nur sein: Der Grundsatzbeschluß muß fallen. Ausgesprochene Berufsverbote müssen rückgängig gemacht werden." *Sb.*

Deutsche Volkszeitung, Düsseldorf, 17. Mai 1973

Nicht Zähmung – Aufhebung der Berufsverbote
Internationale Konferenz setzt neue Akzente / SPD-Parteitags-
beschluß „kein Ruhekissen"

Nach der Dortmunder Demonstration gegen die Berufsverbote, der sich 20 000 Bundesbürger anschlossen, signalisierte die internationale Konferenz in Hamburg am vergangenen Samstag einen neuen Höhepunkt: Unter der Losung „Weg mit dem Berufsverbot" – „Freiheit im Beruf" – „Demokratie im Betrieb" versammelten sich rund 1400 bedeutende Fachreferenten und Zuhörer aus dem In- und Ausland im Hamburger Kongreßzentrum am Fernsehturm. Der Aufruf zu dieser Tagung wurde von über 10 000 Arbeitern, Angestellten, Schülern, Lehrern, Wissenschaftlern, Theologen und Politikern unterzeichnet.

Einen wissenschaftlichen Auftakt erhielt die internationale Konferenz durch das Hauptreferat des Rechtswissenschaftlers an der Bremer Universität, Prof. Dr. Gerhard Stuby, „Funktion und Folgen der antidemokratischen Berufsverbote". Stuby, der der SPD angehört, brandmarkte die Berufsverbotspraxis in der BRD gegen „Kommunisten, fortschrittliche Sozialdemokraten und andere antikapitalistisch orientierte Demokraten" als einen Rückgriff auf das Instrumentarium des kalten Krieges. Die Berufsverbote stellten einen doppelten Verfassungsbruch dar. Sie identifizierten fälschlicherweise die geschriebene Verfassung mit der kapitalistischen Gesellschaftsordnung und strebten unter Umgehung der einschlägigen Bestimmungen des Grundgesetzes die administrative Ausschaltung einer Partei an. Im Hinblick auf den umstrittenen Beschluß des Hannoveraner Parteitages der SPD erklärte Stuby unter demonstrativem Beifall des internationalen Auditoriums: „Wir wollen nicht die Zähmung, sondern die Aufhebung der Berufsverbote."

Die Konferenzteilnehmer begrüßten mit starkem Beifall die Mitteilung des Bundesvorsitzenden der Jungsozialisten, Wolfgang Roth, daß seine Organisation mit verstärkten Aktionen gegen die Berufsverbote vorgehen wolle. Andererseits stieß seine Einschätzung, „wir haben in Hannover die Berufsverbots-Beschlüsse faktisch beseitigt" auf heftigen Widerspruch. Gleichfalls wurde Roths Aufforderung, das von Hamburger Trotzkisten vor der Kongreßhalle verteilte Flugblatt zu „Berufsverboten" in sozialistischen Staaten – unterzeichnet von Rudi Dutschke, Wolf Biermann und Prof. Negt – zu diskutieren, als spalterisch abgelehnt.

Der SPD-Bundestagsabgeordnete Jürgen Vahlberg, München, stellte fest, daß sich der SPD-Parteitagsbeschluß nicht als wirkungsvoll gegen die antidemokratischen Berufsverbote erwiesen habe. Das wenige Tage alte Berufsverbot gegen den Grevener Jungsozialisten und stellvertretenden SPD-Ortsvorsitzenden Heilker belege dies exemplarisch. Vahlberg: „Jetzt ist klar: Hannover ist kein Ruhekissen."

Tiefen Eindruck hinterließ der Abgeordnete der französischen Nationalversammlung Pierre Juquin (FKP). Er wies auf den Widerspruch zwischen der administrativen Praxis in der BRD und der Behauptung der führenden Regierungspartei in Bonn, der SPD, hin, für gesellschaftliche Veränderungen einzutreten. Juquin äußerte die Überzeugung, daß auch in der BRD letztendlich das Volk die Entscheidung über die Form der gesellschaftlichen Ordnung trifft: „Die Entscheidung trifft das Volk. Keine Verbotsbeschlüsse können sie aufhalten."

Das breite Spektrum der Argumentation spiegelte die seit dem 28. Januar 1972 gewachsene Sensibilität der Demokraten hier und im Ausland wider. So sprach Eckart Spoo, Bundesvorsitzender der Deutschen Journalisten-Union, aus eigener Erfahrung über „Informationsverbote – Meinungsverbote"; der sozialdemokratische Betriebsrat bei BASF/Ludwigshafen, Heinz Hust, über „Berufsverbote – Folgen des KPD-Verbots", der Publizist Gösta von Uexküll über „Antikommunismus – Torheit oder Verbrechen?". Uexküll: „Die deutschen Sozialdemokraten sahen 1933 immer noch den Feind in den Kommunisten, während die Rechte ihnen bereits die Schlinge um den Hals gelegt hatte." Zu Wort meldeten sich Vertreter der Jungdemokraten, des Sozialdemokratischen Hochschulbundes, des VDS, ferner Juristen, Betriebsräte, Pfarrer, Gewerkschafter, betroffene Lehrer, Elternschaftsvertreter und Prof. Ridder namens des Bundes Demokratischer Wissenschaftler. Pfarrer Symanowski brachte die Hamburger Kongreß-Bewegung auf den moralischen Nenner: „Die Verfolgten sind unsere Bündnisbrüder. Wir bauen zusammen eine bessere Zukunft: eine Gesellschaft, an der alle an den gemeinsam erarbeiteten Früchten teilhaben."

Die Teilnehmer beschlossen die verstärkte Weiterarbeit gegen die Berufsverbote in einer einstimmig verabschiedeten Abschlußresolution: „Es wächst die Erkenntnis, daß Arbeiterschaft und Intelligenz gemeinsam die Demokratie verteidigen und aufbauen müssen. An vielen Orten arbeiten Gewerkschaften, Jugend, Studenten und andere demokratische Organisationen zusammen gegen grundgesetzwidrige Tendenzen. Wir fordern alle fortschrittlichen Bürger auf, verstärkt in ihren demokratischen Organisationen zu wirken, weil erste Erfolge im Kampf gegen die Berufsverbote zu verzeichnen sind. Die Initiative, die zu der Hamburger Konferenz geführt hat, wird weitergeführt. *M. Jung*

Extremistenbeschluß
Die Suppe auslöffeln
„Konferenz gegen Berufsverbote" fordert die SPD auf, mit dem
Parteitagsbeschluß ernst zu machen

Die Empfehlung des SPD-Parteitages von Hannover, den sogenannten Extremistenbeschluß zu korrigieren, hat bisher nichts bewirkt. Weder die Behörden noch die Gerichte haben sich daran hindern lassen, die Beamtengesetze so zu interpretieren, wie es ihnen von den Länderchefs und eben auch vom Bundeskanzler nahegelegt worden war. Die Ebene der Exekutive und die Ebene von Parteitagen: das ist eben zweierlei, und man kann sich generell auch gar nicht wünschen, daß die Parteien einen solchen Einfluß auf die Administration erhielten.

Beispiel Sozialistengesetze

Aber wie korrigiert man nun den Extremistenbeschluß, dessen verfassungsrechtliche und rechtsstaatliche Bedenklichkeit längst erkannt ist, ja den ehemalige Bundesverfassungsrichter schlicht als verfassungswidrig bezeichnen? In Hamburg fand am letzten Wochenende eine „Konferenz gegen Berufsverbote" statt, zu der etwa zehntausend Bundesbürger (unter anderem Wolfgang Abendroth, Franz Josef Degenhardt, Walter Fabian, Helmut Gollwitzer, Gerald Grünwald, Walter Jens, Helmut Ridder) aufgerufen hatten und an der sich etwa 1500 Studenten, Lehrer, Professoren, Abgeordnete, Gewerkschafter beteiligten. Es sprachen Vertreter der Jungsozialisten, der DKP, der DFU, des SHB, der Vereinigung demokratischer Juristen sowie etliche Gäste aus dem westlichen Ausland. Man erfuhr, daß es mehr als fünfzig Bürgerinitiativen geben soll, die sich der vom Extremistenbeschluß Betroffenen annehmen; etwa 4000 Personen beteiligten sich in Hamburg an einem Demonstrationszug.

Mit anderen Worten: Diese „Bewegung", über deren wirkliche Größe die Hamburger Konferenz wohl noch keinen genauen Aufschluß gab, will den Extremistenbeschluß als eine politische Entscheidung politisch von der Basis her aufrollen. „Solidarität", „Gemeinsamkeit der demokratischen Kräfte" waren die zentralen Formeln, neben dem öffentlichen Dienst standen auch die „Großkonzerne" (Lehrlingskündigungen) sowie die „staatsmonopolistische Regulierung" und der „kapitalistische Reproduktionsprozeß" im Schußfeld, wobei der „rechten SPD-Spitze" nachgesagt wurde, sie betreibe eine „Bündnispolitik mit dem Großkapital".

Historisch zog man eine Linie von den Sozialistengesetzen Bismarcks über die „faschistischen Säuberungen des öffentlichen Dienstes" und das politische Strafrecht aus der Zeit des Kalten Krieges bis hin zum Extremistenbeschluß. Auf eine (per Flugblatt gemachte) Anregung von Rudi Dutschke, Wolf Biermann, Heinz Brandt und Oskar Negt, auch über die Berufsverbote, Säuberungen und Verfolgungen im sozialistischen Lager, insbesondere in der ČSSR zu diskutieren, ging man nicht ein, obwohl auch Wolfgang Roth sich für die Einbeziehung dieses Diskussionsthemas eingesetzt hatte.

Roth, der die „Hetze konservativer und reaktionärer Kräfte" dafür verantwortlich machte, daß „Sozialdemokraten zu Zugeständnissen gebracht worden seien, die an die Substanz unserer Verfassung gingen", vertrat die Meinung, daß es mit Hilfe des SPD-Parteitagsbeschlusses von Hannover noch in diesem Jahr (vielleicht schon bis zum Sommer) gelingen werde, alle bisherigen Berufsverbote wieder aufzuheben. Die Konferenz nahm ihm diese euphorische Prognose jedoch nicht ab. Nur wenige schienen bereit zu sein, den Parteitagsbeschluß der SPD immerhin als eine „Kopernikanische Wende" (Ridder) zu begreifen, ihn wirklich ernst zu nehmen.

Initiativen ergreifen

So sollten aer Bundeskanzler und zumindest die der SPD angehörenden Ministerpräsidenten sich aufgerufen fühlen, die Initiative im Sinne des SPD-Parteitagsbeschlusses zu ergreifen: was unserer Demokratie auf der Ebene der Exekutive eingebrockt wurde, muß auch auf der Ebene der Exekutive ausgelöffelt werden. Man kann die Verteidigung der Verfassung nicht vornehmlich denen überlassen, die, wie die Hamburger Konferenz auch gezeigt hat, auf dem einen (sagen wir: volksdemokratischen) Auge blind sind und mit dem anderen den Extremistenbeschluß nur als willkommenes Vehikel für eine Auseinandersetzung ganz anderer Art ansehen.   *Werner Hill*

Konkret, Hamburg, 17. Mai 1973

Berufsverbot
Unmöglich, ähnliches zu finden
Auf einem internationalen Kongreß in Hamburg stellte sich heraus: Über 100 Beamtenanwärter und 250 junge Gewerkschaftler sind bereits mit Berufsverbot belegt

„Es war für mich unmöglich", schrieb der Folketingabgeordnete und Sozialdemokrat aus Dänemark, Mogens Camre, „geltende dänische Gesetze oder ministerielle Bestimmungen zu finden, die man mit den in der Bundesrepublik Deutschland geltenden Berufsverboten vergleichen kann."
Weiter hieß es in seiner Grußadresse an die Internationale Konferenz gegen Berufsverbote, die am 12. Mai mit 1500 Teilnehmern im neuen Hamburger Kongreßzentrum stattfand: „Meine Hoffnung ist, daß die freie und demokratische Gesetzgebung in den Skandinavischen Ländern . . . eine Anregung ist."
Auf der Konferenz wurde eine Broschüre vorgelegt, die die Wichtigkeit dieser Veranstaltung, der am Freitag vorangegangenen Demonstration und

der vielen Informationsstände in Hamburger Stadtteilen unterstrich: Über einhundert Fälle von Berufsverboten wurden dokumentiert, 54 Lehrer sind bisher davon betroffen und 56 Hochschullehrer, außerdem Sozialpädagogen, Juristen, Ärzte und Pfarrer.

Weiterhin sind bereits über 250 Fälle von jungen Gewerkschaftlern bekanntgeworden, darunter ein Großteil gewählter Jugendvertreter, denen gekündigt wurde. Dazu kommen eine große Anzahl von Entlassungen, die nicht bekannt werden, da keine politische Begründung gegeben wurde. Bei zukünftigen Beamten lautet die Begründung des Berufsverbots zumeist: Mitgliedschaft in der DKP oder aktive Tätigkeit in linken Studentenorganisationen.

Der Hamburger FDP-Bürgerschaftsabgeordnete Gerhard Weber begründete auf der Konferenz die Ablehnung der Extremistenbeschlüsse durch die Hamburger FDP-Fraktion:

1. Wenn wir die Freiheit der Berufswahl ernst nehmen, dürfen wir diese Freiheit nicht durch besondere Erlasse einengen.

2. Wenn wir die Schüler zur Emanzipation und Kritikfähigkeit erziehen wollen, kann das nicht geschehen mit Lehrern, die zur Anpassung gezwungen wurden.

3. Diese Grundsatzentscheidung ist unglücklich, überflüssig und undemokratisch und öffnet der Gesinnungsschnüffelei und Diffamierung Tür und Tor. Wenn man mit Kommunisten und Sozialisten den Dialog und die geistige Auseinandersetzung sucht, wenn man die Ostverträge als notwendigen Schritt zum Frieden und zur Verständigung in Europa begrüßt, kann man nicht dem Aufbau einer antikommunistischen Einheitsfront durch die Extremistenbeschlüsse zustimmen.

„1973 ist nicht 1933: Freiheit im Beruf, Demokratie im Betrieb", unter diesen Forderungen stand dieser internationale Kongreß, und eine historische Linie undemokratischer, antisozialistischer und antikommunistischer Beschlüsse wurde von ausländischen und westdeutschen Referenten gezeichnet.

Verfassungsrechtlich sind die Ministerpräsidentenbeschlüsse nicht länger haltbar, die Kultusbehörden begründen ihre Ablehnung von Bewerbern häufiger mit unpolitischen Sachargumenten.

Denn „gerade die sorgfältige Klärung sowie die entschiedene Verteidigung der verbliebenen demokratischen Substanz unserer Verfassung legt nämlich eine der wesentlichen Stoßrichtungen der Ministerpräsidentenbeschlüsse lahm, nämlich den Behördenmaßnahmen eine scheinkonstitutionelle Legitimität zurückzugeben", und „die antifaschistische Stoßrichtung unserer Verfassung wie die hieraus abzuleitenden aktuellen Konsequenzen sind für alle Demokraten in unserem Lande der Anknüpfungspunkt ihrer Zusammenarbeit" (Prof. Dr. Gerhard Stuby, Bremen).

Doch gerade dieser demokratische Anknüpfungspunkt macht dem Präsidenten des Verfassungsschutzes, Nollau, klar, daß dieser Kongreß von der „DKP und ihren Hilfsorganisationen" geplant war.

Dr. Richard Bünemann, SPD-Mitglied und Parlamentarier in Schleswig-Holstein, hat daraufhin eine Dienstaufsichtsbeschwerde eingelegt. Er gehört zu den Initiatoren sowie zum Organisationsausschuß der Veranstaltung und „wendet sich entschieden ... gegen diskriminierende Äußerungen über eine legitime demokratische Veranstaltung, deren Vorbereitungen sich in aller Öffentlichkeit vollziehen, zu deren Sympathisanten namhafte Bundesbürger zählen und unter deren Referenten auch angesehene ausländische Persönlichkeiten sind".

Der Vorsitzende der Jungsozialisten, Wolfgang Roth, meinte, „der sozialdemokratische Parteitag hat dem Inhalt nach den Ministerpräsidentenbeschluß als unakzeptabel zurückgewiesen". Als er sich jedoch auf ein vorher verteiltes Flugblatt bezog und in dieser Siuation auch

Kritik an DKP und sozialistischen Ländern diskutieren wollte, gab's nicht nur Zischen.

Sozialdemokrat Leo Klatser aus Holland, Mitglied des außenpolitischen Ausschusses seiner Partei, fragte: „Was soll hier die Einmischung in die inneren Angelegenheiten der sozialistischen Länder? Das ist eine Verbeugung nach rechts, als müßten wir uns entschuldigen vor dem Klassenfeind, daß wir hier sind."

Die Tat, Frankfurt, 19. Mai 1973

Berufsverbote in der BRD müssen aufgehoben werden Internationale Konferenz in Hamburg appelliert an die demokratische Öffentlichkeit

Unter der Losung „Freiheit im Beruf – Demokratie im Betrieb – weg mit dem Berufsverbot" fand am vergangenen Wochenende im Hamburger Congress Centrum eine große Konferenz mit internationaler Beteiligung gegen die Berufsverbotspraxis in der Bundesrepublik statt. Der Konferenzort war nicht zufällig gewählt, denn der Hamburger Senat hatte als erste Landesregierung schon 1971 einen Erlaß verkündet, der die Grundlage für den im Januar 1972 von Bundeskanzler Brandt und den Länderministerpräsidenten gemeinsam gefaßten Beschluß zur Ausschaltung sogenannter „Extremisten" aus dem öffentlichen Dienst bildete. Dieser Zusammenhang hat einen makabren Vorläufer. Auch 1933 war der Hamburger Senat der erste, der zur Durchsetzung der faschistischen Unterdrückungspolitik gegenüber al-

len Demokraten Beschlüsse faßte, bevor noch die von den Nazis okkupierte Reichsgewalt entsprechend vorging.

Die Hamburger Konferenz wurde von rund 1400 Teilnehmern aus der BRD und dem Ausland besucht. Politisch kamen sie aus den verschiedensten Lagern, sie unterschieden sich auch in verschiedenen Detailfragen zur Einschätzung des Charakters der antidemokratischen Berufsverbotsbeschlüsse und zur Rolle eines entsprechenden Beschlusses des SPD-Parteitages von Hannover. Einig waren sie sich dennoch alle, daß diese spezielle Verfolgungsart gegenüber engagierten Demokraten so schnell wie möglich von der Bildfläche verschwinden muß, wenn das von Bundeskanzler Brandt bei seinem Regierungsantritt geprägte Wort „Wir wollen mehr Demokratie wagen" überhaupt einen realen Gehalt haben soll.

Der Hauptreferent der Hamburger Konferenz, der an der Bremer Universität tätige sozialdemokratische Wissenschaftler Professor Dr. Stuby, stellte deshalb fest: „Das Gebot der Stunde ist nicht rechtsstaatliche Zähmung des Berufsverbotes, sondern seine Beseitigung. Daher unsere Forderung: Aufhebung des Ministerpräsidentenbeschlusses und freier Zugang für alle Kommunisten und andere Demokraten in jedes öffentliche Amt!"

Die große und repräsentative Beteiligung an der Konferenz kommt nicht von ungefähr. Die Berufsverbote in der BRD sind kein unbedeutendes Randproblem mehr, sondern zu einer zentralen Frage für die weitere politische Entwicklung in der Bundesrepublik geworden. Den Konferenzteilnehmern wurde eine umfangreiche und dennoch unvollständige Dokumentation vorgelegt, in der 140 bisher bekanntgewordene Fälle von Berufsverbotsmaßnahmen nachgewiesen werden. Diese Aufstellung macht deutlich, wer nach den Initiatoren der Berufsverbotsbeschlüsse als „Extremist" zu gelten hat. Es findet sich darin nicht ein einziges der zahlreich in Behörden, Schulen und in der Bundeswehr vorhandenen Mitglieder der neofaschistischen NPD. Die Organisationsbezeichnungen der Betroffenen deuten vielmehr darauf hin, daß es sich ausschließlich um engagierte Demokraten handelt.

Der Aufruf für die Hamburger Konferenz war bis zu deren Beginn von fast 10 000 Bürgern der BRD unterzeichnet worden. Darunter befinden sich Hunderte von Betriebs- und Gewerkschaftsfunktionären, Professoren, Dozenten und Pädagogen, Vertreter von Jugend- und Studentenorganisationen, Pfarrer, Schriftsteller, Journalisten, Künstler, Ärzte, Ingenieure und Architekten und auch Juristen, Richter und mehrere Bundestags- und Landtagsabgeordnete.

In einer Schlußresolution forderte die Konferenz: „Der Beschluß der Ministerpräsidenten muß aufgehoben werden! Ausgesprochene Berufsverbote müssen rückgängig gemacht werden! Berufsverbote und Diskriminierungen von Sozialisten und anderen Demokraten im öffentlichen Dienst müssen aufhören!"

Die internationale Konferenz war am Freitagabend in der Hansestadt mit einer eindrucksvollen Straßendemonstration eingeleitet worden. Über 3000 Arbeiter und Angestellte, Angehörige der freien Berufe und Studenten sowie Vertreter der in erster Linie von den Berufsverboten betroffenen Lehrer forderten in Sprechchören und auf Transparenten die Aufhebung der Ministerpräsidentenbeschlüsse, auf die sich die Berufsverbotspraxis gründet. Die Hauptlosungen der Demonstranten lauteten: „Der Ministerpräsidenten-Erlaß ist aufzuheben / die Berufsverbote müssen fallen / Schluß mit der politischen Hexenjagd und der Gesinnungsschnüffelei". Auf einer Abschlußkundgebung solidarisierten sich der Generalsekretär der internationalen Vereinigung demokratischer Juristen, Joë Nordmann (Paris), der Hamburger Hafen-Betriebsrat Kurt Hoff und der Sprecher des „Verbandes Deutscher Studentenschaften", Hans Altendorf, mit den von den Berufsverboten Betroffenen und appellierten an alle Demokraten in der BRD und im Ausland, gegen diese grundgesetzwidrige und menschenrechtsfeindliche Praxis der Brandt/Scheel-Regierung und der Landesregierungen in der BRD gemeinsam vorzugehen.

Die Zeit, Hamburg, 25. Mai 1973

Die Rechtsgleichheit ist in Gefahr
Der Radikalen-Beschluß muß revidiert werden
Von Albert Osswald

Die praktische Handhabung des Ministerpräsidenten-Beschlusses vom 28. Januar 1972 hat zu einem Maß von politischer Uneinheitlichkeit und juristischem Auslegungsstreit geführt, daß Rechtsgleichheit und Rechtssicherheit im öffentlichen Dienst ernsthaft gefährdet erscheinen. Während die eine Seite nur nachdrücklich auf die im öffentlichen Dienstrecht geltenden Pflichten der Bediensteten zu verfassungstreuem Verhalten hinweisen wollte, ist andererseits versucht worden, die Vereinbarung gleichsam zu einem Verfassungsdokument der „streitbaren Demokratie" hochzustilisieren. Das ist naturgemäß unmöglich; denn Regierungschefs können weder neues Recht setzen noch Funktionen der Rechtsprechung oder gar des Bundesverfassungsgerichts ausüben. Genauso unmöglich ist es, die Bundesrepublik deshalb als „Nachtwächter-Staat" zu betiteln, weil in ihr Verfassungsschutz nur in den Formen betrieben werden kann, die das Grundgesetz selbst vorsieht. Eben diese Beschränkung des staatsrechtlichen Selbstschutzprogramms auf die verfassungsrechtlich geregelten Verfahren ist vom Grundgesetz gewollt.
Ich halte es für notwendig, daß die Regierungschefs unter diesen Aspekten ihre Vereinbarung vom 28. Januar 1972 überprüfen. Sie muß im Interesse einer einheitlichen rechtsstaatlichen Anwendung der Beamtengesetze präzisiert und von vertragsrechtlichen Bedenken entlastet werden. Das ist keine unziemliche Forderung. Auch Regierungschefs sollten sich nicht der Möglichkeit verschließen, bessere Einsichten zu gewinnen und mißverständliche Entschließungen zu korrigieren.

Die Bedenken gegen die Vereinbarung rühren im wesentlichen daher, daß sie
– an die Zugehörigkeit zu einer Organisation anknüpft, deren Ziele von der Dienstbehörde für verfassungsfeindlich gehalten werden, und
– der Dienstbehörde das Recht zuspricht, wegen einer solchen Organisationszugehörigkeit die Verfassungstreue von Bewerbern generell zu bezweifeln und auf Grund dieser Zweifel „in der Regel" die Anstellung abzulehnen.

Die Hessische Landesregierung hat mit Beschluß vom 1. Februar 1972 diesen schematischen Beweislastgrundsatz in eine elastische Kann-Regel abgeändert. Sie hat damit das Erfordernis berücksicht, daß jeder Einzelfall nach dem geltenden Recht für sich geprüft und entschieden werden muß. Für die Einzelfallprüfung kann auch bedeutsam sein, welche besondere Stellung der jeweilige Beamte im Staatsapparat einnimmt. Einen Sonderstatus haben ferner die Beamten im Vorbereitungsdienst (Gerichts- und Studienreferendare), für die der Staat ein Ausbildungsmonopol hat.
Alle diese Fragen sind auf Grund der geltenden Gesetze zu entscheiden. Wir denken nicht daran, die verfassungskonforme Anwendung des öffentlichen Dienstrechts mit dubiosen Ausführungsrichtlinien zu

befrachten. Wir halten auch nichts davon, daß Bewerbern vor ihrer Einstellung Rechtsbelehrungen über Wesen und Wert der freiheitlich-demokratischen Grundordnung erteilt und schriftliche Bekenntnisse zur Verfassungstreue abverlangt werden. Gerade subversive Verfassungsgegner werden sich zu den in einer Treueerklärung genannten Grundsätzen ohne Skrupel bekennen. Im übrigen ist unser Staat gegen innere Feinde so gefestigt, daß er auf Alibi-Demonstrationen und Ergebenheitserklärungen verzichten kann.

Diese Auffassung habe ich bereits in einem Schreiben vom 9. März 1973 meinem Kollegen Helmut Kohl, dem Ministerpräsidenten des Landes Rheinland-Pfalz, mitgeteilt:

„Deshalb sollten die Regierungschefs spätestens nach Vorlage des angeforderten Erfahrungsberichts der Innenminister in geeigneter Weise darauf hinwirken, daß bei der Bekämpfung verfassungswidriger Bestrebungen im Bereich des öffentlichen Dienstes eine rechtsstaatliche Behandlung von Bewerbern und Bediensteten gewährleistet ist. Dabei wird insbesondere klarzustellen sein,

1. daß mit der Vereinbarung vom 28. Januar 1972 nur auf die im öffentlichen Dienstrecht geltenden Grundsätze über die Pflicht der Bediensteten zum verfassungstreuen Verhalten hingewiesen werden sollte,

2. daß nach der Rechtsprechung des Bundesverfassungsgerichts

– bis zur Entscheidung des Bundesverfassungsgerichts niemand die Verfassungswidrigkeit einer Partei rechtlich geltend machen kann,

– das Parteienprivileg auch die ‚mit allgemein erlaubten Mitteln' ausgeübte politische Tätigkeit der Funktionäre, Mitglieder und Anhänger einer politischen Partei schützt,

– die Zugehörigkeit zu einer nicht für verfassungswidrig erklärten Partei nicht als rechtswidrig behandelt werden darf und daher die Mitgliedschaft in einer vom Dienstherrn für verfassungsfeindlich gehaltenen Partei für sich allein nicht genügt, um die Einstellung eines Bewerbers in den öffentlichen Dienst verweigern oder gegen einen Bediensteten disziplinarisch vorgehen zu können; Entsprechendes gilt für die bloße Mitgliedschaft in einer nicht verbotenen Organisation;

3. daß in einem solchen Fall vielmehr die oberste Dienstbehörde nach genauer Prüfung der einzelnen Umstände und nach Anhörung des Betroffenen diesem konkrete verfassungsfeindliche Aktivitäten durch gerichtsverwertbare Tatsachen nachweisen und in einem rechtsmittelfähigen Bescheid mitteilen muß,

4. daß auch im Bereich des öffentlichen Dienstes die verfassungsrechtlich garantierte Meinungsfreiheit und Meinungsvielfalt erhalten werden muß, damit Raum bleibt für fortschrittliche Ideen und Initiativen, die auf gewaltlose und verfassungsrechtlich zulässige gesellschaftliche Veränderungen gerichtet sind,

5. daß die seitherige Entscheidungspraxis nach Maßgabe der vorstehenden Grundsätze überprüft werden muß."

Der Bundesparteitag der SPD in Hannover vom 10. bis 14. April 1973 hat Grundsätze beschlossen, die in die gleiche Richtung weisen. Ich möchte annehmen, daß verfassungsrechtlich richtige Einsichten auch nach Auffassung der politisch anders gesinnten Ministerpräsidenten nicht dadurch suspekt werden, daß sie vom SPD-Parteitag bestätigt worden sind.

Es gibt Anzeichen dafür, daß die Regierungschefs der CDU/CSU die Notwendigkeit anerkennen werden, die Vereinbarung vom 28. Januar 1972 in bestimmten Punkten zu revidieren. Helmut Kohl hat in einem Interview in der *Stuttgarter Zeitung* vom 30. April 1973 festgestellt, die Landesregierung von Rheinland-Pfalz sei „nie davon ausgegangen, daß eine bloße Mitgliedschaft in einer rechts- oder linksradikalen Organisation eine weitere Prüfung des Einzelfalls überflüssig macht. Es wird stets einer besonderen Prüfung unter Einschluß der jeweiligen Lebensverhältnisse bedürfen".

Ich will offenlassen, ob damit die zurückliegende Praxis in Rheinland-Pfalz richtig umschrieben wird. Wichtiger ist die Tatsache, daß auch nach Meinung Kohls die Zugehörigkeit zu bestimmten radikalen Parteien oder Organisationen nicht ausreicht, um die Einstellung eines Bewerbers in den öffentlichen Dienst ablehnen zu können.

Wir können die weitere Entwicklung nicht treiben lassen. Wenn die Regierungschefs sich nicht zu einer verfassungskonformen Revision ihrer Vereinbarung entschließen, laufen sie nicht nur Gefahr, durch höchstrichterliche Urteile ins Unrecht gesetzt zu werden; sie würden vor allem einen innenpolitischen Streit aufheizen, dessen korrigierbare Ursachen in einem krassen Mißverhältnis zu dem Schaden für die Autorität des demokratischen Rechtsstaats stünden.

Die Welt, Hamburg, 28. Mai 1973

Moral mit zweierlei Maß
Über den Begriff des „primitiven Anti-Kommunismus"
Von Matthias Walden

Oft und gern gebraucht wird das Schlagwort vom „primitiven Anti-Kommunismus". Als handliches Requisit steht es für allerlei moderne politische Inszenierungen griffbereit, profillos abgerundet, ein „Handschmeichler" und doch als Wurfgeschoß zu gebrauchen, um Meinungsgegner schneller abzuwehren, als es mit Definitionen und Argumentationen möglich wäre. Die fast universelle Verwendbarkeit des Slogans ergibt sich daraus, daß er keinerlei Details zeigt und auf jenes Differenzieren zu verzichten erlaubt, das alle, die ihn gebrauchen, von ihren Gegnern so energisch verlangen.

Ob man nun über die Tragik Solschenizyns spricht, das Schicksal der Tschechoslowakei in Erinnerung ruft, das Morden an der Berliner Mauer erwähnt oder sich weigert, an die Läuterung der sowjetischen West-Politik zu glauben – gleich geht das Fingerzeigen los: Man hat sich des „primitiven Anti-Kommunismus" schuldig gemacht und steht als lebendes Fossil am Pranger, den Eiferer errichteten. Dabei wurde noch niemals gesagt, welcher Anti-Kommunismus eigentlich die Chance hat, als nicht primitiv respektiert zu werden.

Manchmal wird sogar das abwertende Adjektiv eingespart. Es genügt im Grunde schon, antikommunistisch zu sein, um die Promotion zum Zeitgemäßen zu verspielen. „Anti" ist Negation, ist reaktionär und daher finster.

Allerdings fällt auf, daß dieses Klischee-Verfahren auf den Begriff des Anti-Faschismus nicht angewendet wird. Antifaschistisch darf man sein, antikommunistisch nicht. Wer Spanien eine Diktatur nennt, die Zustände in Portugal beklagt und die Zornesadern schwellen läßt, weil in Griechenland die Freiheit gewürgt wird, braucht durchaus nicht zu befürchten, eines „primitiven Anti-Faschismus" geziehen zu werden.

Wer sich nun aber Mühe gibt und die jugoslawischen Verhältnisse sorgsam von den sowjetischen unterscheidet, gewisse Aufhellungen im ungarischen Modell erkennt, die „KPD" Christian Semlers nicht mit der KPD Max Reimanns verwechselt und die Nuancen in den kommunistischen Parteien Italiens, Frankreichs und Finnlands nennen kann, wird den Makel des „primitiven Anti-Kommunismus" trotzdem nicht los werden, solange er nicht eine neuartige, besondere Haltung des Respekts, der Schonung oder der verhaltenen Zuneigung glaubhaft machen kann.

Man stelle sich vor, der Grieche Papadopoulos wäre (was schon einige absurde Phantasie verlangt) zu einem Staatsbesuch nach Bonn geladen worden. Man hätte ihn mit einem Luxusauto beschenkt, einen Ministerpräsidenten der SPD mit ihm in inniger Umarmung angetroffen, ihn zu Festmahlzeiten gebeten, ihm 18 Minuten Sendezeit für einen Monolog im Deutschen Fernsehen eingeräumt und ihm, alles in allem,

einen „herzlichen Empfang" bereitet, wie ihn die „Frankfurter Rundschau" nach Breschnjews Eintreffen zu melden wußte, und der „Stern" hätte ein in Athen einschließlich aller Fragen und Antworten vorbereitetes „Interview" brav abgedruckt, zusammen mit einem reichbebilderten Hofbericht, der die strahlenden, andächtig lauschenden Gesichter der „Stern"-Redakteure zeigt – was wäre dann wohl gewesen? Das sei unvorstellbar? Ja, das ist es. Eben.

Noch keiner von denen, deren Nasen sich rümpfen und deren Stirnen sich in Falten legen, wenn ihnen das begegnet, was sie „primitiven Anti-Kommunismus" nennen, hat jemals auch nur versucht, zu erklären, warum ihm gegenüber geschundener Freiheit auf der rechten Seite der politischen Szene ein Aufschrei, gegenüber gleichartigen, oft noch schlimmeren Erscheinungen auf der linken höchstens ein Flüstern angemessen erscheint. Kein Gewerkschaftsfunktionär antwortete bisher darauf, warum der DGB Begegnungen mit dem FDGB der „DDR" für akzeptabel und nützlich hält, eine Einladung der griechischen Gewerkschaften aber demonstrativ zurückwies. Auch gibt es keine Erklärung dafür, warum der Südvietnamese Van Thieu durch öffentliche Bemerkungen des Bundespräsidenten und des Bundeskanzlers gedemütigt werden mußte, während Leonid Breschnjew auch in den heiklen Punkten der Begegnung die diplomatische Schonung äußersten Taktgefühls widerfuhr.

Es sind doch wohl die Kriterien politischer Moral, die gegenüber Griechenland, Südvietnam, Südafrika, Rhodesien, Spanien, Portugal und vielen anderen Gebieten öffentliche Entrüstung und die kompromißlose Abneigung begründen? Dagegen ist auch gar nichts einzuwenden, solange unerträgliche Tatbestände solche Reaktionen rechtfertigen. Aber warum werden, sobald kommunistische Despotie ins Blickfeld gerät, von denselben Leuten politische Bedenken und Fragen nach der Moral als weltfremde Sinnlosigkeit abgetan? Sobald sich die moralischen Aufschreie und Anklagen gegen den Osten richten, heißt es, das führe doch zu gar nichts, erschöpfe sich im Deklamatorischen, verschlechtere nur die Atmosphäre und schade so letztlich noch den betroffenen Bevölkerungen. Zweierlei Maß; obwohl es doch nicht weniger schrecklich ist, als Oppositioneller in einer sowjetischen Irrenanstalt zu verzweifeln als in einem griechischen Gefängnis zu leiden.

Irgend etwas ist in der politischen Moral, also in der Persönlichkeit der Leute, die mit dem Begriff des „primitiven Anti-Kommunismus" hantieren, verklemmt und zerstört. Sie haben die Balance verloren, gehen schief durch die Wirklichkeit, bewegen sich mit Schlagseite. Und wollte man ihren Zustand unbedingt mit einem Schlagwort benennen, dann müßte wohl von einem „primitiven Pro-Kommunismus" gesprochen werden.

Unsere Zeit, Düsseldorf, 15. Juni 1973

Aktionswoche gegen Berufsverbote im Oktober / 60 Bürgerausschüsse aktiv

Aktionsberatung am 24. Juni / 35 000 DM Solidaritätsspende

Neue Fälle von Berufsverboten für demokratische Lehrer und die Tatsache, daß bisher in keinem Falle eine Aufhebung oder Überprüfung von ausgesprochenen Berufsverboten erfolgt ist, unterstreichen die Notwendigkeit, den Kampf gegen den undemokratischen Ministerpräsidentenbeschluß verstärkt weiterzuführen.

Zu diesem Ergebnis kam die Initiative „Weg mit den Berufsverboten", die aus dem Organisationsausschuß der Hamburger Konferenz gegen die Berufsverbote am 12. Mai hervorgegangen ist.

Auf einer Pressekonferenz in Bonn, auf der eine ausführliche Zusammenfassung aller bekannten Fälle von Berufsverboten und Disziplinierungen fortschrittlicher Lehrer, Wissenschaftler, Juristen, Theologen, Sozialpädagogen, Ärzte und Journalisten vorgelegt wurde, kündigten die Mitglieder der „Initiative", Ingrid Kurz, Prof. Stuby und Erich Rossmann, weitere Aktionen an. Die „Initiative" hat die Ministerpräsidenten der Länder bereits um Gesprächstermine ersucht, um ihnen das Konferenzmaterial der Hamburger Großveranstaltung zu übergeben und erneut die Aufhebung der Berufsverbote im öffentlichen Dienst zu verlangen.

Im Oktober ist eine „Aktionswoche gegen Berufsverbote" im ganzen Bundesgebiet vorgesehen. Bereits am 24. Juni wird eine gemeinsame Aktionsberatung mit allen örtlichen Bürgerinitiativen, die zur Zeit in 60 Orten der BRD bestehen, durchgeführt.

Neben einem zentralen Flugblatt wird die „Initiative" ein Paperback herausgeben, in dem die Reden und Dokumente der Hamburger Konferenz zusammengefaßt sind, um der Bevölkerung eine breite Informationsmöglichkeit zu geben.

In einer Einschätzung der Hamburger Konferenz hob Professor Stuby hervor, daß die Reden und Beschlüsse ein breites Echo im In- und Ausland gefunden haben. Viele ausländische Konferenzteilnehmer haben zum Ausdruck gebracht, daß ihnen die Berufsverbote und der darin zum Ausdruck kommende Antikommunismus gerade angesichts der von der Bundesregierung proklamierten Entspannungspolitik völlig unverständlich sei und in ihren Ländern unmöglich wäre. Professor Stuby stellte fest, daß durch die Hamburger Konferenz ein großer Solidarisierungseffekt in breiten Kreisen der Bevölkerung erzielt worden sei, der auch Betriebsräte und Gewerkschaften erfaßt habe und zu einem ständigen Wachsen der Bewegung gegen die Berufsverbote führe.

Die materielle Solidarität sei durch eingegangene Spenden in Höhe von über 35 000 DM zum Ausdruck gebracht worden.

6. Dokumentation der „Fälle" von Berufsverboten

a) Arbeiterschaft und Betriebsjugendvertreter

Als Entzug der Existenzgrundlage sind Berufsverbote die schärfste Waffe, zu der Unternehmer bei betrieblichen Konflikten greifen. Berufsverbote finden im Bereich der Privatwirtschaft ihren Ausdruck in der politischen Kündigung und in der durch Unternehmerverbände organisierten Nichtübernahme von Arbeitern und Angestellten, die sich öffentlich und im Betrieb für die Interessen ihrer Kollegen einsetzen. Arbeitsgerichtliche Entscheidungen sind für die Unternehmer ein Mittel, ihre Machtausübung zu legitimieren und zu verschleiern und gleichzeitig disziplinierend zu wirken. Die verschiedenen gesetzlichen Regelungen des Arbeitsrechtes in der BRD lassen zudem zu, daß Kündigungen z. B. mit ökonomischen Erfordernissen begründet werden und damit der politische Inhalt versteckt werden kann. Einzelarbeitsverträge, die zwischen Arbeitgeber und Arbeitnehmer abgeschlossen oder eben nicht abgeschlossen werden, entziehen sich weitgehend der Dokumentation und Statistik. Insofern sind die folgenden aufgeführten „Fälle" keineswegs vollständig.

Der „Fall" Werner *Schwank* hat in der Öffentlichkeit erhebliches Aufsehen erregt. Das Bundesarbeitsgericht hat im sogenannten „Maulkorburteil" vom 28. 9. 1972 eine Entlassung aus politischen Gründen bestätigt. Der Kläger – Mitglied der DKP – ist Bankkaufmann und war seit Juli 1970 bei einer Zweigstelle der Bayerischen Vereinsbank bei Augsburg beschäftigt. Zu den Landtagswahlen 1970 in Bayern verteilte er in Augsburg *außerhalb* seiner Arbeitszeit ein Extrablatt der UZ (Zeitung der DKP), in der sich auch ein Artikel über die „Eingliederung der Bayerischen Staatsbank in eine private Bank" (gemeint war die Bayerische Volksbank) befand. Die

Arbeitgeberin wurde von diesem Flugblatt durch wichtige Kunden (z. B. die Firma Siemens) informiert und stellte den Kläger zur Rede. Als sich der Kläger zu den Zielen der DKP bekannte, kündigte sie ihm fristgemäß. In allen drei Instanzen wurde die Klage auf Feststellung, daß die Kündigung unwirksam sei, abgewiesen.[1]

Eine Fülle von Entscheidungen des Bundesarbeitsgerichts präzisieren die Treuepflicht, deren Kernstück die Friedens- und Rücksichtspflicht ist, mit Hilfe eines feinmaschigen Netzes außervertraglicher Pflichten für die Arbeiter sowie durch Anerkennung entsprechender Sanktions- und Verfügungsrechte für die Unternehmer.

Ein Urteil des Bundesarbeitsgerichtes[2] sichert die Verfügungsmacht des Unternehmers über die Gesamtpersönlichkeit des Werktätigen ab. Danach erfasse das Arbeitsverhältnis nicht mehr lediglich bestimmte Leistungen, sondern die ganze Person des Arbeitnehmers. Hier schon zeigte sich die Tendenz, das soziale Herrschaftsverhältnis angesichts der politischen Aktivität von Arbeitern vom Betrieb auf die Freizeit auszudehnen.

Das Recht der freien Meinungsäußerung stehe den Werktätigen nur in dem Maße zu, als dabei das Pflichtengebot zur Erhaltung des Betriebsfriedens und zur Zusammenarbeit mit dem Unternehmer nicht verletzt wird. Öffentliche Kritik gilt als treuwidriger Angriff gegen die Unternehmensleitung, als Beleidigung der Vorgesetzten.

Z. B. bestätigte das Bundesarbeitsgericht 1964 die Kündigung eines langjährigen Vertrauensmannes der IG Metall und Betriebsratsmitglieds, weil dieser während einer Betriebsversammlung die Haltung eines leitenden Angestellten kritisierte, der seine ihm unterstellten Mitarbeiter ständig schikaniert hatte. Die Kritik wurde als Verletzung der Friedenspflicht betrachtet. Die freie Meinungsäußerung auf betrieblicher Ebene müsse ihre Grenze an dem allgemeinen Gebot finden, „die Zusammenarbeit aller zu fördern und dem Betriebsfrieden zu dienen".[3]

---

1 Urteil des Bundesarbeitsgerichts, Aktenzeichen 2, AZR 469/71.
2 „Arbeitsrechtliche Praxis", BAa, 3/1956, Bl. 118.
3 Bundesarbeitsgericht, AD a/10, 1965, Bl. 440.

Das Landesarbeitsgericht Saarland bestätigte 1969 die Kündigung aus wichtigem Grund wegen grober Treuepflichtverletzung gegen den Gewerkschafter Alfred *Schmitt*, der in einem Leserbrief betriebliche Mißstände kritisiert hatte.[4] Schmitt hatte auf Grund seiner Treuepflicht „alles zu unterlassen, was sich für den Betrieb schädigend auswirken oder sonst den Interessen des Arbeitgebers zuwiderlaufen könnte ... Die sich aus diesen Treuegedanken ergebenden Unterlassungspflichten sind nicht auf den Bereich des Arbeitsplatzes beschränkt." Nein, sie verbieten auch Mitteilungen, „die dem Ruf des Unternehmers abträglich sein könnten, *gleichgültig*, ob es sich dabei um wahre oder unrichtige Tatsachen handelt."

Kündigungen aus politischen Gründen wurden und werden ausgesprochen, seit und solange es Unternehmer gibt. Das Neue an der jetzigen Unternehmerpraxis liegt darin, daß sie, bestärkt durch die Diskriminierungen im öffentlichen Dienst, systematisch dazu übergehen, aktive Demokraten, Gewerkschafter und Kommunisten aus den Betrieben zu entfernen. Sei es, daß aktive Jugendvertreter fristlos gekündigt oder nach Abschluß ihrer Lehrzeit nicht von den Betrieben eingestellt werden oder daß aktive Betriebsräte und Vertrauensleute aus den fadenscheinigsten Gründen gefeuert werden. Im Gefolge der verschärften Klassenauseinandersetzungen um die Sicherung und Fortentwicklung der Lebensbedingungen der arbeitenden Bevölkerung steigen die politischen Kündigungen rapide an. Teilnahme an betrieblichen Arbeitsniederlegungen zur Durchsetzung von Teuerungszulagen und Lohnerhöhungen[5] und aktives Eintreten für die Rechte der Kollegen nach dem neuen Betriebsverfassungsgesetz sind die häufigsten Anlässe für Kündigungen. Die Arbeitsgerichte werden gerade in letzter Zeit mit einer Flut von Kündigungsschutzklagen bzw. Beschlußverfahren auf Ersetzung der Zustimmung des Betriebsrates nach § 103 Abs. 2 Betriebsverfassungsgesetz überzogen. Anhand einiger aktueller Fälle aus dem norddeutschen Raum sollen die Unzulänglichkeiten des Kündigungsschutzes bzw. der Rechte des

---

4 „Kritische Justiz", 1971, S. 319 ff.
5 Vgl. „Unsere Zeit" (UZ) Nr. 23 vom 8. 6. 1973, S. 7.

Betriebsrates nach dem neuen Betriebsverfassungsgesetz aufgezeigt werden. Daraus ergibt sich die Forderung nach einem verbesserten Kündigungsschutz und effektiver Mitbestimmung des Betriebsrates in personellen Angelegenheiten.

Die Kieler Howaldtwerke – Deutsche Werft (HDW) kündigten am 7. 2. 1972 fristlos den Vertrauensmann und aktiven Gewerkschafter Helmut *Schlüter* (Mitglied der DKP). Angegebener Grund: erhebliche Störung des Arbeitsfriedens. Anfang November war erhebliche Unruhe unter den HDW-Kollegen entstanden, da die Unternehmensleitung ein durch Betriebsvereinbarung zugesichertes Tonnagegeld zu 50 % auf die tarifvertraglich abgesicherten zusätzlichen Sonderleistungen anrechnen wollte. Durch Arbeitsniederlegungen an mehreren Tagen wurde die geplante fünfzigprozentige Anrechnung teilweise zurückgenommen. Die Unternehmensleitung hatte aber ihre Gründe in dem angeblichen Anzetteln und der Beteiligung an sogenannten wilden Streikaktionen gefunden. Sie konnte bei Schlüter nachholen, was ihr 1969 anläßlich der Septemberstreiks wegen der damaligen Solidarität unter den Kollegen nicht gelungen war. Schlüter wurde der gewerkschaftliche Rechtsschutz wegen angeblicher Aussichtslosigkeit der Kündigungsschutzklage verweigert. Mit dem Urteil vom 2. 5. 1973 legitimierte das Arbeitsgericht Kiel die Willkürmaßnahme der HDW.[6]

Die Hamburger Stahlwerke (HSW) kündigten am 7. 9. 1972 fristlos den Betriebsratsvorsitzenden *Schuppen* und das Betriebsratsmitglied *Hopp* (beide aktive Gewerkschafter). Der Betriebsrat wurde derart unter Druck gesetzt, daß er die nach § 103 Abs. 1 Betriebsverfassungsgesetz notwendige Zustimmung erteilte. Beide hatten sich für den Neuabschluß einer Betriebsvereinbarung über die sogenannte Konti-Schicht eingesetzt und die Kollegen über die Notwendigkeit eines solchen Abschlusses, der auf einer IG-Metall-Mitgliederversammlung ebenso gefordert wurde, durch Anschlag am Schwarzen Brett informiert. Die Unternehmensleitung sah hierin den Betriebsfrieden gestört und kündigte beiden Betriebsratsmitgliedern fristlos. Der Kün-

6 Aktenzeichen 2 c Cs 1199/72.

digungsschutzklage wurde in der ersten Instanz stattgegeben[7] (Arbeitsgericht Hamburg), in der zweiten Instanz ließen sich beide mit einer beträchtlichen Summe abfinden[8] und schieden aus dem Betrieb aus.

Desgleichen kündigte HSW den Vertrauensmann und aktiven Gewerkschafter Robert *Ewald* (Mitglied der DKP) am 30. 4. 1973 fristlos, dem sie zunächst Verletzung seiner Pflichten aus dem Arbeitsvertrag vorwarfen, weil er angeblich seine Arbeit als erster Verlader schlecht verrichtet haben soll, obwohl er während seiner gesamten Arbeitszeit niemals abgemahnt wurde. Darauf nannten sie den eigentlichen Grund: politische Betätigung in und vor dem Betrieb. Ewald hatte am 30. 4. 1973 ein Flugblatt des DGB-Kreisjugendausschusses mit der Aufforderung zur Teilnahme an der 1. Mai-Demonstration vor den Werkstoren der HWS verteilt. Das arbeitsgerichtliche Verfahren läuft noch.[9]

Lumoprint, Hersteller von Fotokopiergeräten, kündigte am 1. 11. 1972 dem Betriebsratsmitglied und aktiven Gewerkschafter Holger *Geißelbrecht*, der Mitglied der DKP ist. Geißelbrecht hatte in einem Betriebsrats-Info des neugewählten Betriebsrates die Kollegen über die Rechte nach dem neuen Betriebsverfassungsgesetz informiert. Lumoprint sah darin bereits die „offene Propagierung sozialistischen Gedankenguts" und kündigte fristlos. Der Betriebsrat wurde massiv von der Firmenleitung unter Druck gesetzt („Wenn ihr nicht zustimmt, dann fliegen alle") und gab die nach § 103 Abs. 1 Betriebsverfassungsgesetz erforderliche Zustimmung. Der Kündigungsschutzprozeß ist in der ersten Instanz immer noch nicht abgeschlossen.[10]

Gruner und Jahr (Itzehoe) kündigte die Kollegen Malte *Schaidl* und *Uttke* zum 20. 4. 1973 (zwei Wochen vorher bereits beurlaubt). Beide hatten sich als aktive Gewerkschafter und Mitglieder des Vertrauensleutekörpers für die Interessen der Kollegen eingesetzt. Schaidl war der Sprecher der Ver-

7 Arbeitsgericht Hamburg 3 Cs 530/72.
8 Nach §§ 9 und 10 des Kündigungsschutzgesetzes.
9 Arbeitsgericht Hamburg 6 Cs 216/73.
10 Arbeitsgericht Hamburg 13 Cs 606/72.

trauensleute. Kurz vor den Tarifauseinandersetzungen in der Druckindustrie wollte sich die Unternehmensleitung noch schnell von unbequemen „Mitarbeitern" trennen. Beide besuchen die Meisterschule und wurden alle drei Wochen für eine Schicht freigestellt, die sie bezahlt bekamen. Als beide im Januar 1973 ein einziges Mal (Schaidl bereits einmal im November 1972) die Schule aus dringenden Gründen nicht besuchen konnten, den Personalleiter aber vorher nicht informiert hatten, sah die Unternehmensleitung den Betrugstatbestand als gegeben und kündigte. Ein achtzehnstündiger Warnstreik zur Rücknahme der Kündigung blieb erfolglos; der Betriebsrat widersprach der Kündigung. Das Arbeitsgericht Elmshorn legitimierte die Kündigung von Schaidl. Uttke muß wieder eingestellt werden.[11]

Im Rahmen der Tarifauseinandersetzungen in der Druckindustrie wurden im Bauerverlag Warnstreiks durchgeführt. Das Betriebsratsmitglied und aktiver Gewerkschafter Manfred *Göbel* (Mitglied der DKP) organisierte in seiner Funktion als Gewerkschafter mit anderen aktiven Kollegen die Arbeitskampfmaßnahmen. In diesem Zusammenhang wurde auch mit den Nichtorganisierten über die dreizehnprozentige Lohnforderung der IG Druck und Papier und die Warnstreiks diskutiert. Dabei spielte die Frage der Solidarität mit den gewerkschaftlichen Maßnahmen und der Eintritt in die Gewerkschaft eine zentrale Rolle. Hieraus wollte Bauer Göbel einen Strick drehen, indem sie ihm Beleidigung, Nötigung und Verletzung des Arbeitsfriedens vorwarfen und fristlos kündigen wollten. Der Betriebsrat stimmte der fristlosen Kündigung nicht zu. In dem anschließenden arbeitsgerichtlichen Beschlußverfahren wurde die Ersetzung der Zustimmung durch das Arbeitsgericht abgelehnt.[12]

Die eigentlichen Kündigungsgründe sind in allen Fällen dieselben: aktives Eintreten für die Interessen der Kollegen. Da ein solcher Grund auch nach der Rechtsprechung der Arbeitsgerichte nicht für eine (fristlose oder -gemäße) Kündigung

11 Urteil 1 Cs 416/73.
12 Arbeitsgericht Hamburg vom 1. 6. 1973, 3 BV 1/73.

ausreicht, werden fadenscheinige Gründe hervorgeholt. Da aber auf der anderen Seite die Rechtsprechung die Kündigungsgründe sehr weit faßt, bietet das Kündigungsschutzgesetz kaum Schutz vor Unternehmerwillkür, denn Gründe lassen sich immer finden. Ebenso bietet das Betriebsverfassungsgesetz keine ausreichenden Mitbestimmungsmöglichkeiten des Betriebsrates bei Kündigungen. Die Jugendvertreter sind nach Ablauf ihrer Lehrzeit nicht mehr ausdrücklich durch das Betriebsverfassungsgesetz bzw. Kündigungsschutzgesetz gesichert. Es bleibt der Unternehmerwillkür überlassen, ob sie weiterhin im Betrieb bleiben können. Daher muß der Kündigungsschutz auf die Zeit nach Ablauf der Lehre ausgedehnt werden. Desgleichen genießen die Vertrauensleute überhaupt keinen Kündigungsschutz. Gerade für die weitere Verankerung der Gewerkschaften in den Betrieben ist es erforderlich, daß ihre aktivsten Vertreter gegen Unternehmerwillkür geschützt werden. Daher muß auch für die Vertrauensleute ein besonderer Kündigungsschutz geschaffen werden. Der Kündigungsschutz der Betriebsräte nach § 103 Betriebsverfassungsgesetz ist nicht ausreichend. Obwohl die Betriebsräte und Jugendvertreter während ihrer Amtszeit nicht ordentlich gekündigt werden können, beweist die Praxis, daß entweder durch Zustimmung des Betriebsrates oder durch Ersetzung der Zustimmung durch die Arbeitsgerichte die fristlose Kündigung ermöglicht wird. Eine weitere Möglichkeit besteht in dem Ausschlußverfahren eines Betriebsratsmitgliedes aus dem Betriebsrat[13], so daß der besondere Kündigungsschutz wegfällt. Daher muß für die Betriebsräte ein absoluter Kündigungsschutz gefordert werden. Der Betriebsrat muß ein absolutes Vetorecht gegen fristlose wie fristgemäße Kündigungen gemäß § 102 Betriebsverfassungsgesetz haben, das nicht auf die bisherigen Gründe beschränkt sein darf.

Von der politischen und juristischen Verfassungsordnung her wird den Unternehmern freigestellt, sich von politisch mißliebigen Arbeitern und Angestellten zu trennen. Ein bedeutender westdeutscher Arbeitsrechtswissenschaftler stellt dieses Faktum in seinem Kommentar zum Kündigungsschutzgesetz so dar:

13 Gemäß § 23, Absatz 1 Betriebsverfassungsgesetz.

„Aber er (d. h. der Unternehmer) will die Entscheidung darüber behalten, mit wem er in seinem (!) Betrieb zusammenarbeitet, er will die Möglichkeit haben, Leute, die ihm nicht passen, zu entfernen, und er will vor allem bei rückläufiger Konjunktur oder im Interesse der Rationalisierung der Arbeit (Automation) überflüssige Arbeitskräfte entlassen können."[14]

Diese herrschende Rechtsauffassung wird ergänzt durch Einrichtungen wie den „Werkschutz", der im „Verband für Sicherheit in der Wirtschaft" seine Dachorganisation hat. Dieser unterhält engste Beziehungen zum Innenministerium, zum Bundesamt für Verfassungsschutz und zum Bundeskriminalamt, das zum Beispiel führend an der Ausarbeitung einer „Rahmen-Dienstanweisung für den Werkschutz" beteiligt war. Auf deren Grundlage erließen die einzelnen Unternehmen dann ihre Anweisungen. Zum Beispiel gab es während der Streikbewegung 1970 in der Metallindustrie auch Streiks ohne ökonomischen Hintergrund. Anlaß eines Proteststreiks war z. B. der Chef des Werkschutzes *Boljahn*. Er hatte Betriebsratsmitglieder und Gewerkschafter bespitzeln lassen und Listen über „Verdächtige" angelegt. Als die Sache ruchbar wurde, kam es zum Streik. Die Belegschaft wehrte sich mit Erfolg. Boljahn wurde sofort suspendiert. Die von ihm angefertigten Schwarzen Listen wurden vernichtet.[15]

Die Existenz von Sonderrechten und „Schwarzen Listen" unterläuft das Recht des Arbeiters auf Einsicht in die Personalakten (§ 83 Betriebsverfassungsgesetz). Wie dem „Ratgeber für den Werkschutz"[16] zu entnehmen ist, „werden Widrigkeiten oder berechtigte Klagen nicht laut gegenüber dem unmittelbaren Vorgesetzten vorgebracht – aus mancherlei Gründen, wie man weiß (!). Sie werden aber ohne Scheu dort zur Kenntnis gegeben, wo der Kritikübende glaubt, seinem Herzen einmal ungehemmt Luft machen zu können, ohne für sich Nachteile befürchten zu müssen. Da muß es im Interesse des Werks liegen, wenn der Werkschutz solche Äußerungen aufgreift und

14 Hueck „Kommentar zum Kündigungsschutzgesetz", 1972, S. 14.
15 Vgl. Heinz Czymek „Auf den Spuren der Streikkämpfe 1970", in: „Gewerkschaften – Standort und Perspektiven", Frankfurt 1971, S. 156.
16 Von Dr. jur. Laurenz Heinrichs, Dreieck-Verlag, Wiesbaden.

durch Hinweise in geeigneter Form bei der berufenen Stelle bekannt macht. Hierbei kann und sollte die notwendige Diskretion gegenüber dem gewahrt bleiben, der es gewagt (!) hat, auf Mißstände aufmerksam zu machen ... Es sollte alles getan werden, überhaupt einen solchen Verdacht (Denunziation) zu vermeiden, denn wichtiger als alles ist das Vertrauen der Werksangehörigen in die objektive Arbeit des Werkschutzes."[17]

Günter Wallraff[18] berichtet von den Praktiken des Mindener Melitta-Werks: „Die Führung des Territoriums macht die ihr Unterstellten ausdrücklich darauf aufmerksam, ‚wie alles überwachen wir auch das Telefon. Es geschieht durch Mithörer, die an einigen Plätzen angebracht sind. Vorurteile hiergegen sind vollkommen unberechtigt'."[19]

Die eindeutige politische Ausrichtung dieser Spitzel-Dienstleistungsorgane und die Tatsache, daß ihr „Erkenntnis"- und Definitionsschema darauf geeicht ist, gewerkschaftlich aktive Kollegen und Sozialisten als „Verfassungsfeinde" einzustufen, hat Wallraff exemplarisch aufgezeigt.

Der mit enormen Repressalien seitens der betroffenen Firmen unterdrückten publizistischen Auswertung seiner Erfahrungen liegt folgender Sachverhalt zugrunde: „Es war die in Heidenheim/Brenz tatsächlich passierte Geschichte des Arbeiters *Bauder*, der seine Arbeit verliert und im ganzen Landkreis keine mehr findet, weil er sich politisch zu weit links engagiert hat." Bauder hatte sich für die Deutsche Friedens-Union (DFU) engagiert. Dagegen montiert wurden die testweise provozierten Erfahrungen des Autors, der mit gleichem Berufsbild bei den gleichen Firmen vorspricht und überall eingestellt werden soll, weil er sich nicht wie Bauder als linker, sondern als NPD-Mann empfiehlt.

Zur Zeit rollt eine beispiellose Entlassungswelle von Jugendvertretern, für die nicht derselbe umfangreiche gesetzliche Schutz wie für ältere Gewerkschafter gilt, über die Bundes-

17 Ebd., S. 19/20.
18 „Neue Reportagen, Untersuchungen und Lehrbeispiele" 1972.
19 Ebd., S. 9.

republik. Über 600 gewählte Interessenvertreter der arbeitenden Jugend[20], aktive Gewerkschafter, junge Betriebsräte und Vertrauensleute, Jugendvertreter und Lehrlinge wurden in der letzten Zeit entlassen.

Der Trick der Unternehmer ist einfach und rücksichtslos. Sie verweigern Lehrlingen, die konsequent für die Interessen der Kollegen im Betrieb eintreten, nach bestandener Prüfung einen Arbeitsvertrag.

Zum Vorreiter dieses Unternehmerterrors machen sich die Großkonzerne, die Rüstungsindustrie, die Multimillionäre und Milliardäre der BRD.

Bereits im Januar 1973 sagte auf einer Beratung der „Bundesvereinigung der Deutschen Arbeitgeberverbände" (BDA) deren Vorsitzender Otto A. Friedrich, „daß ein Exempel gegen unternehmerfeindliche Jugendvertreter statuiert werden muß, weil sie uns sonst morgen als Vertrauensleute und Betriebsräte gegenüberstehen. Wir brauchen aber Ruhe im Betrieb".[21]

Den Aufschwung, den die Klassenkämpfe in den letzten Monaten genommen haben und der im Herbst dieses Jahres weiter zunehmen wird, wollen die Konzerne über einen längeren Zeitraum in den Griff bekommen. Das ist der Hintergrund für diese Unternehmerkampagne.

Drastische Beispiele sind unter anderem:

– Der zweitgrößte Chemiekonzern der BRD, Bayer-Leverkusen (112 000 Beschäftigte), entließ 12 Lehrlinge, darunter zwei Jugendvertreter. Dazu gab die Bayer-Geschäftsleitung eine Darstellung der Entlassungen, die „ein üblicher und keineswegs neuer Vorgang sind, der vom Gesetzgeber bewußt so gestaltet wurde". Im Falle des Jugendvertreters Winfried *Böker* wurde erklärt, er habe sich „durch seine Öffentlichkeitsarbeit unmöglich gemacht". Dem Jugendvertrauensmann Georg *Allroggen* wurde erklärt, er habe sich „den Aktionen von Böker angeschlossen und zum Beispiel bei einer Abteilungsversammlung polemisiert". Tatsache ist, daß sich die entlassenen Kollegen aktiv für die Interessen der Kollegen im

20 Jugendillustrierte des DGB „ran" Nr. 6/73.
21 Zitiert nach „Unsere Zeit" (UZ) vom 15. 6. 1973.

Betrieb einsetzten und sich an einem Streik für höhere Löhne beteiligten.[22]

– Die Werft Blohm & Voss in Hamburg, ein Betrieb des Thyssen-Konzerns, entließ ohne jegliche Begründung sieben Lehrlinge, darunter die Jugendvertreter Klaus *Hoffmann*, Klaus *Sadlowski* und Volker *Kniep.*

– Bei der Howaldt-Werke/Deutsche Werft, die U-Boote für das faschistische Griechenland herstellt, wurden sieben Lehrlinge ohne Angabe von Gründen entlassen. Die Firma hatte auch allen Grund, denn diese Kollegen haben sich gegen die Unterstützung des faschistischen Regimes in Griechenland durch den Konzern ausgesprochen.

– Der Daimler-Benz-Konzern in Mannheim entließ sieben kaufmännische Lehrlinge, darunter Jugendvertreter *Zimmermann*, deren Lehrzeit abgelaufen war. Weitere Lehrlinge und Jugendvertreter, die sich für die Interessen der Kollegen bei Daimler-Benz, für höhere Löhne und Mitbestimmung einsetzen, sind von Entlassungen bedroht.

– Am 25. Juni 1973 bekamen 78 Lehrlinge, die sich an einem zweistündigen Streik für Fahrgeldrückerstattung von und zum Arbeitsplatz beteiligten, einen Brief, in dem ihnen mitgeteilt wurde, „daß die Teilnahme an diesem rechtswidrigen Streik einen groben Verstoß gegen den zwischen ihnen und BBC bestehenden Ausbildungsvertrag darstellt, der uns zur fristlosen Kündigung dieses Ausbildungsverhältnisses berechtigt" und „wir diese schwerwiegende Maßnahme erwägen".

– Von der kruppeigenen AG Weser wurde der Vorsitzende der Gesamtjugendvertretung, der DGB-Kreisjugendausschußvorsitzende und Mitglied der Ortsverwaltung, dem höchsten beschlußfassenden Gremium der IG Metall in Bremerhaven, Volker *Einhorn,* fristlos gekündigt.

– Von den Neunkirchener Eisenwerken, einem Betrieb der Familie Röchling, wurde ein ganzes Lehrjahr nicht in ein Arbeitsverhältnis übernommen.

– Die Firma Meyer in Dinslaken kündigte an einem Tage 13 Lehrlingen, darunter 2 Jugendvertreter.

22 Flugblatt der IG Chemie, Papier, Keramik, Bezirk Nordrhein.

– In Münster wurde bekannt, daß an einem Tage 14 Lehrlingen gekündigt wurde.

– Die Firma Merck in Darmstadt, eines der größten Chemiewerke in der BRD, entließ von 104 Jugendlichen 10 aktive Gewerkschaftsmitglieder, darunter die Jugendvertreter Manfred *Müller* und Heiner *Wilhelm*. Alle 10 Entlassenen haben sich an einem Lehrlingsstreik um höhere Löhne beteiligt.

– Bei der Firma Zeiß in Wetzlar wurde 6 Lehrlingen gekündigt, darunter 3 Jugendvertreter.

– Von den VDO-Werken wurde die Vorsitzende der Jugendvertretung, Bianca *Pilder*, entlassen. Begründung: Sie äußerte, „daß ihr die Kritiker der Linsenhoffs immer noch näher stehen als die Linsenhoffs selbst". Die Linsenhoffs sind die Besitzer dieser Firma und wollen mit dieser Entlassung jegliche Kritik verbieten. Gleichzeitig soll damit ein Exempel für die gesamte BRD statuiert werden.

– Vier weiblichen Lehrlingen bei der Firma Schneider in Kehl wurde lakonisch mitgeteilt, daß an eine Weiterbeschäftigung nach der Lehre nicht zu denken sei.

– Einen Tag nach Beendigung des Streiks in der Druckindustrie erhielt der Vorsitzende der Jugendvertretung der Münchner Großdruckerei Thiemig, Peter *Rusch*, einen Brief der Firma, in dem ihm mitgeteilt wurde, daß er nach Beendigung seiner Lehre nicht weiter beschäftigt werden könne.

– Bei John Deere in Mannheim wurde aufgrund der Streikbeteiligung um höhere Löhne 14 Kollegen gekündigt, darunter 8 Vertrauensleuten und einem Jugendvertreter. Die Kündigungen mußten aufgrund der breiten Solidarität zurückgenommen werden.

– In Frankfurt bei der Firma Telefonbau und Normalzeit, einem Konzern, der über das gesamte Bundesgebiet verstreut ist, ist den beiden Jugendvertretern Michael *Peyerl* und Ulrich *Steitle* gekündigt worden.

– Die Firma Leitz in Wetzlar teilte sechs Lehrlingen lapidar mit, daß sie nach Abschluß der Lehre nicht in ein Arbeitsverhältnis übernommen werden. Darunter der Vorsitzende der Jugendvertretung, Arnold *Antusch*, und weitere zwei Jugend-

vertreter. Die sechs Kollegen vermuten, daß dies der „Gegenschlag der Konzernbosse zum Ausbildungstribunal in Wetzlar war". Bei diesem Tribunal wurde der Öffentlichkeit die Situation in den Wetzlarer Berufsschulen bekanntgegeben. Auf Grund starker Proteste mußte die Firmenleitung die Kündigungsschreiben zurücknehmen.[23]
Nachfolgend sind als Beispiele einige Jugendvertreter aufgeführt, die zum Lehrende entlassen oder fristlos gekündigt wurden:

Firmenname	Name des Jugendvertreters
Howaldt-Werke/Deutsche Werft, Kiel	Bernd Neumann
Alsen Zement, Itzehoe	Horst Dippel
Bayer Leverkusen	Werner Eggert
Bayer Leverkusen	Norbert Böker
Bayer Dormagen	B. Hopfner
Seebeck-Werft, Bremerhaven	Volker Einhorn
Seebeck-Werft, Bremerhaven	Georg Papp
Kaufhof, Kassel	Horst-Dieter Jäger
Kaufhof, Mönchengladbach	Hartmut Wessels
Freudenberg, Weinheim	Rudolf Köhler
Küppersbusch, Gelsenkirchen	Hans-Joachim Kowalski
Küppersbusch, Gelsenkirchen	Klaus Siemens
Quelle, Essen	Jürgen Mützelitz
Merck, Darmstadt	Manfred Müller
Merck, Darmstadt	Heiner Wilhelm
Süddeutsche Klischeeunion, München	Reinhard Neumann[24]
VDO, Frankfurt (Inh. Lisel. Linsenhoff)	Bianca Pilder
Telefonbau & Normalzeit, Frankfurt	Michael Peyerl

23 Vgl. dazu die Angaben in „Unternehmer-Sündenregister – Monopolherrschaft gegen Interessen der Arbeiterjugend", hrsg. vom Bundesvorstand der SDAJ, Dortmund, Juli 1973.
24 „Direkt", Jugendinfo der IG Druck und Papier Jugend München, Juni 1973.

Telefonbau & Normalzeit, Frankfurt	Ulrich Steitle
Grundig, Frankfurt	Werner Schmidt
Neuenkirchener Eisenwerke Saar	Walter Schilling
Bosch, Feuerbach	Günter Stängle
PEBRA, Sulzbach	Patricia Westrich
BBC, Köln	Reinhold Weißmann
Daimler Benz, Mannheim	Zimmermann
Leitz, Wetzlar	Arnold Antusch
Werner, Wiesbaden	Ottmar Befard
WESTAV, Rothelmshausen/Fritzlar	Lothar Buth
WESTAV, Rothelmshausen/Fritzlar	Peter Pampuch
Telefonbau & Normalzeit, Hamburg	Gerd Bartmicki
Hamburger Elektrizitätswerke HEW	Jan Bruns
Schichau-Unterweser, Bremerhaven	Klaus Böhm
Schichau-Unterweser, Bremerhaven	Peter Mathes
Schichau-Unterweser, Bremerhaven	Ulrike auf der Heide
Schichau-Unterweser, Bremerhaven	Johann Joost
Feinkost Böhm, Stuttgart	Renate Benz
Röhm, Darmstadt	Günter Ciesla
Großklos, Saarbrücken	Ruth Dillinger
Schmidt & Co., Hohenlockstedt	Rainer Ehlers
Deutsche Bundespost FA 1, Hamburg	Birgit Flöter[25]
Deutsche Bundespost FA 1, Hamburg	Hannelore Janczak
Gummi Mayer KG, Landau	Gerhard Follenius
Valvo, Hamburg	Helmut Fricke
Vac, Hanau	Rüdiger Fuckert
Kaufhaus Marburg	Hartmut Gaul
Burkhard & Weber, Hamburg	Hanko
Hermann C. Starck, Goslar	Reinhard Hinz
Alsen, Breitenburg	Josef Hermanski
Polik-Heckel Bleicher, Rohrbach	Detlef Jungbär
Kaut & Bux, Saarlouis	Jürgen Jost
Norddeutsche Rundschau, Itzehoe	Manfred Krüger
Norddeutsche Rundschau, Itzehoe	Christian Zillich
Reimers KG, Bad Homburg	Renate Knepel
Kaufhaus Ahrens, Marburg	Volker Kappings

25 Vgl. auch „Hamburger Morgenpost" vom 23. 6. 1973.

Schramm, Offenbach	Manfred Kaufmann
Schramm, Offenbach	Klaus Seibert
Schramm, Offenbach	Toni Sauer
VDM, Frankfurt	Michael Linke
Samson, Frankfurt	Gerald Lautermilch
Walzwerk Einsal GmbH, Iserlohn	Udo Lettermann
Frika-Röcke, Wilster	Manfred Moltzau
AEG Olympia, Braunschweig	Hartmut Pelka
Heiligenstedt & Co., Gießen	Gerthold Peter
Heiligenstedt & Co., Gießen	Bernd Rauber
Heiligenstedt & Co., Gießen	Wolfgang Roßhiert
Autohaus Dollinger, Erlangen	Karl-Heinz Reinhard
Druckerei Thiemig, München	Peter Rusch[26]
RMW, Rothenburg	Harald Reidt
Kabelwerk Mönchengladbach	Walter Ropel
Gaenslen & Völter, Metzingen	Renate Speidl
Burkard & Weber, Reutlingen	Hansi Seitz
Plastik Steier, Elmshorn	Sellhorn
Jumbo, Fulda	Alfred Sauer
Bison Werke, Springe	Werner Schwanz
Heraeus, Hanau	Peter Schied
Heraeus, Hanau	Gerhard Unser
Conz, Hamburg	Astrid Steckow
Joh. Aug. Koch, Marburg	Joachim Steller
Röhm, Darmstadt	Manfred Staal
Eberspächer AG, Werk Menesa, Neuenkirchen	Albert Triesch
Westerwald AG, Wirges	Reinhold Züger
Radio Kaiser, Emmendingen	Ziebold
Wolfsburger Kaufhaus	Holger Dzieran
Blohm & Voss, Hamburg	Klaus Hoffmann
Blohm & Voss, Hamburg	Klaus Sadlowski
Blohm & Voss, Hamburg	Volker Kniep[27]

---

26 „Direkt", a.a.O., Nr. 3, Juni 1973.
27 Diese Tabelle, leicht ergänzt, stammt aus dem kurz vor Redaktionsschluß erschienenen „Unternehmer-Sündenregister", a.a.O., S. 101–103.

Maschinenfabrik Eickhoff, Bochum	Petra Cremer[28]
Ferrozell, Sachs & Co., Augsburg	Helene Klinger[29]
Stadtsparkasse, Bochum	Werner Warda[30]
Kahrmanns, Essen	Jürgen Kalb[31]

Der beschränkte Kündigungsschutz nach dem Betriebsverfassungsgesetz hilft den Jugendvertretern gegen diese Willkür nicht. Da die Ausbildungsverträge befristete Arbeitsverträge sind, ist eine Nichtweiterbeschäftigung keine Kündigung nach Auffassung der Unternehmer. Bisher vom DGB angestrengte Arbeitsprozesse hatten keinen Erfolg.

Vielfach wird argumentiert, dies sei auf eine „Lücke" im Betriebsverfassungsgesetz zurückzuführen. Doch bereits am 24. 2. 1972 hat Hans Viehof von der Abteilung Jugend beim DGB-Bundesvorstand in einer öffentlichen Sitzung des Ausschusses für Arbeit und Sozialordnung des Bundestages auf dieses Problem aufmerksam gemacht.

Daß diese „Lücke" nicht ungewollt ist, wird auch an der Haltung der Landesregierung von Rheinland-Pfalz deutlich. Eine Weiterbeschäftigung nach der Lehre sei „aus arbeitsrechtlicher Sicht systemwidrig". Dem Jugendvertreter dürften keine „Sonderrechte" eingeräumt werden. Die Landesregierung drohte sogar damit, daß „ein Verbot, Arbeitsverträge mit Jugendvertretern ohne Rücksicht auf deren fachliche Qualifizierung abzuschließen, eingeführt werden müßte"[32].

Häufig sind in letzter Zeit auch Jugendvertreter und Betriebsräte kurzfristig zum Wehr- bzw. Ersatzdienst eingezogen worden. In einer Stellungnahme des DGB-Hessen heißt es dazu: „... der Verdacht drängt sich auf, daß solchen Einberufungen Absprachen von Kreiswehrersatzämtern und Unternehmensleitungen zugrunde liegen." Verschiedene Jugendvertreter, z. B.

---

28 Flugblatt des „Bochumer Solidaritätskomitees".
29 „Der Lehrling", Zeitung der Münchner Lehrlinge des Metallbereiches, 1973, S. 2.
30 „elan" Nr. 2/1973.
31 „Unsere Zeit" (UZ) vom 22. 6. 1973.
32 „Frankfurter Rundschau" vom 16. 3. 1973.

Winfried *Karches* (Flughafen Frankfurt), kamen einer Einberufung nicht nach. Sie halten ihre Funktion als Jugendvertreter für wichtiger als die Ableistung des Wehrdienstes.

Deshalb wird die Forderung nach besseren gesetzlichen Regelungen immer stärker. „Dieser Willkür der Unternehmer muß schnellstens ein gesetzlicher Riegel vorgeschoben werden, wenn die betriebliche Jugendvertretung nicht zu einer Farce werden soll. Das ist um so dringender, als es sich nicht mehr um Übergriffe einzelner Betriebsleitungen handelt. Die Bundesvereinigung der deutschen Arbeitgeberverbände hat jetzt ausdrücklich jede Verpflichtung, Jugendvertreter nach Beendigung der Ausbildungszeit ins Arbeitsverhältnis zu übernehmen, abgelehnt. Damit aber deckt sie die Willkürmaßnahmen ihrer Mitgliedsfirmen, anstatt diese im Sinne des so oft von ihr beschworenen Betriebsfriedens von ihrem unrechtmäßigen Vorgehen abzuhalten. Dabei schreckt man nicht vor der verlogenen Behauptung zurück, man könne doch die Jugendvertreter nicht bei erfolgloser Ausbildung anstellen. Tatsache ist aber, daß die bisher gefeuerten Jugendvertreter überwiegend gute bis sehr gute Abschlußprüfungen vorzuweisen haben. Es geht also in Wirklichkeit nur darum, daß man den jugendlichen Arbeitnehmern bereits beim Beginn ihres Berufslebens durch Hinauswurf ihrer aktivsten Vertreter klarmachen möchte, daß die Arbeitgeber ‚Herr im Hause‘ sind und bleiben wollen."[33]

Der Nürnberger Abgeordnete Egon Lutz kündigte eine Gesetzesnovelle an, die von einer Ad-hoc-Arbeitsgruppe von Parlamentariern gebildet wurde.[34] Eine Fülle von Protesten ist zu verzeichnen, die vor allem von Betrieben und Jugendorganisationen ausgeht. Die Gewerkschaftsjugend hat eine breite Aktionswelle unter dem Motto „Von den Kollegen gewählt – von den Bossen gefeuert" gestartet. In 20 Fällen haben der DGB und seine Gewerkschaften bereits eine Weiterbeschäftigung durchsetzen können.[35]

33 „Welt der Arbeit", DGB-Organ, vom 20. 7. 1973.
34 „Welt der Arbeit" vom 6. 7. 1973.
35 „DGB-Nachrichten-Dienst", Düsseldorf, vom 24. 5. 1973.

b) Schulwesen

Peter *Boll*
Kunsterzieher, am Copernikus-Gymnasium Norderstedt angestellt, GEW, erhielt im November 1971 die Kündigung des
Landesschulamtes Schleswig-Holstein.
Begründung: B. habe in einem Gespräch mit Schülern über
den Beruf des Lehrers geäußert, Lehrer seien „Kriecher",
„subalterne Beamte" und einem „konformistischen Denken"
verhaftet. B. erklärte diese Äußerungen damit: „Es war eine
Affekthandlung auf eine provozierende Frage."[1] Die Schüler
hatten ihn zum Vertrauenslehrer gewählt, die Lehrerkonferenz
erteilte B. Konferenzverbot. B. zog sich, nachdem die GEW,
die ihm Rechtsschutz gewährte, keine Chancen bei einer gerichtlichen Klärung sah, ins private Künstlerleben zurück.

Madeleine *Brammer*
(Preetz), DKP, GEW, Studium an der Pädagogischen Hoch-
schule Kiel, 1972 Examen, Antrag auf Einstellung in den Schul-
dienst am 9. 5. 72, Ablehnung durch das Landesschulamt am
17. 8. 72.
Begründung: B. erfülle die Voraussetzungen des § 9, Abs. 1,
Nr. 2, des Landesbeamtengesetzes „nicht in vollem Umfang."[2]
Im Widerspruchsbescheid: Mitgliedschaft in DKP und SDAJ.[3]
Prof. Dr. Kupffer, Kiel, in einem Gutachten über die Exa-
mensprüfung: „Ihr Wissen trug sie nicht nur in klarer Form
vor, sondern sie ließ auch erkennen, daß sie die wesentlichen
Fragen angemessen reflektiert und die Zusammenhänge gut

---

1 Aus: „Norderstedter Zeitung" (Regionalausgabe des „Hamburger Abend-
  blatts") vom 10. 11. 1971.
2 Schreiben des Landesschulamtes Kiel vom 17. 10. 1972.
3 Widerspruchsbescheid des Landesschulamtes vom 29. 9. 1972.

erfaßt hatte. In den vorbereitenden Gesprächen gewann ich den Eindruck, daß Fräulein Brammer mit Ernst, Sachkenntnis und Realitätssinn ihren pädagogischen Beruf anstrebte."[4]

Besonderheit: „In der Familie B. ist dies nicht der erste Fall eines Berufsverbots. Ihr Großvater wurde im Herbst 1933 von der Gestapo verhaftet und zu einer 21monatigen Gefängnisstrafe verurteilt."[5] Von seinem späteren Arbeitgeber Krupp wurde ihm gekündigt. Begründung: In der Wehrwirtschaft sei kein Platz für Staatsfeinde.

Initiativen: Ausführliche Dokumentation[6], Resolution der Vollversammlung der Studentenschaft der Pädagogischen Hochschule Kiel; Gründung einer „Bürgerinitiative gegen die Berufsverbote" in Preetz, die bereits mit mehreren Flugblättern an die Öffentlichkeit getreten ist. Madeleine Brammer hat inzwischen gegen den Widerspruchsbescheid Klage eingereicht.

Helmut *Carstensen*
Flensburg, DKP, Studium Pädagogische Hochschule Flensburg, Examensnotendurchschnitt 1,2. Seine Bewerbung wurde abgelehnt. Begründung: DKP-Mitgliedschaft.

Prof. Dr. Arthur Kühn, Flensburg, in seinem Gutachten: „Vielmehr hat es Herr Carstensen immer verstanden, in der wissenschaftlichen Auseinandersetzung über soziale Problemstellungen das Prinzip des wissenschaftstheoretischen Pluralismus zu akzeptieren und die Kritik an marxistischen Ansätzen der Gesellschaftsanalyse als Herausforderung zu noch gründlicherer theoretischer Reflexion ernstzunehmen."

Im Fall C. sind keine nennenswerten Initiativen oder Solidarisierungsaktionen bekannt.

---

4 Gutachten von Prof. Dr. Heinrich Kupffer, Pädagogische Hochschule Kiel, vom 7. 11. 1972.

5 „Dokumentation zum Extremistenbeschluß und zum Ausführungsverfahren in Schleswig-Holstein", Kiel, April 1973, hrsg. von der SPD-Fraktion im schleswig-holsteinischen Landtag, S. 9.

6 „Dokumentation der GEW-Studentengruppe PH-Kiel zum Berufsverbot für Madeleine Brammer", verantwortlich: U. Müller, 23 Kiel, Blücherplatz 18.

Theodor *Christiansen*

Flensburg, Pastor und Geschichtslehrer, darf auch weiterhin nicht im Fach Geschichte unterrichten (siehe Theologen).

Bernd *Göbel*

Flensburg, DKP-Kreisvorsitzender, MSB Spartakus, ehemaliger AStA-Vorsitzender der Pädagogischen Hochschule Flensburg, erstes Lehrerexamen mit Notendurchschnitt 1,8. G. bewarb sich am 14. 10. 1971 für den Schuldienst und wurde vom Landesschulamt mit Schreiben vom 26. 5. 1972 abgewiesen.

Begründung: Voraussetzungen des Landesbeamtengesetzes würden nicht in vollem Umfange erfüllt.[7] Im Widerspruchsbescheid wurde konkretisiert: DKP-Vorstandsfunktion, Mitgliedschaft in der Sozialistischen Deutschen Arbeiterjugend (SDAJ) und redaktionelle Verantwortlichkeit für die DKP-Betriebszeitung „Werft aktuell".[8]

Prof. Dr. Walter Mertineit, Pädagogische Hochschule Flensburg, in einem Gutachten über G.: „... als AStA-Vorsitzender und als Seminarmitglied gewann er Respekt und Vertrauen bei seinen Kommilitonen und bei den Mitgliedern des Lehrkörpers gerade durch seine disziplinierte Sachlichkeit, aber auch durch sein Eintreten für die Belange der Studentenschaft wie einzelner Personen. Er verbindet Selbstlosigkeit mit Toleranz und einer liberalen und demokratischen Grundhaltung, die ihn vom Typ des Extremisten deutlich unterscheidet."[9]

Die Lehrerin Maria Bork, bei der G. sein Praktikum absolvierte, über seinen Geschichtsunterricht: „Er nutzte den Umgang mit der Geschichte keineswegs zur politischen Agitation und Propaganda. ... Mir ist keine Äußerung bekannt, die Anlaß hätte geben können, an seinem Engagement für die Verwirklichung der Ideen unseres Grundgesetzes zu zweifeln."[10]

---

7 Schreiben des Landesschulamtes vom 26. 5. 1972.
8 Widerspruchsbescheid des Landesschulamtes in Kiel vom 26. 5. 1972 an Göbels Rechtsanwälte Dr. Wessig und Lemke, Hamburg.
9 Aus: „Dokumentation der SPD-Fraktion Schleswig-Holstein", a.a.O., S. 11.
10 Ebd.

Initiativen: Aufsehen erregte eine Anzeige in den Zeitungen des Kreises Pinneberg, in welchen Madeleine Brammer, Bernd Göbel und Reinhard Winkler erklärten, daß sie als Lehrer bereit seien, an Schulen des Kreises Pinneberg Unterricht zu erteilen. Im Kreis Pinneberg herrscht akuter Lehrermangel.

Hans-Heinrich *Hinrichsen*
Bargteheide, SPD, Studium an der Pädagogischen Hochschule Flensburg. Bewerbung am 30. 4. 1972. Das Landesschulamt stellte ihm zunächst seine Anstellung ab 28. 8. 1972 als Beamter auf Probe in Aussicht. Verzögerung der Einstellung. Am 4. 9. 1972 Angebot eines bis zum 30. 9. 1972 befristeten Arbeitsvertrages als Lehrer im Angestelltenverhältnis. H. nahm an. Der Vertrag wurde bis 31. 10. 1972 und bis auf weiteres verlängert. Hinrichsen richtete wegen Untätigkeit des Landesschulamtes in seiner Sache eine Dienstaufsichtsbeschwerde an den Kultusminister. Zum Gespräch ins Landesschulamt bestellt (6. 11. 1972). Dort behauptete der Vertreter des Landesschulamtes, H. habe sich kommunistisch betätigt, und fragte ihn nach seiner Einstellung zur DKP, zur Verfassung, zum Streikrecht für Beamte und nach seiner gewerkschaftlichen Bindung. Auf einer zweiten Besprechung wurde H. ein Flensburger Flugblatt vom Juni 1971 vorgelegt[11], welches die Aufhebung des KPD-Verbotes forderte. Als einer, der in dem Flugblatt als Unterzeichner aufgeführt war, wurde H. zur Rede gestellt.

Initiativen: Nachdem sich GEW und SPD (Kleine Anfrage des Abgeordneten Lund im Landtag) des Falles angenommen hatten, teilte der Kultusminister am 20. 1. 1973 im Parlament mit, daß H. mit Wirkung vom 1. 2. 1973 in das Beamtenverhältnis auf Probe berufen worden sei.

Der Fall H. erlangte eine große Publizität. Zahlreiche Zeitungsartikel, Rundfunk und Fernsehen beschäftigten sich da-

---

11 Flugblatt des „Gründungsausschusses des Flensburger Initiativkreises zur Aufhebung des KPD-Verbots". Dieses Flugblatt wurde u. a. von sechs Flensburger Pastoren, drei Lehrern und sieben Kaufleuten unterzeichnet.

mit. In einer selbsterstellten Dokumentation hat Hinrichsen die Entwicklung seines Falles und das Presseecho sehr ausführlich dargestellt.

Michael *Moll*

Kiel, November 1972 Realschullehrerexamen, bekam am 1. 12. 1972 fünf Minuten vor der geplanten Vereidigung und Einstellung vom Seminarleiter mitgeteilt, daß er nicht vereidigt werden könne. Gründe wurden Moll weder hier noch in zwei nachfolgenden Gesprächen mit dem Landesschulamt genannt. In der Presse erklärte der Präsident des Landesschulamtes, Laufer: M. werde mit Sicherheit nicht eingestellt und keine Begründung dafür erhalten. Dem Landesschulamt seien die Gründe der „Überprüfungskommission" nicht zugänglich. Um den Lebensunterhalt für die Familie sicherzustellen, mußte M.s Frau ihr Fachhochschulstudium aufgeben und sich eine Arbeit suchen. Nach eigenen Angaben hat M. keiner Partei angehört, soll sich hochschulpolitisch betätigt haben, indem er z. B. an Streikdemonstrationen teilgenommen habe[12].

Siegfried *Richter*

Flensburg, Junglehrer, Studium an der Pädagogischen Hochschule Flensburg, wurde aus dem Schuldienst entlassen, und zwar noch vor dem Beschluß der Ministerpräsidentenkonferenz.
Begründung: Richter soll Mitglied des „Flensburger Sozialistischen Zentrums" gewesen sein.[13]

Reinhard *Winkler*

Flensburg, Mitglied des Kreisvorstandes der DKP, Studium an der Pädagogischen Hochschule Flensburg von 1969 bis 1972, Examensnotendurchschnitt 1,7. Am 27. 4. 1972 stellte W. Antrag auf Einstellung in den Schuldienst des Landes Schleswig-Holstein. Mit Schreiben vom 17. 8. 1972 lehnte das Landesschulamt seine Bewerbung ab.

12 „Dokumentation der SPD-Fraktion Schleswig-Holstein", a.a.O., S 9/10.
13 „Der Stern", Heft 51, 1971.

Begründung: W. sei aktives DKP-Mitglied, zeichne für Flugblätter und Stadtteilzeitungen der DKP verantwortlich.[14] Als Beweis wies das Landesschulamt ein DKP-Flugblatt vor, welches von W. verfaßt war und sich gegen die Umweltverschmutzung des Feldmühlenkonzerns wandte.[15]

Besonderheiten: Um W.s „Hang zur Aufsässigkeit gegenüber der staatlichen Ordnung" (so Beamter Uhlmann vom Landesschulamt gegenüber einem Journalisten der „Südschleswigschen Heimatzeitung")[16] zu beweisen, griff das Landesschulamt auf einen Leserbrief aus dem Jahre 1970 zurück, in welchem W. als Teilnehmer an einer Roten-Punkt-Aktion in der dänischsprachigen „Flensborg Avis" richtigstellte[17]: „Im ‚Flensborg Avis' schreiben Sie am 21. 4. 1970, daß Schüler und Studenten gegen die Billetterhöhung agitiert haben. Dazu eine Berichtigung: Der Arbeitskreis, der jeden Montag um 19.00 Uhr Versammlung in der PH abhält, ist zum größten Teil zusammengesetzt aus Lehrlingen, Arbeitern und Angestellten. Dieses sollte nicht verschwiegen werden. Es ist also nicht die Rede davon, daß es eine Aktion nur von seiten der Studenten ist, wohl aber eine Aktion, wo alle Bevölkerungskreise dran teilnehmen." Zum Zeitpunkt der Abfassung des Leserbriefes war W. Student und parteilos. Er trat erst über ein Jahr später der DKP bei.

„Dieser Brief wurde zwei Jahre, bevor W. sich um die Stellung eines Lehrers bewarb, verfaßt." Landesschulbeamter Uhlman findet das nicht ungewöhnlich. „W. war zu dieser Zeit bereits Student, und wir hatten also mit seiner Bewerbung zu rechnen. Von diesem Augenblick an zählte er zu denen,

---

14 Aus dem Widerspruchsbescheid des Landesschulamtes vom 23. 10. 1972.
15 Flugblatt des DKP-Kreisvorstandes Flensburg, verantwortlich: Reinhard Winkler: „Soll das so weitergehen? Ostsee und die Förden werden von Jahr zu Jahr schmutziger ... wenn nichts geschieht. Feldmühle ein Hauptverschmutzer! Seit Jahren leitet die Feldmühle AG ... ihre Abwässer in die Förde ... Grundlage für das Ableiten der Abwässer ist ein Vertrag zwischen der Stadt Flensburg und der Feldmühle ... Die DKP fordert: Schluß mit diesem Zustand! ... Wir fordern die Veröffentlichung der Verhandlungen und des Vertrages."
16 „Südschleswigsche Heimatzeitung" vom 13. 1. 1973.
17 „Flensborg Avis" vom 23. 4. 1970.

die uns interessieren müssen." Das Amt hielt, so Uhlmann, sämtliche Zeitungen, die im Lande erschienen und registrierte jede Meinungsäußerung von Lehrern, die sich in Leserbriefen oder Berichten niederschlug. „Wir sehen im Fall Winkler, daß das erforderlich werden kann, um vor Gericht Beweis zu führen." (Aus: „Südschleswigsche Heimatzeitung" vom 13. 1. 1973.)

Initiativen: (siehe Göbel). In Flensburg gründete sich im Juni 1973 eine Bürgerinitiative gegen die Berufsverbote, der zahlreiche Einzelpersönlichkeiten verschiedenster politischer Couleur angehören.

Hamburg

Manfred *Auerswald*
Studienrat an Volks- und Realschulen, ehemaliger Sprecher der Studienreferendare, parteilos[18], Vorstandsmitglied des Ausschusses junger Lehrer und Erzieher (AjLE), GEW Hamburg, Mitherausgeber des „Informationsdienstes für Bildungspolitik in Hamburg" (ibh), der in Zusammenarbeit mit der Deutschen Friedens-Union (DFU) erscheint, 2. Staatsexamen „mit Auszeichnung" bestanden, erhielt vom Amt für Schule mit Schreiben vom 21. 3. 1972 eine Absage auf seine Bewerbung.

Begründung: Nur die Mitteilung, „daß nicht beabsichtigt ist, Sie in den Hamburger Schuldienst zu übernehmen"[19]. Landesschulrat Neckel sei „nicht befugt, einen Grund anzugeben"[20]. A. war vom 1. 4. 1972 bis 31. 5. 1972 arbeitslos. Um seine Familie zu ernähren, Mitarbeit in der privaten Betreuung von ehemals Rauschgiftabhängigen.

Initiativen: Lehrerkonferenz der Schule am Sooren am 10. 3. 1972: „Das Kollegium würde es außerordentlich bedauern, wenn M. A. seine Fähigkeiten in der Schule nicht einsetzen könnte." Der Mentor und Fachseminarleiter Politik (übrigens

---

18 Erst Anfang 1973 trat Auerswald der Deutschen Friedens-Union (DFU) bei.
19 Schreiben des Amtes für Schule vom 21. 3. 1972.
20 Landesschulrat Neckel in einem Gespräch mit Auerswald am 10. 4. 1972.

aktives CDU-Mitglied) protestierte brieflich. Protest der GEW-Hauptversammlung, die eine Unterschriftensammlung einleitete. Rechtsschutz durch die GEW. Protesterklärungen von den Jungsozialisten (10. 4. 1972), Jungdemokraten, DFU, Fachbereich Erziehungswissenschaft (10. 5. 1972), Referendarrat. Presseveröffentlichungen u. a. in „Hamburger Morgenpost", „Frankfurter Rundschau", „betrifft: erziehung", „Extradienst", „Deutsche Volkszeitung", „Der Spiegel". Seit 31. 5. 1972 im Schuldienst als Beamter auf Probe.

Besonderheit: A. wurde nie eine Begründung mitgeteilt. Auf Grund des breiten Protestes mußte er eingestellt werden. Er ist der dritte Hamburger Referendarsprecher, der gemaßregelt wurde (siehe Laux und Lemke).

Sabine *Auffermann*
Referendarin, MSB Spartakus, mehrfacher studentischer Funktionsträger, am 19. 7. 1972 nach ihrem 1. Staatsexamen nicht als Referendarin an Volks- und Realschulen eingestellt. Statt dessen Angestelltenvertrag. Nachdrücklich wurde sie darauf hingewiesen, daß „ein Anspruch auf spätere Übernahme in den hamburgischen Schuldienst nicht besteht"[21].
Begründung: „. . . weil nicht feststeht, daß Sie die Gewähr des jederzeitigen Eintretens für die freiheitliche demokratische Grundordnung im Sinne des Grundgesetzes bieten."[22]
Initiativen: U. a. gemeinsamer Offener Brief von sechs betroffenen Referendaren an Schulsenator Apel (SPD) am 12. 6. 1973. Resolution der außerordentlichen GEW-Hauptversammlung vom 12. 3. 1973.

Alfred *Dreckmann*
Volks- und Realschullehrer, DKP, Anfang 1971 als einziger Lehrer aus der BRD in eine deutsch-schwedische Kommission zur Untersuchung von Fragen der Mitwirkung in Schule, Hochschule und Forschung berufen. Laut Presseerklärung des zu-

21 Schreiben des Amtes für Schule vom 19. 7. 1972.
22 Ebd.

ständigen Ministers Leussink vom 17. 1. 1971 waren für die Auswahl der Mitglieder „fachliches Können, ihre Vertrautheit mit Fragen der Mitwirkung ... maßgebend". Um so überraschender kam am 25. 2. 1971 die Abberufung von D. aus der Kommission.

Begründung: Ein Mitglied der DKP könne der international zusammengesetzten Kommission nicht zugemutet werden. Dabei hatten weder die internationalen Mitglieder der Kommission noch der für die Berufung zuständige damalige Staatssekretär im Wissenschaftsministerium, von Dohnanyi, nach der Parteimitgliedschaft der Fachleute gefragt.[23] Der Hamburger CDU-Vorsitzende und MdB Dietrich Rollmann erreichte die Abberufung D.s durch mehrere Presseerklärungen und eine Anfrage im Bundestag, ohne daß sachliche Gründe für eine solche Entscheidung vorlagen.

Initiativen: Der AStA der Universität Hamburg erklärte dazu: „Diese Offensive von rechts bedroht nicht nur Kommunisten, sondern richtet sich in der Perspektive gegen die Tätigkeit aller demokratischen und sozialistischen Kräfte im Ausbildungsbereich. Sie dient der Einschüchterung aller derjenigen, die sich aktiv für eine demokratische Bildungsreform als die Alternative zur Formierung des Bildungswesens im Interesse der Monopole einsetzen."[24] Neben verschiedenen Organisationen (u. a. Zentralrat der Fachhochschüler Hamburg) solidarisierten sich 200 Bergedorfer Bürger mit D. und protestierten gegen dessen Abberufung und Diffamierung. Diverse Presseveröffentlichungen.

Hinrich *Genth*
Volks- und Realschullehrer, DKP, beendete seine eineinhalbjährige Ausbildung als Referendar erfolgreich. Er schloß seine erste und zweite Staatsprüfung jeweils mit den Noten „gut" ab. Die Ablehnung seiner Einstellung wurde G. am 25. 1. 1973 mitgeteilt.

23 Aus: „Informationsdienst für Bildungspolitik in Hamburg" (ibh), Nr. 5, 1971.
24 AStA-Info Hamburg, Nr. 1, vom 23. 3. 1971.

Begründung: Für die Hamburger Schulbehörde stehe nicht fest, „daß Genth die Gewähr des jederzeitigen Eintritts für die freiheitlich-demokratische Grundordnung im Sinne des Grundgesetzes bietet"[25]. In der Personalakte lagen keine Beschuldigungen vor. Die Behörde leitete ihren Verdacht lediglich von der Tatsache her, daß G. Mitglied der DKP sei.

Initiativen: Die für seine Ausbildung verantwortlichen Seminarleiter und Lehrer bescheinigten G. ausdrücklich fachliche und persönliche Qualifikationen. Die Referendare von Gs. Gruppenseminar sind der Auffassung, „daß es keinen vernünftigen Grund gibt, ihn nicht einzustellen, weil wir keinen Anlaß zu Befürchtungen sehen, daß er nicht jederzeit für die freiheitlich-demokratische Grundordnung eintreten würde. In seiner Nichteinstellung, die einem Berufsverbot gleichkommt, sehen wir den Versuch, politischen Druck auf alle Lehrer auszuüben, die kritisch gegenüber unserer Verfassungswirklichkeit eingestellt sind"[26]. Auch G.s Mentorin und neun weitere Kollegen seiner Schule setzten sich für seine Einstellung ein und bescheinigten ihm „Eifer, Pflichtbewußtsein und guten Arbeitswillen"[27]. G.s Mentorin, Angela Jacob-Palm, erstellte folgendes Gutachten:

„Herrn Genth kenne ich von einjähriger Mentorentätigkeit in meiner 8. Klasse. Er unterrichtete in den Fächern Mathematik, Deutsch und Sozialkunde. Dazu erlaube ich mir folgende Feststellung: 1. Ich bin nicht Mitglied einer linksradikalen Partei oder Organisation und billige in keiner Weise derartiges Gedankengut. 2. Dennoch lernte ich Herrn Genths Unterrichtsarbeit schätzen. a) Er bereitete sich stets äußerst sorgfältig vor. b) Er war imstande, trotz vieler anerkannt schwieriger Schüler meiner Klasse und trotz anspruchsvoller Themen ein gutes Verhältnis zur Klasse zu gewinnen. c) Ich hatte nie den Eindruck, daß Herr Genth die Klasse in einseitiger Weise zu beeinflussen versuchte. Vielmehr zeichnete sich gerade sein Un-

---

25 Schreiben des Amtes für Schule vom 25. 1. 1972.
26 Stellungnahme der Referendare des Gruppenseminars 71/VII b vom 29. 1. 1973.
27 Bestätigung von neun Lehrern der Schule Holstenhof vom 1. 2. 1973.

terricht dadurch aus, daß er auch bei politisch brisanten Themen (Ostpolitik, Bodenspekulation) sowohl die Meinung der Schüler als auch Standpunkte von Kirchen, Gewerkschaften und anderen Organisationen heranzog, von den Schülern kritisch untersuchen ließ und ihnen die letzte Wertung und Entscheidung ausdrücklich freistellte."

In Bergedorf bildete sich eine Bürgerinitiative, der Lehrer, Professoren, Elternräte, Gewerkschafter und Pastoren angehören. Sie mobilisierte den öffentlichen Protest. Am 1. 3. 1973 schlossen sich 300 Bergedorfer Bürger auf einer Protestversammlung an. Auch die GEW Hamburg protestierte.

Seit 1. 2. 1973 ist G. nicht im Hamburger Schuldienst. Seine Frau Sigrid, wie er Volks- und Realschullehrer, erhielt von der Behörde nur einen Angestelltenvertrag mit halbjährlicher Kündigungsfrist und ist damit ebenfalls vom Berufsverbot bedroht. Der Fall des Ehepaares Genth und der Ehepaare Leppin sowie Gohl zeigt, daß von seiten der Behörden nicht gescheut wird, ganze Familien mit Berufsverbot zu belegen und ihre materielle Basis zu zerstören. Bemerkenswert ist, daß Genth bei Beantragung der Arbeitslosenhilfe zugemutet wurde, von seinen Eltern den Lebensunterhalt sicherstellen zu lassen.

Sigrid *Genth*
Ehefrau von Hinrich G., erhielt am 30. 1. 1973 vom Amt für Schule die Mitteilung, daß die Behörde bereit sei, „Ihnen die weitere Ausbildung in einem privatrechtlichen Berufsausbildungsverhältnis beim Amt für Schule zu ermöglichen". Eine Berufung in das Beamtenverhältnis auf Widerruf werde abgelehnt.

Begründung: „... weil nicht feststeht, daß Sie die Gewähr des jederzeitigen Eintretens für die freiheitliche demokratische Grundordnung im Sinne des Grundgesetzes bieten."[28]

Die Hilflosigkeit der Behörde, Berufsverbote zu begründen, zeigt sich auch in einem späteren Schreiben an Frau Genth:

28 Schreiben des Amtes für Schule vom 30. 1. 1973.

236

„Mit Schreiben vom 31. 1. 1973 hatte Ihnen das Amt für Schule mitgeteilt, weshalb Ihrem Antrag auf Übernahme in das Beamtenverhältnis nicht entsprochen und Ihnen statt dessen das Angebot eines privatrechtlichen Ausbildungsverhältnisses für die Dauer Ihres Vorbereitungsdienstes unterbreitet wurde. Es besteht keine Veranlassung, dieser Begründung noch etwas hinzuzufügen. In diesem Zusammenhang wird nochmals darauf hingewiesen, daß nach Beendigung Ihres Vorbereitungsdienstes kein Anspruch auf Verwendung im hamburgischen Schuldienst besteht."[29]

Initiativen: Gewerkschaft Erziehung und Wissenschaft, Jungsozialisten und andere Organisationen; Offener Brief an Schulsenator Apel.[30]

Heike *Gohl*
Lehrerin, SDAJ, beide Lehrerprüfungen mit „gut" bestanden, wurde am 23. 11. 1967 unter Berufung in das Beamtenverhältnis auf Probe zur Lehrerin zur Anstellung ernannt. Nach Ablauf der vierjährigen Probezeit teilte der Senat am 23. 11. 1971 mit, daß sie nicht in das Beamtenverhältnis auf Lebenszeit übernommen würde. Der Senat wolle ihre Entlassung betreiben.

Begründung: Heike G. sei Gründungsmitglied der SDAJ und biete daher keine Gewähr, jederzeit für die freiheitlich-demokratische Grundordnung einzutreten.[31] Mit einem Beschluß des Hamburger Senats vom 8. 2. 1972 wurde das Berufsverbot gegen Heike G. im Verfügungswege bekräftigt. Heike G. legte am 1. 3. 1972 Widerspruch ein. Dieser Widerspruch wurde durch den Senatsbeschluß im Verfügungswege vom 23. 5. 1972 kostenpflichtig zurückgewiesen. Eine gerichtliche Klärung ist angestrebt, das Ende des Rechtsstreits aber derzeit noch nicht abzusehen.

29 Schreiben des Amtes für Schule vom 20. 2. 1973.
30 Siehe auch Sabine Auffermann, Hannes Holländer, Ewald Leppin, Uwe Post, Ulrich Wiele.
31 Schreiben des Amtes für Schule vom 23. 11. 1971.

Aus der Beurteilung der Schule:

„Frau Gohl ist eine fleißige, geschickte und erfolgreiche Lehrerin, die nicht nur um die Wissensvermittlung bemüht ist, sondern darüber hinaus ihre erzieherische und sozialpädagogische Aufgabe außerordentlich ernst nimmt ... In Zusammenarbeit mit den Eltern und Kollegen versucht sie, allen Schülern gerecht zu werden. Besonderes Schwergewicht legt Frau Gohl auf die sozialpädagogische Arbeit. Auffallend ist Frau Gohls ausgeprägtes Gerechtigkeitsgefühl ... Bei gegensätzlichen Meinungsäußerungen argumentiert Frau Gohl sehr selbstbewußt, aber nicht intolerant und doktrinär. Selbst bei größeren Meinungsverschiedenheiten beugt sich Frau Gohl den sachgebundenen Argumenten in loyaler Anerkennung der Meinung anderer ... Frau Gohl berücksichtigt bei ihren unterrichtlichen Maßnahmen die Entwicklungsmöglichkeiten des einzelnen Schülers und kommt dadurch zu beachtlichen Unterrichts- und Erziehungserfolgen. Im Umgang mit Schülern ist ihr fürsorgliches und konsequentes Verhalten bemerkenswert. Spannungen innerhalb von Schülergruppen vermag Frau Gohl gerecht auszugleichen. Sie wurde vom Schülerrat zur Vertrauenslehrerin gewählt."[32]

Zu einer ähnlichen Beurteilung kamen auch die Eltern der Kinder, die Frau G. unterrichtete, in einem Brief an Senator Apel: „... Frau Gohl hat sich in jeder Beziehung für ihre Klasse eingesetzt und hat sich liebevoll und aufopfernd um jedes Kind bemüht. Sie war bei den Kindern sehr beliebt ... Frau Gohl hat immer versucht, die Kinder zum selbständigen Nachdenken und Arbeiten und zum kritischen Beobachten zu erziehen. Von einer Erziehung in eine bestimmte politische Richtung haben wir in all den Jahren nie etwas feststellen können. Wir sind bestürzt und protestieren dagegen, daß eine so qualifizierte Lehrerin aus dem Schuldienst entlassen werden soll ..."[33]

---

32 Aus: „Der Fall Heike Gohl", Dokumentation der Vereinigung demokratischer Juristen (VdJ), Gruppe Hamburg, S. 3.
33 Brief der Eltern der Klasse 4 b der Schule Archenholzstraße, in: „Der Fall Heike Gohl", S. 8.

Einen beschwörenden Appell richtete schließlich der Vater von Heike G., Mitbegründer der DAG in Hamburg, an Senator Apel. Er erinnert daran, daß seine Familie nun schon in der dritten Generation politisch verfolgt werde. Heike G.s Großvater wurde arbeitslos, weil er Leiter der sozialdemokratischen Bildungsvereine war. Ihr Vater wurde von den Nazis eingesperrt, und seine Tochter Heike bekomme nun Berufsverbot.[34]

Peter *Gohl*

Lehrer, DKP, Ehemann von Heike G., wurde als Kreisfachberater für Politik im Schulkreis Billstedt abberufen. Weiterhin wurde ihm die Durchführung des Hospitationsseminars Politik nicht gestattet.
Begründung: Gohl habe sich öffentlich zur DKP bekannt.[35]
Landesschulrat Neckel: „Die überwiegende Mehrheit der Bevölkerung der BRD bejaht die repräsentative Demokratie. Für diese Mehrheit ist es unerträglich, Mitglieder der DKP in herausgehobenen Stellungen ... tätig zu wissen."[36]
(Siehe auch Hochschulbereich.)

Hannes *Holländer*

Referendar, wurde zusammen mit Sigrid Genth und Uwe Post nicht verbeamtet. (Begründung siehe Sigrid Genth.)

Ilse *Jacob*

Studienrätin an der Gesamtschule Alter Teichweg, DKP, Tochter des KPD-Bürgerschaftsabgeordneten Franz Jacob, der 1944 wegen Teilnahme am antifaschistischen Widerstandskampf ermordet wurde. Ilse Jacob bekam im Frühjahr 1972 die Mitteilung, daß nicht beabsichtigt sei, ihr Beamtenverhältnis „auf Probe" in ein Beamtenverhältnis „auf Lebenszeit" umzuwan-

---

34 Brief von Walter Möller vom 6. 1. 1972, veröffentlicht in: „Der Fall Heike Gohl", S. 6.
35 Landesschulrat Wolfgang Neckel (SPD) in seinem Schreiben vom 10. 3. 1971 an Peter Gohl.
36 Ebd.

deln.[37] Die Konsequenz sei Entlassung aus dem Dienstverhältnis.

Begründung: Die Entscheidung stützte sich auf ein Dossier des Verfassungsschutzes. In diesem Papier wurden Ilse Jacob neben Reisen in die DDR ihre frühere Mitgliedschaft im SDS, die Zugehörigkeit zur DKP, Aktivitäten gegen die NPD und eine Erklärung gegen die Vorbeugehaft als verfassungsfeindlich angelastet.[38]

Initiativen: Die beabsichtigte Entlassung löste eine Flut von Protesten und Solidaritätserklärungen aus. Die in- und ausländische Presse, Fernsehen und Rundfunk berichteten. Neben vielen anderen stellten sich die Jungsozialisten[39], die Jungdemokraten, die Vereinigung der Antifaschisten und Verfolgten des Naziregimes e. V. (VAN)[40] hinter sie. Das Lehrerkollegium der Gesamtschule Alter Teichweg[41] und die Elternsprecher[42] bescheinigten Ilse Jacob einen toleranten Unterricht, in dem sie keineswegs versuche, die Kinder in irgendeiner Form zu indoktrinieren. Der GEW-Vorsitzende Erich Frister stellte an Peter Schulz, Hamburgs Bürgermeister, die Frage, „ob nicht unter dem Deckmantel des Verfassungsschutzes und offensichtlich unbemerkt von demokratischen, verantwortlichen Politikern

---

37 Schreiben des Amtes für Schule vom 28. 3. 1972.

38 Dossier Ilse Jacob, Vertrauliche Abschrift des Landesamtes für Verfassungsschutz vom 26. 1. 1972 für die Behörde für Schule, Jugend und Berufsbildung, veröffentlicht in: „Jacob und Schrübbers – heute wie damals", Dokumentation zum Berufsverbotsbeschluß und zum Fall Ilse Jacob, Hamburg, März 1972, hrsg. von der Vereinigung der Antifaschisten und Verfolgten des Naziregimes e. V., Land Hamburg, (VAN), S. 39.

39 Beschluß des Landesarbeitsausschusses der Jungsozialisten, Landesorganisation Hamburg, vom 20. 3. 1970.

40 Erklärung der Vereinigung der Antifaschisten und Verfolgten des Naziregimes e. V., Land Hamburg (VAN), vom 7. 3. 1972: „Gegen erneute Lehrerverfolgung".

41 Stellungnahme aus dem Kollegium der Gesamtschule Alter Teichweg zur beabsichtigten Entlassung Frau Jacobs aus dem Beamtenverhältnis, Hamburg, den 1. 3. 1972, veröffentlicht in: „Jacob und Schrübbers . . .", S. 2.

42 Brief der Klassenelternvertreter der Klasse 8 c der Gesamtschule Alter Teichweg vom 4. 3. 1972 an Senator Günter Apel, veröffentlicht in: „Jacob und Schrübbers . . .", S. 3.

Gesinnung und Praxis der Staatsschutzorgane von 1933 bis 1945 nach wie vor lebendig ist". Die GEW-Vertrauensleuteversammlung vom 10. 4. 1972 setzte sich in einer Entschließung „für die endgültige Einstellung der Kollegin Ilse Jacob ein"[43]. Sie stellte die Frage: „Welche Einstellung zur demokratischen Grundordnung in diesem Staat müssen Beamte haben, die die Unterzeichnung eines Aufrufs zu einer Anti-NPD-Kundgebung, die Unterzeichnung einer Erklärung gegen die Einführung der Vorbeugehaft und die Teilnahme an einem Kongreß der Verfolgten des Nazi-Regimes als Grund für verfassungswidriges Verhalten angeben?"[44] Die FDP brachte in einem Koalitionsgespräch mit der SPD den Fall zur Sprache und verlangte Einstellung Ilse J.s. Der massive Druck der Öffentlichkeit hatte Erfolg: Schulsenator Günter Apel (SPD) revidierte seine Entscheidung und schlug der Schuldeputation persönlich vor, J. zur Beamtin auf Lebenszeit zu ernennen (26. 4. 1972). Darauf reagierte die oppositionelle CDU mit einer scharfen Attacke. Oppositionsführer Jürgen Echternach warf der Landesregierung vor, ihren eigenen Grundsatzbeschluß vom 23. 11. 1971 auszuhöhlen und unglaubwürdig zu machen. „Es kann nicht darauf ankommen, aus welchem Grund sich jemand gegen den Staat stellt." Der Senat schaffe einen gefährlichen Präzedenzfall. „Wir sind besorgt, daß der Senat so den Staat und uns selbst in Gefahr bringt und den Radikalen den langen Marsch durch die Institutionen öffnet."

Bernhard *Laux*
Referendar, ehemaliger Referendarsprecher, parteilos, zeitweiliger Gast bei der DKP-Lehrergruppe, wurde nach Ablauf seines Referendariats am 30. 9. 1971 nicht in den Schuldienst übernommen.[45]
Begründung: L. rechtfertige durch sein Verhalten in der Schule nicht das Vertrauen, das die Behörde in einen künftigen

---

43 Pressedienst der GEW-Hamburg vom 11. 4. 1972.
44 Ebd.
45 Schreiben des Amtes für Schule vom 9. 7. 1971.

Beamten setzen müsse.[46] Doch Schulleiter und Kollegium der Schule, an der L. die letzten zehn Monate tätig war, sagten das Gegenteil: Sie hätten keinen Anlaß, über L. zu klagen, und seien überdies von der Behörde überhaupt nicht befragt worden.[47] Aus einem internen Schriftwechsel der Behörde geht klar hervor, daß als Gründe für die Ablehnung ursprünglich Stellenschwierigkeiten herhalten sollten.[48]

Initiativen: Mehrere Veranstaltungen, Dokumentationen, Protestresolutionen (GEW Hamburg). L. unterrichtet z. Z. an einer privaten Schule. Die GEW gibt Rechtsbeistand.

Besonderheit: L. ist der zweite Referendarsprecher in Hamburg, der durch Berufsbehinderung vom Senat politisch diszipliniert werden sollte (siehe auch Auerswald und Lemke).

Dietrich *Lemke*
Studienrat an Volks- und Realschulen, SPD, Sprecher des Referendarausschusses, sollte 1971 nicht ins Beamtenverhältnis auf Lebenszeit, sondern nur ins Angestelltenverhältnis übernommen werden. L. hatte sich bei der Leitung des Studienseminars, den zuständigen Schulräten und besonders dem Landesschulrat Neckel (SPD) dadurch unbeliebt gemacht, daß er sich beharrlich und konsequent für eine Ausweitung der Mitbestimmungsrechte der Referendare eingesetzt hatte (siehe auch Auerswald und Laux). L. erhielt zunächst nur einen Halbjahresvertrag, der noch einmal verlängert wurde. Erst nach einem Jahr Ungewißheit wurde L. verbeamtet.

Elke *Leppin*
Lehrerin, Ehefrau von Ewald L., wurde am 17. 7. 1968 zur Lehrerin zur Anstellung ernannt und damit Beamtin auf Wi-

46 Senator Günter Apel in einem Schreiben vom 29. 7. 1971 an Laux.
47 Flugblatt des Referendarrates am Staatlichen Studienseminar Hamburg: „Informationen zum Fall Laux".
48 „Dokumentation" (über Briefwechsel zwischen Behörde und Laux), hrsg. vom Referendarrat am Staatlichen Studienseminar Hamburg und dem AStA der Universität, S. 1 ff.

derruf. Nach Ablauf der vierjährigen Probezeit wurde sie nicht verbeamtet; die Entlassung wurde verfügt.

Begründung: Am 10. 7. 1972 teilte die Behörde für Schule Elke L. mit, daß „hinsichtlich ihrer Bewährung innerhalb der Probezeit Bedenken erhoben worden sind"[49].

Am 13. 7. 1972 schrieb der Schulleiter K. Braasch an den Schulsenator u. a.: „Der an Frau Leppin ergangene Bescheid hat mich aus der Sicht der Schule erheblich verwundert. Da von seiten der Schule gegen die Tätigkeit von Frau Leppin nicht das geringste zu sagen ist, würde ich es sehr begrüßen, wenn die Prüfung der Voraussetzungen für ihre Übernahme ins Beamtenverhältnis möglichst bald positiv abgeschlossen werden könnte."[50]

Am 4. 10. 1972 schrieb das Senatsamt für den Verwaltungsdienst: „Der Senat hat sich inzwischen erneut mit Ihrer Ernennungsangelegenheit befaßt und entschieden, daß Sie nicht ins Beamtenverhältnis übernommen werden können, da Sie nicht die Gewähr dafür bieten, daß Sie jederzeit für die freiheitlich-demokratische Grundordnung eintreten."[51]

Der zuständige Personalrat hat der Entlassung nicht zugestimmt. Am 8. 11. 1972 erhielt Elke L. die vom Senator Hackmack (SPD) unterschriebene Entlassung wegen ihrer „politischen Betätigung in der DKP und als Vorstandsmitglied der DKP-Lehrergruppe"[52].

Initiativen: Das Kollegium der Schule Hanhoopsfeld, an der E. L. arbeitet, hatte inzwischen protestiert: „Die unterzeichneten Kollegen sind betroffen darüber, daß Frau Leppin aus dem Schuldienst entlassen werden soll. Sie ist seit April 1968 Mitglied des Kollegiums und hat während dieser Zeit weder in ihrer Eigenschaft als Kollegin noch in persönlichen Gesprächen mit einzelnen versucht, agitatorisch für eine bestimmte

49 „Berufsverbote in Hamburg", Eine Dokumentation der Jungsozialisten in der SPD, Landesverband Hamburg, und der Vereinigung demokratischer Juristen (VdJ), unter 1.2 (Leppin).
50 Ebd., unter 1.3.
51 Ebd., unter 1.5.
52 Ebd., unter 1.7.

politische Interessengruppe tätig zu werden. Sie hat vielmehr durch nüchterne und sachliche Kritik dazu beigetragen, Probleme, die die Schularbeit betreffen, klarer zu sehen und befriedigende Lösungen dafür zu finden. Frau Leppin hat stets in vorbildlicher Weise die Belange der Schule vertreten. Die unterzeichneten Kollegen schätzen Frau Leppin als sehr zuverlässige und hilfsbereite Kollegin und legen großen Wert darauf, auch in Zukunft mit ihr zusammenzuarbeiten."[53] (Es folgen die Unterschriften von 25 Kollegen – von 29 an der Schule insgesamt.)

Alle 36 Eltern der von L. geleiteten Klasse 4a haben sich an die Senatoren Hackmack und Apel gewandt, die Entscheidungen aufzuheben. Sie schreiben: „Frau L. ist uns ... seit drei Jahren als korrekte und allen Problemen der Kinder, der Schule und der Eltern gegenüber aufgeschlossene Persönlichkeit bekannt geworden ... Wir schätzen hoch ein, daß Frau Leppin ihre ganze Kraft für ein vorbildliches Zusammenarbeiten aller Kinder der Klasse einsetzt. Sie hat sich besonders darum bemüht, die Kinder zu urteilsfähigen und selbstbewußten Menschen zu erziehen. Sie war immer bereit, Anregungen der Eltern und der Kinder gerecht zu werden ... Frau Leppin hat nie versucht, unsere Kinder in Richtung einer bestimmten Weltanschauung zu indoktrinieren. Die Elternschaft der Klasse 4a steht geschlossen hinter Frau Leppin." (Es folgen die Unterschriften sämtlicher Eltern der Klasse 4a.)[54]

Gegen die Entscheidung des Hamburger Senats protestierten die Jungsozialisten, mehrere SPD-Distrikte und die GEW. Inzwischen hat sich eine „Bürgerinitiative Elke Leppin" gebildet, die auf Wochenmärkten und an Verkehrsknotenpunkten Flugblätter verteilt und Unterschriften sammelt. Dokumentation von Jungsozialisten und Vereinigung demokratischer Juristen (VdJ).[55]

---

53 Anlage zum Protokoll der Lehrerkonferenz vom 1. 11. 1972, Schule Hanhoopsfeld.
54 Brief der Eltern der Klasse 4 a der Schule Hanhoopsfeld vom 7. 11. 1972.
55 „Berufsverbote in Hamburg", a.a.O., unter 1.5 (siehe 49).

Ewald *Leppin*
Referendar, MSB Spartakus, Studentenparlament, Fachbereichsrat, Ehemann von Elke L., 1. Staatsexamen, wurde am 19. 7. 1972 nicht zum Beamten auf Widerruf ernannt.[56] Mit Ewald Leppin wurden gleichzeitig auch Sabine Auffermann und Ulrich Wiele nicht verbeamtet. Im Januar 1973 folgten Sigrid Genth, Hannes Holländer und Uwe Post. – Offener Brief an Senator Apel.[57]

Werner *Moritz*
SPD, wurde am 5. 3. 1971 durch seinen Oberschulrat in fünf Punkten ermahnt und am gleichen Tage über seine Versetzung unterrichtet.
Begründung: Er habe ein Kind getreten und obszöne Ausdrücke im Unterricht benutzt. M. bestritt diese Vorwürfe entschieden.
Initiativen: Neun Lehrerkollegen äußerten in einem Brief an den Hamburger Landesschulrat den Verdacht, daß die erhobenen Anschuldigungen nur Vorwände seien, den fortschrittlichen Lehrer zu versetzen, um die Grundsatzdiskussionen über Erziehungsziele und -methoden, die an der Schule geführt wurden, abzuschwächen. Die Schüler, deren Vertrauenslehrer M. war, inszenierten Protestaktionen, konnten gegen die Versetzung aber nichts ausrichten. Großes Presseecho in Hamburg.

Uwe *Post*
Referendar, wurde zusammen mit Sigrid Genth und Hannes Holländer im Januar 1973 nicht verbeamtet (Begründung siehe Sigrid Genth und Hannes Holländer).

Henning *Sell*
Lehrer, Studium Pädagogische Hochschule Flensburg, Examen 1969, war als Lehrer an der Hamburger Strafanstalt Vierlan-

---

56 Die Nichternennung wurde mit Schreiben der Behörde für Schule, Jugend und Berufsbildung vom 11. 9. 1972 erneut bekräftigt.
57 Siehe auch Auffermann.

den angestellt. Vier Tage nach Dienstantritt wurde er wieder entlassen, weil der Verfassungsschutz „Erkenntnisse" an die zuständige Behörde weitergeleitet hatte.

Begründung: S. sei in Flensburg bei einer Demonstration festgenommen worden. Er sei hohes Mitglied der DKP und habe den Auftrag, in der Strafanstalt eine Kadergruppe aufzubauen.

S. war wohl am 22. 9. 1969 auf einer angemeldeten und genehmigten Demonstration gegen eine NPD-Kundgebung mit Adolf von Thadden als angeblicher „Rädelsführer" festgenommen worden (zeitweilig), doch wurde das Verfahren gegen ihn zu Lasten der Staatskasse eingestellt. S. war auch kein Mitglied der DKP und hatte demnach auch keinen Auftrag. S. ging in seinen alten Beruf zurück und wurde Klempner.[58]

Ewald *Slink*

Lehrer, SPD, aktiver Jungsozialist, GEW, ehemaliges Mitglied im Hamburger SHB-Vorstand, Lehrer an der Privatschule Grone, wurde im Herbst 1972 gekündigt.[59] Er befand sich damals in einem Angestelltenverhältnis auf Probe.

Begründung: Seine fachlichen Qualitäten seien unbestritten, aber sein politisches Engagement müsse sich ändern.

Als S. auf Befragen das Kündigungsschreiben seinen Schülern bekannt machte, wurde ihm am 4. 10. 1972 fristlos gekündigt und Hausverbot erteilt. Daraufhin mußte sich S. eine auswärtige Lehrertätigkeit suchen.[60]

Initiativen: Proteste, u. a. der Hamburger Jungsozialisten.

Ulrich *Wiele*

Referendar, wurde wie Sabine Auffermann und Ewald Leppin im Sommer 1972 nicht verbeamtet (Begründung wie Auffermann).

---

58 „Berufsverbote in Hamburg", a.a.O., (siehe 49).
59 Schreiben der Schulleitung der „Groneschen Handels- und Sprachschule Hamburg, Gemeinnützige Stiftung des bürgerlichen Rechts", vom 28. 9. 1972.
60 „Sozialistische Korrespondenz" (SK), Nr. 20, vom 2. 10. 1972, S. 6 ff.

Klaus-Peter *Börtzeler*
Lehrer, Studium an der Technischen Universität Hannover, Bewerbung um Lehrauftrag Ende 1971. Als B. keine Nachricht erhielt und nachfragte, wurde ihm mitgeteilt, er müsse Geduld haben, es gebe Schwierigkeiten. Am 22. 2. 1972 wurde der Antrag abgelehnt.
Begründung: keine.
In einem Gespräch mit dem Schuldezernenten erfuhr B., daß der Verfassungsschutz von einer Anstellung abgeraten habe. Im weiteren Verlauf der Nachforschungen B.s stellte sich heraus, daß der Verfassungsschutz sich lediglich auf längst abgeschlossene Justizvorgänge stützte. B. drängte weiter auf Einstellung und hatte im Herbst 1972 auch Erfolg.

Dr. Wilhelm *Dressler*
Lehrer an der Volksschule Stieglitzweg in Buxtehude, ab August 1969. D. erhielt zunächst einen bis zum 31. 7. 1970 befristeten Angestelltenvertrag. Der Direktor seiner Schule, damaliger Kreisvorsitzender der GEW Stade, sprach sich Anfang 1970 gegen eine Verbeamtung D.s aus. Die Behörde verlängerte den Angestelltenvertrag nicht.
Begründung: Aus einem Brief des Direktors an die Schulbehörde vom 1. 3. 70: D. zeige ein Verhalten, das Unruhe in der Schülerschaft und im Kollegium verbreite. Es bestehe der Eindruck, „daß bei den Schülern Ungehorsam provoziert wird. Es ist auch bekannt, daß das Einüben antiautoritären Verhaltens integrierter Bestandteil seines Unterrichts darstellt."
Am 18. 9. 1969, bei einer Besprechung über sein Angestelltenverhältnis bei der Regierung in Stade, sei D. mit der Form der Verhandlungen nicht einverstanden gewesen und habe abwegige Reden politischen Inhalts geführt.[61]
Initiativen: D. unterließ es, den Beistand der GEW in Anspruch zu nehmen. Nur schwacher Widerstand aus dem Kolle-

---

61 „Materialien zum Berufsverbot", Offenbach, März 1972, S. 25 ff.

gium. 13 von 20 Lehrern beantragten schriftlich eine Konferenz, die der Rektor jedoch mit der Begründung ablehnte, persönliche Angelegenheiten eines Kollegen könnten in einer Konferenz nicht behandelt werden.

Brigitte *Fricke*

Lehramtskandidatin, Göttingen, DKP, MSB Spartakus, GEW, Studium an der Pädagogischen Hochschule Göttingen. Bewerbung Ende November 1972 für die Einstellung in den Realschuldienst. Februar 1973 Examen. Danach drei Monate lang keine Nachricht vom Regierungspräsidenten. Die materielle Notlage spitzte sich zu, da Brigitte F.s Mann noch studiert. Ihre Familie, zu der noch zwei kleine Kinder gehören, wurde von den Eltern unterstützt. Nach einem Gespräch mit der zuständigen Behörde wurde F. Anfang Mai 1973 eingestellt.
Initiativen: Bürgerinitiative „Berufsverbot in Göttingen", Unterschriftenaktion, großes Presseecho (siehe auch Wedekind).

Klaus *Knuth*

Lehramtsanwärter, SPD, 1972 Examen mit „gut" an der Pädagogischen Hochschule Niedersachsen in Oldenburg bestanden, wird im Februar 1973 nicht eingestellt.[62]
Begründung: keine

Hans-Joachim *Müller*

Oldenburg, DKP, MSB Spartakus, GEW, Studium an der Pädagogischen Hochschule Oldenburg, wurde schon am 18. 10. 1972 von der Abteilungskonferenz der Hochschule ohne Angabe von Gründen als Assistent im Fach Deutsch abgelehnt, obwohl ihn der Besetzungsausschuß des Faches nach eingehender Prüfung einstimmig für diese Stelle vorgeschlagen hatte.[63] (Siehe Hochschule). Erfolgte hier ein Berufsverbot im Hochschulbe-

---

62 „Progress-Presse-Agentur", Tagesdienst vom 14. 2. 1972.
63 „Dokumentation zu den Berufsverboten", Nr. 2 (Holzer, Meyer-Ingwersen, Pannemann, Müller), hrsg. vom Aktionskomitee Oldenburg, S. 18: Stellungnahme der GEW-Hochschulgruppe zur Ablehnung H. J. Müllers.

reich, besteht jetzt die Gefahr eines Berufsverbotes für den Lehrer M. Gegen M. hat das Verwaltungspräsidium in Oldenburg ein Untersuchungsverfahren wegen angeblicher Zweifel an seiner Verfassungstreue eingeleitet. Nach Abschluß der Untersuchung wird Verwaltungspräsident Haßkampf (CDU) über den Verbleib M.s im öffentlichen Dienst entscheiden. Auf mehreren Veranstaltungen protestierte das Oldenburger „Aktionskomitee gegen die Ministerpräsidentenbeschlüsse" gegen diese offensichtliche Form von politischer Disziplinierung.

Ulrich *Müller*
Lehramtsanwärter, Ritterhude, DKP, Geschäftsführer des GEW-Ortsverbandes Osterholz-Scharmbeck, bewarb sich am 11. Januar 1973 beim Regierungspräsidenten in Stade um Einstellung in den niedersächsischen Schuldienst. Im gleichen Monat stimmte der Lehrerbezirkspersonalrat der Einstellung zu. Bis April 1973 wurde Müller in Unklarheit gelassen. Dann wurde er für den 18. April zu der Anhörung zitiert, die die niedersächsischen Durchführungsbestimmungen zum Beschluß der Ministerpräsidenten über sogenannte Verfassungsfeinde im öffentlichen Dienst vorsehen. Auf der Anhörung wurde als Grund für die Einstellungsverzögerung Zweifel an Müllers Verfassungstreue angegeben.
Begründung: DKP-Mitgliedschaft, Tätigkeit in einem Vietnam-Komitee, Reisen in die DDR. Dazu schreibt die GEW-Niedersachsen: „Kollege Müller war bis 1971 Bezirksvorsitzender der Jungsozialisten in der SPD für Nordniedersachsen: doch dann trat er zur DKP über, weil nach seiner Meinung die SPD ,das Streben nach einer sozialistischen Gesellschaft aufgegeben hat'. Die DKP bot ihm – so Müller – ,in Anknüpfung an die demokratische Tradition der deutschen Arbeiterbewegung und der frühen Sozialdemokratie einen klaren Weg für eine demokratische Erneuerung von Staat und Gesellschaft'. Für U. M. wurde der Eintritt in die DKP auch deshalb möglich, ,weil ihre politischen Ziele durch Nutzung der Möglichkeiten des Grundgesetzes (Artikel 14 und 15) verwirklicht werden können' ... Braucht zu Vietnam kein Wort verloren zu wer-

den, so sagt eine Erklärung der SPD-Jungsozialisten, die in Buxtehude beschlossen wurde, hinreichend viel über die DDR-Reisen aus.

,Der dritte Ablehnungsgrund – seine DDR-Fahrten, die U. Müller als Vorsitzender der Jusos im Bezirk in ihrem Auftrag und bei Kenntnisnahme des SPD-Bezirksvorstandes durchgeführt hat – stellt eine unmittelbare Bedrohung dar für jeden Bürger, der in die DDR fährt. Gleichzeitig verstößt eine solche Begründung gegen den Geist des Grundvertrages zwischen der BRD und der DDR'."[64]

Aber auch nach der Anhörung erhielt M. keinen Bescheid. Die Nichteinstellung hat ihn in eine schwere finanzielle Krise gestürzt. „Ulrich Müller ist seit einem halben Jahr ohne vernünftige Arbeitsmöglichkeiten. Das Arbeitsamt vermittelt nur für sechs Wochen, für die er keine Zusage geben kann, weil das Verfahren schwebt und er nicht weiß, wann er in seinem eigentlichen Beruf eingestellt wird. U. M. erhält keine Arbeitslosenunterstützung, weil er – wie fast alle Hochschulabsolventen – noch keine 26 Wochen versicherungspflichtig gearbeitet hat. Er erhält auch keine Sozialhilfe, weil er ledig ist und somit laut Gesetz die Eltern unterhaltspflichtig sind. Der Antrag M.s, nebenberuflich unterrichten zu dürfen, wurde – konsequenterweise – abgelehnt, weil über die hauptamtliche Unterrichtstätigkeit noch nicht entschieden ist."[65]

Initiativen: Die GEW Niedersachsen hat Ende Mai durch ihren Vorsitzenden vom Kultusminister Peter von Oertzen (SPD) verlangt, M. unverzüglich in den Schuldienst einzustellen. Die GEW schreibt dazu: „Es wären alle Befürchtungen der GEW, die sie zur Frage der Ministerpräsidentenbeschlüsse über sogenannte Verfassungsfeinde im öffentlichen Dienst geäußert hat, bestätigt, wenn U. M. nicht noch vor den Sommerferien eingestellt würde. Es kommt jetzt auf die sofortige Beschleunigung des Verfahrens an. Die GEW unterstellt dabei, daß sich

---

64 Lehnert, H.: „Warten seit fünf Monaten", in: „Erziehung und Wissenschaft, Ausgabe Niedersachsen, hrsg. von der Gewerkschaft Erziehung und Wissenschaft, Nr. 12, 15. 6. 1973.
65 Ebd.

das SPD-Vorstandsmitglied von Oertzen an die Beschlüsse des SPD-Parteitages von Hannover hält und auch dann, wenn die Stader Bezirksregierung unverständlicherweise eine andere Empfehlung geben sollte, die sofortige Einstellung von Ulrich Müller veranlaßt."[66] Bürgerinitiative „U. Müller in den Schuldienst."

Bernd *Pagell*
Lehramtsanwärter, Hannover, Studium der Germanistik und Politik an der Technischen Universität Hannover. Bewarb sich 1971 um einen Lehrauftrag an der Fritjof-Nansen-Schule in Hannover-Vahrenheide und wurde am 10. 1. 1972 eingestellt. In den Osterferien wurde der Vertrag mit Pagell gekündigt. Erst Anfang August folgte die schriftliche Begründung. *Begründung:* Ohne die nach der Roten-Punkt-Aktion erfolgte allgemeinen Amnestie wäre Pagell 1969 wegen Landesfriedensbruch verurteilt worden. Zwischen ihm und dem Land Niedersachsen bestünde kein Vertrauensverhältnis. Solidaritätsaktionen von Studenten und Schülern bewegten Kultusminister von Oertzen zur Überprüfung des Falles. Am 2. Mai 1972 erhielt Pagell vormittags im Regierungspräsidium die Zusage über seine Wiedereinstellung, die schon am selben Nachmittag wieder zurückgenommen wurde, weil er am 1. Mai 1972 unweit seiner Wohnung während einer Demonstration gegen die griechische Militärdiktatur, in die er nach eigenen Angaben als Spaziergänger und aus Neugierde hineingeraten war, verhaftet worden war.[67]

Heiko *Pannemann*
Lehrer, Oldenburg, DKP, hatte sich nach Beendigung seines Studiums am 30. 3. 1972 um Einstellung in den Schuldienst beworben. Während alle übrigen PH-Absolventen im Mai ihre

---

66 Ebd., vgl. auch „Der Fall Ulrich Müller – Verschleppung – eine neue Variante des Berufsverbots", Dokumentation, Hrsg. H. Thomsen, Ritterhude.
67 Gedächtnisprotokoll von Pagell in der niedersächsischen Schülerzeitung „Kern".

Zuweisung an die jeweiligen Schulen erhielten, blieb P., der sein Examen mit „gut" bestanden hatte, bis September 1972 ohne Nachricht. Zur Abwehr des drohenden Berufsverbotes wurde in Oldenburg ein „Aktionskomitee gegen die Ministerpräsidentenbeschlüsse" gegründet, welches sich auch der Berufsverbote an der Pädagogischen Hochschule Oldenburg annahm (Prof. Horst Holzer, Dr. Johannes Meyer-Ingwersen). Die Verwaltung äußerte der Presse gegenüber, daß Zweifel an der Verfassungstreue P.s bestünden. Deshalb wurde er zu einem „Anhörungsverfahren" bestellt, welches in den Ausführungsbestimmungen des Landes Niedersachsen vorgesehen ist. Die Behörde riet ihm telefonisch ab, zu diesem Gespräch einen Anwalt mitzunehmen, da sich das auf die Entscheidung negativ auswirken könnte. P. erschien mit Anwalt, ließ sich zweieinhalb Stunden verhören und wurde zum 6. November 1972 nach sechsmonatiger Arbeitslosigkeit in den niedersächsischen Schuldienst übernommen.

Artur *Sahm*
Lehrer an einer Volksschule in Burgdorf, DFU, damaliger DFU-Landesvorsitzender, GEW, sollte durch mehrere Disziplinarverfahren politisch diszipliniert werden.

„Am 14. 10. 68 leitete der Regierungspräsident in Lüneburg gegen mich wegen der Verbreitung eines Flugblatts ein nichtförmliches Disziplinarverfahren ein. Am 20. 3. 69 wurde dieses Verfahren eingestellt mit der Begründung, daß ich mich ,offenbar nur schwer in' meine ,Pflichten als Lehrer und Staatsbeamter einleben' kann. Der Regierungspräsident: ,Ich bin aber nicht bereit, weitere Entgleisungen von Ihnen hinzunehmen. Doch einen Monat später, am 29. 4. 69, war es schon wieder so weit. Auf einem Flugblatt hatte ich mich kritisch mit der SS-Vergangenheit des CDU-Bundestagsabgeordneten von Fircks beschäftigt und – auf einem anderen – Beiträge zu dem Thema ,Unruhe unter der Jugend' veröffentlicht. Ein zweites nichtförmliches Disziplinarverfahren war die Antwort. Die Einstellung des ersten Verfahrens wurde am 25. 6. 69 wieder aufgehoben und ein förmliches Disziplinarverfahren eingeleitet. Auch das zweite nichtförmliche Verfahren wurde – am 18. 11. 69 – zu einem förmlichen gemacht und ‚zwecks gemeinsamer weiterer Behandlung' mit dem ersten verbunden: Verstoß gegen die mir obliegenden Pflichten. ‚Als Lehrer und Erzieher in einer Kleinstadt' muß ich ‚für Eltern, Kinder und Kollegen glaub- und vertrauenswürdig sein' und mein ‚Verhalten darauf einrichten'. Nach Abschluß seiner Untersuchungen bat der Untersuchungsführer am 25. 5. 70, ‚dem Verfahren seinen Fortgang zu geben'. Ein Jahr zuvor, am 12. 5. 69, war das auch die feste Absicht des Präsidenten gewesen: ‚Ich betone, daß ich nicht beabsichtige, selbst eine Disziplinarstrafe gegen Lehrer Sahm zu verhängen. Die Angelegenheit erscheint mir vielmehr so bedeutungsvoll, daß ich die drei Flugblätter einem unabhängigen Gericht zur Entscheidung über die einem Beamten gemäß §61 NBG gezogenen Grenzen politischer Tätigkeit vorlegen möchte.' Dennoch fiel, völlig rechtswidrig und überraschend, schon am 6. 7. 70 das Urteil. Die gebotene ‚Mäßigung' und ‚Zurückhaltung' seien nicht gewahrt worden. ‚Die Schwere des Dienstvergehens hat die höchste mir zu Gebote stehende Geldbuße notwendig gemacht': 850 DM."[68] Bei der Einsicht in die Verfahrensakten entdeckte der Rechtsanwalt von S. Berichte der Nachrichtenstelle Burgdorf, in denen es u. a. hieß, daß über S.s politische Tätigkeit umfangreiche Berichte vorlägen. 1971 wurde eine rückwirkende Beförderung wegen eines schwebenden Disziplinarverfahrens zurückgestellt. Seine Abordnung als wissenschaftlicher Assistent an die Pädagogische Hochschule Lüneburg wurde mit der Begründung hinausgezögert, in Burgdorf herrsche Lehrermangel. Neben den disziplinarrechtlichen liefen noch gerichtliche Auseinandersetzungen. S. hatte sich in Flugblättern gegen die Bundestagskandidatur des CDU-MdB Freiherr von Fircks ausgesprochen und in Anspielung auf dessen SS-Vergangenheit Fircks Beteiligung an nazistischen Untaten in Polen vorgeworfen. In erster Instanz wurde Sahm freigesprochen. Obwohl im Be-

---

68 „Dokumentation zu einem Disziplinarverfahren", hrsg. von Artur Sahm, Burgdorf 1971.

rufungsverfahren, das von Fircks angestrengt hatte, auch der Staatsanwalt für Freispruch plädierte, wurde Sahm zu 2 000 DM Geldbuße verurteilt. Er legte Berufung ein. – Bundesweites Presseecho.

Wolfgang *Wedekind*
Lehramtskandidat, Göttingen, DKP, MSB Spartakus, GEW. Bewerbung für den Realschuldienst November 1972, Examen Februar 1973. Danach keine Nachricht vom Regierungspräsidenten (weiteres siehe Fricke). Für den ausgebildeten Lehrer war dieses Warten besonders bitter, denn W., dessen Frau vor einiger Zeit verstarb, mußte mit DM 753,- sich und seine kleinen Zwillinge ernähren. Nach Protesten und einem Gespräch mit der zuständigen Behörde (Ende April 1973) wurde Wedekind eingestellt.

Nordrhein-Westfalen

Rainer *Birenheide*
Junglehrer, Dortmund, DKP, Mitglied im Beirat der Arbeiterjugendillustrierten „Elan", bewarb sich nach bestandener 2. Staatsprüfung (Mathematik, Physik) um Einstellung in den Schuldienst. Der zuständige Regierungspräsident kündigte ihm eine Einstellung zum 1. Februar 1973 in Dortmund an. Bei der Einstellungsveranstaltung fehlte die Ernennungsurkunde für B.. Ihm wurde zunächst ohne Begründung mitgeteilt, daß er nicht eingestellt werden könne.
Begründung: Am 1. Mai 1973 in einem Brief des Regierungspräsidiums aus Arnsberg: „... teile ich Ihnen mit, daß Ihnen die Ernennungsurkunde zunächst nicht ausgehändigt wurde, weil inzwischen die Tatsache Ihrer Mitgliedschaft in der DKP bekannt wurde und zur Prüfung Anlaß gab." Für den 8. 3.1973 wurde ein Gespräch anberaumt, zu welchem B. mitbringen sollte: „Unterlagen über die Form Ihrer Mitgliedschaft, evtl. Ämter und Funktionen, Ihre Rolle im Wahlkampf 1972 und

allgemein über ihre Tätigkeit in der Öffentlichkeit."[69] Seitdem ist der ausgebildete Lehrer B. weiterhin arbeitslos und bezieht Arbeitslosenunterstützung.

Rutger *Booß*
Studienreferendar, Bonn, DKP, seit 1972 stellvertretender Vorsitzender des GEW-Stadtverbandes Bonn, früherer 1. Referendarsprecher am Bezirksseminar und mehrfacher studentischer Interessenvertreter, wurde am Tag der Ministerpräsidentenkonferenz, dem 28. 1. 72, in einem Schreiben des Regierungspräsidenten in Düsseldorf mitgeteilt: „... sehen wir uns nicht in der Lage, Sie unter Übernahme in das Beamtenverhältnis auf Probe zum Studienassessor zu ernennen oder als Lehrer im Angestelltenverhältnis zu beschäftigen".[70]
Begründung: „... da Sie DKP-Mitglied sind".[71] Die Versicherung, „Sie erhalten sobald als möglich weiteren Bescheid"[72], wurde nicht eingehalten. Erst im Dezember kam aus Düsseldorf Nachricht. B.s Antrag wurde abgelehnt und folgende Begründungen gegeben: „1970/71 haben Sie für den Marxistischen Studentenbund – Spartakus (MSB) dem Studentenparlament der Universität Bonn angehört; in der Wahlzeitung zur Wahl dieses Gremiums war neben Ihrer Zugehörigkeit zum Spartakus auch Ihre Mitgliedschaft in der DKP erwähnt.
Zuvor – im Jahre 1968 – hatten Sie sich an einer Demonstration in Bonn beteiligt, bei der die Wahl des Dekans der philosophischen Fakultät gestört worden war; in diesem Zusammenhang war gegen Sie unter dem Aktenzeichen 8 Js 284/68 der Staatsanwaltschaft Bonn ein Strafverfahren anhängig, das allerdings später auf Grund des Straffreiheitsgesetzes vom 20. 5. 1970 (BGBl. I. S. 509) am 22. 7. 1970 eingestellt worden ist. Am 6. 11. 1971 führte die Ortsgruppe Bonn der DKP einen Autokorso durch, den Sie angemeldet hatten; auf Pla-

69 „Elan", Magazin für junge Leute, Mai 1973, Seite 32 ff., „Westfälische Rundschau", 7./8. 4. 1973; „Ruhr Nachrichten", 7. 4. 1973.
70 Schreiben des Schulkollegiums beim Regierungspräsidenten in Düsseldorf vom 26. 1. 1972.
71 Ebd.
72 Ebd.

katen wurde für die Ziele der DKP geworben. Im Auftrage des DKP-Vorstandes Bonn unterzeichneten Sie ein Einladungsschreiben vom 6. 7. 1972 zur Jahreshauptversammlung der DKP-Ortsgruppe Bonn. Am 16. 3. 1972 sprachen Sie anläßlich einer DKP-Versammlung des Rhein-Wupper-Kreises in Leichlingen zu dem Thema „Wie links dürfen Lehrer sein"; dabei forderten Sie u. a. die Besucher auf, die DKP so zu stärken, daß noch mehr kommunistische und fortschrittliche Lehrer wirken könnten. Am 11. 10. 1972 meldeten Sie für die Kreisgruppe Bonn der DKP bei der Kreispolizeibehörde Bonn eine Demonstration zum 16. 10. 1972 durch die Bonner Innenstadt an; diese Demonstration diente dem Protest gegen die kürzlich erfolgten Fahrpreiserhöhungen bei den Bonner Verkehrsbetrieben. Schließlich kandidierten Sie bei der vergangenen Bundestagswahl für die DKP. Aus der Gesamtheit dieses Verhaltens ist zu schließen, daß Sie nicht die Gewähr dafür bieten, jederzeit für die freiheitliche demokratische Grundordnung im Sinne des Grundgesetzes einzutreten." Dazu Ministerpräsident Kühn (SPD), laut Wochenzeitung „Die Tat": „Mit dieser saublöden Begründung kommen wir bei keinem Verwaltungsgericht durch".

1966/67 setzte sich B. als Vorsitzender des gemeinnützigen Vereins „Student aufs Land" für Bildungswerbung bei benachteiligten Bevölkerungsschichten ein. Er trat engagiert für die Interessen seiner Kommilitonen ein, wurde zum Mitglied des Studentenparlaments und der engeren Fakultät und später zum ersten Sprecher der Fachschaft Germanistik gewählt. Auch als Lehrer genoß B. das Vertrauen seiner Kollegen. Er wurde zum Referendarsprecher am Bezirksseminar Aachen gewählt und war Delegierter der GEW im Kreisjugendausschuß des DGB Bonn. Dabei machte er weder aus seiner Parteizugehörigkeit noch aus seinem aktiven Eintreten für Mitbestimmung, Abrüstung und Vertragsratifizierung ein Hehl. „Ein flugblattspeiender roter Unterwanderer, der mit spitzen Kommunistenzähnen an der Verfassung nagt?"[73] Die Gutachten über den Lehrer B.

---

73 Lutterbeck, Claus: „Angst vor den roten Unterwanderern", in: „Vorwärts" vom 10. 2. 1972.

bezeugen das Gegenteil.[74] „Aus dem Bericht des Fachleiters für Deutsch: ‚. . .: ‚Herr Studienreferendar Booß ist ein anpassungsfähiger, besonnener und korrekter Kollege, der mit einer gewissen Gelassenheit und Reserve den Aufgaben des Faches gegenübertritt . . . Die Schüler spüren, daß die im Unterricht aufgeworfenen Fragen vom Lehrer als dessen ureigene Sache angesehen und behandelt werden. So entsteht zwischen Lehrer und Lernenden keine Kluft aus extremer Rollenkonstellation, was sich auf die Lernbereitschaft günstig auswirkt und den guten menschlichen Kontakt sichert. Der Umgangston im Verkehr mit Schülern und Kollegen ist freundlich, bisweilen herzlich; diese verbindliche Note wird durch gelegentliche ironische Bemerkungen und Kommentare nicht getrübt, weil sie ihre zündenden Wirkungen aus einem weitherzigen, geistreichen Humor beziehen. Mit dieser feinen Ironie, der die aggressiven Spitzen fehlen, vermag Herr Booß die Aufmerksamkeit und Mitarbeit lässiger Schüler in Gang zu halten. Überhaupt zehrt der Unterricht von seiner Gabe, die Wirklichkeit und ihre Spannungen im versöhnlichen Licht des Humors zu sehen.‘“[75] „Aus dem Gutachten des Fachlehrers für Geschichte: ‚Herr Booß bemüht sich, Einzelschritte und Arbeitsverfahren bewußt zu machen, ohne penetrant zu wirken. Der Referendar aktivierte den Lernprozeß, indem er Denkanstöße gab und bei Lernschwierigkeiten half . . . Herr Booß nahm die Schüler ernst, er besitzt zweifellos die Fähigkeit, eine Klasse anzusprechen . . . Der Referendar bewies im Unterricht große Geduld und zeigte in seinen Stunden einen ausgeprägten Gerechtigkeitssinn‘.“[76] „Aus dem Gutachten des Seminarleiters . . .: ‚Herr Booß hat ein ruhiges, ausgeglichenes Naturell, das gekoppelt ist mit freundlichem, verständnisvollem Auftreten vor einer Klasse. Diese Haltung und sein solides Wissen in seinen Fächern Deutsch

---

74 Alle Gutachten zitiert aus: „Bonner Korrespondenz" (bk), Nr. 9/72, vom 3. 2. 1972, Bl. 2.
75 Studiendirektor Hans Esser, Fachleiter für Deutsch, in seinem Bericht vom 1. 10. 1971.
76 Studiendirektor Secker, Fachleiter für Geschichte, in seinem Gutachten vom 1. 10. 1971.

und Geschichte verschaffen ihm das Vertrauen und den Respekt seiner Schüler. Geduldig geht er auf Fragen und Anregungen ein in dem Bemühen, ein Problem restlos abzuklären. Herr Booß plant seine Stunden mit Fleiß und Sorgfalt'."[77]
Initiativen: Bonner Bürgerinitiative gegen Berufsverbote. Studienassessoren des Bezirksseminars Aachen solidarisierten sich spontan. Die GEW stellte Rechtsschutz. Demonstration. Mehrere Presseberichte. Im März 1973 kleine Anfrage von 33 SPD-Landtagsabgeordneten im Landtag von Nordrhein-Westfalen.

Bernd *Fichtner*
Assessor für das Höhere Lehramt, Münster, DKP, erste philologische Staatsprüfung im Mai 1968 „mit Auszeichnung", 1970 Ernennung zum Beamten auf Widerruf, auch zweite Staatsprüfung „mit Auszeichnung" im November 1972. Am 29. 12. 71 wurde ihm in einem Schreiben des Schulkollegiums beim Regierungspräsidenten in Kamen mitgeteilt: „Mit Wirkung vom 1. 2. 1972 versetzen wir Sie im Einverständnis mit dem Regierungspräsidenten in Arnsberg zur lehramtlichen Tätigkeit an die Gesamtschule Kamen." Doch F., der bereits in den neuen Stundenplan aufgenommen war, konnte am 1. 2. 72 seinen Dienst nicht antreten. Ein vom 25. 1. 72 datiertes Schreiben des Schulkollegiums Münster belegte ihn mit Berufsverbot: „Hiermit teilen wir Ihnen mit, daß der Kultusminister inzwischen entschieden hat, daß Ihre Einstellung in den höheren Schuldienst des Landes Nordrhein-Westfalen unter gleichzeitiger Ernennung zum Studienassessor nicht in Betracht kommt."[78]
Begründung: Erfolgt in diesem Schreiben nicht. F. klagte auf Aufhebung dieses Bescheides und Einstellung in den öffentlichen Dienst. Erst in der Klageerwiderung des Landes Nordrhein-Westfalen wird als Ablehnungsgrund aktive DKP-Mitgliedschaft angeführt. In einem widersprüchlichen Urteil be-

---

77 Gutachten des Seminarleiters Schulz vom 20. 10. 1971.
78 „Radikale' im öffentlichen Dienst", Eine Dokumentation, hrsg. von Hanspeter Knirsch, Bernhard Nagel, Wolfgang Voegeli, Fischer-Taschenbuch-Verlag, Frankfurt/Main 1973, S. 161 ff.

stätigte das Verwaltungsgericht Münster die Nichteinstellung F.s. Aber als Grund wurde merkwürdigerweise nicht seine DKP-Mitgliedschaft angeführt (diese sei sogar „nicht entscheidungserheblich" gewesen), sondern die Herausgabe einer DKP-Stadtteilzeitung in Münster, die angeblich beleidigende Äußerungen enthalten habe. Wegen dieser Äußerungen hätte F. nach Meinung des Gerichts strafrechtlich und auch disziplinarisch (als Beamter auf Widerruf) zur Verantwortung gezogen werden können. Oberstudiendirektor Pahl, Leiter des Bezirksseminars für das Lehramt am Gymnasium Münster I, schreibt in seiner Beurteilung: „Herr Fichtner fällt in der Gemeinschaft seiner Kollegen zunächst nicht auf, still und nachdenklich verfolgt er Fragen und Beiträge anderer mit kritischem Interesse. Er verhält sich wie einer unter vielen. Allerdings qualifiziert sich diese Verhaltensweise im Gegensatz zu naiver Selbstgenügsamkeit oder schüchterner Zurückhaltung durch ein erstaunlich hohes Maß an schlichtem Selbstbewußtsein und kritisch-konsequenter Reflexion ... Seine unterrichtlichen Leistungen sind nicht mit gewöhnlichen Maßstäben zu messen ... Zur Beurteilung ... muß man außerdem wissen, daß alle Stunden mit einem ganz ungewöhnlichen Einsatz vorbereitet werden. In der Gruppenarbeit des Hauptseminars gehört Herr Fichtner zu den zuverlässigsten und anregendsten Teilnehmern. Von ihm stammen interessante und immer auch gründlich überlegte Vorschläge zur Weiterentwicklung der Arbeitsweise für die allgemein-pädagogischen Sitzungen. Ich schlage Herrn Fichtner ungeachtet möglicher Einschränkungen mit ‚sehr gut' vor."[79]
F. hat inzwischen gegen das Urteil Berufung eingelegt und geht in die zweite Instanz.
Initiativen: Protest des Lehrerrates der Kamener Gesamtschule, Unterschriftenaktionen, Münsteraner Bürgerinitiative gegen Berufsverbote.

79 Ebd.

Hannes *Heer*

Lehrer für Deutsch und Geschichte, gewerbliche Bildungsanstalt der Stadt Bonn, seit 1968 examinierter Lehramtsanwärter. Am 1. 9. 72 wurde H. als Aushilfskraft mit zwölf Wochenstunden eingestellt. Am 27. 11. 72 wurde dieses Beschäftigungsverhältnis fristlos gekündigt.

Begründung: „Nach meinen Feststellungen ist gegen Sie in drei Fällen aus den Jahren 1970/71 Anklage wegen Landesfriedensbruch, gefährlicher Körperverletzung und gemeinschaftlicher Nötigung erhoben worden. Außerdem sind Sie Beschuldigter in einer Reihe weiterer Ermittlungsverfahren."[80] H. war ehemals Sprecher des SDS, danach kurze Zeit DKP-Mitglied, und ist derzeit Sympathisant des maoistischen KSV. H.s Vorgesetzter, Schulleiter Willi Witt: „Die Einstellung ging planmäßig vor sich. Herr Heer hat seine Lehramtszeugnisse (in Deutsch und Geschichte „sehr gut") und sein einwandfreies Leumundszeugnis vorgelegt und wurde von mir, weil eine andere Lehrerin ausfiel, eingestellt." Im Lehrerkollegium sei er als „korrekter und loyaler" Kollege bekannt, sein Unterricht „bietet, soweit ich das beurteilen kann, keinen Anlaß zur Beanstandung ... Weder von den Schülern noch von den Eltern kamen bislang Beschwerden."[81]

H.s Entlassung ist von einer breiten Rechtsfront betrieben worden, die sich in Bonn in modellhafter Zusammensetzung offenbarte. CDU-Bundes- und Landtagsabgeordnete (mit einer Anfrage im Landtag), der rechtskonservative „Bund Freiheit der Wissenschaft" (Sprecher Prof. Scheuch), rechte Studentengruppen („Liberale Aktion", RCDS), rechte Presse („Bonner Rundschau") und opportunistische Verwaltung (Regierungspräsident Köln – SPD).[82]

Initiativen: Auf einer Protestveranstaltung des AStA der Universität Bonn gegen H.s Entlassung, griff H. einen Redner

---

80 Schreiben des Regierungspräsidenten in Köln vom 27. 11. 1972.

81 Schulleiter Willi Witt in „Rhein-Sieg-Anzeiger" vom 24. 11. 1972: „Loyal – aber zu links", von Christa Kölblinger.

82 Kurz, Lothar: „Schwierigkeiten der Solidarität mit einem Maoisten", in: „Deutsche Volkszeitung" (DVZ), Nr. 52, vom 21. 12. 1972.

und Organisationen scharf an, die sich mit ihm solidarisieren wollten.[83]

Hans *Heikler*
Lehrer, SPD, aktiver Jungsozialist, aus Greven bei Münster, war von der Stadtverwaltung Greven zur Anstellung in einer Grevener Schule vorgeschlagen worden. Als Grund wurden sein Fachwissen und der Lehrermangel in den Fächern angegeben, in denen er unterrichtete. H., der mit seiner Familie in Greven lebt, aber seit Jahren im 30 km entfernten Hohenhorst als Lehrer tätig ist, und deshalb gern nach Greven wollte, wurde von der CDU im Rat und im Schulausschuß abgelehnt. *Begründung:* Das Lokalblatt meldete, H. sei mit Hilfe des Beschlusses der Ministerpräsidentenkonferenz zu Fall gebracht worden.
Initiativen: Verschiedene Proteste von Jungsozialisten und nordrhein-westfälischen SPD-Gremien; Presseecho.

Karl-Heinz *Henne*
Detmold, DKP, wurde am 1. 12. 1969 nicht in den obligatorischen Vorbereitungsdienst für das Realschullehramt eingestellt, obwohl das Bezirksseminar in Bielefeld und die dortige Falkschule als Ausbildungsschule bereits alle Vorbereitungen für H.s Lehrerausbildung getroffen hatten.
Begründung: H. sei ein unsicherer Kantonist, „der in diesem Bezirk nicht tragbar ist".[84] Im Einvernehmen mit der Seminarleitung und der Direktion seiner Ausbildungsschule nahm H. den Vorbereitungsdienst außerhalb jeglicher rechtlicher Grundlage, ohne Vereidigung und Verbeamtung und ohne jegliches Entgeld auf. H. unterrichtete bis Mai 1970 an der Falkschule in Bielefeld, ohne eingestellt zu sein und ohne einen Pfennig Geld dafür zu bekommen. Mit seiner vierköpfigen Familie lebte er von der Fürsorge. Am 29. 4. 1970 mußte der

83 Ebd.
84 Regierungspräsident Graumann, Detmold, gegenüber der Wochenzeitung „Der Spiegel", Nr. 5/1970, S. 67.

Regierungspräsident in Detmold auf Anordnung des nord-rhein-westfälischen Kabinetts, das im Ergebnis massiver öffentlicher Proteste H.s Einstellung in den Vorbereitungsdienst beschlossen hatte, H. zum Lehramtsanwärter im Beamtenverhältnis auf Widerruf berufen und ihm den Abschluß seiner Lehrerausbildung in Bielefeld gestatten. Am 15. 6. 1971 bestand H. vor dem Pädagogischen Prüfungsamt Münster seine zweite Staatsprüfung mit dem Gesamtprädikat „sehr gut". Über H.s Unterrichtstätigkeit führte seine Fachleiterin in Geschichte, Frau Dr. Hildebrand, aus: „Seine Stunden sind für jeden Historiker eine Freude ... er probiert immer wieder neue Möglichkeiten der Stoffauswahl durch und sucht nach neuen Wegen für einen gegenwartsnahen Unterricht. Sein Unterricht ist politisch, aber nicht in einem engen Sinne parteipolitisch. Ich habe in meiner fast 10jährigen Tätigkeit als Fachleiter wenige Kandidaten gehabt, die fachlich und pädagogisch in gleicher Weise begabt sind." Trotz guter und sehr guter Zeugnisse und Gutachten lehnte der Regierungspräsident in Detmold es am 30. 7. 1971 ohne Angabe von Gründen ab, H. wie alle anderen bestandenen Examenskandidaten bei der Überreichung des Zeugnisses zugleich auch als Realschullehrer zu ernennen. Er teilte H. lediglich mit, daß die Entscheidung über seine Einstellung der Kultusminister sich vorbehalten habe und H. zu gegebener Zeit benachrichtigt würde. Damit war der ausgebildete und qualifizierte Lehrer H. arbeitslos und mußte sich und seine Familie von 800 DM Arbeitslosenhilfe monatlich ernähren. Nun setzte ein Kesseltreiben der CDU auf den Demokraten H. ein. Am 30. 8. 1971 beschloß die CDU-Landtagsfraktion einstimmig, die Landesregierung zur Nichteinstellung H.s zu veranlassen, und brachte in diesem Sinne am 7. 9. 1971 eine Anfrage zum Fall H. im Landtag ein. Die Entscheidung über den Fall wurde dem Kultusminister Girgensohn (SPD) aus der Hand genommen und dem gesamten Kabinett übertragen. Ministerpräsident Kühn (SPD) beantwortete die CDU-Anfrage mit der Anregung, allgemeine Richtlinien für die Einstellung „radikaler" Kräfte zu erarbeiten, und bot der CDU die Mitarbeit daran an. Am 28. 10. 1971 ließ H. durch seine ihm von der GEW gestellten Rechtsanwälte die Landesregierung von Nordrhein-Westfalen wegen Unterlassung der Entscheidung über seine Einstellung in den Schuldienst verklagen. Trotz gerichtlicher Aufforderung trafen die Behörden die Entscheidung über H.s Einstellung nicht. Nachdem sie H. fast ein ganzes Jahr in ständiger Unsicherheit gelassen hatten, fällte die Behörde des Regierungspräsidenten in Detmold endlich am 18. 2. 1972 eine Entscheidung: H.s Einstellung in den öffentlichen Dienst wurde ohne Angabe von Gründen abgelehnt; der Ablehnungsbescheid enthielt lediglich einen Satz; eine Rechtsmittelbelehrung fehlte völlig. H.s Versuche, von der Detmolder Bezirksregierung wenigstens in mündlicher Form die Gründe für seine Ablehnung zu erhalten, scheiterten. Weder der Regierungspräsident noch sein Vizepräsident noch die zuständigen Sachbearbeiter waren bereit, auch nur die geringste Auskunft zu geben. Am 28. 3. 1972 legten H.s Anwälte Widerspruch ein; der ablehnende Widerspruchsbescheid der Behörde erfolgte am 9. 6. 1972. Daraufhin reichten die Anwälte am 11. 7. 1972 Anfechtungs- und Verpflichtungsklage beim zuständigen Verwaltungsgericht in Minden/Westf. ein. Bis Redaktionsschluß lag kein Urteil dieser ersten Verwaltungsgerichtsinstanz vor. Ein Verhandlungstermin ist bisher nicht einmal anberaumt worden, obgleich schon fast ein ganzes Jahr seit der Einreichung der Klage vergangen ist. Die hier geübte Verschleppungstaktik ist offenkundig.

Initiativen: 2000 Unterschriften von Lehrern und Hochschullehrern an die nordrhein-westfälische Landesregierung für Einstellung H.s; politischer Protest des GEW-Landesvorstandes; großes Presseecho; Bielefelder Komitee gegen Berufsverbote veranstaltete Aktionswoche. Die Bundesanstalt für Arbeit in Nürnberg bemühte sich vergeblich, H. im gesamten Gebiet der BRD und in Westberlin in seinem Lehrberuf zu vermitteln. Die Totalität des Berufsverbotes gegen den ausgebildeten Lehrer zeigte sich auch daran, daß neben den öffentlichen Schulen weder Privatschulen, der Verband der Volkshochschulen noch das DGB-Bildungswerk bereit waren, H. einzustellen.

Derzeit führt H. ein Forschungsstudium an der Pädagogischen Hochschule Bielefeld durch, welches allerdings schon Mitte 1974 ausläuft.

Besonderheit: H. mußte sich schon in früher Jugend politischer Verfolgung erwehren. Am 12. 7. 1961 wurde der Unterprimaner wegen „politischer Renitenz" und wegen Nichtteilnahme an einer politischen Veranstaltung der Schule zum „Tag der deutschen Einheit" am 17. Juni 1961 vom Leopoldinum II in Detmold entlassen. Begründung: „Gefährdung der Schulzucht". Ein Jahr später, am 27. 9. 1962, wurde H., der inzwischen Aufnahme am Gymnasium in Blomberg/Lippe gefunden hatte, von drei Kriminalbeamten der Politischen Polizei (14.K) während des Unterrichts aus der Schule heraus verhaftet und wie ein Schwerverbrecher unter Androhung der Anlegung von Handschellen in Untersuchungshaft abgeführt. Verhaftungsgrund laut Haftbefehl des Amtsgerichts Detmold: „Staatsgefährdung, landesverräterische Beziehungen, verfassungsverräterischer Nachrichtendienst, Rädelsführerschaft, Verstoß gegen das KPD-Verbotsurteil." Inkriminierter Strafbestand: Teilnahme am Arbeiterjugendkongreß Pfingsten 1962 in Leipzig und Halten eines fünfzehnminütigen Diskussionsbeitrages über Verlauf und Ergebnisse des Ostermarsches 1962 von Detmold nach Hannover, Teilnahme am Nationalkongreß der Nationalen Front der DDR in Berlin, Teilnahme an den Weltjugendfestspielen 1962 in Helsinki. Am 29. 10. 1962 wurde H. aus der Untersuchungshaft entlassen und unter strenge Polizeiaufsicht gestellt. Er hatte sich zweimal wöchentlich bei der Politischen Polizei in Detmold zu melden. Noch während seiner Haft beschloß die Gesamtkonferenz des Gymnasiums Blomberg am 23. 10. 1962, H. vom weiteren Besuch der Schule wegen „Gefahr der Störung des Schulfriedens" bis zum Ergehen eines rechtskräftigen Urteils auszuschließen. H.s Widerspruch dagegen wurde vom Regierungspräsidenten in Detmold am 16. 1. 1963 abgelehnt. Kurz vor dem Abitur wurde H. ohne Gerichtsurteil an der Fortführung seiner Schulausbildung gehindert. H.s Versuche, an einer anderen Schule unterzukommen, scheiterten. Kein Schulleiter wagte es, H. wegen des gegen ihn schwebenden Verfahrens aufzunehmen. Am 29. 1. 1963 forderte das Landgericht Dortmund, Politische Strafkammer, H. auf, sich zur „Feststellung seiner strafrechtlichen Verantwortlichkeit" einer psychiatrischen Untersuchung in der Landesirrenanstalt Eickelborn bei Soest zu unterziehen. H. kam dieser demütigenden Aufforderung nach. In dem Gutachten des untersuchenden Medizinalrats wurde dem damals achtzehnjährigen H. die geistige und sittliche Reife eines Erwachsenen von 25 Jahren bescheinigt.

Hessen

Michael *Beltz*
Lehrer in Wißmar, Gießen, DKP-Kreisvorsitzender, seit 1966 im Schuldienst. Seit 17. 1. 1973 ununterbrochen Angriffe der CDU auf B., die alle in die Forderung einmünden, B. zu entlassen. „Die Beschäftigung des 31jährigen Lehrers stelle einen ‚weiteren Bruch‘ der Vereinbarung der Ministerpräsidenten ... dar."[85] Angriffe des „Bayernkurier" (CSU-Organ) vom 27. 1. 1973.
Initiativen: Solidarisierung des SPD-Unterbezirks Gießen mit B., ebenso: SDAJ Gießen, Schülerrat Gießen, SPD-Ortsverein Wißmar, Elternversammlung der Kl. 1c der Wißmarer Schule. Nach wie vor ist B. im Schuldienst – ein erfreuliches Zeichen, daß bei breiter, öffentlicher Unterstützung der CDU-Angriff abgeschlagen wurde.[86]

---

85 „Gießener Anzeiger" vom 18. 1. 1973, vgl. auch „Gießener Allgemeine Zeitung" vom 18. 1. 1973.
86 „Gießener Anzeiger" vom 9. 2., 23. 2. 1973 und „Gießener Allgemeine Zeitung" vom 24. 1., 30. 1., 9. 2., 14. 2. 1973, alles zitiert nach „Gießener Echo", DKP-Zeitung für Gießen.

Thomas *Beyerle*

Lehrer an der Ernst-Reuter-Schule in Dietzenbach, zusammen mit Klaus-Dieter Katarski Anfang April 1973 fristlos aus dem hessischen Schuldienst entlassen.

Begründung: Kultusminister von Friedeburg hatte ihm das für einen Lehrer „unerläßliche Maß an Toleranz und Kooperationsbereitschaft" abgesprochen.[87] An den „unkonventionellen Unterrichtsmethoden" nahmen einige Eltern und Kollegen Anstoß; u. a. war im Unterricht über Unterschiede von „Arbeiter- und Kapitalistenkindern" gesprochen worden.[88] Zwanzig Kollegen, der Elternrat, Orts- und Landes-CDU und Springer-Presse („Bild" und „Die Welt") forderten die Entlassung. Solidarisierung der anderen Hälfte des Kollegiums. Schulstreik. Ministerpräsident Osswald: „Wir lassen uns diesen Staat nicht kaputtmachen."[87] Um mögliche Protestaktionen zu verhindern, blieb die Dietzenbacher Ernst-Reuter-Schule auf Antrag des Offenbacher Landrats Walter Schmitt und mit Genehmigung des Ministeriums und mit Zustimmung der Eltern bis zum Beginn der Osterferien geschlossen."

Besonderheit: Öffentliche Drohungen von B. und Katarski, sie würden sich den Zugang zur Schule notfalls mit Hilfe der Frankfurter Hausbesetzer erzwingen, führten zu einer Distanzierung der GEW von B. und Katarski und schwächten die Solidarisierungsbasis.[89]

Dr. Rainer *Eckert*

Studienreferendar, Fächer: Mathematik/Physik, Frankfurt, DKP, früher als „Stamokap"-Sprecher der Frankfurter Jungsozialisten bekanntgeworden, öffentlich erhobene Forderung der CDU in Hessen, ihn aus dem Schuldienst zu entlassen.[90]

---

87 „Die Welt vom 6. 4. 1973.
88 „Der Stern", Nr. 14, vom 29. 3. 1973.
89 „Frankfurter Rundschau" vom 6. 4. 1973.
90 „Frankfurter Rundschau" vom 27. 6. 1973, dort wird der Vorsitzende der CDU-Fraktion im Hessischen Landtag zitiert.

Lehrer an der Ernst-Reuter-Gesamtschule. „Offen ist lediglich noch, ob er nach seinem inzwischen abgelegten 2. Examen als Beamter auf Lebenszeit oder als Angestellter ... unterrichten wird."[91] Es sei sicher, so Kultusminister von Friedeburg, daß „Herr Eckert weiterhin im Schuldienst bleibt".[92]

Klaus-Dieter *Katarski*
Lehrer an der Ernst-Reuter-Schule in Dietzenbach
(siehe Beyerle).

Lüdde
Studienassessor, Heusenstamm, Darmstadt, Rüsselsheim, war vom 1. 9. 1968 bis Mitte Juni 1970 an drei verschiedenen Schulen tätig. Aus dem Kreisgymnasium Heusenstamm wurde L. im November 1968 entlassen.
Begründung: Das in einer Geschichtsstunde diskutierte Flugblatt sei dazu geeignet gewesen, „religiöse Empfindungen zu verletzen". L. konnte die gegen ihn erhobenen Beschuldigungen zurückweisen; das Untersuchungsverfahren endete im Januar 1969 mit der Mitteilung, daß er in seinem Beamtenverhältnis verbleiben könne.
Von Mitte Februar 1969 war er an einem Gymnasium in Darmstadt tätig und wurde im September 1969 dort entlassen. Diese zehn Wochen galten – L. selbst unbekannt – als Bewährungsfrist.
Begründung: Verletzung der vom Hessischen Kultusministerium herausgegebenen Richtlinien, unkonventionelle Unterrichtsmethoden.
Initiativen: Darmstädter Technische Hochschule bescheinigte ihm fortschrittliche Unterrichtsmethoden; Schülerstreiks, Demonstrationen von Schülern, Lehrern auch anderer Schulen. Die verfügten Disziplinarmaßnahmen gegen L. wurden aufgehoben und die Versetzung ans Hessenkolleg in Rüsselsheim angeordnet. Dort wurde L. am 18. Juni vom Dienst suspen-

91 „Frankfurter Rundschau", 27. 6. 1973.
92 Ebd.

diert und acht Tage später vom Minister als „Rädelsführer" entlassen. L. hatte sich bei der schulinternen Auseinandersetzung um mehr Mitbestimmung und mehr Rechte für die Kollegiaten auf deren Seite gestellt und während eines Unterrichtsstreiks keine Disziplinarmaßnahmen gegen sie erhoben. Daraufhin streikte der Lehrkörper und forderte die Entlassung L.s.[93]

Baden-Württemberg

Kommer

Studienreferendar, Wertheim (Nordbaden), wurde 1969 nach Ablauf seines Vorbereitungsdienstes aus seinem Beamtenverhältnis entlassen.

Begründung: a) Erteilung fachfremden Unterrichts, b) öffentliche Stellungnahme zu den Vorgängen zur Schulsprecherwahl, c) Aufwiegelei. Das Oberschulamt Nordbaden in Karlsruhe verfügte gegen zwei andere beteiligte Lehrer Disziplinarstrafen (Geldbußen) und Strafversetzung (Güde und Leonhardt).

Initiativen: Trotz Protesten von Lehrern, Schülern, Eltern und des Wertheimer Bürgermeisters, Schülerstreik und Demonstration bestand die Behörde auf ihrem Beschluß.

Besonderheit: Der Fall liegt noch vor dem Beschluß der Ministerpräsidenten.

Klaus *Mausner*

Kunsterzieher, Stuttgart, DKP, ehemaliger AStA-Vorsitzender der Kunstakademie in Stuttgart. Im September 1972 wurde M., der sein Staatsexamen mit dem Notendurchschnitt 1,75 abschloß, durch Kultusminister Hahn (CDU) die Einstellung in den Referendardienst verweigert.

---

93 „Materialien zum Berufsverbot", Reihe Roter Pauker, Verlag 2000, Offenbach, Mai 1972.

Begründung: M. könne nicht stets „aktive Verteidigung der freiheitlichen demokratischen Grundordnung garantieren".[94]
Die GEW gewährte Rechtsschutz. Der Antrag auf sofortige Ernennung zum Beamten auf Widerruf und vorläufige Zulassung zum Referendardienst wurde vom Verwaltungsgericht Stuttgart verworfen.
Initiativen: Solidarisierung der GEW, Jungsozialisten, Studentenparlament und Kunstakademie. Mausner, der auf das Hauptverfahren wartet, verdient derzeit seinen Lebensunterhalt durch Gelegenheitsarbeiten.

Volker *Müller*
Junglehrer, Heidelberg. Ihm wurde die Einstellung als Studienreferendar verweigert.
Begründung: Frühere studentische Tätigkeit als AStA-Vorsitzender. Nähere Einzelheiten nicht bekannt.

Ulrich *Topp*
Assessor am Helmholtz-Gymnasium in Heidelberg. Er ist ehemaliger Vorsitzender der Heidelberger Fachgruppe Gymnasien der GEW. Zum 31. 7. 1972 wurde er fristlos gekündigt.
Begründung: In seiner Funktion als Vorsitzender der Fachgruppe Gymnasien der GEW hatte er in einen örtlichen Schulstreit eingegriffen und zu einem Flugblatt dreier Schüler Stellung genommen: „Der auf dem Schülerflugblatt vertretenen Meinung, daß es auch undemokratische Gesetze und Bestimmungen gebe, bei denen Widerstand, nicht Gehorsam angebracht sei, kann doch ernsthaft kein Demokrat widersprechen."[95]
Diese Erklärung weckte beim Oberschulamt „gewisse Zweifel, ob Sie die erforderliche Loyalität gegenüber ihrem Arbeitgeber aufbringen und die Gewähr dafür bieten, daß Sie das Grundgesetz für die Bundesrepublik Deutschland und die Gesetze

---

94 „Dokumentation über ein Berufsverbot im öffentlichen Dienst für ein DKP-Mitglied", hrsg. von Klaus Mausner.
95 Rundschreiben der GEW-Fachgruppe Gymnasien, Fachgruppenkonferenz Heidelberg.

wahren."[96] In der außerordentlichen Kündigung heißt es: „Das Oberschulamt vermag nur festzustellen, daß Sie trotz eingehender Aussprache und Erörterung bei Ihrer verfassungswidrigen Auffassung beharren ..."[97] In zweiter Instanz entschied das Landesarbeitsgericht Baden-Württemberg im Frühjahr 1973, daß die fristlose Kündigung „rechtswidrig" war.[98] Gegen die ordentliche Kündigung, die das Oberschulamt mittlerweile ausgesprochen hat, hat T. Klage erhoben.

Rheinland-Pfalz

Reinhild *Engel*
Lehramtsanwärterin, Hütschenhausen, MSB Spartakus, erhielt am 10. 8. 1972 die Nachricht, „daß wir Ihrer Bewerbung um Einstellung in den rheinland-pfälzischen Schuldienst nicht zu entsprechen vermögen".[99] „Da ein Rechtsanspruch auf Einstellung in das Beamtenverhältnis auf Probe grundsätzlich nicht besteht, fühlen wir uns rechtlich nicht verpflichtet, diese Entscheidung zu begründen. Gleichwohl wollen wir Sie über die Motive unseres Entschlusses nicht im unklaren lassen."[100]
Begründung: „Begründete Zweifel, daß ... die freiheitliche Ordnung der BRD bejaht und verteidigt wird."[101] „Sie haben im Juli 1970 an einer Delegationsreise des Republikanischen Clubs (RC) Kaiserslautern nach Cottbus und im Dezember 1971 an Sitzungen des MSB-Spartakus der EWH Worms teilgenommen. Des weiteren waren Sie im Juli 1972 Kandidatin des MSB-Spartakus zu den STUPA-Wahlen an der EWH-Worms und waren außerdem auf einer Flugschrift, die die Überschrift „Was will der Spartakus" trägt und die als Organ

96 Schreiben des Oberschulamtes Nordbaden vom 28. 3. 1972.
97 Schreiben des Oberschulamtes Nordbaden vom 22. 6. 1972.
98 „Rhein-Neckar-Zeitung" vom 24. 3. 1973: „Topp siegte auch in zweiter Instanz."
99 Schreiben des Kultusministeriums Rheinland-Pfalz vom 10. 8. 1972.
100 Ebd.
101 Ebd.

der Spartakus-AMS an der EWH Worms bezeichnet wird, neben acht weiteren Studenten abgebildet. Damit haben Sie insbesondere durch die letzten beiden Tatsachen ihr aktives Engagement für eine Organisation mit verfassungsfeindlicher Zielsetzung unter Beweis gestellt."[102]

Michael *Freund*
Lehrer an Grund- und Hauptschulen, Koblenz, erhielt am 12.7.1973 von der Bezirksregierung Koblenz ein Schreiben, das seine Bewerbung ablehnt. „Sie sind Mitglied der DKP sowie Bundesvorstandsmitglied des MSB-Spartakus. Im Rahmen dieser Mitgliedschaften betätigten Sie sich aktiv, indem Sie für die Semester-Zeitung des MSB-Spartakus sowie die „Schülerinfo" der SDAJ Koblenz verantwortlich gezeichnet haben. Ferner traten Sie regelmäßig als Unterzeichner der Flugblätter der SDAJ Koblenz, gelegentlich auch der dortigen DKP und des MSB-Spartakus an der EWH Koblenz in Erscheinung.
Diese Organisationen stehen auf der Grundlage von Theorien, deren Umsetzung in die politische Wirklichkeit zu einer Beeinträchtigung oder Beseitigung der freiheitlich-demokratischen Grundordnung im Sinne des Grundgesetzes führen würde. Infolge Ihrer Mitarbeit bei diesen Organisationen bieten Sie weder die Gewähr dafür, daß Sie jederzeit für die freiheitlichdemokratische Grundordnung im Sinne des Grundgesetzes eintreten noch daß Sie Ihr Amt als Lehrer im Sinne der Grundsätze der Verfassung für Rheinland-Pfalz ausüben. Damit erfüllen Sie unabdingbare Voraussetzungen für eine Übernahme in ein Beamtenverhältnis und für eine Einstellung in den Schuldienst nicht (vgl. § 9 Abs. 1 Ziff. 2 des Landesbeamtengesetzes und Artikel 36 der Landesverfassung).
Dem steht Artikel 12 Grundgesetz nicht entgegen.
Eine Abwägung der kollidierenden Rechtsgüter ergibt, daß das Grundrecht der freien Berufswahl im vorliegenden Falle gegenüber dem Schutz der freiheitlich-demokratischen Grundord-

102 Ebd.

nung durch die in Artikel 36 der Landesverfassung geforderte Verfassungstreue des Lehrers zurückzutreten hat.

Die Zurückweisung Ihrer Bewerbung ist notwendig, da Sie als Lehrer z. A. selbständig zu unterrichten haben und eine Einflußnahme auf die Schüler mit einer der freiheitlich-demokratischen Grundordnung zuwiderlaufenden Zielsetzung daher nicht ausgeschlossen und nicht rechtzeitig verhindert werden könnte."[103]

Anne *Lenhart*

Lehramtskandidatin (Sport, Englisch), MSB Spartakus, Bundestagskandidatin der DKP. Sie wurde Ende 1971 vom rheinlandpfälzischen Kultusminister Bernhard Vogel (CDU) nicht in den Schuldienst übernommen.

Begründung: A. L. sei „engagiertes Mitglied" der DKP, die verfassungsfeindliche Ziele verfolge. Zunächst nebenberuflicher Lehrauftrag für Englisch an einer Schule in Wiesbaden (Hessen). Rechtsbeistand durch GEW. Prozeß. Das Verwaltungsgericht Neustadt/Rhld.-Pf. gab in seinem Urteil vom Februar 1973 A. L. recht. „Anne Lenhart hat niemals die Grenzen ihres Freiheitsraumes überschritten" (Richter Zimmermann).[104] Es sei daher unzulässig anzunehmen, die Klägerin werde ihre Pflichten als Lehrerin verletzen, nur weil sie Mitglied der DKP sei.[105] Das Land Rheinland-Pfalz muß A. L. jetzt einstellen. Massive Proteste der CDU gegen die nebenberufliche Tätigkeit in Hessen und gegen das Verwaltungsgerichtsurteil. Kultusminister Vogel legte unverzüglich Berufung ein.

Günter *Mielast*

Lehramtsanwärter, Koblenz, DKP, Studium an der Erziehungswissenschaftlichen Hochschule Worms, Examensnote „gut", wurde am 31. 8. 1972 die Einstellung in den Schuldienst verweigert.

---

103 Schreiben der Bezirksregierung Koblenz vom 12. 7. 1973.
104 Urteil vom 22. 2. 1973 der in Mainz ansässigen 7. Kammer des Verwaltungsgerichtes Neustadt.
105 „Frankfurter Rundschau" vom 23. 2. 1973.

Begründung: „Seit Beginn 1971 sind Sie Mitglied der DKP, gehören der DKP-Betriebsgruppe der EWH Koblenz an und sind Mitglied des Autorenkollektivs des MSB Spartakus an der EWH Koblenz. Außerdem haben Sie im Frühjahr 1971 an einer Reise mit einer Spartakus-Gruppe in die DDR und Ende Oktober 1971 an der Landesdelegiertenkonferenz der DKP in Ludwigshafen teilgenommen. Damit haben Sie über Ihre Mitgliedschaft hinaus Ihr aktives Engagement für diese Organisationen verfassungsfeindlicher Zielsetzung unter Beweis gestellt. Somit kann nicht erwartet werden, daß Sie sich zur freiheitlich-demokratischen Grundordnung im Sinne des Grundgesetzes bekennen und jederzeit für deren Einhaltung eintreten werden. Aus diesen Gründen erfüllen Sie nicht die Voraussetzungen des § 9 Abs. 1 Ziff. 2 LBG und können deshalb nicht in das Beamtenverhältnis berufen werden."[106]
Initiativen: Flugblatt der Erziehungswissenschaftlichen Hochschule Worms.

Marion *Nürnberg*
Lehramtsanwärterin in Koblenz, ehemaliges Spartakus-Mitglied, Studentin an der Erziehungswissenschaftlichen Hochschule Koblenz, hatte sich um eine Planstelle an einer Dorfschule in der Eifel beworben. Ihr wurde im Herbst 1971 von der Bezirksregierung Koblenz mitgeteilt, daß ihre Bewerbung abgelehnt sei. Dies wurde Ende Oktober 1971 auch von Kultusminister Bernhard Vogel (CDU) bestätigt.
Begründung: Marion Nürnberg habe im Dezember 1970 bei den Wahlen zum Studentenparlament für den MSB Spartakus kandidiert und damit ihr „aktives politisches Engagement unter Beweis gestellt".[107] Vogel in einem Schreiben an Nürnberg: „Lehrer kann nur werden, wer die Gewähr dafür bietet, sein Amt als Volkserzieher im Sinne des Grundgesetzes der Verfassung auszuüben."[108]

106 Schreiben der Bezirksregierung Koblenz vom 31. 8. 1972.
107 „Frankfurter Rundschau" vom 21. 10. 1971: „Lehrerin abgewiesen".
108 Ebd.

Wilfried *Reckert*

Lehrer an Grund- und Hauptschulen, Koblenz, erhielt am 2. 7. 1973 von der Bezirksregierung Trier ein ablehnendes Schreiben. Es lautet: „Sie sind Mitglied von SDAJ, DKP und MSB Spartakus; im Rahmen dieser Mitgliedschaften betätigten Sie sich aktiv, indem Sie die Funktion des stellvertretenden Vorsitzenden der SDAJ ausübten und als Verantwortlicher für verschiedene Flugblätter und Zeitschriften der SDAJ („Information des Landesvorstandes Nr. 2" der SDAJ, „SDAJ-Extra" der SDAJ-Koblenz, „Kommunist-Extra" der Hochschulgruppe der DKP an der EWH Koblenz) zeichneten. Außerdem verfaßten Sie in dem Zentralorgan der DKP „u. z." verschiedene Artikel."

Der Rest des Schreibens stimmt wortwörtlich mit dem Ablehnungsschreiben der Bezirksregierung Koblenz vom 12. 7. 1973 im „Fall" M. Freund überein.[109]

Bayern

Dr. Rolf *Eckart*

Oberstudienrat, SPD-Mitglied, 1. Vorsitzender der bayerischen GEW, wurde am 22. 2. 72 mit Wirkung vom 28. 2. 72 aus politischen Gründen seines Amtes als Referent für Politische Bildung am Pädagogischen Institut des Schulreferats der Stadt München enthoben. Der zuständige Stadtschulrat Fingerle (CSU) wies ihn an, den Schuldienst am Münchener Willi-Graf-Gymnasium aufzunehmen. Eckarts engagierte Gewerkschaftsarbeit wurde mit seiner Tätigkeit im Stadtschulreferat als unvereinbar bezeichnet. Auf E.s Widerspruch vom 24. 2. 1972 wurde am 1. 3. 1972 die sofortige Vollziehung angeordnet.

Initiativen: Resolution der Arbeitsgemeinschaft sozialdemokratischer Lehrer vom 25. 2. 1972, Resolution der GEW München vom 10. 3. 1972, großes Presseecho.

109 Schreiben der Bezirksregierung Trier vom 2. 7. 1973.

Claudia *Eisinger*
Pädagogikstudentin, München, DKP, MSB Spartakus, GEW.
Sie war Tutorin am Historischen Institut, bestand ihr Staatsexamen mit „gut". Trotzdem Nichtaufnahme in das Beamtenverhältnis auf Widerruf (26. 7. 72). Das bedeutete Ausbildungs-
und Berufsverbot, da C. E. nicht das Pädagogische Seminar
besuchen durfte.

Begründung der CSU-Regierung: E.s Mitgliedschaft im MSB
Spartakus, der „auch im übrigen verfassungsfeindliche Aktivitäten entwickelte", stünde Art. 9, Abs. 1, Satz 2 des Bayerischen Beamtengesetzes entgegen. Ferner wurde ein Bücherpa-
ket aus der DDR vom Februar 1970 angeführt, welches
Standardwerke geschichtswissenschaftlichen Inhalts enthielt.
Zur Diffamierung des Kultusministeriums, DKP und MSB
Spartakus stünden auf der Grundlage politischer Theorien,
deren Verwirklichung die freiheitlich-demokratische Grundordnung beseitigen oder beeinträchtigen würden, stellte die GEW
fest: Trotz der allgemeinen Rechtsunsicherheit über die Anwendung des Ministerpräsidentenbeschlusses vom Januar 1972
zeichne sich die bayerische Kultusbürokratie durch ein besonders selbstbewußtes Vorgehen gegen alle Kritiker aus. Die Feststellung der Verfassungswidrigkeit einer Partei oder Organisation stehe nach dem Grundgesetz allein dem Bundesverfassungsgericht zu, nicht aber Parlamenten, Regierungen oder gar
Behörden. Die GEW gewährt Rechtsschutz und will „mit allen
uns zu Gebote stehenden Mitteln" gegen solche Übergriffe der
Behörde ankämpfen".[110]

Initiativen: Prof. Sontheimer (SPD) unterzeichnete mit seinem
gesamten Hauptseminar ein Protestschreiben an das Kultusministerium. Prof. Bosl erklärte sich bereit, seiner ehemaligen
Schülerin in einem Gutachten hohe Qualifikation und pädagogische Begabung zu bescheinigen. Münchener Bürgerinitiative.

Erfolg: Urteil des Bayerischen Verwaltungsgerichtes vom
9. 3. 1973, indem C. E. obsiegte. Das Land Bayern wurde ver-

---

110 „Stuttgarter Zeitung" vom 22. 11. 1972.

pflichtet, C. E. „bis zum rechtskräftigen Abschluß des Haupt-
sacheverfahrens ... vorläufig zum Vorbereitungsdienst für das
Lehramt an Gymnasien ... zuzulassen und zur Beamtin auf
Widerruf ... zu ernennen".[111]

Angelika *Grube*

Volksschullehrerin, München, parteilos, wurde nach Protesten
(u. a. des Arbeitsausschusses junger Lehrer und Erzieher in der
GEW) nach dem Anhörverfahren doch eingestellt. Sie war
früher mit einem Kommunisten verheiratet und hat 1962 an
den Weltjugendfestspielen in Helsinki teilgenommen.[112]

Ulrich *Kuder*

München, SPD, Vikar im Schuldienst (siehe Theologen) an
der Münchener Wirtschaftsaufbauschule tätig, wurde als Religionslehrer entlassen und darf keinen Unterricht geben.

Benno *Moosmüller*

Volksschullehrer, Weißenburg, parteilos, wurde im Anhörungsverfahren die Unterzeichnung studentischer Flugblätter vorgeworfen. Er wurde bis heute nicht eingestellt und arbeitet zur
Zeit in einem Freizeitheim.[113]

Ingelore *Priesing*

München, Volksschullehrerin, erste Prüfung am 30. 3. 1973,
wurde vom Kultusministerium der Regierung von Mittelfranken in Ansbach zugeteilt, aber durch Bescheid vom 8. 6. 1973
nicht eingestellt.
Begründung: P. gehörte dem MSB Spartakus seit April 1972
und der DKP seit April 1973 an. Im Ablehnungsschreiben heißt
es: „Der MSB bekennt sich wie die DKP in seinen Grund-
satzdokumenten zum Marxismus-Leninismus. Beide Organisationen wissen sich solidarisch verbunden.

111 Urteil vom 9. 3. 1973, Az 5201/72, S. 1.
112 Rundbrief der Initiative „Weg mit den Berufsverboten" vom 1. 6. 1973.
113 Pressemitteilung der Initiative „Weg mit den Berufsverboten" vom
   1. 6. 1973.

Der Marxismus-Leninismus lehrt, Moral, Recht und Politik seien stets klassengebunden; der Staat sei das Werkzeug der herrschenden Klasse. Daraus folgt, daß für das Parteimitglied die Partei die höchste moralische und politische Instanz ist. Es kann daher für ein überzeugtes DKP-Mitglied keine Loyalität gegenüber dem Staat der Monopolkapitalisten geben. Nach Auffassung der DKP ist die „Arbeiterklasse" vielmehr dazu berufen, die bestehende Ordnung auf revolutionärem Wege zu zerstören und den Sozialismus zu errichten, der in die klassenlose und herrschaftsfreie kommunistische Gesellschaft einmünden soll."
Initiativen: Initiativkreis „Solidarität gegen Berufsverbot" in München und Nürnberg.[114]

Gerhard *Schmid*
Lehramtsanwärter, Augsburg, stellvertretender Kreisvorsitzender der Gewerkschaft Erziehung und Wissenschaft, bestand seine 1. Prüfung mit einem Notendurchschnitt von 1,64. Am 2. 8. 1972 teilte ihm die Regierung von Schwaben mit, daß er der Volksschule Aindling als Lehramtsanwärter zugeteilt sei. In dem Schreiben[115] heißt es u. a. in Punkt 6: „Die Regierung bittet Sie, den Dienst rechtzeitig zu dem oben genannten Termin aufzunehmen und wünscht Ihnen einen guten Anfang und viel Erfolg in Ihrem Beruf." In Punkt 4 wird er gebeten, dem Schreiben beigefügte Erklärungen unverzüglich unterschrieben zurückzusenden. Es handelte sich dabei um eine Bekanntmachung der Bayerischen Staatsregierung vom 29. 4. 1961 über verfassungsfeindliche Betätigung von Angehörigen des öffentlichen Dienstes. In der ersten Erklärung mußte S. betonen, diese Bekanntmachung zur Kenntnis genommen zu haben. „Die folgende zweite Erklärung wurde nur ... S. zur Unterschrift zugesandt. Die anderen Lehramtsanwärter erhielten den Text nicht. Erklärung (Art. 9 Abs. 1 Ziff. 2 des Bayer. Beamtengesetzes): Ich erkläre hiermit, daß ich die Gewähr dafür biete,

---

114 Ebd. und Schreiben der Regierung von Mittelfranken vom 8. 6. 1973.
115 Schreiben der Regierung von Schwaben, Augsburg, vom 21. 8. 1972.

daß ich jederzeit für die freiheitliche demokratische Grundordnung im Sinne des Grundgesetzes und der Bayerischen Verfassung eintrete, insbesondere also gegen diese gerichtete Bestrebungen nicht unterstütze, keiner gegen sie arbeitenden Organisationen angehöre und als Beamter verpflichtet sein werde, mich aktiv innerhalb und außerhalb des Dienstes für die Erhaltung dieser Grundordnung einzusetzen." S. unterzeichnete beide Erklärungen. Trotzdem erhielt er zwei Stunden vor seiner Vereidigung am 18. 9. 1972 den Bescheid, daß sein Antrag auf Zulassung zum Vorbereitungsdienst für das Lehramt an Volksschulen abgelehnt sei.

Begründung: Teilnahme an Demonstrationen und Diskussionen der sogenannten Außerparlamentarischen Opposition des Jahres 1968. Die Regierung schloß aus seinem damaligen Verhalten, daß sich „ganz erhebliche Zweifel daran ergeben, daß er der freiheitlichen demokratischen Grundordnung im Sinne des Grundgesetzes und der Bayr. Verfassung positiv zugewandt und bereit sei, für sie einzutreten". Dazu S. in einem Schreiben an den Regierungspräsidenten: „Meine jahrelange gewerkschaftliche Tätigkeit dürfte doch wohl schwerer wiegen als Handlungen, die während der Studentenbewegung vor über vier Jahren begangen und unter die durch die Amnestie des Deutschen Bundestages ein Schlußstrich gezogen wurde." Die Gewerkschaft Erziehung und Wissenschaft forderte die sofortige Einstellung von G. S. und kündigte gegen dieses Ausbildungsverbot die Anwendung aller rechtlichen Mittel an.[116] Augsburger Bürgerinitiative.

116 Dokumentation „Der Fall Gerhard Schmid – Berufs- und Ausbildungsverbot für einen Augsburger Lehramtsanwärter", hrsg. vom GEW-Bezirksverband Schwaben, Augsburg.

c) Hochschulen

1. Baden-Württemberg

1.1 Universität Heidelberg

Klaus *von Beyme*
Professor, wurde von Kultusminister Hahn nicht berufen, obwohl er auf Platz Eins der Berufungsliste für einen Lehrstuhl für Politische Wissenschaft stand. Nach erfolglosem Versuch, Nummer Zwei zu berufen, wurde die Liste zurückgegeben. Als Begründung für die Ablehnung wurde offiziell die politische Haltung von B. angegeben.[1]

Schesswendter und *Riehle*
Wissenschaftliche Mitarbeiter, ihnen wurde auf Anweisung des Kultusministers vom 28. 9. 1972 der am 30. 9. 1972 auslaufende, auf ein Jahr befristete Dienstvertrag am Institut für Politische Wissenschaft nicht verlängert. Vorgeschoben wurden formelle Fehler bei der Einstellung; der tatsächliche Kündigungsgrund aber ist darin zu sehen, daß die Lehrtätigkeit marxistischer Wissenschaftler verhindert und die politische Opposition an der Universität Heidelberg diszipliniert werden soll.[2]

Hildebrandt und *Noth*
Per Erlaß vom 20. 7. 1972 wies der Kultusminister den Rektor an, H. und N. den von der Fakultät erteilten Lehrauftrag für Politische Wissenschaft zu verweigern, da an der

---

1 Belegmaterial befindet sich nur in den Fakultätsakten.
2 Presseerklärung des Bundes demokratischer Wissenschaftler, Sektion Heidelberg, vom 30. 9. 1972.

Beschlußfassung auch Studenten und nichtwissenschaftliche Mitarbeiter mitgewirkt hätten, die nicht stimmberechtigt seien. Gegen diese Anweisung des Kultusministers ging der Rektor gerichtlich vor, und die Fakultätskonferenz stimmte vorsorglich noch einmal mit demselben Ergebnis ab, ohne den formellen Fehler zu wiederholen. Daraufhin wies der Kultusminister den Rektor erneut an, den Lehrauftrag zu verweigern, und begründete das diesmal inhaltlich, indem er auf die führende Mitgliedschaft von H. und N. im ehemaligen SDS und auf (nicht rechtskräftige) Urteile wegen Landesfriedensbruchs verwies.

1.2 Universität Stuttgart

Johannes *Meyer-Ingwersen*
Linguist, DKP, GEW. M. wurde die Stelle eines Akademischen Rates in Stuttgart zugesagt; eingestellt wurde er Oktober 1971 als Assistent. Im Juni 1973 war die zugesagte Ernennung immer noch nicht vollzogen, obwohl sie von der Universität seit langem beim Kultusminister beantragt worden war.[3] Inzwischen haben sich 2500 Bürger aus der ganzen BRD dem Protest des „Solidaritätskomitees J. Meyer-Ingwersen" angeschlossen.

1.3 Pädagogische Hochschule Eßlingen

Johannes *Meyer-Ingwersen*
Wurde im Sommer 1972 von der PH Eßlingen auf den ersten Platz einer Berufungsliste für eine Dozentur Deutsch/Sprache gesetzt. Im Herbst lehnte das Kultusminister Hahn ab, ohne Gründe zu nennen.[4]

---

3 Vgl. „Dokumentation gegen das Berufsverbot für Johannes Meyer-Ingwersen", hrsg. vom „Solidaritätskomitee J. Meyer-Ingwersen", per Adresse: Ulrich v. d. Mülbe, 741 Tübingen, Burgholzweg 71.
4 Ebd., S. 5.

1.4 Universität Tübingen

Wolf-Dieter *Narr*
Professor für politische Wissenschaften, Westberlin, SPD, Mitglied des Wissenschaftsrates der SPD, wurde vom Tübinger Fachbereich Sozial- und Verhaltenswissenschaft 1972 an die erste Stelle der Berufungsliste gesetzt. Im März 1973 wurde der Vorschlag von Kultusminister Hahn abgelehnt. Prof. N. vermutet, daß sein Eintreten als Assistentensprecher an der Universität Konstanz gegen das baden-württembergische Hochschulgesetz mit ein Grund für die ausgesprochene Ablehnung sei. Der hochschulpolitische Sprecher der FDP-Landtagsfraktion, MdL Hinrich Enderlein, bezeichnete es in diesem Zusammenhang als unglaublichen Vorgang, daß sich zum dritten Mal innerhalb eines Jahres das baden-württembergische Kultusministerium über den Berufungsvorschlag einer Hochschule hinwegsetzte. Abgelehnt wurden zuvor Professor Beyme für Heidelberg und Professor Krippendorf für Konstanz.

2. Bayern

2.1 München

Richard *Hiepe*
Kunsthistoriker, DKP, aktiver Gewerkschafter. Sein seit 1970 laufender Lehrauftrag an der Münchner Kunstakademie für Kunstgeschichte und Ästhetik wurde im November 1972 vom bayerischen Kultusminister entzogen. Begründung: Er habe Juni 1972 bei der Stadtratwahl in München für die DKP kandidiert und biete nicht die Gewähr, jederzeit für die freiheitlich-demokratische Grundordnung einzutreten.[5]

---

5 Vgl. Dokumentation „Solidarität gegen Berufsverbot", München, Februar 1973, per Adresse: Hardo Kroll, 8 München 22, Oettingenstr. 27.

Werner *Raith*

Assistent Erziehungswissenschaft bei Prof. Stippel seit 6 Jahren. Der Lehrauftrag soll nicht verlängert werden. Wegen eines Formfehlers im ersten Kündigungsschreiben kann ihm nun erst zum März 1974 gekündigt werden. R. hatte sich bei Konservativen wegen progressiver Lehrveranstaltungen und guter Zusammenarbeit mit Studenten unbeliebt gemacht. Als Assistentensprecher hatte er sich für seine Kollegen eingesetzt. Initiativen der GEW-Hochschulgruppe und der Studentenschaft der Erziehungswissenschaftlichen Fakultät.[6]

Werner *Stumpf*

Oberingenieur am Lehrstuhl für Hochbaukonstruktion (Prof. Eichberg) der Technischen Universität München und gewählter Sprecher der Assistenten der Abteilung. Wurde nach 14-jähriger Tätigkeit vom Kultusminister entlassen. Offizielle Begründung: Die Tätigkeit von S. am Lehrstuhl sei qualitativ und quantitativ unzureichend. Er übe eine freiberufliche Nebentätigkeit ohne Genehmigung aus. Sein Verhalten störe das „bisher gute Betriebsklima". Hintergrund: S., der fünf Jahre lang im privaten Architektenbüro des Lehrstuhlinhabers angestellt war, hat seit Sommersemester 1971 abgelehnt, dort neben seiner Assistententätigkeit weiter zu arbeiten.

Im Zusammenspiel von Kultusminister Maier und Ordinarius Eichberg wurde S. untersagt, an demselben Forschungsprojekt außerhalb der Dienstzeit privat tätig zu sein, das er im Auftrag und für die Kasse des Lehrstuhlinhabers innerhalb der Dienstzeit schon jahrelang mit Genehmigung des Kultusministeriums bearbeitet hatte.[7]

Bertram *Wohak*

Dipl. Physiker an der Technischen Universität München, Assistent am Mathematischen Institut, GEW. Ihm wurde am 17. 5.

---

6 Flugblatt der GEW-Hochschulgruppe.
7 „BAK", Mitteilungen der Bundesassistentenkonferenz, Nr. 17, Vorbereitungsheft, S. 47 ff.

1972 in der Probezeit gekündigt, weil er GEW-Informations-
blätter im Institut angebracht hatte. Nach Protesten wurde
seine Kündigung am 24. 5. 1972 zurückgenommen.

2.2 Universität Regensburg

Winfried *Krüger*
Pressereferent der Universität Regensburg, SPD, enger Mitarbeiter von Rektor Gustav Obermair, wurde vom bayrischen
Kultusministerium zum Ablauf seiner Probezeit am 31. 3. 1972
gekündigt. Die Begründung für die Entlassung: Die von K.
herausgegebenen Presseinformationen hätten in erheblichem
Umfang unter erklärter Inanspruchnahme eines politischen
Mandats Beiträge enthalten, die mit objektiver Berichterstattung nicht mehr vereinbar seien. K. erfuhr seine Kündigung erst
aus Presse und Rundfunk.[8]

Dyck, Professor
Barockforscher und Altgermanist, wurde von Maier vom ersten
Platz der Berufungsliste mit der Begründung gestrichen, er
sei „politisch nicht vertrauenswürdig", da er in Freiburg mit
„linken" Studenten zusammengearbeitet habe.[9]

Acht Assistenten
des Fachbereichs Wirtschaftswissenschaften der Universität Regensburg beschlossen aus Protest gegen den CSU-Hochschul-
gesetzentwurf, keine Lehrveranstaltungen zu übernehmen und
sich dafür der Forschung zuzuwenden. Der Fachbereichsrat
hatte sie daraufhin für die Forschung abgestellt. Kultusminister
Maier fordert nun die Entlassung der Assistenten „wegen Verletzung ihres Dienstvertrages".[10]

8 „Konkret" vom 20. 4. 1972, S. 12.
9 Vgl. AStA-Materialien, hrsg. vom AStA der Universität Hamburg, Nr. 6,
   Februar 1972, S. 13.
10 „PPA", Progress-Presse-Agentur, Tagesdienst vom 20. 3. 1973.

3. Westberlin

Ernest *Mandel*
Brüssel, wurde im Januar 1972 vom Fachbereich Wirtschaftswissenschaften der Freien Universität Westberlin als einziger
Bewerber zur Berufung auf eine Professur für Volkswirtschafts-
lehre vorgeschlagen. Der politische Senat von Westberlin verweigerte die Berufung aus politischen Gründen. M. bekämpfe
als Trotzkist die freiheitlich-demokratische Grundordnung und
biete somit nicht die Voraussetzung für eine Ernennung zum
verbeamteten Professor. Als M. von Belgien nach Westberlin
fliegen wollte, um an einer Protestveranstaltung gegen seine
Nichtberufung teilzunehmen, wurde ihm mit gleicher Begründung vom Bundesminister die Einreise verweigert.[11]

Frank *Deppe* und Hans-Heinz *Holz*
Professoren, wurden trotz hervorragender Qualifikation und
erster Listenplätze vom Berliner Senat die Berufung aus politischen Gründen versagt.

Wolfgang *Lefèvre*
ehemaliger SDS-Angehöriger, wurde ebenfalls aus politischen
Gründen nicht eingestellt.[12]

Horst *Holzer* und Jürgen *Feldhoff*
Professoren, wurden am 15. 2. 1973 vom Akademischen Senat
der Pädagogischen Hochschule Westberlin trotz Platz Eins und
Zwei auf der Berufungsliste nicht zur Berufung auf den Lehrstuhl Allgemeine Soziologie/Politische Soziologie vorgeschlagen. Stattdessen wurde die Neuausschreibung der Stelle beschlossen. Mit der vorgeschobenen Begründung, es müsse eine
Dreierliste aufgestellt werden, was zudem sachlich nicht richtig

11 FU-Dokumentation zum Fall Ernest Mandel, hrsg. vom Presse- und
Informationsdienst der Freien Universität Berlin, Nr. 1/72, April 1972.
12 Ebd., S. 28 und 33.

ist, hat sich damit der Akademische Senat zum Helfershelfer der Berufsverbotspraxis der politischen Instanzen gemacht.[13]

4. Bremen

Horst *Holzer*
Professor, wurde am 22. 3. 1971 vom Gründungssenat der Universität Bremen auf Vorschlag der Berufungskommission Kommunikation/Ästhetik als Hochschullehrer auf Lebenszeit berufen. Durch Beschluß vom 20. 4. 1971 erteilte der politische Senat Bremen H. den Ruf. Seine Ernennung wurde aber noch verschoben. Dann hörte H. vom Gründungsrektor, seine Ernennung verzögere sich wegen seiner „hochgekommenen" DKP-Mitgliedschaft. Es wurde vom politischen Senat ein Gutachten vom bayrischen Kultusministerium betreffs politischer Zuverlässigkeit in Sachen der freiheitlich-demokratischen Grundordnung eingeholt und die Ernennung an das positive Ausfallen geknüpft. Obwohl das Gutachten positiv ausfiel und H. bereits auf den Rat des Regierungsdirektors Kreuser, Bremen, hin von München nach Bremen umgezogen war, wurde seine Ernennung am 6. 8. 1971 vom Senat einzig mit der Begründung der „Mitgliedschaft der DKP" versagt. Nach längerer Verzögerung des von H. angestrengten Prozesses erging am 9. 11. 1972 das Urteil des Verwaltungsgerichts Bremen, das mit Hinweis auf das KPD-Verbotsurteil des Bundesverfassungsgerichts den Verfassungsbruch des Bremer Senats rechtfertigte.[14]

Johannes *Meyer-Ingwersen*
Im Frühjahr 1972 schlug die Universität Bremen den Kommunisten und aktiven Gewerkschafter auf den ersten Listenplatz für eine H4-Stelle Deutsch/Linguistik vor. Nach dem

13 Vgl. Presseerklärung des Bundes demokratischer Wissenschaftler, Bundesvorstand, Marburg, vom 16. 4. 1973.
14 AStA-Info der Universität Bremen, Nr. 4, WS 72/73, S. 25 ff.

Sommersemester deutete der Senat unter fadenscheinigen „fach-wissenschaftlichen" Begründungen an, er werde wohl den Zwei-ten der Liste berufen. Nachdem der Zweite der Liste bereits andernorts in Verhandlungen stand, drängte der Bremer Senat ohne Angabe von Gründen darauf, die Stelle neu auszuschrei-ben.[15]

Jürgen *Metzger*
wurde in Bremen als wissenschaftlicher Planer vom Senat mit vorgeschobenen Qualifikationsmängeln abgelehnt, obwohl er auf dem ersten Listenplatz der Berufungskommission stand. Als besonders gravierend ist hier der provokative Eingriff des politischen Senats in die Berufungsverhandlungen anzusehen.[16]

Martin *Bennhold*
Jurist und Kriminologe. Obwohl Bennhold von der Berufungs-kommission Sozialwissenschaften IV mit Mehrheit auf Platz Eins der Liste gesetzt wurde, versuchten Mitglieder des Grün-dungssenats, die in der Minderheit geblieben waren, entgegen den Bestimmungen der Berufungsordnung über die Einschaltung des politischen Senats den ihnen unliebsamen Bewerber auszu-schalten. Dabei argumentierte Prof. Wiethölter in seinem Min-derheitsvotum, es müsse darum gehen, statt „linker" „links-liberale" Juristen zu berufen. Prof. Sack warf B. mangelnde Qualifikation vor und forderte ebenfalls die Intervention des politischen Senates. Daraufhin lehnte der Senat einen Ruf an B. mit der Begründung ab, der Bewerber habe sich nicht genügend wissenschaftlich ausgewiesen.[17]

Niels *Kadritzke*
K. wurde vom Bremer Senat auf Grund von „Erkenntnissen des Verfassungsschutzes" nicht als Hochschullehrer berufen. Es stellte sich dann aber heraus, daß die „politischen Bedenken"

15 Ebd., S. 17 ff.
16 Ebd., S. 20 ff.
17 Ebd., 22 ff.; Heft 2 „Bremer Modell", Juli 1972.

nicht gerechtfertigt waren; der Verfassungsschutz hatte Niels K. mit seinem Bruder Ulf verwechselt.[18]

Christian *Siegrist*
S. wurde auf Grund von Denunziationen des Bund-Freiheit-der-Wissenschaft-Vorstandsmitgliedes Prof. Hennis nicht als Professor nach Bremen berufen.[19] Inzwischen lehrt er in Münster.

5. Hamburg

Peter *Gohl*
Lehrer, DKP, wurde von der Universität Hamburg auf Anweisung des Senators für Wissenschaft und Kunst der Lehrauftrag für ein Didaktisches Seminar am Pädagogischen Institut im Sommersemester 1972 entzogen. Als einzige Begründung wurde angegeben, G. betätige sich in der DKP. Der Fachbereichsrat sprach sich mit 28 : 1 für die Verlängerung des Lehrauftrags für G. aus. Der Präsident der Universität legte gegen die Maßnahme der Behörde Widerspruch ein und klagte gegen die Freie und Hansestadt Hamburg auf dem Verwaltungsrechtsweg. Der Senator lehnte auch die für das Wintersemester 1972/73 beabsichtigte Lehrbeauftragung von G. ab.[20] Am 17. 7. 1973 veröffentlichte die Hamburger Universität das Urteil der VII. Kammer des Verwaltungsgerichtes: Der politische Senat habe in das Selbstverwaltungsrecht der Universität eingegriffen. Der „materiell verstandenen" politischen Treuepflicht im öffentlichen Dienst gehe das Parteienprivileg nach Artikel 21 vor, das „nicht lediglich die Partei und einfache Mitglieder" schütze, „sondern gerade auch Funktionäre der Organisation". Der Senat hat Berufung beim Oberverwaltungsgericht angekündigt, die vom CDU-Vorsitzenden

19 Ebd., S. 15.
18 Dokumentation „Solidarität gegen Berufsverbote", München, S. 14.
20 BAK, a.a.O., S. 53 ff.

Rollmann und W. Rahlfs, stellvertretendem Vorsitzenden der FDP-Fraktion, begrüßt wurde.[21]

Manfred *Grabe*

G. wurde vom Fachbereich Erziehungswissenschaften am 25. 8. 1971 auf eine Dozentur für Didaktik der Politik berufen. SPD-Mitglied und aktiver Gewerkschafter G., der sich schon in Hessen für demokratische Hochschulreform und gegen politische Disziplinierung einsetzte, wurde von einem Fachkollegen und Hamburger SPD-Bürgerschaftsabgeordneten bei der Springer-Presse denunziert. Die Hamburger CDU griff ebenfalls die Berufungssache an und diffamierte G. in der sogenannten Hochschulexpertise, er gleiche mangelnde wissenschaftliche Qualifikation durch politische Gesinnung aus. Das Hochschulamt meinte, G. erfülle nicht die „Laufbahnvoraussetzungen". Der Senat zögerte die Ernennung G.s zum Wissenschaftlichen Rat hinaus. Der Fachbereichsrat forderte daraufhin erneut mit 25 : 1 die sofortige Ernennung. Der Akademische Senat der Universität Hamburg votierte einstimmig bei einer Enthaltung für den Verbleib G.s an der Universität. Die Hochschuldeputation votierte schließlich im März 1972 für eine Ernennung, ebenso der Senator. Die angerufene unabhängige Stelle (widerrechtlich angerufen, siehe das Rechtsgutachten von Prof. Ridder und Dr. Emmelius vom 3. 7. 1972 in dieser Sache) erkannte G. die Qualifikation zu. Dieser Beschluß wurde verfahrenswidrig geheimgehalten, auch gegenüber der beantragenden Senatsbehörde, die auf Bekanntgabe des beantragten Beschlusses nicht bestand, was wiederum rechtswidrig ist. Der Ausschuß zur Ernennung von Beamten beim Hamburger Senat ist mit der unabhängigen Stelle personengleich. In ihm haben aber die Arbeitnehmervertreter kein Stimmrecht. Er votierte mit Stimmengleichheit, was als Ablehnung der Ernennung G.s gewertet wurde. Senatssprecher P. O. Vogel erklärte, die Nichternennung G.s erfolge durchaus nicht nur aus politischen Gründen. Der zuständige Senator bot G.

21 „Die Welt" vom 18. und 19. 7. 1973.

„als Kompromiß" an, daß bei Vorliegen der Promotion nach zwei Jahren die Ernennung erneut erwogen werden könne. G. könne bis dahin als wissenschaftlicher Angestellter tätig sein. Erst nach vollzogener Entlassung am 31. 7. 1972 ging G. im Interesse der Studenten und des politischen Lehrauftrages auf diese Regelung ein. Am 31. 7. 1972 mußte G. sich aus materiellen Gründen einer Erpressung durch den politischen Senat beugen, wonach er als wissenschaftlicher Angestellter an der Universität beschäftigt wird und innerhalb von zwei Jahren seine Promotion leisten muß. Ein Drittel des Lehrkörpers des Fachbereichs Erziehungswissenschaft ist übrigens nicht promoviert. Im Gegensatz zu Manfred G. wurden 25 andere Nichtpromovierte zu Wissenschaftlichen Räten ernannt.[22]

Hildegard *Brenner*

B. wurde von der Berufungskommission des Fachbereichs Sprachwissenschaften und vom Fachbereichsrat selbst auf Platz Eins der Berufungsliste einer H4-Stelle für Literaturwissenschaft gesetzt. Die Professorenfraktion, der es darum ging, die Lehre marxistisch orientierter Literaturwissenschaft im Fachbereich zu verhindern, suchte in Zusammenarbeit mit der Behörde die Berufung hinauszuzögern. So wurde eine Rückverweisung der Berufungsliste gefordert; Bedenken bezüglich der Qualifikation wurden laut und neue Gutachter eingesetzt. Der „alternativen"-Redakteurin B. blieb schließlich wegen der Verzögerungen keine andere Wahl, als den zur gleichen Zeit laufenden Ruf nach Bremen anzunehmen[23], zumal sie auch in der sogenannten CDU-Hochschulexpertise angegriffen worden war.

Walter *Volpert*

GEW-Mitglied und Marxist, sollte nicht auf eine H3-Stelle am Institut für Leibesübungen berufen werden, obwohl Vol-

22 Dokumentation Jungsozialisten in der SPD, Landesvorstand Hamburg, vom 2. 8. 1972; BAK, a.a.O., S. 51 ff.
23 AStA-Materialien des AStA der Universität Hamburg, „Der Fall Brenner", Nr. 6, Februar 1972.

pert einstimmig von der Berufungskommission für Platz Eins nominiert worden war. Er wurde vom Senatsausschuß für Leibesübungen der Universität mit 2 : 3 Stimmen abgelehnt. Neben der vorgeschobenen Begründung „Qualifikationsmängel" (angebliche Ablehnung des Spitzensports) wurde ganz deutlich gesagt, man wolle keinen Marxisten auf dem Lehrstuhl. Auf Grund zahlreicher Proteste und konsequenter Politik der Berufungskommission gelang es dann doch, V. zu berufen.[24] Inzwischen hatte er aber einen Ruf nach Berlin angenommen.

6. Hessen

6.1 Kassel

Johannes *Meyer-Ingwersen*
bewarb sich auch an der neuerrichteten Gesamthochschule Kassel um eine H3-4-Professur im Bereich Sprachwissenschaft und wurde am 5. 6. 1971 von der Berufungskommission einstimmig und mit Abstand auf Platz Eins der Berufungsliste gesetzt. Nach sechs Monaten Ungewißheit, Verzögerungstaktik sowie Diffamierungen vor der Öffentlichkeit seitens des Kultusministers von Friedeburg wurde das DKP-Mitglied aus politischen Gründen nicht berufen.[25]

6.2 Marburg

Frank *Deppe* – Reinhard *Kühnl* – Hans-Heinz *Holz* – Eberhard *Schmidt*
wurden in Marburg sämtlich durch Intrigen des „Bundes Freiheit der Wissenschaft" in ihrer wissenschaftlichen Laufbahn behindert. Es wurden abenteuerliche fachliche Mängel kon-

---

24 AStA-Materialien des AStA der Universität Hamburg, Dokumentation zum „Fall Volpert", April 1972.
25 „Dokumentation gegen das Berufsverbot für Johannes Meyer-Ingwersen", a.a.O., S. 6 ff.

struiert, um das Lehren marxistischer Wissenschaft zu verhindern. So mußte der Philosoph und Marxist Holz anderthalb Jahre auf seine Ernennung zum ordentlichen Professor (H4) warten, da ihm vom „Welt"-Schreiber Zehm unterstellt worden war, er habe nie promoviert. So mußte sich der Vorsitzende des Bundes demokratischer Wissenschaftler, Reinhard Kühnl, gegen die Attacken des Mitglieds des „Bundes Freiheit der Wissenschaft", Prof. Nolte, zur Wehr setzen, der seine Habilitationsschrift als wissenschaftlich nicht ausreichend bezeichnete, weil er bereits Teile vorveröffentlicht habe. Auch Frank Deppe und Eberhard Schmidt mußten trotz Berufung aus politischen Gründen (Deppe anderthalb Jahre) auf ihre Ernennung warten.[26]

Horst *Holzer*
Soziologe, DKP, wurde vom Fachbereich Neuere deutsche Literatur und Kunstwissenschaften als Professor berufen, weil „1) die Einrichtung einer Professur mit dem Schwerpunkt Medienwissenschaft und mit gesellschaftswissenschaftlicher Orientierung den Lehr- und Forschungsinteressen dieses Fachbereichs entspricht; 2) für diese Position nicht nur Germanisten in Frage kommen, da sie auch dazu dienen soll, Wissenschaftsinhalte aus anderen Disziplinen in die Arbeit des Fachbereichs einzubeziehen; 3) Horst Holzer nach langer Prüfung als der einzige Kandidat festgestellt wurde, der den Anforderungen dieser Professur voll gerecht wird, woraus sich seine Nennung auf einer unico-loco-Liste ergab".
Dagegen entfesselte der „Bund Freiheit der Wissenschaft" eine Pressekampagne. Es sei „ein unhaltbarer Vorschlag", es solle lediglich „ein verdienter Genosse" berufen werden. Es handelt „sich dabei offensichtlich um das Bemühen, unter scheinwissenschaftlichem Vorwand politischen Druck auf das Kultusministerium auszuüben und die ohnehin bedrohlich zunehmende Neigung staatlicher Instanzen zur Fachaufsicht seinen eigenen politischen Zwecken dienstbar zu machen".

26 „Deutsche Volkszeitung" vom 6. 4. 1972.

Der hessische Kultusminister hat bis Redaktionsschluß noch nicht über die Berufung entschieden.[27]

6.3 Gießen

Inderthal

Literaturwissenschaftler, wurde 1973 auf eine H2-Professur für Neuere Deutsche Literaturwissenschaft nicht berufen, obwohl Fachbereichskonferenz und Senat sich für ihn einsetzten. Prof. Heselhaus beugte sich nicht der Mehrheitsentscheidung und intervenierte mehrfach, z. B. indem er verhinderte, daß I. für sein „einseitig marxistisches orientiertes ‚Forster-Seminar' Scheine ausstellen konnte".

Johannes *Meyer-Ingwersen*

M. wurde 1972 von der Fachbereichskonferenz Germanistik auf eine H4-Professur berufen. Der Kultusminister verzögerte die Berufung und lehnte sie dann ab.[28]

6.4 Frankfurt

Fritz *Krause*

Historiker, Redakteur der „Marxistischen Blätter", DKP, erhielt erst nach Protesten, u. a. der Studenten, des MSB Spartakus, des Bundes demokratischer Wissenschaftler (BdWi) einen Lehrauftrag im Fachbereich Gesellschaftswissenschaften. Trotz positiver Gutachten der Professoren Abendroth und Rupp sollte der Lehrauftrag wegen sprachlicher Mängel in der Dissertation (es fehle ein „begrifflich-kategorialer Apparat", er verwende „formelhafte Bekundungen" abgelehnt werden.[29]

27 Presseerklärung des Bundes demokratischer Wissenschaftler, Marburg, 12. 7. 1973.
28 Dokumentation „Berufsverbote in Gießen", Bund demokratischer Wissenschaftler, Sektion Gießen, Juni 1973.
29 „Kultur und Gesellschaft", Heft 7/8, 1973, und „Kommunist", Zeitung der DKP Uni Frankfurt/Main, 4./6. 6. 1973.

7. Niedersachsen

7.1 Technische Universität Hannover

Peter *Brückner* und Jürgen *Seifert*
Professoren. Gegen B. und S. wurden nach einer hysterischen
Diffamierungskampagne der Springer-Presse Disziplinarmaßnahmen eingeleitet. B. soll Kontakte zu Mitgliedern der Baader-Meinhof-Gruppe gehabt haben, und S. hatte auf der Protestveranstaltung wegen der Suspendierung von B. am 25. 1.
1972 die Justiz scharf kritisiert, woraufhin Ministerpräsident
Kubel auch gegen ihn ein Disziplinarverfahren einleitete.[30]

7.2 Oldenburg

Hans-Joachim *Müller*
DKP. Seine Berufung als Assistent an die Pädagogische Hochschule Oldenburg wurde am 9. 12. 1972 abgelehnt. Begründung: Das Engagement von M. in der DKP. M. war Vorsitzender der DKP-Hochschulgruppe und AStA-Vorsitzender
in Oldenburg (siehe Schulwesen).[31]

Johannes *Meyer-Ingwersen*
M. wurde im Frühjahr 1972 von der Universität Oldenburg
auf eine Einerliste für eine H4-Professur Deutsch/Linguistik
gesetzt. Der Kultusminister gab die Einerliste aus formalen
Gründen zurück. Sie wurde, ebenfalls nur formal, dadurch zu
einer Dreierliste ergänzt, daß zwei Berufungsvorschläge von
einer anderen Liste (Anglistik) hinter M.-I. hinzugesetzt wurden. Minister von Oertzen berief daraufhin den Zweiten der
Liste, d. h. den Ersten der Liste für Anglistik. M.-I. erfuhr von

---

30 „Hannoversche Allgemeine Zeitung" vom 27. 1. 1972; „Hannoversche
   Presse" vom 27. 1. 1972.
31 „Rote Blätter" vom 9. 12. 1972, S. 14.

seiner Nichtberufung aus politischen Gründen erst durch die „Spiegel"-Redaktion.[32]

Horst *Holzer*
Professor, wurde ebenfalls die Berufung an die Universität Oldenburg durch das niedersächsische Kultusministerium versagt. Eine Begründung wurde nicht gegeben.[33]

7.3 Osnabrück

Jürgen *Treulieb*
Diplom-Politologe, wurde vom niedersächsischen Kultusministerium nicht als Hochschulassistent für Planungsaufgaben an der Universität Osnabrück eingestellt. Als Begründung wurde angegeben, der ehemalige AStA-Vorsitzende habe sich als SDS-Mitglied in Kuba aufgehalten.[34]

8. Nordrhein-Westfalen

8.1 Bonn

Manfred *Wambach*
SPD, GEW, seit 1969 wissenschaftlicher Assistent am Institut für Soziologie der Universität Bonn. W. wurde nach einer beispiellosen Diffamierungskampagne und zahlreichen Rechtsbrüchen seitens seines Institutsleiters Prof. Eisermann, Mitglied des „Bundes Freiheit der Wissenschaft" (Zitat: Man müsse die „linken Vögel" mit Fahrradketten aus der Universität prügeln) im Zusammenspiel mit dem reaktionären Rektor Hatto

---

32 „Dokumentation gegen das Berufsverbot für Johannes Meyer-Ingwersen", a.a.O., S. 10 ff.
33 Vgl. „Unsere Zeit" (UZ) vom 11. 8. 1972.
34 Vgl. Dokumentation „Solidarität gegen Berufsverbot", a.a.O., S. 15.

294

Schmitt (ebenfalls „Bund Freiheit der Wissenschaft") das Beamtenverhältnis widerrufen (31. 7. 1972). Begründung: Mangelnde Qualifikation. W. sei nicht fähig und würdig, eine Assistentenstelle am Institut zu bekleiden. Nach seinem „Gesamtverhalten" könne sich W. nicht an der Universität Bonn habilitieren. W. hatte es gewagt, kritische Soziologie zu lehren und das Lehrangebot um Vorschläge aus der Studentenschaft zu erweitern.[35]

Hubert *Daumicht*
Sinologe, politisch nicht organisiert, seit 1967 wissenschaftlicher Assistent am Sinologischen Seminar der Universität Bonn. 1970 legte D. eine über 2000 Seiten starke Habilitationsschrift vor. Die Gutachterkommission (zunächst 18, dann 12 Personen), überwiegend mit Mitgliedern des „Bundes Freiheit der Wissenschaft" besetzt, lehnten nach einjähriger Verschleppung die Arbeit wegen „fachlicher und methodischer Mängel" ab. Nach der Ablehnung der Habilitation erfolgte die sofortige Kündigung als wissenschaftlicher Assistent. Der Widerruf des Beamtenverhältnisses, obwohl der Vertrag noch nicht ausgelaufen war, wurde damit begründet, nach Ablehnung der Habilitationsschrift sei die wissenschaftliche Laufbahn von D. sowieso beendet. Neben fachlichen Mängeln wurde das unloyale Verhalten und der Mangel an Respekt gegenüber dem Seminarleiter Prof. Olbricht angeführt. Hintergrund für diese Vorgänge: D. trat gegen die Finanzierungspraktiken im Sonderforschungsbereich Zentralasien auf und schied unter Protest aus. Darüber hinaus war er nicht bereit, seine Habilitation auf Wunsch der Mitglieder des „Bundes Freiheit der Wissenschaft" um die „brisanten" Stellen zu kürzen, die nach deren Auffassung die Grundlagen des christlichen Abendlandes in Frage stellten.[36]

35 BAK, a.a.O., S. 42 ff.
36 BAK, a.a.O., S. 45 ff.

8.2 Hagen

Manfred *Wambach*

Das Berufsverbot gegen den aktiven Gewerkschafter wurde an der Fachhochschule Hagen fortgesetzt. Obwohl Fachbereichsrat und Senat für die Einstellung W.s als Dozenten für Soziologie eintraten, wurde W. vom Minister für Wissenschaft und Forschung nach monatelanger Verzögerung abgelehnt, nachdem die Sachakte aus Bonn vorlag. Vordergründig verwies man auf formelle Einstellungskriterien, die angeblich nicht erfüllt seien.[37]

8.3 Düsseldorf

Joseph *Beuys*

Bildhauer und Professor an der Kunstakademie Düsseldorf, war von Wissenschaftsminister Rau fristlos gekündigt worden, weil er gemeinsam mit 54 abgewiesenen Studienbewerbern das Sekretariat der Akademie 24 Stunden lang besetzt gehalten und damit „Hausfriedensbruch" begangen hatte. Der Protest von B. gegen den Numerus clausus an der Kunstakademie, der ohne entsprechende Rechtsgrundlage verfügt worden war, wurde vom Arbeitsgericht, das B. angerufen hatte, nicht als Kündigungsgrund gewertet. Wissenschaftsminister Rau muß B. wieder einstellen.[38]

Wolf *Seeselberg*

Dozent an der Kunstakademie, wurde wegen seines Eintretens gegen den Numerus-clausus-Mißstand an der Akademie ebenfalls gekündigt. Er wurde als Dozent und Klassenleiter

---

37 Dokumentation des Bundes demokratischer Wissenschaftler, Sektion Bonn.
38 „Die Welt" vom 21. 2. 1973, S. 24.

wegen angeblich fehlender Qualifikation mit 23 : 22 Stimmen abgewählt. Zugleich wurde ihm aber ein Lehrauftrag erteilt.[39]

8.4 Köln

Wolfgang *Kaupen*
Lehrbeauftragter für Rechtssoziologie an der Wirtschafts- und Sozialwissenschaftlichen Fakultät der Universität Köln, SPD und Mitglied des Bundes demokratischer Wissenschaftler, und

Heidrun *Kaupen-Haas*
Lehrbeauftragte für Medizinsoziologie, wurden die Lehraufträge am 3. 7. 1972 für das Wintersemester 1972/73 entzogen. Drahtzieher war der Pressesprecher des „Bundes Freiheit der Wissenschaft", Prof. Erwin K. Scheuch, der u. a. Frau K.-H. mit „Agit-Prop-Figur" und „in sie (sei) der heilige Marx gefahren" betitulierte. Begründet wurde der Lehrauftragsentzug für Wolfgang K. damit, an der Juristischen Fakultät werde eine gleichlautende Veranstaltung angeboten (Titel: Seminar für Rechtssoziologie; Vorlesung Kaupen: Klassenjustiz). Auf den Druck, insbesondere der studentischen Öffentlichkeit hin wurde am 5. 2. 1973 der Beschluß revidiert und K. und Frau K.-H. für das Sommersemester 1973 und das Wintersemester 1973/74 Lehraufträge erteilt.[40]

8.5 Münster

Rieger
Wissenschaftlicher Assistent, GEW, Sprecher der wissenschaftlichen Mitarbeiter im Senat der Universität Münster, wurde vom Rektor zum 31. 3. 1973 auf Betreiben der Ordinarien des Fachbereichs Germanistik gekündigt.

---

39 „Deutsche Volkszeitung" vom 5. 4. 1973, S. 14.
40 „Kritische Justiz", 1/73, S. 81 ff.

9. Schleswig-Holstein

Kiel

Kurt *Haedke*

seit 1966 wissenschaftlicher Mitarbeiter an der Psychiatrischen und Nervenklinik der Universität Kiel, Facharzt für Neurologie, Psychiatrie und Psychotherapie, Wintersemester 1971/72 Sprecher des Konvents der wissenschaftlichen Mitarbeiter. H., der summa cum laude promovierte, strebt die Habilitation an und beantragte deswegen, das Beamtenverhältnis auf Widerruf zu verlängern. Am 18. 5. 1972 kündigte der Kurator H. den Widerruf des Beamtenverhältnisses zum nächstmöglichen Termin an, obwohl der angerufene Personalrat dem nicht zustimmte. Vorgeschobene Begründungen: H. mangele es am Willen zur Habilitation, was sich schon aus der geringen Zahl der bisherigen Veröffentlichungen ergebe. Tatsächlich ging es darum, einen engagierten Assistenten loszuwerden, der für die Abschaffung des Numerus clausus, gegen das reaktionäre Landeshochschulgesetz und für mehr Mitbestimmung eintrat.[41]

Klaus-Jürgen *Moch*

Wie Haedke Sprecher des Konvents der wissenschaftlichen Mitarbeiter und exponierter Gegner der Hochschulformierung, Senatsvertreter und Kommissionsmitglied für Studienreform. M. war bis Ende des Sommersemesters 1972 wissenschaftlicher Angestellter am Pharmazeutischen Institut der Universität Kiel, dann wurde ihm gekündigt. Vorgeschobener Grund: M.s Dissertation (Note: „Sehr gut") sei keine pharmazeutisch-chemische Arbeit, sondern eine biometrisch-mathematische. M. blokkiere eine Assistentenstelle, die besser mit einem echten Fachwissenschaftler zu besetzen sei. Tatsächlich aber wird M.s Arbeitsrichtung von Fachleuten als zukunftsweisend für die Pharmazeutische Chemie bezeichnet.[42]

41 BAK, a.a.O., S. 56 ff.
42 BAK, a.a.O., S. 56 ff.

d) Sozialpädagogen

Horst *Griese*
Bremen, DKP, GEW, bewarb sich im März 1972 als Sozial-
pädagoge an einer Sonderschule für lernbehinderte Kinder. Im
August teilte ihm der Senator für Bildung, Wissenschaft und
Kunst mit, daß eine Personenüberprüfung „Erkenntnisse" er-
geben habe.

Begründung der Ablehnung vom 14. 9. 1972: „Da Sie zur
Bürgerschaftswahl 1971 für die Deutsche Kommunistische Partei kandidiert haben, sehen wir uns ... nicht in der Lage, diesem Antrag (der Bewerbung) zu entsprechen."[1] Gute Leistungen der staatlichen Prüfung für Sozialpädagogen und ein sehr
erfolgreiches Berufspraktikum sind G. bescheinigt worden.

Initiativen: Offener Brief an den Senat der Freien und Hansestadt Bremen mit dem Appell, die Verweigerung der Einstellung zurückzunehmen, unterschrieben von mehr als 25 Pastoren, Lehrern, Gemeindehelferinnen; Pressekonferenz der
DKP am 22. 9. 1972; Dokumentation „Horst Griese – ein
neuer Fall Prof. Holzer". Der Hauptvorstand der GEW Bremen beschließt am 13. 9. 1972, bei der GEW-Bund Rechtsschutz zu beantragen. Am 10. 2. 1973 scheitert eine Güte-
verhandlung vor dem Arbeitsgericht, weil „die Stadt weiterhin keinen Anlaß sieht, den unliebsamen Lehrer einzustellen"
(Weser-Kurier vom 11. 2. 1973). Am 12. 6. 1973 wies die
3. Kammer des Arbeitsgerichtes Bremen die Klage G.s ab.[2]

Jörg *Haslbeck*
Hamburg, Erstberuf: gelernter Zimmermann, DKP, ÖTV. H.
wurde erstmals am 30. 3. 1972 von der Behörde für Schule,

---

1 Dokumentation der Deutschen Kommunistischen Partei, Bezirksvorstand
Bremen/Niedersachsen-Nordwest: „Horst Griese – ein neuer Fall Prof.
Holzer", Bremen, September 1972.
2 „Weser-Kurier", 13. 6. 1973.

Jugend und Berufsbildung Hamburg schriftlich mitgeteilt, daß er sein am 1. 4. 1972 beginnendes Berufspraktikum an einer Gesamtschule nicht durchführen könne, da er die Voraussetzungen für eine Einstellung in den öffentlichen Dienst nicht erfülle. Durch einen schnellen, solidarisch von Studenten und Dozenten der Fachhochschule getragenen Protest gelang es, die Rücknahme dieses Ausbildungsverbotes zu erreichen. Dabei wurden auch über 1400,– DM zur Überbrückung der finanziellen Notlage Haslbecks gesammelt.

Vor Ende des Berufspraktikums wird eine Anstellung zum 1. 4. 1973 mit Schreiben vom 14. 3. 1973 verweigert.

Begründung: „... da nicht feststeht, daß Sie die Gewähr des jederzeitigen Eintretens für die freiheitliche demokratische Grundordnung im Sinne des Grundgesetzes bieten." Die Bewertungen seiner Leistungen während des Berufspraktikums durch die Schule sind außergewöhnlich positiv. Nach diesem Berufsverbot wurden H. durch den Fachbereichsrat am Fachbereich auf Drängen der Studenten und einiger Kollegen mehrere Lehraufträge erteilt. Der Senat der Fachhochschule beschließt später, nachdem H. seine Lehrtätigkeit aufgenommen hat, die Genehmigung für die Lehraufträge zu versagen. Damit ist für H. die dritte Form des Berufsverbotes praktiziert.

Initiativen: Unterschriftensammlung der Lehrerkollegen; Bürgerinitiative im Wohngebiet Steilshoop (Schulort); Pressemitteilung durch Bürgerinitiative und Vorstand der Kirchengemeinde; Unterschriftensammlung im Wohngebiet durch Informationsstand und Hausbesuche; Dokumentation; Aktivitäten am Fachbereich Sozialpädagogik, Vollversammlung, Unterschriftensammlung, Lehraufträge für praxisorientierte Seminare; Protestresolution des SPD-Distrikts Bramfeld.[3]

---

3 Ausführliche Dokumentation vom Mai 1973: „Der Fall Jörg Haslbeck", hrsg. von der Bürgerinitiative Jörg Haslbeck, per Adresse: Dirk Noth, 2 Hamburg 71, Edwin-Scharff-Ring 45.

Erhard *Dressel*
Hamburg, DKP, abgeschlossene Verwaltungslehre, ausgebildet
als Jugendpfleger und Sozialpädagoge in Kassel und Hamburg, anschließend Studium an der Universität Hamburg, sechs
Semester Politikwissenschaft. Januar 1972 Bewerbung beim
Amt für Jugend in Hamburg. Zusage, ab 1. 4. 1972 anfangen
zu können. Im Februar 1972 teilt der Personalleiter für Heim-
erziehung mit, daß die Frage der DKP-Mitgliedschaft noch
geklärt werden müsse. Am 9. 5. 1972 schriftliche Mitteilung,
daß von D.s Bewerbung kein Gebrauch gemacht werden könne. Zuvor, im März, war ihm auf Anfrage mitgeteilt worden,
daß ihn das Amt für Jugend einstellen würde, aber das Gutachten des Verfassungsschutzes noch ausstehe. Seinen Rechts-
anwälten wurde am 28. 11. 1972 mitgeteilt, „daß ein rechts-
mittelfähiger Verwaltungsakt nicht vorliegt".[4]

4 Das bezieht sich nach Auskunft von Erhard Dressel darauf, daß die Behörden bei Ablehnungen von Anstellungsbewerbungen für Angestellte zu
keiner Auskunft über die Ablehnung verpflichtet sind.

e) Juristen

Daß Berufsverbote im juristischen Bereich bisher relativ selten sind, kann verschiedene Gründe haben:

1) Die juristischen Berufe innerhalb der Staatsbürokratie – insbesondere in der Justiz – sind überwiegend Träger repressiver Staatsfunktionen und bieten daher relativ wenig Ansatzpunkte für eine kritische Berufspraxis.

2) Die u. a. daraus resultierende „konservative Motivation" der meisten Absolventen einer juristischen Ausbildung verhindert, in den Universitäten deutlich spürbar, die Herausbildung eines größeren kritischen Potentials bei Juristen.

3) Die aus 1) und 2) gewonnenen Erfahrungen bewegen viele der wenigen kritischen Juristen dazu, nach Abschluß ihrer Ausbildung einen nichtjuristischen Beruf zu ergreifen oder wenigstens die Kerngebiete juristischer Repressionstätigkeit zu meiden.

4) Über den Bereich, in dem kritische Juristen vereinzelt tätig werden, die Anwaltschaft, liegen nur wenige Informationen vor, da es im Interesse ihrer Klienten den Anwälten oft geboten scheint, Behinderungen zwar verfahrensrechtlich, nicht jedoch publizistisch auszuwerten.

Allerdings sind gerade in der vergangenen Zeit wiederholt Einzelheiten über die Behinderung linker Anwälte an die Öffentlichkeit gedrungen. Insbesondere die Behinderung oder strafrechtliche Verfolgung von Anwälten im Zusammenhang mit der Baader-Meinhof-Affäre sind Gegenstand öffentlicher und juristischer Auseinandersetzungen geworden.[1] Verschiedentlich hat sich auch die Standesorganisation der Anwaltschaft, die Anwaltkammer, zur Disziplinierung ihrer Mitglieder berufen gefühlt.[2] So wurde versucht, den jetzigen Rechtsanwalt

---

1 Vgl. u. a. „Kritische Justiz" (KJ), Heft 3, 1972, S. 270 ff. und S. 301 ff.
2 So wurde im Frühjahr 1973 durch Presse- und Rundfunkmeldungen ein Disziplinarverfahren bekannt, bei dem die Hamburger Rechtsanwalts-

Laubscher (Heidelberg) durch Nichtaufnahme in die Anwaltskammer wegen seiner politischen Tätigkeit mit einem faktischen Berufsverbot zu belegen.

Wenn auch diese Behinderungen durchaus in den politischen Kontext des Ministerpräsidentenbeschlusses gehören, so würde eine detaillierte Dokumentation wegen der Vielzahl der Fälle den Rahmen *dieser* Dokumentation sprengen. Sie müssen aber bei der Diskussion um den Ministerpräsidentenerlaß und die erforderlichen Gegenmaßnahmen erwähnt werden, da das für die Durchsetzung der Rechtsansprüche vom Berufsverbot unmittelbar Betroffener relevant werden kann.

Heiner *Saemisch*

Kiel, Rechtsreferendar mit 1. Staatsexamen, hatte im März 1972 beim Oberlandesgerichtspräsidenten in Schleswig die Einstellung in den Referendardienst beantragt. Er wurde wochenlang vertröstet, bis er sich durch eine Einstweilige Verfügung Zutritt zur Referendarausbildung zu verschaffen suchte. Dieses Begehren wurde vom Oberlandesgerichtspräsidenten mit folgender *Begründung* abgelehnt:

S. biete als ehemaliges Mitglied der „Roten Zelle Jura" an der Uni Kiel nicht die Gewähr dafür, „daß er jederzeit für die freiheitlich-demokratische Grundordnung eintreten" werde.

Initiativen: Eine ausführliche Presseerklärung des SPD-MdL Dr. Bünemann liegt vor.[3] Außerdem riefen die in diesem Rechtsstreit bisher ergangenen Entscheide ein breites Presseecho hervor.[4] Per Einstweiliger Anordnung bestätigte am 2. 8. 1972

kammer eines ihrer Mitglieder mit einem Verweis bedachte. Der gemaßregelte Anwalt hatte sich im Rahmen der „Aktion § 218" mit einer Unterschrift in einer Unterschriftenliste selbst bezichtigt, an einer Abtreibung beteiligt zu sein.

3 Am 11. 8. 1972 gab Dr. Richard Bünemann eine Pressemitteilung unter der Überschrift „Rechtswidriges Ausführungsverfahren zum Extremistenbeschluß in Schleswig-Holstein" heraus.

4 Vgl. u. a.: „Frankfurter Rundschau" vom 10. 8. 1972 und 30. 10. 1972; „Lübecker Nachrichten" vom 10. 8. 1972; „Vorwärts" vom 14. 9. 1972;

zunächst das schleswig-holsteinische Verwaltungsgericht den Antrag von S. auf Einstellung in den Referendardienst. Diese Anordnung hob das Oberverwaltungsgericht in Lüneburg Ende September 1972 wieder auf und verwies Saemisch auf das Hauptverfahren, das bis zum rechtskräftigen Abschluß Jahre dauern kann.

Besonderheiten: Der „Fall Saemisch" ist der erste der Nichteinstellung in ein Ausbildungsverhältnis. Das dazu in erster Instanz ergangene Urteil (5 D 7/72 vom 2. 8. 1972) ist wegen der Differenzierung zwischen der Einstellung als Beamter und der in den Vorbereitungsdienst interessant.

Neuester Stand: Heiner Saemisch hat sich, nachdem das Verwaltungsgericht Schleswig zur endgültigen Klärung des Falles das Bundesverfassungsgericht angerufen hat, beim Bremer Senat für den juristischen Vorbereitungsdienst beworben. Der Bremer Senat hat nun dem Senator für Rechtspflege und Strafvollzug die Entscheidung über die Einstellung von S. freigegeben. Er beruft sich dabei auf eine Erklärung von Bürgermeister Koschnick (SPD) vom 23. 2. 1972, in der es heißt: „In allen Fällen, in denen der Staat ein Ausbildungsmonopol hat, ist den Hochschulabsolventen die Möglichkeit zu geben, ihre Ausbildung abzuschließen, auch wenn dabei ein Beamtenverhältnis begründet wird."

Rolf *Geffken*
Hamburg, Gerichtsreferendar, Mitglied des MSB-Spartakus[5], der Gewerkschaftlichen Studentengruppe Hamburg, der Gewerkschaft ÖTV (Fachgruppe Referendare) und der Vereini-

„Pressemitteilung der Presse- und Informationsstelle der Landesregierung Schleswig-Holstein" vom 28. 9. 1972; „Kieler Nachrichten" vom 29. 9. 1972 und 26. 10. 1972; „Rote Robe, Heidelberger Referendarzeitung", Heft 4/1972, S. 191 ff. und Heft 5/1972, S. 228 ff.; „Deutsche Zeitung – Christ und Welt" vom 6. 10. 1972; „Die Tat" vom 7. 10. 1972; „Weser-Kurier" vom 18. 10. 1972; „Hochschulpolitische Informationen", Köln, Nr. 19/72, S. 5; „Hamburger Morgenpost" vom 6. 12. 1972; „Der Deutsche Beamte", Heft 1/73, S. 16.

5 Vgl. die ausführliche Dokumentation „Der Fall Rolf Geffken", hrsg. von der Sektion Jura des MSB-Spartakus Hamburg, März 1973. (Sie enthält Quellenhinweise für alle folgenden Angaben.)

gung Demokratischer Juristen, wurden am 10. 2. 1973, zwei Tage vor der mündlichen Prüfung seines 1. juristischen Staatsexamens, von der Referendarabteilung des Hamburger Oberlandesgerichts Bedenken mitgeteilt, die sich gegen seine Ernennung zum Beamten auf Widerruf richteten.

Begründung: Offiziell keine. Nach Angaben des Chefs der Referendarausbildung lagen die „Bedenken" jedoch neben G.s Mitgliedschaft im MSB-Spartakus auch in seiner schriftstellerischen Tätigkeit (Taschenbuch „Klassenjustiz"[6], Broschüre „Arbeitsrecht im Kapitalismus", Mitarbeit im Autorenkollektiv „Arbeitskampfrecht als Instrument des außerökonomischen Zwanges gegen die Arbeiterklasse und ihre Gewerkschaften"[7]).

Initiativen: Nachdem G. am 12. 2. 1973 sein Staatsexamen abgelegt hatte, setzte eine breitangelegte Kampagne für die Einstellung G.s als Beamter auf Widerruf ein. An die Öffentlichkeit wurde der „Fall Geffken" vom 17. 2. 1973 an durch Leserbriefe, Flugblätter, Resolutionen und Protesterklärungen universitärer und außeruniversitärer Gruppen und Gremien, Parteien und Gewerkschaften sowie Einzelpersonen gebracht. Die oben angeführten Aktivitäten wurden durch Rundfunk- und Presseberichte unterstützt und führten noch vor einer endgültigen Entscheidung durch den Hamburger Senat zum vorsichtigen Einlenken der Behörde.

Besonderheiten: Der „Fall Geffken" war der erste Hamburger Fall eines Berufsverbots(versuches) gegen Juristen. Er kontrastierte augenfällig mit dem Fall des zur gleichen Zeit als Beamter auf Widerruf eingestellten rechtsradikalen Aktivisten Rieger[8], an dem die Fragwürdigkeit nicht nur des behördlichen Vorgehens gegenüber Rolf G., sondern des gesamten Mini-

---

6 Rolf Geffken, „Klassenjustiz", Verlag Marxistische Blätter, Frankfurt/Main, 1972.

7 Klaus Dammann, Rolf Geffken, Christian Rahn, „Arbeitskampfrecht als Instrument des außerökonomischen Zwanges gegen die Arbeiterklasse und ihre Gewerkschaften", Informationsbericht Nr. 8 des Instituts für Marxistische Studien und Forschungen (IMSF), Frankfurt/Main.

8 Vgl. Dokumentation „Der Fall Rolf Geffken", a.a.O., S. 53 f.

sterpräsidentenbeschlusses überhaupt deutlich gemacht werden konnte. Darüber hinaus wurde bei G. versucht, mit dem Mittel des Angestelltenvertrages die Kampfbereitschaft des Betroffenen zu unterlaufen. Der Druck der Öffentlichkeit setzte so früh und so massiv ein, daß eine negative Entscheidung vorerst verhindert werden konnte. Unter der Voraussetzung, daß nicht gegen eine schon vollzogene Entscheidung angegangen werden mußte, war das Erzwingen einer positiven Entscheidung im Fall G. wesentlich erleichtert.

Hans-Jochen *Michels*
Essen, DKP, wurde auf Betreiben des nordrhein-westfälischen Justizministeriums nicht in den Probedienst für das Amt des Richters und Staatsanwaltes im Oberlandesgerichtsbezirk Hamm übernommen.[9] Am 10. 4. 1970 hatte M. sich um die Übernahme in den Probedienst beworben, die ihm am 2. 9. 1970 trotz des zwischenzeitlichen (15. 5. 1970) „vollbefriedigenden" Abschlusses des 2. juristischen Staatsexamens verweigert wurde.

Begründung: Die in der von M. mitverfaßten „Rechtsfibel für Demokraten" zum Ausdruck kommende Grundeinstellung sei nicht mit den richterlichen Pflichten, insbesondere § 38 Deutsches Richtergesetz, vereinbar. Sie lasse besorgen, „daß ... (Michels) sich als Richter bei der Prozeßführung und Rechtsfindung auch von außerrechtlichen Erwägungen bestimmen lasse ...".

Initiativen: Der „Fall Michels" ging als erstes Berufsverbot gegen einen Juristen durch die Presse. Von weiteren öffentlichkeitswirksamen Initiativen ist nichts bekannt. M. klagte am 13. 11. 1970 beim Verwaltungsgericht Gelsenkirchen auf Einstellung in den Probedienst. In dem am 24. 6. 1971 ergangenen abschlägigen Urteil des obengenannten Gerichts wird die spätere Praxis des Ministerpräsidentenbeschlusses exemplarisch vorgezeichnet.

9 Vgl. „Kritische Justiz", Heft 1/1972, S. 112 ff.

Reiner *Geulen*
Westberlin, Gerichtsreferendar, wurde im März 1972 nach Ankündigung der beabsichtigten Ablehnung nur „unter Bedenken" in den Referendardienst aufgenommen.
Begründung: G. sollte sich angeblich 1968 auf einem SDS-Bun-
deskongreß in Hannover kritisch zur Funktion der Justiz geäußert haben. Darüber hinaus wurde er nach seiner Einstellung zur „Gewalt gegen Personen und Sachen" in politischen
Auseinandersetzungen gefragt.
Initiativen: Außer Presseveröffentlichungen (Berliner Morgenpost, Rote Robe[10]) sind weitere öffentlichkeitswirksame Aktivitäten nicht bekannt.
Besonderheiten: Es war der erste Versuch, den Ministerpräsidentenbeschluß auch im juristischen Ausbildungsbereich zu
praktizieren.

Volker *Goetz*
Düsseldorf, Gerichtsassessor, DKP – Der Düsseldorfer Oberlandesgerichtspräsident Hans H. Thunecke weigerte sich, trotz
ausdrücklicher Anweisung des nordrhein-westfälischen Justiz-
ministers Dr. Diether Posser, G. in den Richterdienst zu nehmen.
Initiativen: Sofortige Proteste des Juso-Bundesvorstandes und
des Bundesverbandes Junger Juristen. Dr. Posser blieb bei seiner Anweisung, wurde aber von der Landesregierung zurück-
gepfiffen. Zur Zeit dauert die Auseinandersetzung noch an.
Großes Presseecho.

10 Vgl. „Berliner Morgenpost" vom 26. 3. 1972; „Rote Robe", Heft 3/72,
   S. 148.

f) Ärzte

Die Stellung der Ärzte unter dem Gesichtspunkt der Berufsverbote – in erster Linie sind hier die abhängig arbeitenden Ärzte im Krankenhaus gemeint – ist im Hinblick auf zwei Dinge anders als die der Lehrer: Sie sind arbeitsrechtlich gesehen Angestellte, die nach dem Bundesangestelltentarifvertrag (BAT) zwar der „freiheitlich-demokratischen Grundordnung" verpflichtet sein sollten, die aber nicht in dem Maße an arbeitsrechtlichen Zügeln aufgehängt sind wie der beamtete Lehrer. Die verschiedenen Gesundheitseinrichtungen lassen eine gewisse Arbeitsplatzflexibilität der jungen Ärzte zu. Selbst bei sich zuspitzenden Konflikten bleibt der Ausweg in die private oder Kassenarztpraxis.

Andererseits hat die strenge Hierarchie – besonders im Krankenhaus – eine soziale Disziplinierung der abhängig arbeitenden Ärzte (wie auch des Pflegepersonals) zur Folge, die mit der vorwiegend konservativen Grundhaltung, Erziehung und Herkunft der Ärzte korreliert.

Die ärztliche Standeshierarchie mit ihrer wissenschaftsfremden finanziellen Grundlage, die Zwangsorganisation aller Ärzte in den Ärztekammern und die sozialpolitische Reaktion der meisten Ärztefunktionäre erschweren demokratische Bestrebungen und gewerkschaftliche Organisierung der jungen Ärzte.

Der Fall „*Dr. Mausbach*" (Frankfurt) ist ein Beispiel, daß eine Kritik an den „Halbgöttern in Weiß" mit Entzug der Anstellung beantwortet wird. Wer als Arzt stempeln muß, ist abgestempelt. Wer das Nest reinigen will, wird als Nestbeschmutzer diffamiert. Daß die systembedingte Macht „Fortschrittsfeindlichkeit" nicht allein arbeitsrechtlich durchbrochen werden kann, zeigt auch der Fall Mausbach. Dieser ÖTV-Arzt bekam zwar „Recht" vor dem Arbeitsgericht. Die Kündigung ist als unwirksam erklärt worden. Aber faktisch bleibt Mausbach „außen vor".

Ein anderer Fall, der „Fall Fabig", zeigt, daß das Berufsverbot für Ärzte erfolgreich verhindert werden kann, wenn im politischen Bereich eine gewerkschaftliche Solidarität wirksam wird, die alle politischen Kräfte und im Gesundheitswesen tätigen Arbeiter und Angestellten umfaßt.

Karl-Rainer *Fabig*
Assistenzarzt am AK Heidberg in Hamburg, 1967 SDS-Vorsitzender Hamburg, seit 1969 DKP-Mitglied, ÖTV-Vertrauensmann, Vorstandsmitglied des Bundes gewerkschaftlicher Ärzte in der Gewerkschaft ÖTV. Trotz gegenteiliger Zusage wurde sein ab 15. 7. 1972 geltender Anstellungsvertrag ohne Begründung (fachliche Gründe wurden ausdrücklich verneint) auf sechs Monate befristet. Ein Antrag auf Vertragsverlängerung wurde abgelehnt. Rechtsvertretung durch die ÖTV. 15. 1. 1973 Entlassung aus dem öffentl. Dienst, Arbeitslosenunterstützung.

Initiativen: Der Marburger Kongreß „Medizin und gesellschaftlicher Fortschritt" protestiert gegen diese Entlassung (keine Namensnennung aus rechtlichen Gründen) und die Ausdehnung der Berufsverbote auf das Gesundheitswesen. Mehrere Personalratsvorsitzende an staatlichen Krankenhäusern in Hamburg werden informiert, ebenso der Vorsitzende des Bundes gewerkschaftlicher Ärzte in Hamburg, der zuständige Senator und andere Professoren und Personen des öffentlichen Lebens. Am 20. 2. 1973 wird Fabig rückwirkend vom 16. 1. 1973 auf Verfügung der Behördenspitze in einem anderen Hamburger Krankenhaus wieder eingestellt. In Kenntnis der stattgehabten Berufsbehinderung, des Vorliegens eines Verfassungsschutz-Dossiers mit der Organisationszugehörigkeit Fabigs, stimmen Ärztlicher Direktor, Verwaltungsleiter und Personalrat seiner Einstellung zu.

Konstantin *Andreadis*
Margarethen-Klinik Kappeln (Schleswig-Holstein). Dem seit 1956 in der BRD lebenden griechischen Arzt war vom Kieler Innenministerium mitgeteilt worden, daß seine Ausreise er-

wünscht sei, „weil er schon über die übliche Zeit in der Bundesrepublik arbeitet". Auch die Bundesärztekammer wünschte, daß der griechische Arzt die BRD verläßt.

K. Andreadis arbeitete zuletzt als Gynäkologe. Er vertrat eine erkrankte Gynäkologin. Als die Aufforderung zur Ausreise publik wurde, sammelten Bürger im Kappelner Raum Unterschriften. Gleichzeitig wurde gerichtlich vor dem Oberverwaltungsgericht Lüneburg Klage gegen die Berufsbehinderung erhoben. Bevor es zum Verfahren kam, gab Kiels Sozialminister Claussen (CDU) einen außergerichtlich geschlossenen Vergleich bekannt. Der griechische Arzt hat nun einen Einbürgerungsantrag gestellt.

Dr. Raafat el Divany

Kreiskrankenhaus Buchholz (Niedersachsen). Der aus Ägypten stammende, mit einer Deutschen verheiratete Oberarzt am Kreiskrankenhaus Buchholz, praktiziert dort seit April 1971. Er ist – für Ärzte noch relativ selten – Mitglied der ÖTV. 1972 erregte er zum ersten Mal das Mißfallen der Krankenhausleitung, als er auf der ÖTV-Liste zum Personalrat kandidierte. Schwierigkeiten häuften sich, als er die Nachtdienst-Bezahlung als zu niedrig bezeichnete und die Chefarzt-Nebeneinkünfte in einen ‚pool' einzuführen empfahl.

1. Kündigung am 24. 7. 1972. Zurücknahme der Kündigung nach Anrufung des Arbeits- und Verwaltungsgerichtes.

2. Kündigung am 31. 1. 1973. Begründung: Bundesärzteordnung. Danach dürfen ausländische Ärzte nur zur Ausbildung oder bei ärztlichem Notstand in der BRD praktizieren. Die Bezirksregierung Lüneburg teilte mit, mit der ärztlichen Versorgung in Buchholz stehe es zum Besten (!). Verlängerung der ärztlichen Aufenthaltsgenehmigung nach den öffentlichen Protesten, diversen Presseveröffentlichungen und wegen der offensichtlichen Unkündbarkeit des Oberarztes wegen seiner Personalratsfunktion.

g) Theologen

Hubert *Assig*
Oberstudienrat, erhält 1970 eine Assistentenstelle für Religions-
pädagogik an der Pädagogischen Hochschule Dortmund. Kar-
dinal Jaeger, Paderborn, stellt sich dagegen. Die „Gruppe 69",
ein informeller Kreis von Religionslehrern im Münsterland,
solidarisiert sich mit A. und protestiert erfolgreich bei Bischof
Tenhumberg u. a. gegen Geheimakten, die beim bischöflichen
Stuhl geführt werden, gegen die Anonymität des Vorgehens
und die mangelnde Rechtssicherheit.[1]

Breipohl
Dozentin an der Fachhochschule Bochum. Der Theologin
Dr. B. wird im Frühjahr 1973 der Angestelltenvertrag zum
31. 7. 1973 gekündigt. Begründung: mangelnde Qualifikation,
nicht ausgelastet. Hintergrund: Dr. B., die u. a. ein Vorschul-
projekt mit Obdachlosenkindern in Recklinghausen durch-
führt, bezieht in ihre Vorlesungen marxistische Kritik an bür-
gerlichen Sozialisationsformen ein (siehe auch Weidermann).
Die Lehraufträge folgender Lehrbeauftragter sollten nicht verlängert werden: *Adams* (Soziologe), *Kurzeja* (Soziologe), *Weiss*
(Planwissenschaftler), *Dreier* (Vorschulpädagogin, Ehefrau des
Dortmunder Pfarrers der Evangelischen Studentengemeinde).
Begründung: Alle vier sind von Dr. B. und Weidermann ge-
holt worden und arbeiten in deren Projekten mit.
Initiative: Mehrtägiger Streik und Demonstration der 350
Fachhochschüler. Am 15. 3. 1973 teilte der Kanzler der Fach-
hochschule mit, daß die Kündigung von Dr. B. zurückgenommen wurde und drei der vier Lehrbeauftragten weiterhin Lehr-
aufträge erhalten.[2]

1 „akid", Zeitschrift für Theorie und Praxis in Gesellschaft und Kirche,
November 1972.
2 Quellen: „akid", Zeitschrift für Theorie und Praxis in Gesellschaft und
Kirche, März 1973; „Progress-Presse-Agentur", Tagesdienst, vom 15. 3.
1973.

Theodor *Christiansen*

Flensburg, Pastor, parteilos, seit 1960 Religionslehrer an der Goethe-Schule Flensburg (Gymnasium). Nach Beurlaubung zum Zweitstudium (Geschichte) wurde die zugesagte Weiterbeschäftigung als Religionslehrer am 21. 6. 1972 vom Präsidenten des Landesschulamtes ohne Begründung abgelehnt. Nachfragen des Personalrates blieben ohne Erfolg. Erst nach einer Flugblattaktion wurde die Ablehnung der Weiterbeschäftigung in einem Interview des Norddeutschen Rundfunks von einem Sprecher der Pressestelle der Landesregierung mündlich begründet (eine schriftliche Begründung ist nie erfolgt): Die Grabrede, die C. anläßlich der Beisetzung des in Berlin von einem Polizisten erschossenen Georg von Rauch am 10. 12. 1971 in Kiel gehalten habe, zeuge „von einer sehr bedenklichen Gesinnung gegenüber unserer freiheitlichen Staatsordnung und den sie tragenden Grundsätzen des Gewaltverzichts und der Legalität".

Initiativen: Interne Bemühungen des für C. zuständigen Bischofs Petersen; Flugblattaktion von Schülern; Leserbrief im Flensburger Tageblatt, von 42 Lehrern und Lehrerinnen an Flensburger Gymnasien unterschrieben; Stellungnahme der Kirchlichen Bruderschaft Schleswig-Holstein, der Deutschen Friedens-Union, der Jungdemokraten, des Propstes von Flensburg, des Pastorenkonvents Flensburg; Erklärung der Propsteisynode Flensburg; mehrere Kleine Anfragen der SPD-Fraktion im Landtag. Unter dem Druck der demokratischen Öffentlichkeit erklärten Vertreter der Landesregierung in einem Gespräch am 11. 10. 1972, „man habe sich zwischenzeitlich davon überzeugt, daß an C.s Verfassungstreue nicht zu zweifeln" sei. Es wurde vereinbart, daß die Landesregierung ein Kommuniqué veröffentlicht, in dem sie feststellt: „Alle gegen C. bestehenden Vorwürfe und Bedenken sind ausgeräumt." Entgegen der Absprache ist diese Erklärung nicht veröffentlicht worden. Am 18. 10. 1972 hat vielmehr der Ministerpräsident von Schleswig-Holstein, Gerhard Stoltenberg, im Deutschen Fernsehen erklärt, „eine entsprechende Zusage ist niemals gegeben worden". Auf der Sitzung der Landessynode

Schleswig-Holstein erklärte dagegen Bischof Petersen, der an dem Gespräch teilgenommen hatte, daß diese Zusage gemacht worden ist. Am 12. 10. 1972 wurde C. die Wiederaufnahme der Tätigkeit als Religionslehrer gestattet. Die Genehmigung, Geschichtsunterricht zu erteilen, wurde ihm versagt.[3]

Ute *Knobloch*
Frankfurt, Pfarramtskandidatin, DKP, kandidierte zur Bundestagswahl für die DKP. Auf Antrag des Kirchenvorstandes Frankfurt-Fechenheim wurde sie daraufhin von der Kirchenleitung suspendiert. Nachdem schriftlich erklärt wurde, daß sie „für den Fall einer Fortsetzung ihres Ausbildungsverhältnisses" fortan die Bereiche Politik und Kirche strikt trennen werde, und sich für das Verhalten, „das ihr unberechtigt zur Last gelegt wird", entschuldigt hatte, durfte sie ihre Ausbildung am 13. 12. 1972 in einer anderen Frankfurter Gemeinde fortsetzen.[4]

Jörg *Kraußlach*
Diakon in der Apostel-Kirchengemeinde Hamburg. Aufgabengebiet: vor allem Rockerarbeit. In der Jugendzeitung der Gemeinde (K. gehört der Redaktion nicht an) erschien die Nachricht, daß im Zimmer des Bischofs ein Bild im Wert von 200 000,– DM hängt. Noch im selben Monat (Januar 1971) drohte der Präsident des Landeskirchenamtes K. mit einem Disziplinarverfahren. Herr Rötting, Justitiar des Arbeitgeberverbandes, nebenamtlich für die Kirche tätig, führte mit K. in den Räumen des Arbeitgeberverbandes ein Gespräch, um den Sachverhalt zu ermitteln. Nachdem der Kirchenvorstand

3 Dokumentationen und Quellen: Presseausschuß der Demokratischen Aktion, 8 München 2, Münzstr. 3; Pastor Wolfgang Grell, 2 Hamburg 70, Oktaviostr. 72; Bischof Alfred Petersen, auf der Sitzung der Landessynode Schleswig-Holstein in Rendsburg am 6. 11. 1972.
4 Quellen: „Unsere Zeit" (UZ) vom 1. 12. 1972; „Frankfurter Allgemeine Zeitung" vom 20. 10. 1972; „akid", Zeitschrift für Theorie und Praxis in Gesellschaft und Kirche, November 1972.

sein Befremden über die Art ausgesprochen hatte, wie K. behandelt wurde, verlief die Sache im Sande.[5]

Ulrich *Kuder*
München, Vikar, SPD, aktiver Jungsozialist, als Lehrer (Religion) an der städtischen Münchner Wirtschaftsaufbauschule tätig, wurde vom Stadtschulrat Fingerle (CSU) entlassen. Begründung: Er habe Kulturunterricht statt Religionsunterricht erteilt. Dazu K.: „Ich habe das Thema „Frieden" im Religionsunterricht behandelt und bin dabei auch auf koloniale Ausbeutung, Revolution, Kriegsdienstverweigerung und gewaltfreie Landesverteidigung zu sprechen gekommen."[6]

Hans *Mohn*
seit 1962 Industriepfarrer beim Sozialpfarramt in Hamburg. Im Juni 1964 veröffentlichte er einen Artikel über die Abhängigkeit des modernen Arbeitnehmers. Darauf wandte sich die Landesvereinigung der Arbeitgeberverbände in Hamburg e. V. an Bischof Wölber, beschuldigte M., die marxistische Wirtschaftstheorie zu vertreten und sich weitgehend mit „sozialistischen Ideen kommunistischen Verständnisses" zu identifizieren. Die Landesvereinigung drohte mit dem Abbruch der Zusammenarbeit. Bischof Wölber betonte in seinem Schreiben an den Leiter des Sozialpfarramtes: „Es dient auch der Sozialarbeit der Landeskirche nicht, wenn wir unnötige Kontroversen mit bestimmten Gruppen haben." Im Dezember fand ein Gespräch zwischen Landeskirche und den Arbeitgebern statt, in dem die Kirche sich u. a. bereiterklärte, einen Vorschlag der Arbeitgeberseite in den kirchlichen Gremien prüfen zu wollen, der die Einrichtung eines Beirates beim Sozialpfarramt vorsah, „um der Arbeitgeberseite die Möglichkeit zu geben, an der künftigen Arbeit des Sozialpfarramtes mitzuwirken". Im März 1965 formulierten auf einer Tagung des So-

---

5 Näheres in: „Schwarzbuch Kirche", hrsg. von Gerd K. Schmidt, Band 1, Trittau/Holstein 1971.
6 „Abendzeitung" vom 18./19. 3. 1972.

zialpfarramtes ausländische Arbeitnehmer der Phönix-Werke in Hamburg Beschwerden über ihre Arbeits- und Lebensbedingungen. Das darüber angefertigte Protokoll kursierte im Betrieb und gelangte auch der IG Chemie, Papier, Keramik zur Kenntnis. Daraufhin beschwerten sich die Arbeitgeber abermals über M., der die Tagung leitete. Der Kirchenrat setzte einen Untersuchungsausschuß ein, der im März 1966 seine Arbeit abschloß. Auf Grund des Ergebnisses sprach der Kirchenrat M. seine Mißbilligung über sein Verhalten aus, insbesondere darüber, daß er „die Mittlerposition der kirchlichen Sozialarbeit, die für uns unabdingbar ist, nicht nach beiden Seiten gleichmäßig und im Sinne des Werbens für unseren Grundauftrag als Kirche wahrgenommen" habe. M. stellte fest, daß die Vorgänge von dem Untersuchungsausschuß falsch dargestellt worden waren, und bat um Richtigstellung. Die Bitte wurde abgelehnt, ebenso die Bitte um persönliche Anhörung im Kirchenrat. Außerdem wurde ihm zu verstehen gegeben, daß einem Antrag seinerseits auf Einleitung eines Disziplinarverfahrens gegen sich selbst nicht stattgegeben werden würde. Im Mai 1966 beschloß der Kirchenrat, M. zu versetzen, falls er sich nicht bis zu einem bestimmten Termin selbst um eine andere Pfarrstelle bemüht habe. Daraufhin verließ M. die Landeskirche.[7] Heute ist er Gemeindepastor am Stadtrand von Hamburg (Landeskirche Schleswig-Holstein).

Reiner *Piening*
ab 1. 11. 1967 Schülerpastor im Hamburger Jugendpfarramt. Mit anderen forderte er Professor Helmut Thielicke im Gottesdienst in St. Michaelis am 13. 1. 1968 zur Diskussion auf. Darauf beschloß der Kirchenrat, die Einführung P.s um ein halbes Jahr zu verschieben, einen Teil seiner Arbeit einem anderen Pastor zu übertragen und einen Ausschuß für Schülerarbeit einzusetzen, der eine Rahmenordnung für P.s Arbeit erlassen sollte, zu dessen Sitzungen P. aber nur gelegentlich

7 Ebd.

hinzugezogen wurde. Die Bedenken gegen P. wurden von einem Mitglied des Kirchenrates damit begründet, „daß dieser Schülerpastor auf diesem Gebiet allein die Kirche vertritt. Die kirchliche Schülerarbeit kann keinesfalls der Ort sein, an dem sich die Grundsatzkritik an der Struktur der Schule kristallisiert, mag diese Kritik berechtigt sein oder nicht ... Wir, die Kirche, sind Gäste in der Schule. Wir sind es unseren Gastgebern schuldig, das Ordnungsgefüge der Schule nicht zu gegefährden". Im Juni 1969 beanstandeten Vertreter der Hamburger Schulbehörde einen „Fragebogen zum neueren Geschichtsunterricht", den P. zusammen mit interessierten Wissenschaftlern, Lehrern und Schülern ausgearbeitet hatte. Der Leiter des Jugendpfarramtes verbot daraufhin ein von P. geplantes „Gespräch am Wochenende", zu dem ein Mitglied des SDS als Referent eingeladen worden war. Der Ausschuß für Schülerarbeit verfügte einen Teilstopp der Arbeit P.s. Der Kirchenrat beschloß die vorläufige Einstellung der Schülerarbeit an Gymnasien. Am 29. 12. 1969 wurde P. vom Bischof vorläufig beurlaubt und ihm die Ausübung seines Dienstes in der Schülerarbeit ganz untersagt. P. erhob gegen diese Maßnahme Einspruch. Ein Disziplinarverfahren wurde eingeleitet. Darüber informierte das Landeskirchenamt die Presse in falscher Weise. P. erwirkte eine Einstweilige Verfügung gegen den Präsidenten des Landeskirchenamtes, diffamierende Äußerungen zu unterlassen.

Initiativen: Geschäftsführender Ausschuß der Jugendvertretung der Landeskirche; Studentenpfarrer; Austritt einzelner Kirchenmitglieder wegen des Verhaltens des Kirchenrates; Hamburger Schülerparlament; Evangelische Studentengemeinde Hamburg; Vollversammlung der Theologiestudenten Hamburgs; mehrere Wissenschaftler, vor allem Pädagogen und Psychologen.

Die Schlichtungsstelle der Evangelisch-Lutherischen Kirche im Hamburgischen Staat hob die Beurlaubung P.s auf. Daraufhin beschloß der Kirchenrat die Zwangsversetzung P.s in eine Pfarrstelle mit besonderem Auftrag (nicht näher bestimmt). Die vom Kirchenrat angebotene Stelle als Sekretär der Subkommission Nord des Deutschen Instituts für Fernstudium, Fachabteilung für Religionslehrer, lehnte P. ab. Er wandte sich wiederum an die Schlichtungsstelle. Diese wies seinen Antrag auf Aussetzung des Vollzugs seiner Versetzung zurück, „da kein dringendes Interesse des Antragstellers gegeben ist". Das Disziplinarverfahren lief, wurde aber eingestellt, als P. die Landeskirche verließ (August 1970), um Studentenpfarrer in Berlin zu werden.[8]

Rolf *Trommershäuser*
Weilmünster (Hessen), Pastor, DKP. Die Kirche im Rheinland lehnte seine Übernahme in den Vorbereitungsdienst ab, weil Aufsätze, die er veröffentlicht hatte, eine Kritik enthielten, die sich gegen den Auftrag der Kirche und die reformatorischen Schriften wandte. Die Evangelische Kirche in Hessen-Nassau übernahm ihn in den Vorbereitungsdienst. Seit 1. 5. 1970 ist er Pastor in Weilmünster. Im Juni 1972 wurde durch einen Spiegel-Artikel seine DKP-Mitgliedschaft bekannt. Mitglieder des Kirchenvorstandes beantragten daraufhin bei der Kirchenleitung seine Versetzung. Die Kirchenleitung führte im Oktober 1972 eine Visitation in Weilmünster durch. Nach weiterem Druck auf die Kirchenleitung beschloß diese entgegen ihrer vorherigen Auffassung 15 Tage später die Abberufung T.s und seine Versetzung an die Universitätsklinik in Frankfurt/Main. Die Versetzung lehnte T. aus Gründen mangelnder Qualifikation ab und erhob Klage beim kirchlichen Verfassungs- und Verwaltungsgericht wegen Berufsverbots (ab 1. 12. 1972).
Initiativen: An einer Unterschriftenaktion für das Verbleiben von T. beteiligten sich über 60 %, nämlich fast 1200 von ca. 1700 wahlberechtigten Gemeindemitgliedern in Weilmünster; Arbeitsgruppen mehrerer Evangelischer Studentengemeinden, zahlreiche Gruppen von Pastoren und Vikaren aus fast allen Landeskirchen, der DKP-Vorstand Hessen setzten sich für ihn ein; am 17. 2. 1973 fand in Frankfurt/Main, getragen

8 Ebd.

von verschiedensten Beteiligten, ein „Kongreß gegen politische Disziplinierung in Kirche und Gesellschaft" statt, der eine Resolution verabschiedete, in der er für die Aufhebung des Erlasses der Ministerpräsidenten und gegen seine Übernahme in die Kirche eintrat.[9]

Weidermann
Dozent an der Evangelischen Fachhochschule Bochum, sollte nicht ins Beamtenverhältnis übernommen werden (siehe auch Breipohl).
Begründung: Er habe Studenten über bevorstehende Repressalien informiert. Das Kuratorium der Fachhochschule hatte ernsthaft die Frage geprüft, warum Weidermann Mitgliedern der DKP „Guten Tag" sagt (!).[10]

9 Dokumentationen und Quellen: Evangelische Studentengemeinde, Arbeitsgruppe Berufsverbot; „Offener Brief des Kirchenpräsidenten der Evangelischen Kirche in Hessen und Nassau" vom 7. 2. 1973; „Frankfurter Rundschau" vom 31. 1. 1973; „Der Spiegel", Nr. 11/73; „akid", Zeitschrift für Theorie und Praxis in Gesellschaft und Kirche, März 1973.
10 „akid", Zeitschrift für Theorie und Praxis in Gesellschaft und Kirche, März 1973; „Progress-Presse-Agentur", Tagesdienst, vom 15. 3. 1973.

h) Journalisten

Die politische Disziplinierung von Journalisten hat nicht erst mit dem Ministerpräsidenbeschluß begonnen und kann auch nicht als Verwaltungsakt vom Verfassungsgericht nachgeprüft werden. Weil überdies Verleger und verlegerkonforme Journalisten bestreiten, daß es auf diesem Sektor so etwas wie politische Disziplinierung gebe, hat die Öffentlichkeit davon bislang wenig Kenntnis. Die Entlassung mißliebiger Journalisten ist ohnehin nur die Spitze eines Eisbergs aus unterdrückten oder einseitigen Informationen und verhinderten Meinungsäußerungen in vielen Redaktionen – für die Betroffenen ein schleichendes Berufsverbot, für die Öffentlichkeit eine gefährliche Einschränkung der Informationsfreiheit. Die von den Monopolen beherrschte Presse in der Bundesrepublik betreibt diese Beschränkung im eigenen Interesse, wenn sie etwa über die vom Grundgesetz vorgesehene Enteignung von Produktionsmitteln „zum Wohle der Allgemeinheit" durchweg ablehnend aus Unternehmersicht informiert.

Als im Herbst 1971 mehrere gewerkschaftlich organisierte Journalisten aus verschiedenen Pressebetrieben entlassen wurden[1] – darunter Eckart *Spoo,* Bundesvorsitzender der Deutschen Journalisten-Union in der IG Druck und Papier, Jörg *Barczynski,* Landesvorsitzender der dju in Bayern, und die drei ,Spiegel'-Redakteure Dr. Alexander *von Hoffmann,* Hermann *Gremliza* und Dr. Bodo *Zeuner*[2] – ließ sich die Öffentlichkeit nicht mehr durch die von den Verlegern vorgebrachten Kündigungsgründe verwirren; der Zusammenhang zwischen den Entlassungen und den Forderungen der Entlassenen nach Mitbestimmung war offensichtlich. Im Fall der am gleichen Tag

---

1 Berliner Autorenkollektiv Presse: Wie links können Journalisten sein? Rowohlt, Reinbek bei Hamburg 1972 – Peter Brückner und Alfred Kovoza: Staatsfeinde, Innerstaatliche Feinderklärung in der BRD. Rotbuch 40; Wagenbach, Berlin 1972.
2 Bodo Zeuner: Veto gegen Augstein. Hoffmann und Campe, Hamburg 1972.

gekündigten Spoo und Barczynski schrieb die IG Druck und Papier: „Fortschrittlich eingestellte Journalisten und Redakteure, die nicht brav auf Verlegerlinie marschieren, sollen eingeschüchtert und mundtot gemacht werden – wenn wir diese Aktion unwidersprochen hinnehmen, werden die nächsten Schritte zur Disziplinierung unserer Gewerkschaft nicht lange auf sich warten lassen."[3]

Und als nach der Kündigung zweier weiterer ‚Spiegel'-Redakteure – Otto *Köhler* und Dieter *Brumm* – im Frühjahr 1972 die dju in Hamburg eine Protestkundgebung („Pressefreiheit in Gefahr") veranstaltete, hielt der Präsident des Bundesverfassungsgerichts, Ernst Benda, vor dem Bundesverband Deutscher Zeitungsverleger eine Rede, die dann auszugsweise im Verleger-Organ ‚ZV + ZV' veröffentlicht wurde. Der höchste Verfassungsschützer stellte einige der Referenten der Hamburger Kundgebung öffentlich an den Pranger: „Die Herren Karsten Voigt, Dieter Brumm und Eckart Spoo, die sich nach Mitteilung Ihres Verbandes über langfristige Ziele im ‚Kampf für ein demokratisches Pressewesen' geäußert haben, werden sich kaum durch den Hinweis auf die verfassungsrechtliche Garantie der Pressefreiheit beeindrucken lassen; wer ... Enteignung und Sozialisierung will, mag solche Forderungen mit Vokabeln umkleiden, die auch dem Sprachgebrauch der Verfassung hier und da entsprechen (!), wenn auch dort einen ganz anderen Inhalt haben, aber mindestens sein Verfassungsverständnis deckt sich nicht mehr mit dem Willen des Grundgesetzes."[4] Ganz abgesehen von der eigentümlichen Grundgesetz-Interpretation, die hier durchschlägt, ist die Koalition zwischen Verfassungsgerichts-Präsident und Verlegerverband aufschlußreich und beweist, auf wie tönernen Füßen die Informationsfreiheit steht, solange sich Journalisten den marktwirtschaftlichen Interessen ihrer Verleger anpassen müssen.

Der Kampf um Mitbestimmung und innere Pressefreiheit, in dem bisher mehr Opfer als Erfolge sichtbar sind, wird sich

3 Berliner Autorenkollektiv Presse, a.a.O., S. 109.
4 ZV + ZV 19/1972, S. 864.

allerdings gerade deshalb eher verschärfen. Wo die ‚Günther-Kommission' schon vor Jahren zu dem Schluß kam, daß „die Zerstörung der in Art. 5 des Grundgesetzes geschützten Meinungs- und Informationsfreiheit des Bundesbürgers progressiv verläuft"[5], wird auch der Privatbesitz an den öffentlichen Informationsmitteln als Hindernis auf dem Weg zu einer wirklichen Pressefreiheit mehr und mehr erkannt. Allerdings, das zeigen auch die vom Parteien-Proporz beherrschten Rundfunk- und Fernsehanstalten, ist die Konstruktion öffentlich-rechtlicher Anstalten allein noch keine Garantie für Meinungs- und Informationsfreiheit und keine Sicherheit gegen die vielfältig getarnten ‚Berufsverbote' für kritische Journalisten.

5 Fred Zander in: SPD '71, Protokoll des außerordentlichen Parteitags vom November 1971. S. 5.

7. Einige Beispiele erfolgreichen Kampfes

a) Der „Fall" Ilse Jacob

Der „Fall Jacob"[1] macht besonders deutlich, daß in der BRD nicht nur dem antifaschistischen Auftrag des Grundgesetzes nicht entsprochen wird, sondern daß Antifaschisten gerade besonders überwacht und verfolgt werden. Und ausgerechnet noch von einem Verfassungsschutz, der, wie zur Zeit des Falles Jacob, von einem ehemaligen NS-Staatsanwalt geleitet wurde (Schrübbers).

Fall Jacob vor drei Jahrzehnten

Vor ungefähr drei Jahrzehnten gab es schon einmal einen „Fall Jacob".

Ilse Jacobs Vater, Franz Jacob, war von 1932 bis 1933 Mitglied der Hamburger Bürgerschaft. Der gelernte Schlosser war 1920 in die SPD eingetreten. 1925 wechselte er in die KPD über und war von 1931–1933 Mitglied der KPD-Bezirksleitung „Wasserkante". Nach der Machtergreifung durch die Nationalsozialisten arbeitete er illegal in Hamburg, Bremen und Berlin, wo er im August 1933 verhaftet wurde. 1934 wurde er wegen Vorbereitung zum Hochverrat zu drei Jahren Zuchthaus und weiteren vier Jahren „Schutzhaft" im KZ Sachsenhausen verurteilt.

Am 4. Juli 1944 wurde er erneut verhaftet und wegen Hochverrats am 18. September 1944 im Alter von 38 Jahren in Brandenburg von den Nazis hingerichtet.[2]

---

1 Siehe Kapitel Schulwesen, Ilse Jacob.
2 „Jacob und Schrübbers – heute wie damals" – Dokumentation zum Berufsverbotsbeschluß und zum Fall Ilse Jacob. Herausgegeben von der Vereini-

Sein Name ist auf der Ehrentafel des 20. Juli vermerkt.[3] Jacob war mit dem sozialdemokratischen Reichstagsabgeordneten Julius Leber befreundet. Sie hatten sich im KZ Sachsenhausen kennengelernt. Leber wurde wie Jacob im Juli verhaftet und ebenfalls hingerichtet.

Antifaschistisches Erbe

Es ist mehr als makaber, wenn drei Jahrzehnte später Sozialdemokraten die Tochter eines hingerichteten Widerstandskämpfers wegen ihrer antifaschistischen Betätigung politisch unter Druck setzen.

Denn daß nach all dem, was mit ihrem Vater geschehen war, Ilse Jacob sich in der Vereinigung der Verfolgten des Naziregimes organisierte und an den politischen Einsichten ihres Vaters, derentwegen er von den Nazis verfolgt worden war, anknüpfte (DKP-Mitgliedschaft), konnte doch eigentlich niemanden verwundern.

Aber daß der alte Ungeist nach 1945 doch nicht völlig ausgetrieben war und beim Verfassungsschutz das alte Feindbild immer noch stimmt, zeigte das Dossier des Verfassungsschutzes über Ilse Jacob:

„Freie und Hansestadt Hamburg
Behörde für Inneres
Landesamt für Verfassungsschutz
V 23 – 169 – P – 23 915 – 1/72

26. Januar 1972
An die Behörde für Schule, Jugend und Berufsausbildung z. Hd. Herrn OAR Ohland o.V.i.A.

– Vertraulich –

gung der Antifaschisten und Verfolgten des Naziregimes e. V., Land Hamburg (VAN), März 1972, S. 73.
3 Ebd., S. 63. S. auch Das Parlament, Sonderausgabe v. 20. 7. 1952.

Betr.: Stud.R. z. A. Jacob, Ilse
　　　 geb. 9. 11. 1942 in Hamburg
Bezug: Überprüfungsersuchen vom Amt für Schule vom
　　　 20. 12. 1971

Gegen die Berufung der Obengenannten in das Beamtenverhältnis auf Lebenszeit werden Bedenken erhoben.

Dem Landesamt für Verfassungsschutz liegen über J. folgende Erkenntnisse vor:

8.–9. 4. 1961	J. nimmt als Delegierte am Bundeskongreß der VVN in Stuttgart teil.
1962	J. nimmt an den Weltjugendfestspielen in Helsinki teil.
Sommersemester 1963	J. ist erste Vorsitzende der SDS-Gruppe an der Universität Hamburg. SDS-Mitglied bis 1968.
22. 10.–16. 11. 1963	J. nimmt an einer KP-Delegationsreise in die UdSSR teil.
November 1966	Teilnahme an einem KPD-Parteiarbeiterlehrgang in der DDR.
Juli 1968	Verfasserin eines Artikels in den Mitteilungen des Arbeitskreises Festival in der BRD „Festival extra" über die IX. Weltjugendfestspiele in Sofia.
März 1969	J. stimmt einer ADF-Erklärung gegen die Vorbeugehaft schriftlich zu. (Aktion Demokratischer Fortschritt = ADF war die kommunistische Wahlpartei für die Bundestagswahl 1969. Sie wurde eigens zu diesem Zweck gegründet und besteht heute nicht mehr.)
August 1969	J. ist Erstunterzeichner eines Aufrufes der Demokratischen Aktion für eine Anti-NPD-Kundgebung.
Juli 1970	J. ist Unterzeichner eines Aufrufes des Arbeitsausschusses des Schwelmer Kreises (beim Schwelmer Kreis han-

	delt es sich um eine kommunistische Hilfsorganisation, in der Lehrer zusammengeschlossen sind).
Dezember 1970	J. reist mit gebührenfreiem Einreisevisum nach Gera/DDR aus. (Das gebührenfreie Visum deutet darauf hin, daß eine Einladung von offizieller Stelle aus der DDR vorlag.)
Januar 1971	J. ist Mitglied des Einladerkreises der Aktionskonferenz zur Bildungspolitik (die Konferenz war DKP/DFU-initiiert und fand am 31. 1. 1971 statt).
1971	Mitglied der DKP und des Vorstandes der DKP-Betriebsgruppe Lehrer.

Die vorliegenden Erkenntnisse zeigen, daß J. sich über einen längeren Zeitraum aktiv im Rahmen kommunistischer Organisationen betätigt hat und noch betätigt. Es bestehen daher erhebliche Bedenken dagegen, daß sie die Gewähr dafür bietet, jederzeit für die freiheitlich-demokratische Grundordnung im Sinne des Grundgesetzes einzutreten.

gez. Bein"[4]

Daß die einzelnen dort angeführten Beobachtungen überhaupt unter „verfassungsfeindlich" eingestuft werden, daß sich der Verfassungsschutz überhaupt mit Ilse Jacob beschäftigte, war schon empörend.

Ungeheuerlich aber war es geradezu, daß der Senat von Hamburg diese Argumentation aufnahm.

So sahen die weiteren Schritte der Schulbehörde aus:

14. 2. 1972	Schreiben der Schulbehörde an Frau Jacob, zwecks Überprüfung der Voraussetzungen für die Übernahme in das Beamtenverhältnis zu einer Besprechung in die Behörde zu kommen.
18. 2. 1972	Frau Jacob wird von der Rechtsabteilung der Schulbehörde eröffnet, daß beabsichtigt sei, ihre

4 Ebd., S. 39 ff.

Entlassung aus dem Beamtenverhältnis auf Probe einzuleiten.[5]

Breite Protestbewegung fordert Verbeamtung von Ilse Jacob

Die Protestbewegung, die schließlich zum Erfolg, zur Verbeamtung von Ilse Jacob, führte, lief auf sechs Ebenen:

Für Ilse Jacob setzten sich ein:

1. Kollegen und Eltern
2. Gewerkschaft und Personalräte
3. Politische Parteien und Organisationen
4. Antifaschistische Verbände in der BRD
5. Starke Bedenken kamen aus dem Ausland und machten den Skandal besonders offensichtlich.
6. Schließlich darf nicht vergessen werden, daß die außerordentlich häufige Berichterstattung in der Presse über den Fall Jacob den Informationen die nötige Breite verschaffte.

Das waren im einzelnen die Aktionen:[6]

1. Kollegen und Eltern:

1. 3. 1972   Stellungnahme aus dem Kollegium der Schule Alter Teichweg gegen die beabsichtigte Entlassung Frau Jacobs

4. 3. 1972   Schreiben der Elternvertreter der Klasse 8 c Gesamtschule Alter Teichweg an Schulsenator Apel

4. 3. 1972   Schreiben der Klassenelternvertreter an den Ersten Bürgermeister Peter Schulz

9. 3. 1972   Schreiben des Elternrats der Gesamtschule Alter Teichweg an den Schulsenator, daß er an der weiteren Tätigkeit Frau Jacobs an der Schule interessiert ist

5 Ebd., S. 68.
6 Ebd., S. 67 ff.

2. Gewerkschaft und Personalrat:

29. 2. 1972   Erwiderung des von der Gewerkschaft Erziehung und Wissenschaft (GEW) beauftragten Rechtsanwaltes Frau Jacobs, Herrn Heinz-Jürgen Fülleborns, auf die vom Verfassungsschutz erhobenen Vorwürfe

7. 3. 1972   Der Personalrat für Lehrer an Volks- und Realschulen lehnt die Zustimmung zur Entlassung Frau Jacobs ab

9. 3. 1972   Schlichtungsverhandlungen zwischen dem Präses der Schulbehörde, Senator Apel, dem Oberschulrat für Gesamtschulen und dem Personalrat scheitern, da beide Seiten auf ihren gegensätzlichen Standpunkten beharren

23. 3. 1972   Schuldeputation vertagt die Erörterung des Falles Ilse Jacob auf den 26. April 1972

6. 4. 1972   Die GEW-Fachgruppe Volks- und Realschulen befaßt sich mit dem Fall Ilse Jacob und beschließt, die Angelegenheit am 10. 4. 1972 auf der Ordentlichen Vollversammlung der GEW-Vertrauensleute zur Sprache zu bringen

7. 4. 1972   Der Hamburger Junglehrerausschuß (AjLW) beschließt im gleichen Sinne

10. 4. 1972   Ordentliche Vertrauensleuteversammlung der Gewerkschaft Erziehung und Wissenschaft Hamburg, auf der eine Stellungnahme, eine Solidaritätserklärung und gewerkschaftliche Maßnahmen in Sachen Ilse Jacob beschlossen werden. Die GEW-Versammlung fordert den Senat auf, die Arbeit des Landesamtes für Verfassungsschutz zu überprüfen und erklärt, daß er sich für die endgültige Einstellung der Kollegin Ilse Jacob einsetzt.

24. 4. 1972   Schreiben des GEW-Bundesvorsitzenden Erich Frister an Bürgermeister Schulz

3. Politische Organisationen und andere Gremien:

20. 3. 1972 Beschluß des Landesarbeitsausschusses der Jungsozialisten zum Berufsverbotsbeschluß und zum
Fall Ilse Jacob

22. 3. 1972 AStA der Universität Hamburg erklärt, daß Ilse
Jacob nichts anderes vorgeworfen werden könne
als Unterstützung der Ostpolitik der Bundesregierung und Auftreten gegen den Neonazismus.
Forderung nach freier politischer und gewerkschaftlicher Betätigung in Ausbildung und Beruf
sowie nach Aufhebung der Berufsverbote (AStA-
Info Nr. 29).

24. 3. 1972 Die Hamburger Gruppen von amnesty international protestieren in einem offenen Brief an
Schulsenator Apel gegen die gegen Frau Jacob
eingeleitete Entlassung: „... Ilse Jacob hat sich
stets gegen neofaschistische Tendenzen und Einschränkungen der demokratischen Freiheiten gewandt. Sie hat sich für eine Aussöhnung und Verständigung mit den osteuropäischen Ländern eingesetzt." Ihre Entlassung „wäre ein Verstoß gegen das Grundgesetz und die Allgemeine Erklärung der Menschenrechte der Vereinten Nationen".

6. 4. 1972 Vertreter der Bürgerinitiative „23. November",
der Demokratischen Aktion Hamburg und von
amnesty international beraten die durch den Senatsbeschluß eingeleiteten Entlassungen

24. 4. 1972 50 Hamburger Pastoren fordern von Senat und
Schuldeputation Ilse Jacobs Verbeamtung

4. Antifaschistische Verbände in der BRD:

7. 3. 1972 Stellungnahme der VAN Hamburg zum Berufsverbotsbeschluß und zum Fall Ilse Jacob

20. 3. 1972 Pressekonferenz der VAN und der VVN. Über-
gabe der Dokumentation „Jacob und Schrübbers
– heute wie damals".

31. 3. 1972 Die Lagergemeinschaft Sachsenhausen für die Bundesrepublik Deutschland befaßt sich auf einer Tagung in Dortmund mit dem Fall Ilse Jacob

7. 4. 1972 Der Landesvorstand der VAN befaßt sich mit dem bisherigen Verlauf seiner Initiative in Sachen Ilse Jacob. Er beschließt die Herausgabe einer 2. Information sowie einer zweiten erweiterten Auflage der Dokumentation „Jacob und Schrübbers – heute wie damals", da die erste Auflage inzwischen vergriffen ist.

5. Ausländische Bedenken:

20./21. 3. Presseberichte von Volksstimme (Österreich), Aktuelle Kamera (DDR) u. v. a.
1972

1. 4. 1972 Das Internationale Sachsenhausen-Komitee gibt gemeinsam mit der bundesdeutschen Lagergemeinschaft eine Solidaritätserklärung für die Tochter ihres Kameraden Franz Jacob ab

4. 4. 1972 „Stimme der DDR" bringt eine Reportage über Heike Gohl und Ilse Jacob. Autor: Werner Händler (DDR-Korrespondent in Bonn)

Weiterhin: Prof. Alfred Grosser (Frankreich) und Sebastian Haffner, in einer Fernsehsendung vom 29. 2. 1972

6. Massenpublikationen und -medien:

1. 3. 1972 Erste Pressemeldung zum Fall Ilse Jacob im „Berliner Extra Dienst" 17/VI

20./21. 3. ff. Pressebericht von dpa, PPA, NDR, Hamburger Morgenpost, Hamburger Abendblatt, Bergedorfer Zeitung, die tat, UZ, Deutsche Volkszeitung u. v. a.
1972

22. 3. 1972 Hamburger Morgenpost berichtet, daß es auf der Bonner Tagung von Vorstand, Parteirat und Kontrollkommission der SPD eine lebhafte Debatte um einen von der Parteiführung vorgelegten Resolutionsentwurf zur Unterstützung des Ministerpräsidentenbeschlusses gegeben habe und dieser

nicht verabschiedet werden konnte. Helmut Schmidt habe erklärt, es sei ihm unverständlich, was der Ministerpräsidentenbeschluß „eigentlich soll".

24. 3. 1972 Sendung des Nordschau-Magazins (NDR-Fernsehen)

Senat muß öffentlichem Druck nachgeben

Unter diesem massiven Druck muß der Senat schließlich nachgeben.

Am 28. 3. 1972 erhält Ilse Jacob ein Schreiben der Schulbehörde, in dem ihr mitgeteilt wird, daß ihre Zeit als Beamtin auf Probe bis zum 30. Juni 1972 verlängert wird.

Als am 26. Juni Zehntausende von Hamburger Bürgern anläßlich des Mißtrauensvotums der CDU/CSU-Bundestagsfraktion gegen eine bedrohlich mögliche Rechtsentwicklung protestierten, konnte den Demonstranten unter riesigem Jubel mitgeteilt werden, daß die Antifaschistin Ilse Jacob als Beamtin eingestellt worden ist.

b) Der „Fall" Geffken

Verschiedene Aktionen im „Fall Geffken" machen einige Kriterien deutlich, die im Kampf gegen Berufsverbote ausschlaggebend für einen Erfolg sind.[1]
Als solche Kriterien wären zu nennen:
1) Die sofortige Bekanntmachung des „Falles" durch Flugblätter, Presseerklärungen, Informationsveranstaltungen etc.;
2) das Zustandekommen eines über den universitären Bereich weit hinausgehenden Bündnisses unter besonderer Einbeziehung von Gewerkschaftsgruppen;
3) die Haltung des Betroffenen, das Beharren auf seinem Recht, als Beamter eingestellt zu werden.

Die nachfolgenden Kriterien kamen auf Grund lokaler Besonderheiten zum Tragen:
4) Das unmittelbare Zusammentreffen mit der Verbeamtung des Neonazis Jürgen Rieger und die damit leicht zu vermittelnde Erkenntnis, daß Berufsverbote nur die Demokraten treffen sollen.
5) Innerparteilicher Druck in der Regierungspartei (SPD) und terminlicher Zwang der Senatsentscheidung (Landesparteitag der SPD).

Zwei Besonderheiten gilt es vor der detaillierten Auseinandersetzung mit den einzelnen Kriterien noch allgemein zu berücksichtigen:
6) Die Behörde ließ Rolf Geffken das Angebot zum Abschluß eines „Angestelltenvertrages" zukommen;
Damit hätte – und bei einem Eingehen auf diesen Vorschlag durch Rolf Geffken wäre das sicher der Fall gewesen – der anlaufenden Protestbewegung die Spitze genommen werden

---

1 Siehe Kapitel Juristen – Rolf Geffken.

können, da die Öffentlichkeit irrigerweise nun im „Fall Geffken" kein Berufsverbot mehr gesehen hätte.

7) Die Aktionen liefen nicht erst an, als die Nichtverbeamtung Geffkens feststand, sondern erreichten schon vor dem endgültigen Behördenentscheid ihren Höhepunkt. Hierdurch entstand der taktische Vorteil gegenüber anderen „Fällen", daß die Behörde nicht zur öffentlichen Selbstdiskreditierung durch die Aufhebung einer schon getroffenen Entscheidung gezwungen werden mußte.

Ausgangssituation

Am 12. Februar 1973 bestand Rolf Geffken sein Examen mit der Endnote „befriedigend".

Er wußte wohl durch Mitteilung der Referendarabteilung des Hamburger Oberlandesgerichts, daß gegen seine Ernennung als Beamter „Bedenken" bestünden; eine klare Behördenentscheidung lag aber noch nicht vor.[2]

Geffken und seine studentische Organisation, der MSB Spartakus, Sektion Jura, trafen bereits schon am Abend des Ex-

---

2 Schreiben der Justizbehörde (Senatsdirektor Dr. Dr. Röhl) vom 22. 2. 1973 an den Allgemeinen Studenten-Ausschuß der Universität Hamburg, bezugnehmend auf eine Presseerklärung des Allgemeinen Studenten-Ausschusses vom 20. 2. 1973:
„Sehr geehrte Herren!
Auf die mit Schreiben vom 20. 2. 1973 überreichte ‚Erklärung des AStA zur Nichtverbeamtung von Rolf Geffken' antworte ich Ihnen im Auftrage des Präses der Justizbehörde wie folgt:
Ihre Erklärung geht insofern von falschen Voraussetzungen aus, als ein die Übernahme des Rechtskandidaten Rolf Geffken in das Beamtenverhältnis auf Widerruf ablehnender Beschluß des Senats der Freien und Hansestadt Hamburg bislang nicht ergangen ist. Der Senat beabsichtigt vielmehr, erst in der kommenden Woche über den Antrag des Herrn Geffken abschließend zu befinden. Herrn Geffken wird es dann unbenommen bleiben, im Falle der Ablehnung seines Antrages unter Darlegung seiner Argumente die Rechtmäßigkeit der Senatsentscheidung durch die Gerichte als die dazu verfassungsmäßig berufenen Institutionen überprüfen zu lassen."

amenstages Vorbereitungen für den Aufbau einer breiten Front gegen das drohende Berufsverbot (siehe Kriterium 7).

Die Aktion läuft an

Die anderen demokratischen Organisationen werden umgehend informiert, einschließlich der Gewerkschaften;
der AStA wird eingeschaltet;
ein Flugblatt verfaßt;
eine Unterschriftensammlung vorbereitet
und eine Protestveranstaltung geplant.
Am 17. 2. 1973 erschien ein Leserbrief von Rolf Geffken in der „Frankfurter Rundschau", in welchem Geffken bundesweit auf seinen Fall aufmerksam machte.[3]
Das Flugblatt der Sektion Jura des MSB Spartakus vom 19. 2. 1973 brachte mit den Forderungen den Senat in Antwortzwang:
„1) Einstellung des Kommilitonen Rolf Geffken zum 1. März als Beamter auf Widerruf in den Referendardienst!
2) Einsichtnahme in *sämtliche* Personalakten und sonstige über ihn geführten geheimen Schriftstücke!
3) Sofortige Begründung der Ablehnung seines Antrags vom 13. 9. 1972 auf Einstellung als Beamter auf Widerruf!"[4]

Das Bündnis wird breiter

18. 2. 1973 Einstimmig angenommene Resolution der Landesdelegiertenkonferenz der Jungsozialisten Schleswig-Holstein, die die sofortige Verbeamtung Geffkens forderte.[5]

3 Aus: „Der Fall Geffken", Dokumentation des erfolgreichen Kampfes gegen ein verfassungswidriges Berufsverbot", Herausgeber: Sektion Jura des MSB-Spartakus Hamburg, verantwortlich: Hartmut Beyling, Hamburg, 20. 3. 1973; S. 16.
4 Ebd., S. 17 ff.
5 Ebd., S. 9.

19. 2. 1973	Protestresolution des Landesarbeitsausschusses der Hamburger Jungsozialisten.[6]
20. 2. 1973	Protestresolution der Delegiertensitzung der Jungsozialisten Bremen-Stadt.[7]
20. 2. 1973	Studentische Delegation von AStA und Fachschaftsrat Jura der Universität Hamburg zum Präsidenten des Oberlandesgerichts und zum Justizsenator.[8]
21. 2. 1973	Bericht im „ASTA-INFO" Nr. 32.[9]
22. 2. 1973	Protest der Fachgruppe Gerichtsreferendare in der ÖTV im „ÖTV-REF-INFO" Extra vom 22. 2. 1973.[10]
22. 2. 1973	Protestresolution der Delegierten des in Hamburg stattfindenden 2. Bundeskongresses des MSB Spartakus.[11]
23. 2. 1973	Erste Pressemeldung in der Hamburger Morgenpost.

Innerparteilicher Druck

Am 24. 2. 1973 fand der erste Teil des Hamburger SPD-Landesparteitages statt. Ein Antrag gegen den Hamburger Senatserlaß und den Beschluß der Ministerpräsidentenkonferenz vom 28. 1. 1972 sowie ein Initiativantrag für die unverzügliche Übernahme Rolf Geffkens ins Beamtenverhältnis als Referendar lagen vor, wurden aber nicht mehr behandelt.[12]
Damit sah sich innerhalb weniger Tage der Hamburger Senat unter den politischen Druck der Öffentlichkeit gesetzt. (Kriterium 2.)

6 Ebd., S. 10.
7 Ebd., S. 9.
8 Ebd., S. 20 ff.
9 Ebd., S. 14.
10 Ebd., S. 23.
11 Ebd., S. 34.
12 Ebd., S. 5.

Hinzu kam für ihn nun die Notwendigkeit, sein Vorgehen im „Fall Geffken" in den eigenen Reihen zur Diskussion zu stellen und zu begründen. Das Ausweichen des Parteivorstandes mittels Vertagung machte hier schon die geschwächte Position des Senats deutlich. (Kriterium 5.)

Die ersten Teilerfolge wurden schon zu diesem Zeitpunkt sichtbar. Am Tage nach dem Besuch der studentischen Delegation beim Senat (21. 2. 1973) ging ein Anruf beim AStA der Universität ein, in dem dieser beschworen wurde, doch zu „warten", bis ein „endgültiger Bescheid" im Fall Geffken ergehe.[13]

„Kuhhandel" Angestelltenvertrag

In dieser Situation legte der Senat der studentischen Delegation einen Angestelltenvertrag vor, der offensichtlich für den „Fall Geffken" maßgeschneidert war. Darin war eine sechsmonatige Probezeit vorgesehen, während welcher Rolf Geffken – unabhängig vom Bestehen eines „wichtigen Grundes" – mit jederzeitiger Kündigung hätte rechnen müssen. Ein „Kündigungsgrund" sei dann gegeben, wenn R. Geffken in den Räumen Hamburgischer Gerichte einer beliebigen Person eine seiner Schriften überreichen würde, so führte die Referendarabteilung aus.

Rolf Geffken unterzeichnete diese Kapitulationsurkunde nicht, sondern forderte, den Passus zu streichen.

Daraufhin wurde er in Gegenwart der studentischen Delegation zynisch gefragt, ob er seine Ausbildung gefährden wolle!

In der Geffken-Dokumentation wird dazu eingeschätzt:

„Die Behörde und der Senat waren, als sie R. Geffken einen Angestelltenvertrag unterbreiteten, offenbar davon ausgegangen, er werde ihn akzeptieren, um überhaupt mit der Ausbildung beginnen zu können."[14]

13 Ebd., S. 4.
14 Ebd., S. 5.

„Es besteht die Auffassung, das Referendariat im Angestelltenverhältnis ‚entlaste' den Referendar von überkommenen, unangenehmen Beamtenpflichten (z. B. Ableistung eines Diensteides usw.). Eine solche Auffassung zeugt jedoch davon, daß die im Angestelltenverhältnis liegende politische Diskriminierung nicht gesehen wird."[15]

Dazu schreibt Rolf Geffken in der „Deutschen Volkszeitung" (DVZ): „Die ... Gefahr liegt darin, daß der Betroffene – im Gegensatz zum Beamten – jederzeit aus wichtigem Grund fristlos und ohne besonderen Grund fristgemäß entlassen werden kann. Der Kündigungspassus etwa der Hamburger Angestelltenverträge variiert dabei von Person zu Person ... Weiter muß beachtet werden, daß das Kündigungsschutzgesetz erst nach sechs Monaten Ausbildungszeit gilt und Mitbestimmungsrechte von Personalräten entsprechend dem Betriebsverfassungsgesetz in Fragen der Kündigung nicht bestehen. Die Möglichkeiten politischer Erpressung sind also bei sogenannten Angestelltenverträgen unbegrenzt . ."[16] Die größte Gefahr birgt ein solcher „Vertrag" aber für die nach Abschluß der Ausbildungszeit angestrebte Ernennung zum Beamten auf Lebenszeit.

Dann nämlich kann es vom Inhalt des Vertrages, der meist den mehrdeutigen Passus enthält: „Anspruch auf spätere Ernennung ausgeschlossen", abhängen, ob der Betroffene Beamter auf Lebenszeit wird. Der Vertrag wird dann möglicherweise als „Verzicht" auf Ernennung gedeutet."[17]

Solidarität der Gewerkschaftskollegen

Von Anfang an ist der Kampf um die Verbeamtung von Rolf Geffken politisch und offensiv geführt worden.

15 Ebd., S. 46.
16 „Wie kämpft man gegen ein Berufsverbot?" von Rolf Geffken, DVZ – Deutsche Volkszeitung Nr. 19, 10. 5. 1973, S. 15.
17 Ebd.

„Beim Aufspüren der politischen Aktivitäten des Betroffenen wird sich erweisen: Je umfangreicher und weitreichender sie waren, desto günstiger wird die Entfaltung von Solidarität sein. Je aktiver etwa ein Student oder Referendar für die Interessen seiner Kommilitonen und Kollegen eingetreten ist, desto eher ist er ihnen als ihr Interessenvertreter bekannt und kann Solidarität erwarten, desto eher betrachten sie den Angriff auf seine politische Existenz als einen Angriff auf ihre eigenen Interessen."[18]

Rolf Geffken war ferner Mitglied der Gewerkschaftlichen Studentengruppe Hamburg, der Gewerkschaft ÖTV (Fachgruppe Referendare) und der Vereinigung demokratischer Juristen.

Von 1970–1971 war er studentisches Mitglied der Hamburger Reformkommission Juristenausbildung, die das sogenannte Hamburger Modell erarbeitete. Im Sommersemester 1971 gehörte er dem Fachschaftsrat Jura und von 1971–1972 dem Studentenparlament der Universität Hamburg an.

Von 1971–1972 leitete er am Fachbereich Rechtswissenschaft die Mentorengruppen zu Themen wie „Klassenjustiz" und „Arbeitsrecht".

Er verfaßte zahlreiche Bücher und Aufsätze über Arbeitsrecht, Streikrecht und das Betriebsverfassungsgesetz, in welchen er engagiert für die Interessen der arbeitenden Bevölkerung eintrat und ihnen rechtliche Tips gab. So auch beim Seeleutestreik 1972, bei welchem er seine streikenden ÖTV-Kollegen durch arbeitsrechtliche Beratung unterstützte.

Die Solidarität, die Geffken 1972 seinen streikenden Kollegen bezeugt hatte, wurde dem nun vom Berufsverbot Betroffenen auch von diesen erwidert (Kriterium 3).

Dazu heißt es in der Chronologie der Geffken-Dokumentation: „Am 26. 2. verabschiedete die Versammlung der Vertrauensleute der Abteilung Seeschiffahrt der Gewerkschaft ÖTV eine Protestresolution, in der der Hamburger Senat aufgefordert

---

18 Ebd.

wurde, Rolf Geffken sofort zum Beamten auf Widerruf zu ernennen. An den Hauptvorstand der Gewerkschaft wurde die Forderung gerichtet, dem Kollegen R. Geffken umfassenden gewerkschaftlichen Schutz zu gewähren. R. Geffken hatte als Mitglied der ÖTV den Seeleuten im Warnstreik vom Februar 1972 konkrete Hilfe geleistet, indem er ein „Streikrechtspapier" verfaßte, das die streikenden Kollegen befähigen sollte, der durch Reeder, Kapitäne usw. vorgetragenen „herrschenden Meinung", der Streik von Seeleuten sei verboten, der Zugang von Gewerkschaftern auf Schiffe sei verboten usw. („Hausfriedensbruch"), *auch* mit juristischen Argumenten entgegenzutreten.

Die Seeleute dazu: *„Wir Seeleute brauchen solche Juristen wie den Kollegen Rolf Geffken.* Wir fordern daher die sofortige Verbeamtung unseres Kollegen und protestieren aufs schärfste gegen jeden Diskriminierungsversuch seitens Senat und Justizbehörde!"[19]

Stoßrichtung der Berufsverbote wird entlarvt

Die Empörung der Öffentlichkeit über die Praxis des Hamburger Senats, einen Referendar, der sich nachweislich für die Interessen der arbeitenden Bevölkerung eingesetzt hat, politisch durch Nichtverbeamtung zu bestrafen, wurde noch größer, als am 28. 2. in einem umfangreichen Artikel in der „Hamburger Morgenpost" erstmals eine Zusammenschau verschiedener krimineller Aktivitäten des Neo-Nazi Rieger gegeben wurde. Die Schlagzeile lautete: „Darf dieser Mann in Hamburg Richter werden?" Ein Foto zeigte den Neonazi Rieger mit Sturzhelm und voller Ledermontur als Anführer eines braunen Trupps, der in Kassel 1970 beim Treffen Brandt–Stoph die DDR-

19 MSB Spartakus-Dokumentation „Der Fall Geffken", a.a.O., S. 6.

Flagge vom Mast riß und die DDR-Schleifen des am Mahnmal abgelegten Kranzes abriß.[20]

Rieger war nach bestandenem Examen (8. 8. 1972) im Oktober 1972 durch den Oberlandesgerichts-Präsidenten anstandslos verbeamtet worden.

In diesem Zusammenhang wurde auch die Rolle des Verfassungsschutzes bei den Berufsverboten deutlich.

Nicht politisch eindeutig Kriminelle wie der Neofaschist Rieger (Flaggenschändung, Rubin-Entführung) werden überwacht, was ja der antifaschistische Auftrag des Grundgesetzes vorschreibt, sondern fortschrittliche Demokraten (siehe Kriterium 4).

Eine Vorentscheidung wird erzwungen

Der zunehmende öffentliche Druck zwang den Senat zu einer Entscheidung. Bereits am 27. 2. 1973 hatte Justizsenator Seeler einer studentischen Delegation im Rathaus bekanntgegeben, daß der Senat ihn zur Entscheidung ermächtigt habe, er müsse jedoch als „sozialdemokratischer Politiker" den Verlauf des SPD-Landesparteitages abwarten. Er wies darauf hin, daß er ungern unter Druck entscheiden würde. Immerhin hieß dies: Der Senat hatte den Druck der alarmierten demokratischen Öffentlichkeit bereits zu spüren bekommen. Die sofortigen politischen Aktivitäten waren gerade die Bedingung dafür, daß die Gefahr einer negativen Entscheidung mit der Folge eines langwierigen und zermürbenden Prozesses vor Verwaltungsgerichten verringert wurde. Seeler machte gleichzeitig eine Andeutung, daß sich „wahrscheinlich" eine positive Entscheidung für Rolf Geffken abzeichne.

Im Artikel der SPD-nahen Morgenpost vom 28. 2. wurde ebenfalls schon gemutmaßt, Seeler werde Geffken wahrscheinlich verbeamten.

20 Ebd.

Am 28. 2. 1973 erreichte die Geffken-Kampagne ihren Höhepunkt. Vormittags fand in den Räumen des AStA eine gutbesuchte Pressekonferenz statt.

Abends wurde die Protestveranstaltung mit 200 Teilnehmern im Rechtshaus der Universität eröffnet. Vertreter der verschiedenen Organisationen, die den Aufruf zur Veranstaltung unterzeichnet hatten, hielten Beiträge, in denen sie die politische Funktion der Berufsverbote von unterschiedlichen Positionen aus, aber mit einheitlicher Konsequenz (Weg mit dem Beschluß vom 28. 1. 1972) analysierten.

Gleichzeitig wurde der Zwischenstand einer Unterschriftensammlung bekanntgegeben, die Ende Februar 3000 Unterschriften erbrachte. Unter den Unterzeichnern befanden sich bekannte Persönlichkeiten aus Hochschule und Betrieb.

Über den SPD-Landesparteitag schreibt die Chronologie der Geffken-Dokumentation:

„Am Abend des Tages – die Protestveranstaltung im Rechtshaus hatte bereits begonnen – verteilten Studenten der Fachschaft Jura vor dem Landesparteitag der SPD 300 offene Briefe (Adresse: Justizbehörde) an die Delegierten. Der Initiativantrag des Kreises Wandsbek wurde am 28. 2. nicht mehr behandelt, da, wie es spät am Abend hieß, ‚Rolf Geffken eingestellt wird.' Die SPD-Führung hat sich also dem öffentlichen Druck schnell noch gebeugt, bevor es zu einer Diskussion der Delegierten kommen konnte. Der Entscheidung von 156 zu 133 Delegierten gegen die Ablehnung des Senatserlasses v. Nov. 1971 waren antikommunistische Tiraden von Weichmann, Paulig und Bürgermeister Schulz vorausgegangen (Schulz: „Ich kenne nichts Reaktionäreres als Kommunisten in diesem Lande", zit. aus „Weser-Kurier"/Bremen v. 2. 3. 73) Trotzdem bröckelte die Anhängerschaft innerhalb der Hamburger SPD für die Hamburger Berufsverbotspolitik ständig ab."[21]

21 Ebd., S. 7.

Die Vereidigung R. Geffkens und die Aushändigung der Ernennungsurkunde an ihn durch die Referendarabteilung des Oberlandesgerichts erfolgte am 1. März.

Am 2. März nahm Rolf Geffken am Amtsgericht Hamburg-Altona die Ausbildung als Referendar auf.[22]

---

22 Nach der Verbeamtung Rolf Geffkens versuchte der Senat, sein ursprüngliches Vorgehen gegen Geffken als „faux pas" hinzustellen und die Einstellung von Rieger als „irrtümlich" erklärbar zu machen. Dazu muß gesagt werden, daß entgegen allen öffentlichen Beteuerungen und Absichtserklärungen des Senats, Rieger zurückzurufen, dieser bis heute (Redaktionsschluß) Beamter der Hansestadt Hamburg ist.

c) Geschichte einer erfolgreichen Kampagne: Fricke und Wedekind in Göttingen

Brigitte Fricke und Wolfgang Wedekind waren die ersten beiden Lehramtskandidaten in Göttingen, die mit Berufsverbot belegt werden sollten. Hier wurde zwar das Berufsverbot nicht offen ausgesprochen, doch alle Maßnahmen der niedersächsischen Kultusbürokratie zielten darauf hin, die Ministerpräsidentenbeschlüsse vom 28. 1. 1972 anzuwenden. Das wird auch deutlich durch das mehr oder weniger ‚geschickte‘ Manöver des Regierungspräsidenten in Hildesheim. Dieses ‚geschickte‘ Vorgehen bezweckte gerade, eine breite Solidaritätsbewegung mit den vom Berufsverbot Betroffenen zu verhindern. Deshalb war es für die Kultusbürokratie nur konsequent, im „Fall" Fricke/Wedekind nicht sofort das Berufsverbot auszusprechen.

Der erreichte Erfolg, die Durchbrechung von angedrohten Berufsverboten im „Fall" Fricke/Wedekind, ist unter anderem wesentlich mit darauf zurückzuführen, daß Brigitte Fricke und Wolfgang Wedekind einerseits, die Initiative „Gegen Berufsverbote in Göttingen" und die sie tragenden Kräfte andererseits, nicht auf die Täuschungsmanöver der Kultusbürokratie hereinfielen.

Die Erfahrungen aus der Geschichte dieser Kampagne zeigen: Sobald erkennbar wird, daß ein Berufsverbot angedroht oder verhängt werden soll, muß der Kampf um die Verhinderung von Berufsverboten *politisch offensiv* geführt werden, müssen sofort „die gegen die Bewerber vorliegenden Tatsachen" von den Betroffenen selbst in aller Öffentlichkeit genannt werden.

In der „Fricke/Wedekind-Kampagne" beschränkte sich die Arbeit der Initiative keineswegs allein auf den Hochschulbereich, sie bezog vielmehr alle Teile der Bevölkerung, Arbeiter, Lehrlinge, Schüler, Betriebsräte, Vertrauensleute, mit in die Solidaritätsbewegung ein. Die breite Öffentlichkeitsarbeit, die sich u. a. in der Göttinger Lokalpresse widerspiegelte, die Stellungnahmen von Gewerkschaftern und Einzelpersönlichkeiten konnten den Druck der demokratischen Öffentlichkeit auf die Kultusbürokratie wesentlich unterstützen.

Ohne diese Breite der Solidaritätsbewegung wären die Erfolge in der „Fricke/Wedekind-Kampagne" kaum möglich gewesen. Hier ist weniger die Frage der Quantität (wie viele Gruppen den Aufruf unterzeichnet haben) entscheidend gewesen, sondern die Frage, welche politische Breite die Bewegung angenommen hatte, die den Aufruf, die die Kampagne der Initiative unterstützt hat. In Göttingen haben sich demokratisch engagierte Einzelpersonen, aktive Gewerkschafter, Kommunisten, Liberale und Sozialdemokraten zu einem Bündnis zusammengeschlossen.

Es bleibt noch zu erwähnen, daß ein Umstand sich günstig für den Verlauf und das Ergebnis der Kampagne auswirkte, nämlich das zeitliche Zusammentreffen mit der bundesweiten demokratischen Bewegung gegen die Berufsverbote (zentrale Manifestation gegen die Berufsverbote in Dortmund am 14. April 1973); auch stand der Bundesparteitag der SPD bevor, auf dem die Diskussion über den Berufsverbotserlaß eine große Rolle spielte.

Ende 1972 bewarben sich Brigitte Fricke und Wolfgang Wedekind um die Übernahme in den Realschuldienst im Land Niedersachsen. Im Januar 1973 wurden sie dem Regierungspräsidenten in Hildesheim zur Einstellung „zugeteilt". Eine entsprechende Mitteilung der Pädagogischen Hochschule Niedersachsen, Abteilung Göttingen, erhielten sie am 1. 2. 1973. Wolfgang Wedekind (W.) bemühte sich inzwischen um eine Einstellung in Dransfeld (ca. 10 km von Göttingen entfernt). Er führte deshalb mit dem Rektor der Realschule in Dransfeld, Herrn Stander, mehrere Gespräche. W. bat mit Schreiben vom 1. 2. 1973 den im Regierungspräsidium zuständigen Dezernenten um Einstellung an der Realschule Dransfeld nach Absolvierung der Realschulprüfung. In der zweiten Hälfte des Monats Februar 1973 bestanden F. und W. ihr Realschullehrerexamen, und zwar F. in Englisch und Politik, W. in Mathematik und Physik.

Nach bestandener Prüfung wandte sich W. unverzüglich an den zuständigen Dezernenten, Herrn Schoel, sowie an den Regierungsinspektor Müller. Die mit beiden geführten Telefongespräche ergaben, daß die Einstellung von W. zum 1. 3. 73 nicht möglich sei, „da die Überprüfung durch das Innenministerium noch nicht abgeschlossen" sei.

Dieses offensichtlich verfassungswidrige Verhalten gegenüber Bewerbern für den öffentlichen Dienst scheint für die Kultusbürokratie des Landes Niedersachsen „die Norm" zu sein: Dem „Göttinger Tageblatt" vom 30. 3. 1973 kann man entnehmen, daß – laut Angaben des Innenministers – allein in Niedersachsen in der Zeit von August 1972 bis Februar 1973 5919 Bewerber für den öffentlichen Dienst – also keineswegs nur Lehramtskandidaten – „überprüft" wurden.

Nicht genug damit, daß hier der ‚Verfassungsschutz' und die Politische Polizei tätig wurden; den beiden Lehramtskandidaten wurde mit keinem Wort mitgeteilt, welche „gerichtsverwertbaren Erkenntnisse" gegen sie angeblich vorlagen – ihnen wurde auch jede Einsichtnahme in das gegen sie aus suspekten Quellen zusammengetragene Material verwehrt.

Schließlich erfahren F. und W. von Herrn Müller, daß – laut Erlaß des Kultusministers – die Einstellungen entweder am 1. 3. oder am 25. 4. 73 vorzunehmen seien (dies im Gegensatz zu Herrn Schoel!). Herr Müller bittet W., am 15. 3. wieder nachzufragen. Die beiden Bewerber blieben also weiterhin im ungewissen darüber, wie in ihren „Fällen" die Kultusbürokratie verfahren würde. Unterdessen wurde die finanzielle Situation der beiden Lehramtskandidaten prekär. Beide haben zwei Kinder, während der Mann von F. kurz vor dem Examen steht und W. ohne Ehepartner seine zwei Kinder versorgen muß. Sie konnten keine Studienunterstützung („BAFöG") beanspruchen, aber auch keine Arbeitslosenhilfe beantragen, da sie in ein Arbeitsverhältnis noch nicht übernommen waren (bzw. werden sollten). Allenfalls hätte eine – geringe – Fürsorgeunterstützung in Betracht gezogen werden können. Anscheinend hatte die Kultusbürokratie diese Existenznot ausnutzen wollen, um F. und W. „gefügiger" zu machen. Beide reagierten jedoch darauf mit dem notwendigen Widerstand.

344

Am 15. 3. 73 suchte W. Herrn Schoel in dessen Dienststelle zu einem Gespräch auf. Im Laufe des Gesprächs stellte sich dann heraus, daß der Regierungspräsident sich ausbedungen hatte, u. a. mit F. und W. „ein Gespräch zu führen", da die Einstellung ungewiß sei. Vom Ausgang dieses „Gesprächs" sollte die Einstellung abhängig gemacht werden. Damit wurde erstmals deutlich, daß im „Fall" Fricke/Wedekind die Ministerpräsidentenbeschlüsse angewandt werden sollten. Denn alleinige Grundlage eines solchen „Gesprächs" konnten die niedersächsischen Ausführungsbestimmungen vom 1. 8. 72 zu den Ministerpräsidentenbeschlüssen vom 28. 1. 72 sein. Bei einem derartigen „Gespräch" handelt es sich um ein ‚Anhörungsverfahren'.

Erste Proteste

Nachdem diese schikanösen Maßnahmen in Göttingen bekannt wurden, kam es zu den ersten Protesten. In der ersten Aprilwoche bildete sich auf Betreiben der Betroffenen die Initiative „Gegen Berufsverbote in Göttingen". Diese ging sofort an die Arbeit. Sie beschränkte sich von Anfang an nicht auf diese Göttinger „Fälle", sie nahm diese ersten „Fälle" in Göttingen vielmehr zum Anlaß, längerfristig gegen die Berufsverbote zu kämpfen.

Noch in der ersten Aprilwoche gibt die Initiative den Aufruf „Gegen Berufsverbote in Göttingen! Solidarität mit Wolfgang Wedekind und Brigitte Fricke!" heraus. Er wird sogleich von der demokratischen Öffentlichkeit unterstützt. Zu den Erstunterzeichnern gehören neben Einzelpersönlichkeiten wie Prof. E. A. Roloff oder Pastor S. Stadie (Dransfeld) der Sozialdemokratische Hochschulbund (SHB), die Deutschen Jungdemokraten (DJD), der Marxistische Studentenbund Spartakus Uni und PH Göttingen, AStA PH Göttingen, die niedersächsische Landesschülervertretung, die Sozialistische Deutsche Arbeiterjugend (SDAJ), die Deutsche Friedensgesellschaft/Internationale der Kriegsdienstgegner/Verband der Kriegsdienstverweigerer (DFG/IdK/VK) und andere.

Trotz mehrerer Telefonate und des „in Aussicht gestellten Gesprächs innerhalb von 14 Tagen" (am 15. 3.) waren inzwischen über drei Wochen vergangen, ohne daß der Regierungspräsident darauf geantwortet hätte. Die finanzielle Unsicherheit der beiden Bewerber nahm weiter zu. In dieser Situation verstärkte die Initiative ihre Arbeit, kündigte für den 12. 4. 73 ein Teach-in in der PH (Göttingen) an; gleichzeitig wurde die „Information Nr. 1" – vor allem unter der Bevölkerung – verteilt. Dieses Info stellte die skandalösen Maßnahmen der Kultusbürokratie bloß und forderte zur Solidarität mit den vom Berufsverbot Bedrohten auf. Vor allem deckte es den verfassungswidrigen Charakter des angekündigten ‚Anhörungsverfahrens' auf.

Infolge der intensiven Öffentlichkeitsarbeit und der großen Resonanz bei der Bevölkerung sah sich die Göttinger Lokalpresse veranlaßt, den „Fall" Fricke/Wedekind aufzugreifen. Das „Göttinger Tageblatt" und die „Göttinger Allgemeine" kündigten das Teach-in vom 12. 4. 73 in der PH an. Am Ende der Woche erschien der „Göttinger Blick" (Auflage: 54 000) mit einem Titelbericht, der sich mit dem „Fall" Frikke/Wedekind beschäftigte.

Unterdessen setzte die Initiative ihre Arbeit verstärkt fort. Am 12. 4. 73 nachmittags wurde ein Informationsstand am Markt errichtet, um auch die Bevölkerung für die Teilnahme an diesem Teach-in zu gewinnen.

Teach-in

Das Teach-in wurde zu einem ersten Höhepunkt der „Fricke/Wedekind-Kampagne". Vor über 500 Teilnehmern wurde das Teach-in mit der Schilderung der Ereignisse durch W. eröffnet. Die Anwesenden verurteilten entschieden das Vorgehen der Kultusbürokratie. Hier lösten gerade auch Einzelheiten Empörung aus, zum Beispiel, daß W. erklärt wurde, es sei ja alles gar nicht so tragisch, seine Kinder (des Regierungspräsidenten) hätten ja auch einmal eine „marxistische pubertäre Phase" durch-

346

laufen. W. wies auch das Schreiben des Regierungspräsidenten scharf zurück und deckte die zahlreichen Ungereimtheiten auf, die offensichtlichen Widersprüche, in die sich Herr Dr. Kellner gegenüber F. und W. einerseits, gegenüber der Initiative andererseits verstrickt hatte. Es wurde immer deutlicher: Der Regierungspräsident versuchte mit seinem Schreiben vom 9. 4. 73, eine breite Solidaritätsbewegung zu verhindern. In diesem Brief „widerlegte" er nie aufgestellte Behauptungen, vor allem aber versuchte er, gegenüber der Initiative und den sie tragenden Kräften den Eindruck entstehen zu lassen, als sei die Übernahme von F. und W. in den Schuldienst zum 25. 4. 73 „völlig gesichert". Bezeichnenderweise ging er auf das geplante ‚Anhörungsverfahren' mit keinem Wort ein.

3000 Unterschriften

Ausdruck der zunehmenden Protest- und Solidaritätsbewegung ist die Tatsache, daß bereits innerhalb einer Woche mehr als 1000 Personen den „Aufruf" der Initiative unterzeichneten. Zu den Unterzeichnern gehören Hochschulangehörige, aber auch Arbeiter, Künstler, Gewerkschafter, Betriebsräte, Schauspieler etc. Aus Bremen, Frankfurt (Main), Hannover, Braunschweig kommen Solidaritätsadressen. Die Westdeutsche Frauenfriedensbewegung, die VVN (Vereinigung der Verfolgten des Naziregimes)/Bund der Antifaschisten, die Deutsche Friedens-Union (DFU), der AStA TU Clausthal, SHB Clausthal, die Unabhängige Hochschulunion (UHU/LSD) bringen ihre Solidarität mit Fricke/Wedekind zum Ausdruck.
Mit Presseerklärungen, „Information Nr. 2", tritt die Initiative an die Hochschule wie an die Göttinger Bevölkerung heran, die Göttinger Lokalpresse berichtet über den Verlauf der Aktionen. Auch überregional wird der „Fall" Fricke/Wedekind aufgegriffen.
Gleichzeitig mit ihrem Kampf für die sofortige Einstellung von F./W. weist die Initiative auf andere „Fälle" in Nieder-

sachsen hin, z. B. H. Pape, Uelzen; H.-J. Müller, PH Oldenburg; A. Müller, Osterholz-Scharmbeck.

,Anhörungsverfahren'

In dieser Situation, die durch die wachsende Solidaritätsbewegung gekennzeichnet ist, wird der Brief des Regierungspräsidenten beantwortet; ihm werden die ersten 1000 Unterschriften mitübersandt.

Am 17. 4. 73 erkundigte sich W. telefonisch bei dem Regierungspräsidenten, was es mit diesem „Gespräch" eigentlich auf sich habe. Der Regierungspräsident gab an, er wolle mit F. und W. lediglich ein „Informationsgespräch" führen – vor der Entscheidung über ihre Einstellung, „da sie ja jetzt so interessant geworden" wären. Im übrigen sei ihre Einstellung „völlig gesichert". Er, der Regierungspräsident, wolle sich jetzt „ein persönliches Bild von ihnen machen". Auf die wiederholte Frage nach dem Charakter und der Rechtsgrundlage dieses „Informationsgesprächs" mußte der Regierungspräsident schließlich Farbe bekennen. Er räumte ein, daß – ganz theoretisch (es sei „immerhin möglich"!) – ein Bewerber auf Grund der Äußerungen in diesem „Gespräch" nicht eingestellt werden könne – falls er sich als „ganz radikaler Gegner der ,freiheitlich-demokratischen Grundordnung'" ,entlarve'. Die angeblich „sichere Einstellung" von F. und W. entpuppte sich so als ein plumpes Täuschungsmanöver der Kultusbürokratie.

Dies alles veranlaßte die Initiative, erneut mit einer scharfen Protesterklärung an die Öffentlichkeit zu treten. Als besondere Schikane seitens des Regierungspräsidenten wurde die kurzfristige Anberaumung des „Informationsgesprächs" empfunden: Die schriftliche Ankündigung dieses „Gesprächs", das der Regierungspräsident auf den 19. 4. 73 um 11 Uhr in Hildesheim festgesetzt hatte, traf erst am 18. 4. 73 in Göttingen ein. Damit wurde F. und W. jede Möglichkeit genommen, die juristische Problematik dieses Vorgehens der Kultusbürokratie mit einem kompetenten Juristen zu erörtern. Somit schied auch die Möglichkeit aus, für F. und W. einen Rechtsbeistand für das „Gespräch" hinzuzuziehen – eine Möglichkeit, die in jedem beliebigen Strafverfahren von dem Angeschuldigten vor Gericht genutzt werden kann. Im „Fall" F./W. vergrößerte dies die ohnehin bestehende Rechtsunsicherheit im unvorstellbaren Maße. Dabei hing von dem ‚Ausgang' dieses „Gesprächs" die Einstellung der beiden Bewerber in den Schuldienst ab!

Hinzu kam, daß der Regierungspräsident den Termin – einen Tag vor Karfreitag! – so kurzfristig anberaumt hatte, daß es unmöglich war, eine breite demokratische Öffentlichkeit für den Termin in Hildesheim zu mobilisieren.

Die Initiative setzte sich umgehend mit Prof. Roloff und einem GEW-Vertreter in Verbindung und entsandte aus ihrer Mitte einige Vertreter zu dem „Gespräch" in Hildesheim.

Der Druck der demokratischen Öffentlichkeit, die wachsende Solidaritätsbewegung zwangen den Regierungspräsidenten zum Rückzug. (Am gleichen Tag, an dem das „Gespräch" stattfand [19. 4.], erschien im „Göttinger Blick" ein Interview mit F. und W. Auch der Göttinger Kreisvorstand des DGB hatte seine Stellungnahme zu diesem „Fall" inzwischen veröffentlicht.)

Das „Gespräch" war für W. um 11 Uhr, für F. um 11.30 Uhr anberaumt.

Einstellung

Das „Gespräch" gestaltete sich, bedingt vor allem durch den Druck der demokratischen Öffentlichkeit, nicht zu einer Inquisition für die beiden Lehramtskandidaten. W. betonte, daß er – sechs Tage vor seinem mutmaßlichen Dienstantritt – immer noch nicht wisse, an welcher Schule er eingesetzt werde. Angesichts seiner sozialen Situation – verwitwet, zwei Kinder, die aus ihrer derzeitigen Umgebung nicht herausgerissen werden können – bedeute dieses Vorgehen der Kultusbürokratie eine klare Verletzung der Fürsorgepflicht des Dienstherrn, eine klare Verletzung auch des grundgesetzlich garantierten Schutzes der Familie, eine klare Verletzung auch des Gleichheitsgrundsatzes.

Als W. angesichts dieser diskriminierenden Handlungsweisen der Kultusbürokratie vorsorglich erklärte, er wolle Rechtsmittel einlegen für den Fall, daß ihm sein Einsatzort nicht schnellstens bekanntgegeben *oder* falls dieser Einsatzort mehr als 40 km von Göttingen entfernt liegen würde, da benötigte der Regierungspräsident lediglich drei Stunden (!) – von 12 Uhr bis 15 Uhr –, um für F. und W. eine Schuldienststelle zu beschaffen. (Noch in seinem Antwortschreiben vom 9. 4. 1973 hielt es der Regierungspräsident für nötig, auf „organisatorische Schwierigkeiten bei der Einstellung von Bewerbern" hinzuweisen, mit denen die Verschleppungstaktik der Kultusbürokratie im „Fall" F./W. „entschuldigt" werden sollte.)

Ob der Breite der Protest- und Solidaritätsbewegung mit F./W. war dem Regierungspräsidenten offenbar der Schreck in die Glieder gefahren!

Dies kommt auch in einem Schreiben des Regierungspräsidenten vom 24. 4. 1973 zum Ausdruck. In diesem an die Initiative gerichteten Schreiben wird von „widersprüchlichen Ausführungen" in dem Schreiben der Initiative (an den Regierungspräsidenten) gesprochen, ohne daß diese „Widersprüche" im einzelnen belegt würden. Es wird weiter gesagt, daß „keinerlei Veranlassung bestand, von einem Berufsverbot gegenüber F./W. zu sprechen". „Auch sind die beiden *nicht* von mir zu einem Informationsgespräch geladen worden." Dagegen hieß es in einem Schreiben des Regierungspräsidenten vom 17. 4. 1973 an W. und F.: „Da ich zuvor mit Ihnen ein Informationsgespräch führen möchte (!), bitte ich Sie, sich am 19. 4. 1973 um 11.30 Uhr bei mir, Hildesheim, Domhof 1, Zimmer 204, einzufinden."

Die Verschleierungs- und Verzögerungsmanöver der Kultusbürokratie erhellen besonders aus der Tatsache, daß ein Mitglied des niedersächsischen Landtags z. B. darüber informiert war, daß das „Gespräch" seit dem 27. 2. 73 geplant war!

Am 19. 4. 73 gegen 15 Uhr wurde F. und W. mitgeteilt, daß sie in den Realschuldienst übernommen würden, und zwar in Duderstadt (W.) bzw. Bockenem (F.). Beide traten ihren Dienst am 25. 4. 73 an.

(aus: Berufsverbote in Göttingen – Eine Dokumentation zum „Fall" Fricke und Wedekind, Herausgeber „Initiative gegen Berufsverbote in Göttingen" – gekürzt)

d) Positive Gerichtsentscheidungen
Erste Erfolge: Lenhart, Eisinger, Peter Gohl

In neuerer Zeit haben mehrere Gerichte über die Aufnahme von Demokraten, Sozialisten und Kommunisten in den öffentlichen Dienst entschieden. Die Entscheidungen der Gerichte sind unterschiedlich ausgefallen.

So wurde durch Urteil des Verwaltungsgerichts Gelsenkirchen vom 24. 6. 71 dem Rechtsanwalt Hans-Jochen *Michels* die Einstellung als Richter auf Probe versagt, weil er der verfassungsmäßigen Grundordnung der BRD ablehnend, wenn nicht gar feindlich gegenüberstehe.[1]

Der Soziologe Horst *Holzer* wurde vom Verwaltungsgericht Bremen mit seiner Klage auf Einstellung als Professor an der Universität Bremen abgewiesen, weil er der DKP angehöre und deswegen keine Gewähr für sein jederzeitiges Eintreten für die freiheitlich demokratische Grundordnung gegeben sei.[2]

Die entscheidenden Stellen aus der Begründung des Urteils lauten:

„Die Kammer vermag nicht festzustellen, daß der Kläger bereit ist, jederzeit für die freiheitlich demokratische Grundordnung einzutreten. Die Kammer verkennt nicht, daß das Gesetz nicht verlangt, daß ein Beamter die Verfassungswirklichkeit oder die Politik der Bundes- oder Landesregierung begrüßt. Sie verkennt auch nicht, daß der Beamte und jeder Bewerber durchaus nicht für jede Bestimmung des Grundgesetzes eintreten muß. Schließlich verkennt die Kammer nicht, daß der Kläger erklärt hat, er sei mit gewissen Einschränkungen bereit, für die freiheitlich demokratische Grundordnung, wie sie das Bundesverfassungsgericht umschrieben hat, einzutreten. Diese Erklärung des Klägers steht jedoch nicht im Einklang mit der weiteren Erklärung, daß er sich zu den Zielen der Deutschen

1 „Kritische Justiz" 1972, S. 116.
2 Verwaltungsgericht Bremen II A 233/71 vom 16. 11. 1972.

Kommunistischen Partei (DKP) bekenne. Denn nicht alle Ziele der DKP lassen sich mit der freiheitlichen demokratischen Grundordnung vereinbaren." Danach folgen seitenlange Auseinandersetzungen mit der Politik der DKP und deren wissenschaftlichen Analysen. „Dem Kläger vorzuhalten, daß er sich nachdrücklich zu den Zielen, wissenschaftlichen Analysen und programmatischen Erklärungen der DKP bekenne, stehen weder Art. 21 Abs. 2 GG noch vereinsrechtliche Vorschriften entgegen. Sollte die DKP eine neue Partei sein, kann nach Art. 21 Abs. 2 GG lediglich das Bundesverfassungsgericht über die etwaige Verfassungswidrigkeit entscheiden. Durch Art. 21 Abs. 2 GG hat das Grundgesetz die politischen Parteien wegen ihrer Sonderstellung im Verfassungsleben mit einer erhöhten Schutz- und Bestandsgarantie, dem Parteienprivileg ausgestattet. Dieses Privileg schützt die Parteiorganisation *als solche;* vor dem Verbot durch das Bundesverfassungsgericht darf daher (z. B. bei Wahlen, bei der Bereitstellung gemeindlicher Hallen, dem polizeilichen Schutz von Veranstaltungen) die Verfassungswidrigkeit gegen die Partei nicht geltend gemacht werden. Um diese Frage geht es jedoch nicht in diesem Verfahren." (S. 43 des Urteils) . . . „Auch aus dem Sinn und Zweck des Art. 21 Abs. 2 GG folgt nicht, daß Bewerber um Beamtenstellen, die nicht bereit sind, jederzeit für die freiheitliche demokratische Grundordnung einzutreten, deshalb, weil sie mit Gleichgesinnten in einer Partei verbunden sind, eingestellt werden könnten oder gar müßten. Das Parteienprivileg ist ein Privileg der Partei; es ist kein Privileg ihrer Mitglieder oder Freunde. Es schützt die Parteiorganisation als solche" . . . „Dem steht auch nicht die Überlegung entgegen, bis zur Entscheidung des Bundesverfassungsgerichts sei jede mit allgemein erlaubten Mitteln arbeitende Tätigkeit für die Partei rechtmäßig und nicht verfassungswidrig. Es ist zwar richtig, daß vor dem Verbot die Verfassungswidrigkeit der Partei nicht geltend gemacht werden kann. Insofern, aber auch nur insofern, kommt der Entscheidung des Bundesverfassungsgerichts konstitutive Bedeutung zu. Die Ansicht jedoch, vor der Entscheidung des Bundesverfassungsgerichts könne die Partei rechtlich die Voraussetzungen der Verfassungswidrigkeit nicht erfüllt haben, ist irrig."[3]

Das Parteienprivileg (Art. 21 Abs. 2 GG), das Gleichheitsgebot (Art. 3 Abs. 3 GG), das Gleichbehandlungsgebot (Art. 33 Abs.3 GG), das Recht auf Meinungs- und Wissenschaftsfreiheit (Art. 5 Abs. 1 und 3 GG) und die Berufsfreiheit (Art. 12 GG) werden durch die Entscheidung des Bremer Verwaltungsgerichts eklatant verletzt.

Das Oberverwaltungsgericht Lüneburg dehnte das Berufsverbot auf den Ausbildungsbereich aus (Fall Saemisch):

„Richtig ist zwar, daß dem geprüften Rechtskandidaten damit (d. h. mit der Nichteinstellung als Gerichtsreferendar) auch der Zugang zum Beruf des Rechtsanwalts erschwert und unter Umständen unmöglich gemacht wird. Aber auch hiergegen bestehen keine durchgreifenden verfassungsrechtlichen Bedenken."[4]

Das Problem, ob Rechtsreferendare vor der Ernennung zum „Beamten auf Widerruf" während ihres Vorbereitungsdienstes ihre Verfassungstreue nachweisen müssen, wird das Bundesverfassungsgericht in Karlsruhe jetzt zu klären haben. Die fünfte Kammer des Schleswig-Holsteinischen Verwaltungsgerichts in Schleswig, setzte ein entsprechendes Verfahren bis zur Karlsruher Entscheidung aus. Das Gericht in Schleswig vertritt die Auffassung, das Verlangen der Verfassungstreue von einem Rechtsreferendar verstoße gegen das Grundrecht der freien Berufsausübung. Nur die Ausbildung im Staatsdienst führe nämlich zur für Volljuristen notwendigen großen juristischen Staatsprüfung.[5]

Kommunisten, Sozialisten und Demokraten werden mit allen juristischen Tricks aus dem öffentlichen Dienst herausgehalten. So verweigerte das Verwaltungsgericht Münster dem DKP-Mitglied Bernd *Fichtner* unbeschadet seiner hervorragenden fachlichen Qualifikation die Aufnahme in das Beamtenver-

---

3 Ebd., S. 45 f. des Urteils.
4 Urteil des Oberverwaltungsgerichts Lüneburg vom 27. 9. 1972, „Neue Juristische Wochenschrift" 1973, S. 73 ff.
5 „Frankfurter Rundschau" vom 17. 4. 1973, S. 21.

hältnis. Der Studienreferendar Fichtner sei von Dezember 1970 bis September 1972 verantwortlich für den Inhalt der Stadtteilzeitung der DKP Münster „Der Funke" gewesen. „Der Funke" habe den strafrechtlichen Rahmen überschritten, bspw. als er den Präsidenten des Deutschen Bauernverbandes einen „degenerierten Landadeligen" nannte und einen früheren Oberbürgermeister von Münster eine „wissenschaftliche Null". Nicht vereinzelte Entgleisungen, sondern hartnäckiges Fehlverhalten sei festzustellen, für das der Beamte auf Widerruf Bernd Fichtner strafrechtlich und auch disziplinarisch „hätte zur Verantwortung gezogen werden können (!)". Mit diesem juristischen Konjunktiv – tatsächlich hat kein Betroffener je gegen die Stadtteilzeitung einen Strafantrag gestellt – wird das Berufsverbot begründet – eine wahrhaft einmalige juristische Leistung![6]

Anders als im Fall Holzer ist vom Richterdienstsenat des Hanseatischen Oberlandesgerichts einen Tag später im Falle des Finanzrichters und Vorsitzenden des Schiedsgerichts im Landesverband Hamburg der NPD, Dr. *Stäglich*, entschieden worden. Aufschlußreich ist die Begründung des Urteils:

„Es kann dahingestellt bleiben, ob das in der Beschwerdeinstanz nachgereichte Vorbringen der Einleitungsbehörde *ausreichen würde,* eine Verfassungswidrigkeit der NPD mit der für eine gerichtliche Feststellung ausreichenden Bestimmtheit erkennen zu lassen. An der Feststellung einer solchen Verfassungswidrigkeit ist das Gericht nämlich zur Zeit durch Art. 21 Abs. 2 GG von vornherein gehindert: Über die Frage der Verfassungswidrigkeit einer Partei entscheidet allein das Bundesverfassungsgericht, das gegen die NPD bisher nicht angerufen worden ist.

In Abkehr von früher teilweise abweichender höchstrichterlicher Rechtsprechung (BVerfGE 9, 162; BGHSt 6, 172; BGHSt 11, 233; OVG Rheinland-Pfalz JZ 55, 16) hat das Bundesverfassungsgericht in seiner grundlegenden Entscheidung vom 21. Juni 1961 (BVerfGE 12, 296 ff.) Bedeutung und Reich-

6 „Deutsche Voıkszeitung" vom 15. 2. 1973, Nr. 7.

weite des in Art. 21 Abs. 2 GG garantierten sogenannten Parteienprivilegs weitgehend klargestellt: Bis zur Entscheidung des Bundesverfassungsgerichts könne niemand die Verfassungswidrigkeit einer Partei rechtlich geltend machen. Insoweit komme der Entscheidung des Bundesverfassungsgerichts konstitutive Bedeutung zu. Das in erster Linie die Parteiorganisation schützende Privileg erstrecke sich auch auf die mit allgemein erlaubten Mitteln arbeitende parteioffizielle Tätigkeit der Funktionäre und Anhänger einer Partei. Könnte die nicht gegen die allgemeinen Strafgesetze verstoßende Tätigkeit ihrer Gründer oder Funktionäre, die sich im Gründen der Partei und im Fördern der Parteiziele erschöpfe, als strafbares Unrecht verfolgt werden, so würde der den Parteien durch Art. 21 Abs. 2 GG gewährte Schutz ausgehöhlt werden; denn eine Partei sei ohne die Tätigkeit der Funktionäre handlungsunfähig. Auf diese Weise könnte eine Partei unter Umgehung des in Art. 21 Abs. 2 GG vorgesehenen Verfahrens ausgeschaltet werden. Die Anhänger und Funktionäre auch einer später für verfassungswidrig erklärten Partei handelten, wenn sie – etwa durch Tätigwerden im Parteiapparat – die Ziele ihrer Partei propagierten und förderten, im Rahmen einer verfassungsmäßig verbürgten Toleranz. Das Grundgesetz nehme die Gefahr, die in der Gründung oder Tätigkeit einer solchen Partei bis zur Feststellung ihrer Verfassungswidrigkeit bestehe, um der politischen Freiheit willen in Kauf!"

„Was das Grundgesetz gestatte, könne das Strafgesetz nicht verbieten." ... Die Folgerungen, die das Bundesverfassungsgericht aus den von ihm entwickelten Grundsätzen zu Art. 21 Abs. 2 GG für Tatbestände des Strafrechts und des Bundesentschädigungsgesetzes gezogen hat, sind nach dem ihnen zugrunde liegenden Sinn auch auf den Bereich des Disziplinarrechts für den öffentlichen Dienst zu erstrecken: Beschränkt sich die politische Betätigung eines Beamten oder Richters darauf, die Ziele einer noch nicht verbotenen Partei im Rahmen spezifischer Parteitätigkeiten mit allgemein erlaubten Mitteln zu fördern, so kann er auch disziplinarisch nicht verfolgt werden, weil auch mit einer solchen Maßnahme das den Parteien in

Art. 21 Abs. 2 GG zugestandene Privileg ausgehöhlt würde. Nur soweit der Beamte oder Richter durch seine persönliche Betätigung aus dem Rahmen erlaubter Parteitätigkeit heraustritt oder durch die besondere Art und Weise seines Auftretens zumindest das Gebot der Zurückhaltung verletzt, steht Art. 21 Abs. 2 GG seiner dienstrechtlichen Bestrafung nicht im Wege." ... „Der Erstreckung des Parteienprivilegs auf den Bereich des Disziplinarrechts steht entgegen der Ansicht Plümers (Festschrift für Küchenhoff, S. 635 f.) nicht im Wege, daß die Treuepflicht der Beamten ihrerseits als Bestandteil der hergebrachten Grundsätze des Berufsbeamtentums Art. 33 Abs. 5 GG ebenfalls in der Verfassung verankert ist. Das Parteienprivileg erweist sich insoweit als Spezialregelung: Gewiß verletzt ein Beamter oder Richter, der eine verfassungswidrige Partei unterstützt, in jedem Falle seine dienstrechtliche Treuepflicht. Beschränkt sich aber der gegen ihn zu erhebende Vorwurf der Sache nach darauf, daß er mit seiner im übrigen nicht zu beanstandenden parteipolitischen Tätigkeit eine verfassungswidrige Partei gefördert habe, so scheitert die Feststellung einer Dienstpflichtverletzung daran, daß nach Art. 21 Abs. 2 GG keine politische Partei vor der entsprechenden Feststellung des Bundesverfassungsgerichts als verfassungswidrig betrachtet werden darf."

... „Jeder nicht verbotenen Partei ist nach dem Sinn des Parteienprivilegs schon im Ansatz die gleiche Chance politischen Wirksamkeit zuzubilligen. Dabei ist zu berücksichtigen, daß eine Partei, deren Funktionäre im Falle einer Beschäftigung im öffentlichen Dienst damit rechnen müßten, disziplinarisch zur Rechenschaft gezogen zu werden, nicht nur von vornherein in der Auswahl ihrer Mitarbeiter beschränkt wäre, sondern vor allem praktisch den Stempel der Verfassungswidrigkeit trüge."

Gegen diesen Beschluß des Hanseatischen Oberlandesgerichts hat der Hamburger Senat Verfassungsbeschwerde bei dem Hamburger Verfassungsgericht eingelegt.[7] Da das Verfahren gegen

7 Mitteilungen der staatlichen Pressestelle vom 13. 12. 1972 und vom 23. 2. 1973.

Stäglich rechtskräftig entschieden war, hatte dieses Manöver des Hamburger Senats nur den Sinn, die bevorstehende Berufsverbotspraxis gegen links verfassungsrechtlich abzusichern. Ohne in der Sache zu entscheiden, erklärte sich das Hamburger Verfassungsgericht für unzuständig, da es hier um die Auslegung des Grundgesetzes und um eine bundeseinheitliche Anwendung des Beamtenrechts gehe.

Nach der Entscheidung des Hanseatischen Oberlandesgerichts konnte das Verwaltungsgericht Neustadt (7. Kammer – Mainz) der Lehrerin Anne *Lenhart*, die Mitglied der DKP ist, nicht die Rechte verweigern, die Neofaschisten offen zugebilligt werden.[8] Das Verwaltungsgericht kam zu der Auffassung, daß das Parteienprivileg des Art. 21 GG auch dem Mitglied zugute käme, so daß eine Diskriminierung dann nicht zulässig sei, wenn die Partei nicht durch das Bundesverfassungsgericht verboten sei.

Trotz der positiven Entscheidung ist Anne Lenhart noch immer nicht als Lehrerin in Rheinland-Pfalz eingestellt. Die beklagte Kultusbehörde ist in die Berufung gegangen, so daß sich der Rechtsstreit möglicherweise noch Jahre hinzieht. Die faktische Nichteinstellung ist kaum mit dem Rechtsstaatsprinzip zu vereinbaren. Obwohl der Betreffende recht hat, bekommt er es – wenn überhaupt – erst nach einer jahrelangen Prozedur zugesprochen. Die Berufungsschrift der Beklagten weist eine neue Variante in der verfassungswidrigen Berufsverbotspraxis der Staatsbürokratie auf. So behauptet der Prozeßvertreter des Landes Rheinland-Pfalz, daß die DKP eine Ersatzorganisation sei und daher die Mitgliedschaft nicht mit der Ausübung eines öffentlichen Amtes vereinbar sei. Die Eigenschaft der Ersatzorganisation brauche nicht vom Bundesinnenminister explizit festgestellt zu sein, sie könne im Beamtenrecht bereits von der Behörde im Einstellungsverfahren geltend gemacht werden. Durch einen Trick soll der Berufsverbotsbeschluß gegen Anne Lenhart aufrechterhalten werden.

8 „Frankfurter Rundschau" vom 23. 2. 1973.

Ebenso hat das Verwaltungsgericht München das Berufsverbot gegen Claudia *Eisinger* für verfassungswidrig erklärt. Claudia Eisinger wurde ausdrücklich Verfassungstreue zuerkannt. „Die Antragstellerin erscheint gerade durch den Freimut, mit dem sie ihre politischen Auffassungen und Ziele darlegt und sich zum marxistischen Sozialismus bekennt, als glaubhafte Persönlichkeit. Sie hat im übrigen auch tatsächliche Situationen geschildert, in denen sie nach ihrer Versicherung gegen eine Abwertung der Ordnung des Grundgesetzes eingetreten ist."

Desgleichen darf ihre Mitgliedschaft in der DKP nicht als Begründung für das Berufsverbot herangezogen werden. „Die Ausschaltung einer Partei unter Umgehung des Verfahrens nach Art. 21 Abs. 2 GG wäre verfassungswidrig. Die Anhänger und Funktionäre selbst einer später für verfassungswidrig erklärten Partei handeln, wenn sie die Ziele ihrer Partei propagieren und fördern, sich an Wahlen beteiligen, Spenden sammeln, im Parteiapparat tätig sind oder sich als Abgeordnete um ihren Wahlkreis bemühen, legal und im Rahmen einer verfassungsmäßig verbürgten Toleranz."

Das Grundgesetz als Kompromiß sozialer Interessen geht gerade von einer ständigen Auseinandersetzung der verschiedenen sozialen und politischen Richtungen aus, so daß eine ganz bestimmte soziale und politische Kraft nicht einseitig benachteiligt werden darf. „Denn es ist eine der Grundanschauungen der freiheitlichen Demokratie, daß nur die ständige geistige Auseinandersetzung zwischen den einander begegnenden sozialen Kräften und Interessen, den politischen Ideen und damit auch den sie vertretenden politischen Parteien der richtige Weg zur Bildung des Staatswillens ist. Das Grundgesetz hat gerade mit Art. 21 Abs. 2 den Versuch einer Synthese zwischen dem Prinzip der Toleranz gegenüber allen politischen Auffassungen und dem Bekenntnis zu gewissen unantastbaren Grundwerten der Staatsordnung unternommen. Die Regelung des Art. 21 Abs. 2 GG enthält eine verfassungsrechtliche Grundsatzentscheidung."

Die 7. Kammer des Hamburger Verwaltungsgerichts hat das gegen Peter *Gohl* wegen seiner Mitgliedschaft in der DKP verhängte Berufsverbot für rechtswidrig erklärt. Der Hamburger Senat hatte es abgelehnt, Peter Gohl auf Vorschlag der Universität auf eine Dozentenstelle zu berufen.

Nach dem Verwaltungsgericht genießen Mitglieder der DKP den Schutz des Parteienprivilegs, so daß auch bei Berufungen die Parteimitgliedschaft aus Rechtsgründen außer Betracht zu bleiben habe. Peter Gohl habe seinen Lehrauftrag weder zu politischer Indoktrination noch zu sonstigen verfassungsfeindlichen Aktivitäten mißbraucht. Von der Hamburger Behörde für Wissenschaft und Kunst seien trotz ausdrücklicher gerichtlicher Aufforderung keine gegenteiligen Beweise erbracht worden.

Darüber hinaus erklärt das Verwaltungsgericht die Eingriffe des Senats in die Hochschulautonomie für rechtswidrig, da das Berufungsrecht ein wesentlicher Bestandteil des gesetzlich verankerten Selbstverwaltungsrechts sei.

Die ersten Erfolge im Kampf gegen die verfassungswidrigen Berufsverbote sind errungen. Die positiven gerichtlichen Entscheidungen dürfen jedoch nicht dazu verleiten, die Aktivitäten gegen den Ministerpräsidentenerlaß und die Berufsverbote einzustellen. Das alleinige Vertrauen auf positive Gerichtsentscheidungen ist trügerisch. Zum einen können sie in den Instanzen aufgehoben werden, zum anderen beweist gerade die uneinheitliche Entscheidungspraxis, daß auf die bürgerlichen Gerichte nicht gebaut werden kann. Letzten Endes kann das Bundesverfassungsgericht mit einem Federstrich sämtliche fortschrittlichen unterinstanzlichen Urteile aufheben.

Die Auseinandersetzungen um die Einstellung des Assessors Volker *Götz* als Richter beweisen gerade, daß die Justiz hermetisch von Demokraten, Sozialisten und Kommunisten abgeschirmt werden soll. Zwar hat der Justizminister von Nordrhein-Westfalen, *Posser*, der Ernennung von Götz zum Richter zugestimmt, der Oberlandesgerichtspräsident von Düsseldorf, *Thunecke*, weigert sich jedoch, dem Kommunisten Götz die Ernennungsurkunde auszuhändigen, geschweige denn ein Richteramt zuzuweisen. Die Justiz sieht bereits in der Ernennung eines Kommunisten ihre von ihr in mannigfachen Urteilen manifestierte Unabhängigkeit von der arbeitenden Bevölkerung bedroht.

Daher ist es notwendig, daß sich eine breite Solidarisierung gegen die Berufsverbotspraxis entwickelt. Nicht zuletzt hat diese Solidarisierungswelle zu den positiven Urteilen geführt. Langfristig nützen jedoch nicht nur positive Gerichtsurteile, sondern der Kampf muß auf die ersatzlose Aufhebung des Ministerpräsidentenerlasses vom 28. 1. 72 zielen.

8. Beschlüsse von Gremien und Parteien

Seit dem Grundsatzbeschluß des Hamburger Senats vom 23. 11. 1971 haben unzählige Gremien von Parteien, Gewerkschaften, Jugend- und Studentenorganisationen, Kirchen und Bürgerinitiativen zu den Berufsverboten Stellung genommen. Immer breitere Kreise schlossen sich dem Widerstand an. Die wichtigsten Beschlüsse sind verschiedentlich veröffentlicht worden, so u. a. in „Radikale im öffentlichen Dienst?", Fischer Taschenbuch Nr. 1405, und in „Der Ministerpräsidentenbeschluß in Theorie und Praxis", Dokumentation der Demokratischen Aktion (München). Hier werden die jüngsten Beschlüsse und Stellungnahmen dokumentiert, besonders seit April 1973, weil sie verschiedene Forderungen der Bewegung und Hinweise für den weiteren Kampf gegen die Politik der Berufsverbote zusammenfassen.

Wortlaut der von der Ministerpräsidentenkonferenz am 28. Januar 1972 beschlossenen „Grundsätze zur Frage der verfassungsfeindlichen Kräfte im öffentlichen Dienst"

Nach den Beamtengesetzen in Bund und Ländern
darf in das Beamtenverhältnis nur berufen werden, wer die Gewähr dafür bietet, daß er jederzeit für die freiheitlich-demokratische Grundordnung im Sinne des Grundgesetzes eintritt,
sind Beamte verpflichtet, sich aktiv innerhalb und außerhalb des Dienstes für die Erhaltung dieser Grundordnung einzusetzen. Es handelt sich hierbei um zwingende Vorschriften.

Jeder Einzelfall muß für sich geprüft und entschieden werden. Von folgenden Grundsätzen ist dabei auszugehen:

Bewerber: Ein Bewerber, der verfassungsfeindliche Aktivitäten entwickelt, wird nicht in den öffentlichen Dienst eingestellt. Gehört ein Bewerber einer Organisation an, die verfassungsfeindliche Ziele verfolgt, so begründet diese Mitgliedschaft Zweifel daran, ob er jederzeit für die freiheitliche demokratische Grundordnung eintreten wird. Diese Zweifel rechtfertigen in der Regel eine Ablehnung des Anstellungsantrages.

Beamter: Erfüllt ein Beamter durch Handlungen oder wegen seiner Mitgliedschaft in einer Organisation verfassungsfeindlicher Zielsetzung die Anforderungen des Paragraphen 35 Beamtenrechtsrahmengesetz nicht, aufgrund derer er verpflichtet ist, sich durch sein gesamtes Verhalten zu der freiheitlichen demokratischen Grundordnung im Sinne des Grundgesetzes zu bekennen und für deren Erhaltung einzutreten, so hat der Dienstherr aufgrund des jeweils ermittelten Sachverhaltes die gebotenen Konsequenzen zu ziehen und insbesondere zu prüfen, ob die Entfernung des Beamten aus dem Dienst anzustreben ist.

Für Arbeiter und Angestellte im öffentlichen Dienst gelten entsprechend den jeweiligen tarifvertraglichen Bestimmungen dieselben Grundsätze.

Wortlaut der gemeinsamen Erklärung des Bundeskanzlers und der Ministerpräsidenten der Länder vom 28. Januar 1972

Nach den Beamtengesetzen von Bund und Ländern und den für Angestellte und Arbeiter entsprechend geltenden Bestimmungen sind die Angehörigen des öffentlichen Dienstes verpflichtet, sich zur freiheitlich demokratischen Grundordnung im Sinne des Grundgesetzes positiv zu bekennen und für deren Erhaltung einzutreten. Verfassungsfeindliche Bestrebungen stellen eine Verletzung dieser Verpflichtung dar.

Die Mitgliedschaft von Angehörigen des öffentlichen Dienstes in Parteien oder Organisationen, die die verfassungsmäßige Ordnung bekämpfen – wie auch die sonstige Förderung solcher Parteien und Organisationen –, wird daher in aller Regel zu einem Loyalitätskonflikt führen. Führt das zu einem Pflichtverstoß, so ist im Einzelfall zu entscheiden, welche Maßnahmen der Dienstherr ergreift.

Die Einstellung in den öffentlichen Dienst setzt nach den genannten Bestimmungen voraus, daß der Bewerber die Gewähr dafür bietet, daß er jederzeit für die freiheitlich demokratische Grundordnung eintritt. Bestehen hieran begründete Zweifel, so rechtfertigen diese in der Regel eine Ablehnung.

Beschluß des SPD-Parteitages vom 14. 4. 1973 in Hannover

Die von der SPD geführten Regierungen, die SPD-Bundestagsfraktion und die SPD-Landtagsfraktionen werden aufgefordert, darauf hinzuwirken, daß bei der Bekämpfung verfassungswidriger Bestrebungen, die sich gegen die freiheitlich-demokratische Grundordnung richten, eine verfassungsgemäße und rechtsstaatliche Behandlung von Bewerbern und Bediensteten im öffentlichen Dienst gewährleistet ist. Dabei ist nach folgenden Grundsätzen zu verfahren:

1. Entsprechend den Vorschriften des Grundgesetzes, der Beamtengesetze und Tarifverträge ist Voraussetzung für die Tä-

tigkeit im öffentlichen Dienst das Bekenntnis und der aktive Einsatz für die freiheitlich-demokratische Grundordnung im Sinne des Grundgesetzes.

2. Nach dem Grundsatzurteil des Bundesverfassungsgerichts vom 21. März 1961 kann „bis zur Entscheidung des Bundesverfassungsgerichts niemand die Verfassungswidrigkeit einer Partei rechtlich geltend machen". Die Mitgliedschaft in einer nicht verbotenen politischen Partei steht daher einer Mitarbeit im öffentlichen Dienst nicht entgegen. Dies gilt auch für die Mitgliedschaft in einer nicht verbotenen Organisation.

3. Jeder einzelne Zweifelsfall ist genau zu überprüfen. Auf Angaben anonym bleibender Zeugen darf die Ablehnung nicht gestützt werden. Der Betroffene ist anzuhören; im Falle der Ablehnung oder Entfernung aus dem Dienst müssen ihm die Gründe schriftlich mitgeteilt werden, damit er sie gerichtlich überprüfen lassen kann. Eine derartige Entscheidung darf nur von der obersten Dienstbehörde ausgesprochen werden. Hat die öffentliche Hand ein Ausbildungsmonopol rechtlicher oder faktischer Art, muß einem Bewerber Gelegenheit gegeben werden, seine notwendige Ausbildungszeit zu absolvieren.

4. Auch im Bereich des öffentlichen Dienstes muß die verfassungsrechtlich garantierte Vielfalt von Meinungen erhalten bleiben, damit eine Verengung des Freiheitsraumes vermieden wird und für weiterführende Ideen und Initiativen, die auf nicht gewaltsame Veränderungen im Rahmen des Grundgesetzes gerichtet sind, Platz bleibt.

5. Verfassungswidrige Bestrebungen müssen vor allem politisch bekämpft werden; administrative Mittel können stets nur ergänzend hinzutreten.

6. Die bisherige Entscheidungspraxis ist zu überprüfen. Entscheidungen, die mit den vorstehenden Grundsätzen nicht übereinstimmen, sind aufzuheben. Einer zusätzlichen Treueerklärung bedarf es nicht. Der Beschluß der Ministerpräsidenten vom 28. Januar 1971 ist entsprechend zu ändern und zu präzisieren.

Stellungnahme des Präsidiums der DKP zum SPD-Parteitag in Hannover vom 18. 4. 1973 (Auszug)

... Der Forderung von Arbeitern und Gewerkschaften nach mehr Demokratie in allen Bereichen trat Willy Brandt mit der Bemerkung entgegen: „Mein Wort vom Herbst 1969, wir müßten mehr Demokratie wagen, ist oft mißverstanden worden ... auch von denen, die ihm zustimmen. Das Mißverständnis, das ich ernst nehme, ergab sich aus dem Trugschluß, die Prinzipien der Demokratie im staatlichen Bereich sollten oder könnten schematisch auf das soziale und wirtschaftliche Leben übertragen werden. So ist es nicht."

Damit ging Brandt auf Forderungen der Großunternehmer ein. Das ist eine Absage an alle gewerkschaftlichen Mitbestimmungsforderungen. Während immer mehr Anhänger und Mitglieder der SPD, Demokraten und fortschrittliche Kräfte die Beseitigung der Berufsverbote fordern und gemeinsam die demokratischen Rechte verteidigen, setzt sich der Parteitag mit Mehrheit für die „präzisierte" Anwendung des Ministerpräsidentenerlasses ein. Das ist ein neuer Angriff auf alle, die aktiv für mehr Rechte des arbeitenden Volkes, gegen die demokratiefeindliche Macht des Großkapitals eintreten ...

Beschluß des Landesparteitages der FDP in Hamburg vom 14. 4. 1973

Der Landesverband Hamburg der FDP lehnt den Extremistenbeschluß ab und fordert dessen sofortige Aufhebung.

Die bisherigen Erfahrungen haben deutlich gemacht – wie die Formulierung des Beschlusses bereits befürchten ließ –, daß die Verwaltung bei dessen Anwendung den Grundrechten der Betroffenen kaum Rechnung trägt sowie in undemokratischer und eines Rechtsstaates unwürdiger Weise die politische Auseinandersetzung mit andersdenkenden Gruppen auf dem Rücken einzelner austrägt.

Da sich zumindest die Stimmen derer mehren, die der Auffassung sind, auch mit den einschlägigen Bestimmungen der Beamtengesetze ließe sich das gleiche Ziel erreichen, fordert der Landesverband den Bundesvorstand, die Bundestagsfraktion und die Bürgerschaftsfraktion auf, sich dafür einzusetzen, daß das Beamtenrechtsrahmengesetz in der Weise geändert wird, daß die Nichtberufung eines Bewerbers in das Beamtenverhältnis aus politischen Gründen von einer vom Bundesverfassungsgericht ausgesprochenen Verwirkung der Grundrechte nach Artikel 18 Grundgesetz abhängig ist.

Offener Brief der Hamburger CDU an die Hamburger FDP

Im Namen des Vorstandes der Hamburger CDU hat Landesvorsitzender Dietrich Rollmann am 21. Mai 1973 an den Vorsitzenden des Hamburger FDP-Landesverbandes, Hermann F. Arning, einen offenen Brief mit folgendem Wortlaut gerichtet:

Sehr geehrter Herr Arning,
trotz aller sachlichen Meinungsverschiedenheiten hat es bisher in wesentlichen Grundfragen unserer Demokratie zwischen den

in der Bürgerschaft vertretenen Parteien Übereinstimmungen gegeben. Ich erlaube mir, Ihnen heute von der großen Besorgnis des CDU-Landesvorstandes Kenntnis zu geben, daß diese Gemeinsamkeit von der Hamburger FDP immer mehr verlassen wird, weil die Mehrheit der Partei stattdessen Gemeinsamkeiten mit radikalen Gegnern unseres Staates sucht. Die Grenze zwischen der FDP-Mehrheit und der radikalen Linken ist fließend geworden. Die Kommunisten wurden für die Mehrheitsgruppe der FDP offensichtlich zu einem akzeptablen Partner. Damit ist diese FDP aus der gemeinsamen Front der demokratischen Parteien gegenüber den Gegnern unseres Staates ausgeschert. Man müßte taub sein, wollte man die vielfältigen Signale der Annäherung zwischen FDP-Mehrheit und radikalen Gegnern unseres Staates überhören.

Sie selbst haben es für richtig befunden, „das Recht moderner Liberaler" in Anspruch zu nehmen, Bürgerinitiativen zusammen mit Kommunisten zu unterstützen. Die FDP-Abgeordneten Helga Schuchardt und Gerhard Weber wenden sich zusammen mit zahlreichen Linken und linksradikalen Personen dagegen, daß aktive Kommunisten nicht Bedienstete unseres Staates sein dürfen. Zusammen mit ihren linken Verbündeten nennen sie den Beschluß der Ministerpäsidenten, der zum Beispiel verhindern soll, daß unsere Kinder von kommunistischen Lehrern erzogen werden, einen „Beschluß, der eindeutig gegen die Kräfte gerichtet ist, die für gesellschaftlichen Fortschritt eintreten".

Einstweiliger Höhepunkt ist nun, daß sich der stellvertretende FDP-Landesvorsitzende und Abgeordnete, Gerhard Weber, vor einigen Tagen auf einem Kongreß der Linken dagegen wandte, daß die Berufsverbote für politisch Andersdenkende in kommunistischen Ländern verurteilt werden – und zwar mit dem Argument, man solle nicht die Solidarität der Linken spalten. Diese Solidarität mit der DKP, dem kommunistischen Spartakus, den „internationalen Marxisten" und anderen ist dem stellvertretenden FDP-Chef also wichtiger als die Freiheit von Demokraten in totalitären kommunistischen Staaten.

Die Kette von Anbiederungsversuchen gegenüber radikalen „Systemüberwindern" durch Hamburger FDP-Politiker ließe sich, wie Sie wissen, mühelos erweitern.

Wir hielten es angesichts der Entwicklung in Ihrer Partei für sinnlos, wenn wir immer noch so täten, als gäbe es noch gemeinsame Grundüberzeugungen, die in Wirklichkeit von der FDP-Mehrheitsgruppe längst preisgegeben worden sind. Im Interesse der Klarheit, vor allem auch gegenüber der Hamburger Öffentlichkeit, bitten wir Sie um eine Beschreibung der Position der Hamburger FDP gegenüber den Kommunisten und anderen radikalen Kräften.

Wir erlauben uns, die Bevölkerung unserer Stadt mit diesem Brief bekanntzumachen und bitten Sie, Ihre Antwort ebenfalls öffentlich zu halten.

Mit vorzüglicher Hochachtung
Dietrich Rollmann
für den Landesvorstand

Beschluß des Landesvorstandes der SPD Schleswig-Holstein vom 25. 5. 1973

Einstimmig hat der Landesvorstand der schleswig-holsteinischen SPD heute in Kiel den folgenden Beschluß gefaßt, mit dem ein übereinstimmendes Verfahren bei der Einstellung von Bewerbern in den öffentlichen Dienst gewährleistet werden soll:

Der Landesvorstand der schleswig-holsteinischen SPD fordert den Parteivorstand auf, mit der Bundestags-Fraktion und den Landtags-Fraktionen der SPD Initiativen abzustimmen, die bei der Einstellung von Bewerbern für den öffentlichen Dienst eine übereinstimmende Praxis in den Bundesländern gewährleisten.

Grundlage für alle Sozialdemokraten sollen die geltenden Gesetze und ihre politische Konkretisierung durch den Parteitagsbeschluß von Hannover sein.

Folgende Maßnahmen sollten durch die Initiative des Parteivorstands in die Wege geleitet werden:

1. In allen Bundesländern beantragen die SPD-Fraktionen gleichlautend einen Grundsatzkatalog, der bei allen entsprechenden Entscheidungen herangezogen werden soll und der im Wortlaut der Entschließung des SPD-Bundesparteitages entspricht.

2. Die sozialdemokratischen Ministerpräsidenten und der Bundeskanzler werden aufgefordert, in der Ministerpräsidentenkonferenz den gleichen Antrag als Grundlage der Beschlußfassung einzubringen.

3. Die von Sozialdemokraten geführten Landesregierungen werden aufgefordert, alle auf der Grundlage des Ministerpräsidentenbeschlusses vom 28. Januar 1972 beschlossenen Nicht-Einstellungen aufzuheben, sofern sie nicht oder nicht vollständig mit den Grundsätzen des Bundesparteitages übereinstimmen.

4. Wenn die von der CDU und CSU geführten Landesregierungen dem Grundsatzkatalog des Parteitages, der streng orientiert ist an Rechtsstaatlichkeit und Verfassungsmäßigkeit, nicht zustimmen sollten, werden Bundeskanzler und SPD-Ministerpräsidenten aufgefordert, den Beschluß vom 28. Januar 1972 offiziell aufzukündigen, da Sozialdemokraten in Fragen des Rechtsstaates keine parteipolitisch orientierten willkürlichen Einschränkungen tolerieren können.

5. In jedem Fall werden die sozialdemokratischen Fraktionen in allen Bundesländern aufgefordert, die Verwaltungspraxis kritisch zu überprüfen und jede durch die Grundsätze nicht gedeckte Entscheidung durch Anträge in den Parlamenten rückgängig zu machen.

Stellungnahme des Rates der Evangelischen Kirche in Deutschland zur Mitgliedschaft von Pfarrern in politischen Parteien vom 28. Mai 1973

Zu der seit längerer Zeit in den Gliedkirchen erörterten Frage der Mitgliedschaft von Pfarrern in politischen Parteien leitet der Rat der Evangelischen Kirche in Deutschland auf ihre Anfragen den Leitungen der Gliedkirchen folgende Stellungnahme zu:

Um der Unabhängigkeit des pfarramtlichen Dienstes willen wird nach wie vor empfohlen, daß Pfarrer sich parteipolitisch zurückhalten. Es ist auch heute zu beobachten, daß der Pfarrer, der sich parteipolitisch betätigt, in der Regel nicht mehr uneingeschränkt und ohne auf Vorbehalte zu stoßen, zu allen Gemeindegliedern Zugang hat.

Die Mitgliedschaft eines Pfarrers in einer politischen Partei ist als Ausübung staatsbürgerlicher Rechte anzusehen. Unmöglich wird die Parteimitgliedschaft jedoch da, wo eine Partei durch ihre weltanschauliche Ausrichtung und ihre strenge Parteidisziplin in Theorie oder Praxis die Freiheit der Verkündung des Evangeliums und den Dienst der Kirche in Staat und Gesellschaft einschränkt und dem Parteiinteresse unterwirft.

Wo Parteien solcher Art die Macht innehaben, ist infolge der Verordnung der Parteiraison eine entsprechende Unterordnung oder auch Unterdrückung des Zeugnisses und Dienstes der Kirche fast überall zu beobachten. Es ist folgerichtig, wenn Parteien dieser Art auf die Mitgliedschaft von Pfarrern keinen Wert legen.

Aus alledem ergibt sich, daß die Mitgliedschaft eines Pfarrers in einer solchen Partei zu der freien Ausübung des pfarramtlichen Dienstes in Widerspruch steht.

Entschließung der Bildungspolitischen Kommission der DFU vom 2. 6. 1973 in Mainz

Weg mit dem Berufsverbot

Die Bewegung für eine demokratische Bildungsreform ist in den letzten Jahren immer breiter geworden: Immer mehr Eltern und Lehrer fordern konkrete Schritte zur Überwindung des Bildungsnotstandes, Hochschullehrer und Studenten kämpfen gemeinsam gegen die Hochschulmisere, für Mitbestimmung und Studienreform, Gewerkschaften drängen auf eine Bildungsreform, die den Interessen der arbeitenden Menschen in unserem Lande entspricht.

Die Forderungen nach Mitbestimmung in Betrieb und Gesellschaft werden immer stärker. Sie werden zunehmend von Gruppen und Kreisen aufgegriffen, die in der Vergangenheit oftmals zu den Stützen der Reaktion zählten oder deren Machtposition begründen halfen. In Presse und Rundfunk, in den Kirchen, unter den Pädagogen und Ärzten gibt es immer mehr aktive Demokraten, die demokratisches Bewußtsein entwickeln helfen.

Die Fortschritte in der Entspannung in Europa, die beginnende Zusammenarbeit der europäischen Völker hat der Koexistenz politisch im Bewußtsein breiterer Bevölkerungsschichten in der BRD einen großen Rang verschafft. Es wächst die Einsicht, daß Friedenspolitik und Demokratie zusammengehören.

Diese Entwicklung hat das Monopolkapital, den militärisch-industriellen Komplex und die reaktionäre Presse in Panik versetzt. Angeführt von der CDU/CSU, verstärken sich seit 1970 Versuche, die Entwicklung zurückzudrehen. Ansatzpunkte werden darin gesehen, einzelne Demokraten herauszugreifen und sie – stellvertretend für die ganze demokratische Bewegung – zu disziplinieren und einzuschüchtern. Die vom Grundgesetz vorgeschriebene demokratische Ordnung wird eingeengt, verletzt und beliebig interpretiert.

Sichtbarstes Zeichen dieser Bemühungen sind der Beschluß der Ministerpräsidentenkonferenz vom 28. Januar 1972 und die daraufhin einsetzende Welle von Berufsverboten.

Von Anfang an aber haben immer größer werdende Teile der Bevölkerung diese Tendenz bekämpft. Der Druck der demokratischen Öffentlichkeit erreichte bereits, daß z. B. der SPD-Parteitag eine Modifizierung des Ministerpräsidentenbeschlusses fordern mußte. Immer mehr Fälle von Berufsverboten bei Lehrern, Hochschullehrern, Ärzten und Juristen mußten zurückgenommen werden. Erste Gerichtsurteile reflektieren diese Bewegung.

Diese ersten Erfolge sind kein Anlaß, im Kampf nachzulassen. Bis heute haben sich die SPD-Ministerpräsidenten nicht dazu verstanden, dem Beschluß des SPD-Parteitags nachzukommen und alle ausgesprochenen Berufsverbote aufzuheben. CDU-Politiker können sich noch immer Chancen ausrechnen, mit Hilfe des üblen Antikommunismus Unterstützung bei SPD- und FDP-Vertretern zu finden. Darum muß der Kampf gegen die Berufsverbote, der Kampf um Aufhebung des Ministerpräsidentenbeschlusses fortgeführt werden, solange noch ein einziger Demokrat diskriminiert wird.

In dieser Bewegung, in der Zusammenarbeit im Rahmen von Bürgerinitiativen und -komitees, ist die Erkenntnis gewachsen, daß Arbeiter, Intellektuelle und junge Bürger gemeinsam die demokratischen Grundrechte verteidigen und die Demokratie entwickeln müssen. Auf der Basis dieser Einsichten und der bisherigen Erfolge gilt es, den Kampf zu verstärken. Sichtbar wurde die Kraft, die ein gemeinsames Handeln zu entwickeln vermag.

Die DFU, die sich seit ihrer Gründung 1960 für eine Zusammenarbeit der Demokraten dieses Landes einsetzt, begrüßt die vielfältigen Initiativen gegen die Berufsverbote. Sie fordert alle ihre Anhänger auf, überall am Ort und im Land in diesen Initiativen mitzuarbeiten, selbst die Initiative zu ergreifen, die verschiedenen demokratischen Kräfte zusammenzurufen, die Aktivitäten zu steigern.

Die DFU wird dazu beitragen, alle neuen Fälle von Berufsverbot bekanntzumachen, breite Solidarität herzustellen und
die Zusammenhänge und Hintergründe aufzuzeigen.

Kommuniqué über die gemeinsame Sitzung von Parteirat, Parteivorstand und Kontrollkommission der SPD am 23. Juni 1973 in Berlin (Teil VI und Schluß)

Nach Informationen des Hamburger Innensenators, Heinz
Ruhnau, zum Komplex „Radikale im öffentlichen Dienst" und
Diskussion billigten die Mitglieder der Spitzengremien mit gro-
ßer Mehrheit die folgende Entschließung:

Parteirat, Parteivorstand und Kontrollkommission halten daran fest, daß für den gesamten öffentlichen Dienst im Bund, in
allen Ländern und Gemeinden eine Regelung gefunden wird,
die der Rechtsstaatlichkeit voll entspricht.

Parteirat, Parteivorstand und Kontrollkommission erwarten,
daß der Bericht der Innenminister-Konferenz über die bisherigen Auswirkungen des sogenannten Ministerpräsidentenbeschlusses bis spätestens September 1973 vorliegen wird.

Der Parteivorstand wird in seiner Sitzung am 5. Oktober 1973
die sich daraus ergebende Lage erörtern und dem Parteirat
berichten.

Parteirat, Parteivorstand und Kontrollkommission gehen davon aus, daß die sozialdemokratisch regierten Länder bei ihren
Entscheidungen nach den Grundsätzen des Parteitagsbeschlusses
verfahren.

Beschlüsse der 8. Frauenkonferenz der IG Metall am 28./29. Juni 1973 in West-Berlin

a) Aufhebung des Berufsverbots
Die Bestimmungen des Grundgesetzes sind ausreichend für den Schutz der freiheitlich-demokratischen Grundordnung der Bundesrepublik Deutschland. Der „Extremisten-Beschluß" der Regierungschefs der Länder vom 28. Januar 1972 ist daher überflüssig. Darüber hinaus hat sich in der Praxis gezeigt, daß seine Anwendung zu Diskriminierungen führt. Die 8. Frauenkonferenz fordert den Vorstand der IG Metall auf, über den DGB auf Bundesregierung und Landesregierungen einzuwirken, daß der Beschluß vom Januar 1972 unverzüglich aufgehoben wird.

b) Kündigungsschutz für Jugendvertreter
Die Delegierten der Frauenkonferenz der IG Metall verurteilen aufs schärfste, daß Unternehmer Jugendvertreter und Betriebsratsmitglieder nach Beendigung ihrer Lehrzeit nicht weiterbeschäftigen. Die Unternehmer erschweren damit willkürlich und bewußt die legitime Interessenvertretung der Jugendlichen und außerdem die Bereitschaft, sich für betriebliche Funktionen zur Verfügung zu stellen. Die Delegierten fordern den Gesetzgeber auf, umgehend den Paragraphen 123 des Betriebsverfassungsgesetzes zu novellieren und ausdrücklich klarzustellen, daß der Kündigungsschutz von Jugendvertretern und jugendlichen Betriebsräten auch über das Lehrverhältnis hinausreicht. Außerdem soll gesetzlich geregelt werden, daß Jugendvertreter und Betriebsräte nicht zum Wehr- und Ersatzdienst herangezogen werden können.
Der Vorstand der IG Metall wird aufgefordert, zur Durchsetzung dieser Forderungen als ersten Schritt den Abschluß tariflicher Regelungen und betrieblicher Vereinbarungen anzustreben, Mitglieder und Öffentlichkeit über die Willkürmaßnahmen der Unternehmer umfassend aufzuklären und Aktionen für einen umfassenden Kündigungsschutz nicht nur mit zu unterstützen, sondern auch selbst durchzuführen.

Abschlußresolution der Hamburger Konferenz gegen Berufsverbote vom 12.5.1973

Freiheit im Beruf – Demokratie im Betrieb – Weg mit dem Berufsverbot

Während in Betrieb und Gewerkschaft mit wachsendem Nachdruck die Forderung nach Mitbestimmung erhoben wird, während immer mehr Eltern und Lehrer, Schüler, Lehrlinge, Studenten und der DGB demokratische Bildungsreformen fordern, sind wir auch mit genau entgegengesetzten Entwicklungen konfrontiert. Die vom Grundgesetz vorgeschriebene demokratische Ordnung wird eingeengt und verletzt, sowohl durch Unternehmerwillkür im Betrieb als auch durch den Beschluß der Ministerpräsidenten vom 28. Januar 1972.

Immer größere Teile der Bevölkerung nehmen diese Angriffe und Einschüchterungsversuche nicht mehr widerspruchslos hin. Arbeiter erzwingen mit Solidaritätsstreiks die Wiedereinstellung gemaßregelter Kollegen. Der Druck der demokratischen Öffentlichkeit erreichte bereits jetzt in einer Reihe von Fällen die Zurücknahme der Berufsverbotsmaßnahmen gegen Lehrer an Schulen und Hochschulen, Juristen und Ärzte. Internationale Solidarität und Proteste haben sich hierbei als wertvolle Unterstützung erwiesen.

An vielen Orten haben sich Bürgerinitiativen gebildet, in denen Arbeiter, Akademiker und junge Bürger gemeinsam für vom Berufsverbot Betroffene eintreten. Es wächst die Erkenntnis, daß Arbeiterschaft und Intelligenz gemeinsam die Demokratie verteidigen und ausbauen müssen. In vielen Orten arbeiten Gewerkschaften, Jugend-, Studenten- und andere demokratische Organisationen zusammen gegen grundgesetzwidrige Tendenzen. Große Demonstrationen, wie im April in Dortmund, zeigen die Kraft, die in diesem Bündnis steckt, und die reale Möglichkeit des Erfolges. Schon jetzt liegen erste Gerichtsurteile vor, die den Verantwortlichen bescheinigen, daß sie grundgesetzwidrig gehandelt haben.

Es muß zu denken geben, welche Vorbilder und Vorläufer die Beschlüsse der Ministerpräsidenten haben. Hier zieht sich eine unrühmliche Linie vom „Kölner Kommunistenprozeß" 1852 über das Sozialistengesetz von 1879, das „Gesetz zur Wiederherstellung des Berufsbeamtentums" von 1933 und den Adenauer-Erlaß 1951 bis zum Ministerpräsidentenbeschluß. Immer wieder waren Demokraten bedroht, und sie sind es auch heute.

Offensichtlich ist auch der Widerspruch zwischen einer Außenpolitik der Entspannung und einer Innenpolitik, die gerade diejenigen zu disziplinieren versucht, die sich besonders aktiv für Frieden und Entspannung einsetzen. Es ist zudem eine historische Erfahrung, daß die Aushöhlung demokratischer Rechte, daß Verketzerung fortschrittlicher Gedanken, daß Antikommunismus nicht nur bis zur Abschaffung der Demokratie, sondern auch bis zur Gefährdung des Friedens führen. Solche Erfahrungen liegen hierzulande nicht einmal dreißig Jahre zurück. Im Ausland haben die Berufsverbote vor allem deshalb Beachtung gefunden und Besorgnis erregt, weil sie an solche Vorgänge erinnern. 1973 ist aber nicht 1933! Überall in der Welt sind die Kräfte des Fortschritts stärker geworden, auch in unserem Lande.

Versuche, die gefaßten grundgesetzwidrigen Beschlüsse zu modifizieren, reichen nicht aus: Der Beschluß der Ministerpräsidenten muß aufgehoben werden!

Ausgesprochene Berufsverbote müssen rückgängig gemacht werden. Berufsverbote und Diskriminierungen von Sozialisten und anderen Demokraten im öffentlichen Dienst müssen aufhören!

Die 1500 Teilnehmer der Hamburger Konferenz gegen die Berufsverbote und die weit über 10 000 Bürger der Bundesrepublik, die die Konferenz unterstützten, rufen die demokratische Öffentlichkeit, Abgeordnete in Gemeinden, Städten, Ländern und im Bundestag, die demokratischen Organisationen überall in der BRD auf, diese Forderungen zu unterstützen.

Wir werden nicht nachlassen in unserem Bemühen, überall Bürgerinitiativen und Ausschüsse gegen die Berufsverbote zu bilden, die gesamte Öffentlichkeit sofort über jeden neuen „Fall", wo immer er in der BRD vorkommt, zu informieren, breite Solidarität mit dem Betroffenen herzustellen, gemeinsames Handeln aller Demokraten zu erreichen.

Wir fordern alle fortschrittlichen Bürger auf, verstärkt in ihren demokratischen Organisationen zu wirken, weil erste Erfolge im Kampf gegen die Berufsverbote zu verzeichnen sind.

Die Initiative, die zu der Hamburger Konferenz geführt hat, wird weitergeführt. Die Resonanz hat gezeigt, daß das auf breiter Grundlage möglich ist: Sie wird Kontakt zu allen örtlichen Initiativen halten und verstärken, den Meinungsaustausch intensivieren, informieren und dokumentieren. Sie wird weiterhin bemüht sein, die verschiedenen demokratischen Kräfte zum gemeinsamen Handeln zusammenzubringen und in der Entwicklung weitere große Protestaktionen anregen.

Solidarität hilft siegen! Gemeinsam sind wir stärker! Freiheit im Beruf! Demokratie im Betrieb! Weg mit dem Berufsverbot!

Hans Altendorf,
Hamburg, Student, bis März 1973 Mitglied des Vorstandes des Verbandes Deutscher Studentenschaften (VDS), SHB, Mitglied des Arbeitsausschusses der „Initiative Weg mit den Berufsverboten"

Manfred Behn,
Hamburg, Student, Mitglied des Gruppenvorstandes des MSB Spartakus, Universität Hamburg

Horst Bethge,
Hamburg, Lehrer, Bildungspolitischer Sprecher der Deutschen Friedens-Union (DFU), Mitglied des Hamburger Sektionsvorstandes des Bundes demokratischer Wissenschaftler (BdWi), Mitglied des Arbeitsausschusses der „Initiative Weg mit den Berufsverboten"

Harald Beyling,
Hamburg, Student

Helmuth Both,
Hamburg, Lehrer, „Bürgerinitiative Elke Leppin"

Dieter Brumm,
Hamburg, Schriftsteller, Vorsitzender der Deutschen Journalisten-Union (dju) in Hamburg

Dr. Richard Bünemann,
Plön, Mitglied der SPD-Fraktion des schleswig-holsteinischen Landtages, Mitglied des Arbeitsausschusses der „Initiative Weg mit den Berufsverboten"

Mogens Camre,
Ballerup (Dänemark), H. D., Cand. Polit., Folketingsabgeordneter der Sozialdemokratischen Partei

Klaus Dammann,
Hamburg, Gerichtsreferendar, Vorstandsmitglied der Fachgruppe Gerichtsreferendare in der ÖTV

Dr. Dankwart Danckwerts,
Hamburg, Dozent an der Fachhochschule

Karl Drewes,
Hamburg, Jurist, Sprecher der Hamburger Jungsozialisten

Kurt Erlebach,
Hamburg, Mitglied des Präsidiums der DKP

Karl-Heinz Fabig,
Hamburg, Arzt, Mitglied des Vorstandes des „Bundes gewerkschaftlicher Ärzte in der Gewerkschaft ÖTV"

Romeo Ferrucci,
Rom, Richter, Zweiter Generalsekretär der Vereinigung demokratischer Juristen Italiens, Redakteur der italienischen Zeitschriften „Demokratie und Recht" und „Arbeitsrecht"

Jens Flegel,
Hamburg, Mitglied des Bundesvorstandes der Sozialistischen
Deutschen Arbeiterjugend (SDAJ), Landesvorsitzender der
SDAJ, Mitglied des Arbeitsausschusses der „Initiative Weg mit
den Berufsverboten"

Michael Gerber,
Hamburg, Elektromechaniker, Stellvertretender Landesvorsit-
zender der Sozialistischen Deutschen Arbeiterjugend (SDAJ),
Mitglied des Ortsjugendausschusses der IG Metall Hamburg

Wolfgang Grell,
Hamburg, Pastor, Mitglied des Arbeitsausschusses der „Initiative Weg mit den Berufsverboten"

Dr. Yves Grenet,
Paris, Mitglied des Präsidiums der Konferenz Katholischer
Christen aus europäischen Staaten

Wolfgang Guhle,
Hamburg, Mitglied der Bildungspolitischen Kommission der
Deutschen Friedens-Union (DFU)

Dr. Fritz Hanacik,
Wien, Rechtsanwalt, Generalsekretär der Österreichischen Vereinigung demokratischer Juristen

Dr. Horst Holzer,
München, Professor für Soziologie, Mitglied des Münchener
Sektionsvorstandes des Bundes demokratischer Wissenschaftler
(BdWi)

Heinz Hust,
Ludwigshafen, Betriebsrat, Mitglied des zentralen Arbeitskreises für die Aufhebung des KPD-Verbots

Sigismund von Ilsemann,
Hamburg, Student, Vorstandsmitglied der Regionalgruppe Hamburg der Vereinigung demokratischer Juristen (VdJ)

Dickby Jacks,
London, Präsident der National Union of Students of the United Kingdom (NUSUK)

Ilse Jacob,
Hamburg, Lehrerin

Henrik E. Jensen,
Kopenhagen, Elternratsvorsitzender, Sozialistische Volkspartei

Pierre Juquin,
Paris, Abgeordneter der FKP in der Assemblée Nationale, Bildungspolitischer Sprecher der FKP

Helga Kern,
Mascherode, Formgestalterin, Betriebsratsvorsitzende (IG Metall), Mitglied des Arbeitsausschusses der „Initiative Weg mit den Berufsverboten"

Gerhard Kiehm,
Bonn, Student, Mitglied des Vorstandes des Verbandes Deutscher Studentenschaften (VDS), SHB

Leo Klatser,
Amsterdam, Publizist, Mitglied des Bezirksvorstandes der Partei der Arbeit (PdA), Mitglied des außenpolitischen Ausschusses der Partei der Arbeit

Ingrid Kurz,
Hamburg, Dozentin an der Fachhochschule, Mitglied des geschäftsführenden Sektionsvorstandes des Bundes demokratischer Wissenschaftler (BdWi) Hamburg, Mitglied des Arbeitsausschusses der „Initiative Weg mit den Berufsverboten"

Anne Lenhart,
Mainz, Lehrerin

Friedrich Neunhöffer,
Stuttgart, Bundesvorsitzender der Deutschen Jungdemokraten, Mitglied des Arbeitsausschusses der „Initiative Weg mit den Berufsverboten"

Alain Nicolas,
Paris, Mitglied des Sekretariats der Union Nationale des Etudiants de France (UNEF)

Ingemar Nohrén,
Nacka (Schweden), Sprecher des schwedischen Verbandes der Staatsangestellten, Ombudsmann für den öffentlichen Dienst

Joë Nordmann,
Paris, Rechtsanwalt, Generalsekretär der Internationalen Vereinigung demokratischer Juristen

Gert Petersen,
Albertslund (Dänemark), Folketingsabgeordneter der Sozialistischen Volkspartei

Gerd Reinicke,
Hamburg, Mitglied des Kreisvorstandes des Deutschen Gewerkschaftsbundes (DGB), DGB-Hochschularbeitskreis

Dr. Helmut Ridder,
Gießen, Professor für öffentliches Recht an der Universität Gießen, Mitglied des geschäftsführenden Bundesvorstandes des Bundes demokratischer Wissenschaftler (BdWi)

Erich Roßmann,
Mettmann, Journalist, Bildungspolitischer Sprecher der Deutschen Friedens-Union (DFU), Mitglied des Arbeitsausschusses der „Initiative Weg mit den Berufsverboten"

Wolfgang Roth,
Bonn, Bundesvorsitzender der Jungsozialisten, Mitglied des Parteivorstandes der SPD

Paul Schäfer,
Bonn, Student, Zweiter Bundesvorsitzender des Marxistischen Studentenbundes Spartakus

Hans Schwarz,
Frankfurt, Vorsitzender des Kreisjugendausschusses des DGB, Junge Antifaschisten

Eckart Spoo,
München, Bundesvorsitzender der Deutschen Journalisten-Union (dju), Mitglied des Arbeitsausschusses der „Initiative Weg mit den Berufsverboten"

Peter Stein,
Bonn, Student, Mitglied des Bundesvorstandes des Sozialdemokratischen Hochschulbundes (SHB)

Dr. Gerhard Stuby,
Bremen, Professor für öffentliches Recht und wissenschaftliche
Politik an der Universität Bremen, Vorsitzender der Vereinigung demokratischer Juristen, Mitglied des Arbeitsausschusses
der „Initiative Weg mit den Berufsverboten"

Horst Symanowski,
Mainz, Pfarrer, Vorsitzender des zentralen Arbeitskreises für
die Aufhebung des KPD-Verbots

Dr. Claus Tiedemann,
Hamburg, wissenschaftlicher Assistent am Institut für Leibes-
übungen der Universität Hamburg, Mitglied des Hamburger
Sektionsvorstandes des Bundes demokratischer Wissenschaftler
(BdWi)

Gösta von Uexküll,
Hamburg, Publizist

Jürgen Vahlberg,
München, Mitglied der SPD-Fraktion des Deutschen Bundestages, Mitglied des Arbeitsausschusses der „Initiative Weg mit
den Berufsverboten"

Gerhard Weber,
Hamburg, CVJM-Generalsekretär, Mitglied der FDP-Fraktion
der Hamburger Bürgerschaft, Stellvertretender Landesvorsitzender der FDP, Mitglied des Arbeitsausschusses der „Initiative
Weg mit den Berufsverboten"

Hartmut Wegener,
Hamburg, wissenschaftlicher Assistent an der Hochschule für
Wirtschaft und Politik, Mitglied des Hamburger Sektionsvor-
standes des Bundes demokratischer Wissenschaftler (BdWi)

Gert Wille,
Scheeßel (Niedersachsen), Lehrer, Mitglied des geschäftsführenden Landesvorstandes der Gewerkschaft Erziehung und Wissenschaft (GEW), Stellvertretender Landesvorsitzender der Deutschen Friedens-Union (DFU)

Dr. Lothar Zechlin,
Hamburg, wissenschaftlicher Angestellter, Mitglied im Unter-
bezirks(Kreis)vorstand Eimsbüttel der SPD

Abkürzungen

AStA	Allgemeiner Studentenausschuß
a.a.O.	an anderem Orte
BdWi	Bund demokratischer Wissenschaftler
BAK	Bundesassistentenkonferenz
BRD	Bundesrepublik Deutschland
CDU	Christlich-Demokratische Union
CSU	Christlich-Soziale Union
DAG	Deutsche Angestellten-Gewerkschaft
DFU	Deutsche Friedens-Union
DGB	Deutscher Gewerkschaftsbund
dju	Deutsche Journalisten-Union
DKP	Deutsche Kommunistische Partei
Ebd.	ebenda
e. V.	eingetragener Verein
EWH	Erziehungswissenschaftliche Hochschule
EKD	Evangelische Kirche Deutschlands
FDP	Freie Demokratische Partei
FU	Freie Universität Berlin
GEW	Gewerkschaft Erziehung und Wissenschaft
IG	Industriegewerkschaft
ISB	Internationaler Studentenbund
KPD	Kommunistische Partei Deutschlands (1956 verboten)
MSB	Marxistischer Studentenbund Spartakus
MdBü	Mitglied der Bürgerschaft
MdB	Mitglied des Bundestags
MdL	Mitglied des Landtags
NPD	Nationaldemokratische Partei Deutschlands
NSDAP	Nationalsozialistische Deutsche Arbeiterpartei
ÖTV	Gewerkschaft Öffentliche Dienste, Transport und Verkehr
SS	Schutzstaffeln, Elite- und Terrororganisation bis 1945
SHB	Sozialdemokratischer Hochschulbund
SPD	Sozialdemokratische Partei Deutschlands
SDAJ	Sozialistische Deutsche Arbeiterjugend
SDS	Sozialistischer Deutscher Studentenbund
TU	Technische Universität
VDS	Verband Deutscher Studentenschaften
VAN	Vereinigte Arbeitsgemeinschaft der Naziverfolgten, Hamburger Landesverband der VVN
VdJ	Vereinigung demokratischer Juristen
VVN	Vereinigung der Verfolgten des Naziregimes – Bund der Antifaschisten